L'Afrique et ses trajectoires juridiques

Du droit précolonial au droit colonial et les enjeux identitaires du droit postcolonial

Kalil Aissata KEITA

L'Afrique et ses trajectoires juridiques

Du droit précolonial au droit colonial et les enjeux identitaires du droit postcolonial

Préface du **Pr Eloi DIARRA**

L'Harmattan
Guinée

Du même auteur, chez l'Harmattan

La protection juridictionnelle des administrés contre l'administration en Guinée, 2022

5-7, rue de l'École-Polytechnique – 75005 Paris

www.harmattan.fr

ISBN :978-2-336-59031-8
EAN : 9782336590318
Dépôt legal: Janvier 2026

Dédicace

À la mémoire de :
Ma défunte mère, **Hadja Aissata KOUROUMA**
Mon défunt père, **El Hadj Mamady KEITA**
Mon défunt grand frère, **Ayouba KEITA**
Mon ami regretté, **Dr Mamoudou BARRY**
Que leur âme repose en paix.

AVANT-PROPOS

Ce livre se veut avant tout un outil de réflexion et de critique du droit, avec l'ambition, peut-être, de formuler des propositions en s'inscrivant dans la dynamique de reconfiguration paradigmatique pour les pouvoirs publics postcoloniaux africains. Son idée a émergé progressivement, nourrie par nos travaux de recherche sur l'effectivité du droit dans les États africains issus de la colonisation française.

C'est au cours de notre thèse de doctorat, soutenue en 2020 à l'Université de Rouen Normandie et consacrée à *L'influence du droit administratif français sur le droit administratif guinéen*, que cette réflexion a pris forme. Cette thèse poursuivait deux objectifs majeurs : d'une part, mettre en évidence les contradictions structurelles du droit administratif guinéen, et d'autre part, analyser son effectivité, encore fortement tributaire du modèle français. Mais la problématique du présent livre, il faut l'avouer, s'est précisée lors de la rédaction de notre premier ouvrage intitulé *La protection juridictionnelle des administrés contre l'Administration en Guinée*, publié chez L'Harmattan en 2022. Dans ce dernier, on s'interrogeait sur la viabilité et l'efficacité des mécanismes juridiques dans un pays anciennement colonisé par la France. Reconnaissons tout de même que bien avant, la question principale abordée dans le présent livre s'est retrouvée, certes d'une intensité moindre, dans plusieurs de nos publications scientifiques, parmi lesquelles : *La protection des droits et libertés fondamentaux devant le juge constitutionnel guinéen* ; *Contrats administratifs et contrats de droit privé : points de convergence dans le système juridique guinéen ?* ; *La contribution de l'Afrique à l'évolution du droit administratif français* ; *La CEDEAO face aux coups d'État en Afrique de l'Ouest : quelles stratégies pour quelles préventions ?*

À travers nos écrits, nous partageons nos réflexions sur l'effectivité du droit en Afrique, mêlant critiques constructives et constats parfois empreints d'une certaine frustration. Comme tout chercheur, nous nourrissons des interrogations légitimes sur la possibilité de faire du droit un véritable instrument de régulation sociale sur le continent.

Malgré le scepticisme ambiant, nous conservons toutefois une lueur d'espoir, aussi prudente soit-elle.

C'est à la lumière de ces différentes recherches que nous avons pris la décision de rédiger cet ouvrage. Nous reconnaissons ne pas être un spécialiste de l'histoire du droit, même si nos travaux s'inscrivent souvent à la croisée de l'histoire de l'Afrique, de l'anthropologie juridique et du droit comparé.

Enfin, il convient de préciser que certaines sources documentaires utilisées pourraient ne pas être exhaustives ou totalement à jour, en particulier sur des thématiques ayant fait l'objet d'analyses approfondies depuis la période précoloniale. Nous assumons pleinement notre choix méthodologique, préférant ne pas nous attarder sur certains sujets déjà largement traités par des spécialistes. Notre approche ne prétend donc pas à l'exhaustivité, mais invite à poursuivre la réflexion sur ces questions fondamentales du droit postcolonial en Afrique.

LISTE ET SIGNIFICATION DES ABREVIATIONS ET SIGLES

-A-

AEF..Afrique Équatoriale Française
AOF..Afrique occidentale Française
AN...Assemblée nationale
AN-RM..Assemblée nationale de la République du Mali
A priori......................................*A plus forte raison*
Art...Article
AUPELF-UREF.........................Association des universités partiellement ou entièrement de langue française-Université des réseaux d'expression française

-B-

Bibl...Bibliothèque
Bull. civ......................................Bulletin civil
BDS..Bloc Démocratique Sénégalais
BPS..Bloc Populaire Sénégalais
Bull. Soc. Législ. Cprée.............Bulletin de la Société d'Études Législatives Comparée
Bull. Trim...................................Bulletin trimestriel

-C-

Cass. crim...................................Chambre criminelle de la Cour de cassation (Française)
Cass. cha. civ..............................Chambre civile de la Cour de cassation (Française)
CE...Conseil d'État (la plus haute Juridiction administrative Française)
CNT..Conseil national de la Transition (Guinée : 2010 et 2021)
Concl..Conclusion
Coll...Collection
CRD...Communauté rurale de

développement (Guinée)
CU..Commune urbaine

-D-

D..Dalloz (recueil) ; Décret
(dir.)..Sous la direction de

-E-

éd..Édition
EJA..Encyclopédie juridique de l'Afrique
Et al. et alii..Et les autres personnes
Etc..et cetera (et ainsi de suite)

-I-

Ibid./Ibidem..Au même endroit
In..Dans
Infra..Ci-dessous
In fine..À la fin ou au dernier moment
In extenso..En entier, en totalité, dans toute sa longueur
Ipso facto..Par voie de conséquence ou de fait

-J-

JO..Journal Officiel
JORF..Journal Officiel de la République Française
JORG..Journal Officiel de la République de Guinée

-L-

L..Livre, Législation (numéro JO)
LGDJ..Librairie Générale de Droit et de Jurisprudence

-N-

N°..Numéro
NAP..Notes d'analyse politique
NEA..Nouvelles Éditions Africaines

-O-

Obs..Observation
Ord..Ordonnance

Op. cit./opere citato........................Ouvrage déjà cité

-P-

P..page(s)
PUF..Presse universitaire de France

-R-

Rec...Recueil
Req...Requête
RDA..Rassemblement Démocratique Africain
RJPIC..Revue juridique et politique internationale et coopération

-S-

s..et suivant
S..Sirey
Sect...Section (du Conseil d'État français)
SFIO..Section française de l'internationale ouvrière
SER...Société d'Édition de Revues
Supra..Plus haut

-T-

T..Tome
Trad...Tradition

-U-

UEMOA...Union Économique et Monétaire Ouest Africain
UNESCO..Organisation des Nations Unies pour l'Éducation, la Science et la Culture
URA-CNRS...................................Unités de Recherche Associées-Centre national de la Recherche scientifique
URL...*Uniform Reform Locator* (synonyme « adresse web »)

-V-

Vol...Volume

RÉSUMÉ

L'évolution du système juridique en Afrique est marquée par trois grandes périodes : celles du droit précolonial, du droit colonial et du droit postcolonial. Ce livre explore comment le passage d'un droit précolonial enraciné dans les pratiques autochtones à un droit transposé par les puissances coloniales a influencé les dynamiques du droit postcolonial. Il s'interroge sur l'identité de ce droit postcolonial et son effectivité, face aux défis de la modernisation, de la mondialisation et du pluralisme juridique. C'est ainsi qu'il est subdivisé en trois parties essentielles.

Sa première considère le droit précolonial comme un droit endogène. En effet, avant la colonisation, les sociétés africaines disposaient de systèmes juridiques bien établis, reposant sur plusieurs traits distinctifs. Il s'agissait d'un système juridique oral et non écrit, garantissant une transmission flexible et adaptée aux réalités locales. La justice était conciliatoire et réparatrice, favorisant la médiation et le règlement des conflits par des sages ou des chefs traditionnels. Ce droit était ancré dans le religieux et le sacré, influencé par les croyances animistes, islamiques ou chrétiennes selon les régions et les époques.

Sa deuxième partie évoque l'impact du droit colonial qui a occasionné une rupture brutale avec les pratiques endogènes. Ce changement a eu plusieurs conséquences : une marginalisation du droit coutumier, considéré comme archaïque ou inadapté aux exigences du droit colonial ; l'instauration d'un dualisme juridique ; une justice inégalitaire, avec des tribunaux indigènes appliquant des lois spécifiques aux populations locales, tandis que les colons bénéficiaient des juridictions métropolitaines ; une instrumentalisation du droit colonial, utilisé pour contrôler les populations, faciliter l'exploitation économique et maintenir un ordre politique favorable aux intérêts coloniaux.

Sa troisième et dernière partie considère le droit postcolonial comme un droit en quête d'identité du fait d'un mimétisme juridique persistant. À l'indépendance, de nombreux États africains ont conservé les institutions et les structures juridiques coloniales, sans réelle tentative de retour aux sources du droit précolonial. Cette continuité a conduit à plusieurs problématiques. Une dépendance excessive au modèle colonial, avec des législations largement inspirées du droit français. Un manque d'effectivité des normes juridiques, car le droit postcolonial est souvent déconnecté des pratiques locales et des besoins des populations. Un dualisme persistant, où le droit formel coexiste avec des pratiques coutumières qui restent encore très présentes. Une faible légitimité des systèmes judiciaires modernes, perçus comme éloignés des réalités sociales. Ce qui empêche la consolidation d'un droit véritablement africain, capable de répondre aux défis contemporains.

De la jonction de ces trois parties, ce livre propose d'aller, non sans difficultés, vers un droit postcolonial authentique. Ici, il plaide pour une relecture du droit postcolonial afin de reconstruire un système juridique prenant en compte les réalités locales. C'est pourquoi, plusieurs pistes de réforme sont proposées. Reconnaître et intégrer les systèmes juridiques traditionnels dans le droit postcolonial, en les adaptant aux exigences contemporaines (1). « Décoloniser » le droit et les esprits des juristes, en développant des normes juridiques inspirées des réalités africaines plutôt que des modèles venus d'ailleurs (2). Promouvoir la co-construction normative, en impliquant les populations locales dans l'élaboration des normes juridiques (3). Réformer la justice, pour la rendre plus accessible, adaptée et attentive aux besoins des justiciables (4). Encourager le pluralisme juridique, en permettant une cohabitation équilibrée entre droit hérité de la colonisation et droit précolonial, sans subordination systématique du second au premier (5).

L'objectif est de concevoir un droit qui soit efficace, légitime et adapté aux réalités africaines, en conciliant tradition et modernité. Le droit postcolonial semble être encore en transition et il peine à s'émanciper de ses origines coloniales. La clé de cette réforme réussie réside dans la revalorisation des traditions juridiques africaines et leur articulation avec les exigences modernes de l'État de droit. Pour cela, il est crucial de reconnaître la diversité des systèmes juridiques du continent et de favoriser une justice accessible, en phase avec les réalités sociales et culturelles.

Synthèse des idées clés

1. Le droit précolonial était souple, communautaire et adapté aux réalités locales.

2. Le droit colonial a souvent été inadapté et utilisé comme instrument de domination.

3. Le droit postcolonial a reproduit mécaniquement le modèle hérité de la colonisation.

4. Le défi est de reconstruire un droit africain authentique, conciliant tradition et modernité.

REMERCIEMENTS

Avant toute chose, je rends grâce à Dieu, qui m'a accordé l'inspiration, la force, la santé et le courage nécessaires pour mener à bien cet ouvrage. Sa présence et sa miséricorde ont toujours guidé mon chemin.

Comme mentionné dans les avant-propos, je ne prétends pas être un spécialiste du sujet traité dans ce livre. Son élaboration a été le fruit d'une réflexion progressive, nourrie par mes travaux de recherche sur l'effectivité du droit dans les États africains issus de la colonisation française. Ce cheminement n'a pas été sans doutes ni hésitations quant à ma capacité à mener à bien cette entreprise, malgré la passion qui m'animait. Heureusement, mon cercle restreint d'amis et de personnes ressources, après avoir échangé avec moi sur les grandes lignes du sujet, n'a pas hésité un instant à m'apporter sa bienveillance et ses encouragements. Ces personnes aimables ont été de véritables repères tout au long de cette aventure intellectuelle. Leur soutien indéfectible m'a donné la force de persévérer face aux doutes et aux défis inhérents à ce genre de projet. Plus que de simples appuis, elles ont incarné ces piliers sur lesquels j'ai pu m'appuyer avec confiance et sérénité. À ces proches et amis fidèles, sans les nommer individuellement de peur d'en oublier, je souhaite que chacun d'eux trouve ici l'expression sincère de toute ma gratitude.

Je tiens à adresser mes sincères remerciements à Monsieur Éloi DIARRA, Professeur Émérite, Agrégé de Droit public de l'Université de Rouen Normandie, pour l'honneur et le privilège qu'il m'a accordés en acceptant de préfacer cet ouvrage. Ce livre, tout comme mon parcours universitaire à l'Université de Rouen Normandie, lui doivent énormément. Ses enseignements, son soutien et ses conseils éclairés ont été d'une aide précieuse, en particulier dans les moments où tout semblait insurmontable.

Je tiens également à exprimer ma profonde gratitude à Monsieur Arnaud HAQUET, Professeur Agrégé de l'Université de Rouen, et à Monsieur Pierre-Xavier BOYER, Maître de conférences de l'Université de Rouen et Avocat au Barreau de Rouen, pour m'avoir initié aux exigences du travail académique, en qualité respectivement de Directeur et de co-encadrant de ma thèse.

Je tiens aussi à adresser mes sincères remerciements à Monsieur Jean Marie TOURÉ, Professeur Émérite de critiques littéraires et de Didactique du français au Département des Lettres Modernes, d'histoire du théâtre africain et de littérature et migration au Master Lettres Modernes de l'Université Général Lansana Conté de Sonfonia-Conakry, pour ses conseils avisés, sa relecture attentive et les corrections rigoureuses apportées à mon travail. Sa contribution a été essentielle à l'aboutissement de ce projet.

Ce livre n'aurait pas vu le jour sans le soutien inestimable de ma famille, mes frères et sœurs ; ma chère et tendre épouse, Mariama, mes enfants, Aïcha, Mamoudou et Lancinè. Merci pour votre présence et votre soutien constants.

Enfin, j'exprime ma gratitude à toutes les personnes avec qui j'entretiens des relations empreintes de confiance et de respect mutuel. Chacune d'elles, à sa manière, a contribué à faire de ce projet une réalité.

PRÉFACE

Cher Lecteur,

Vous avez entre les mains un ouvrage dont l'écriture de la préface est un plaisir, car il procure un élixir de jouvence à l'auteur de ces lignes et espère qu'il en sera de même pour vous. En effet, il rejoint l'une de mes interrogations d'étudiant de droit à l'Université Ch. Anta Diop de Dakar et qui n'a cessé de le tarabuster depuis lors.

Il est un adage[1] qui dit : « Celui qui ne sait pas d'où il vient ne sait pas où il va ». Et un autre dicton ne parle-t-il pas ainsi : « le passé est la rampe de lancement de l'avenir » ? En somme, pour avancer, il faut savoir tirer les leçons de l'histoire !

Le but d'une préface n'est pas de résumer l'ouvrage que le lecteur a entre les mains, mais d'en situer le contexte (I) et d'en montrer l'intérêt (II). C'est dans cette optique que nos propos seront organisés.

I – Le cadre de l'ouvrage

Pour aller de l'avant et se construire une destinée, il importe de connaître ce que l'on a été ou ce que l'on a vécu. Le présent ouvrage se situe exactement dans cette veine. Il s'agit d'une préoccupation ancrée dans le cœur de la recherche intellectuelle de l'auteur. Il veut comprendre le monde qui est le sien et surtout aider les siens, Guinéens en particulier, Africains en général, à bien le saisir, pour pouvoir construire une Guinée et une Afrique en harmonie avec elles-mêmes.

C'est lors de l'élaboration de sa thèse de doctorat en droit public comparé, thèse portant sur la construction du droit administratif guinéen à l'aune du droit administratif français que le Dr Kalil Aissata KEITA s'est heurté à cette problématique, celle d'un malaise. Malaise parce que la Guinée a besoin d'un droit administratif moderne, mais malaise, parce qu'il sent que ce droit n'est pas totalement adapté aux réalités et aux besoins du pays. Ce livre est donc sa tentative pour répondre à une interrogation et à un besoin, dans un mouvement de double élargissement : le propos est élargi à toute l'Afrique noire francophone, (et donc à l'exclusion de l'Afrique noire anglophone et de l'Afrique du

[1] Autant attribué à l'Afrique qu'à l'Europe.

nord), et ensuite élargi à l'ensemble de la matière juridique, au-delà du seul droit administratif. Bien au contraire, il entend embrasser tout le droit privé et tout le droit public.

L'étendue du malaise intellectuel se retrouve sur le terrain. Pendant longtemps, la réflexion a apposé « l'Afrique moderne » à « l'Afrique traditionnelle ». Et ainsi, on trouvait tout à fait normal que les règles issues du droit français, considéré comme moderne, s'applique aux cadres, aux intellectuels, au monde des affaires, à l'administration et que le monde dit traditionnel continue à vivre selon les normes ancestrales, en matière de mariage, de succession, de chefferies et autres. Or, dans les faits, ces deux mondes ne peuvent pas s'ignorer ; ils s'interpénètrent, ils s'entremêlent et le haut fonctionnaire, en costume cravate dans la semaine, se retrouve au village en boubou et mangeant à la main, assis sur une natte à même le sol en fin de semaine. En somme, en ville, on est moderne et au village, on devient traditionnel. Quel cas typique de schizophrénie !

D'autres personnes[2], bien avant l'auteur de l'ouvrage que nous préfaçons, avaient senti ce malaise et le danger de cette dichotomie, puisque cet antagonisme peut conduire à la mort. Pour d'autres auteurs, la solution ne peut résider que dans le métissage[3] . C'est dans cette lignée que se situe, sur le plan épistémologique et juridique, le magnifique livre du Dr Kalil Aissata KEITA.

<u>II – L'intérêt de l'ouvrage.</u>

Et donc, si l'Afrique juridique ne veut pas mourir, c'est-à-dire, perdre ses repères ou créer des conflits ou des révoltes d'une partie contre l'autre, il est urgent d'entreprendre la construction d'un droit mieux articulé entre les réalités globales du continent, un droit qui prenne en compte son passé ante-colonial, son passé colonial et son présent post-colonial ; ce présent, pour le moment se situe dans une période « ambiguë »[4].

---

[2] Comment lire autrement l'excellent et inoubliable roman philosophique de Ckeikh Hamidou Kane, *L'aventure ambiguë*, Julliard, Paris, 1961. Et ici, c'est la mort de Samba Diallo, symbole de l'Afrique qui s'ouvre au nouveau monde, tué par le fou qui le refuse obstinément.

[3] On ne peut pas ne pas penser ici à Léopold Sédar Senghor et sa théorie de la « culture de l'universel », théorie dont le socle est le métissage biologique et culturel.

[4] L'ambigüité réside dans le fait qu'aujourd'hui il n'y a pas de choix clair qui ait été fait et donc aucune action n'est véritablement engagée pour réconcilier les deux Afriques de la ville et du village.

C'est pourquoi l'auteur préconise tout d'abord la prise en compte d'un droit « précolonial » et qu'il dénomme, également, droit « endogène », droit « autochtone ». Ce droit est issu des pratiques traditionnelles et coutumières des sociétés africaines. La force de synthèse de l'auteur essaie de structurer ce droit premier de l'Afrique noire : il y trouve tous les ingrédients du droit d'aujourd'hui, puisque les notions d'obligation, de contrat, de dette, de justice, de sanction, etc. y étaient présentes ; on y trouve les modalités de dévolution du pouvoir, une administration et des services pour la collectivité.

Cependant, il ne saurait être question de prétendre à une unité en ces matières, vu l'éclatement des groupes sociaux dans cette période précoloniale. Aussi, si une archéologie juridique était entreprise pour faire sortir de leur gangue ces multiples règles de droit des sociétés traditionnelles noires africaines, il serait difficile de savoir lesquelles retenir et lesquelles éliminer, car elles sont parfois contradictoires.

Passé l'étape du droit ante-colonial, l'auteur examine le droit transféré, transposé et imposé par le colonisateur et dont la forme d'expression est évidemment très différente de ce que vivaient les sociétés africaines. Ces règles, écrites, sont marquées par des principes très différents, à savoir l'individualisme, le dépouillement de toute dimension spirituelle ou religieuse ; elles sont marquées par la violence, le souci de soumettre, de force, les populations aux nouvelles règles, là où le consensus était la force de la cohésion sociale. Ce nouveau droit est présenté comme le moteur du développement, au contraire des règles traditionnelles.

Les Pères des indépendances seront convaincus par cet argumentaire et c'est ce qui explique leur acceptation sans réserve du droit transmis par le colonisateur. Ils pensaient que ces règles, par elles-mêmes, seraient source de développement. Aujourd'hui, la preuve est faite qu'il n'en est rien, en ce qui concerne en particulier le développement économique. En revanche, en ce qui concerne le développement social, administratif et gouvernemental, il a introduit des modifications non négligeables dans les comportements, sans pour autant avoir totalement aboli les coutumes et traditions. D'où la nécessité d'une sorte de synthèse entre le droit précolonial et le droit colonial afin de bâtir pour l'Afrique noire francophone un droit postcolonial correspondant aux besoins de la société nouvelle qui se construit petit à petit depuis plus de soixante-cinq ans maintenant.

Il est donc indéniable que l'effort entrepris par le Dr Kalil Aissata KEITA est une démarche utile. Si elle est loin d'être complète sur les trois phases retenues, elle indique une démarche qu'il va sans doute poursuivre, mais aussi où d'autres jeunes juristes africains francophones sont invités à s'investir, ne serait-ce qu'au nom de l'autonomie, de la souveraineté et de l'authenticité, celle qui veut que l'on soit régi par un droit conforme aux besoins et réalités de sa société.

Pr Eloi DIARRA
Professeur émérite, Agrégé de droit public
Université de Rouen Normandie.

SOMMAIRE

INTRODUCTION

« *Le séjour dans l'eau ne transforme pas un tronc d'arbre en crocodile.* » (Proverbe africain).

1. Ce proverbe africain, mis en lumière par des écrivains tels que Seydou Badian Kouyaté, homme politique malien, illustre parfaitement le nœud gordien des présentes réflexions. Il démontre l'importance de l'ancrage identitaire de la norme juridique face aux influences extérieures, mais aussi la nécessité de préserver son identité malgré l'influence d'un environnement différent. Il ne s'agit pas de se replier sur soi-même en refusant toute ouverture, mais de maintenir un contact intelligent avec les autres tout en restant authentique. Il s'agit, somme toute convenue, de « s'ouvrir et de s'enrichir au contact des autres sans se renier »[5]. Mais « s'ouvrir, précise Fatou Diome, au monde sans s'y dissoudre, cela suppose une identité solidement ancrée, une véritable connaissance de soi, surtout, une conscience de sa dignité humaine. Seule cette conscience permet de s'affirmer sereinement parmi les autres, c'est-à-dire, sans éprouver le complexe d'infériorité qui pousse à se renier »[6]. Cette exigence d'endogénéité et d'exogénéité juridiques est d'autant plus cruciale pour le législateur que le droit[7], en effet, doit être l'expression même de la société qui l'adopte. Il doit s'ancrer dans les réalités de ceux auxquels il s'applique, au risque de générer des conflits béants quant à son application. Dans ses réflexions sur la sociologie du droit[8], fondées notamment sur ses travaux de thèse, Émile

[5] Fatou Diome, *Auncune nuit ne sera noire,* roman, Albin Michel, 2025, p. 1269.
[6] *Idem.*
[7] Si les juristes s'accordent souvent sur l'impossible définition du droit (règle, commandement, nome : voir François Terré, Nicolas Molfessis, *Introduction général au droit,* 14e édition, Dalloz, 2022, p. 57), il importe alors, pour simplifier la compréhension, de se référer au lexique des termes juridiques (18e édition, Dalloz, 2011, p. 302) dans lequel le droit se définit suivant deux sens : objectif et subjectif. Dans son sens objectif, le droit est l'ensemble des règles visant à organiser la vie en société et sanctionnées par la puissance publique. Dans son subjectif, c'est la prérogative attribuée dans son intérêt à un individu par le système juridique, lui permettant de jouir d'une chose, d'une valeur ou d'exiger d'autrui une prestation.
[8] Émile Durkheim, *De la division du travail social,* Paris, Félix Alcan, 1893 ;

Durkheim soulignait avec pertinence que le droit reflète l'organisation sociale qu'il traduit et constitue un « symbole visible de la solidarité ».

2. D'emblée, ces particularités semblaient être celles du droit précolonial qui, on le verra, était étroitement lié aux valeurs de son cadre social d'application. Il s'intégrait à elles et était spécialement conçu pour elles, dévoilant ainsi une civilisation unique[9]. Ce droit précolonial se coulait dans le moule des valeurs de la société d'application avant d'être vassalisé par le droit colonial qui, lui, s'inscrivait à rebours de ces traditions afro-africaines auxquelles il s'entrevêchait difficilement. Le droit colonial était étranger au fait social qu'il était censé réguler et semblait du reste avoir d'autres buts que ceux assignés à tout droit, à savoir la protection des populations, la régulation de leur comportement social, de leurs relations et l'interdiction de toute forme d'arbitraire. Malgré cette espèce de grand écart entre ce droit colonial et les aspirations de ses destinataires, il sera conceptuellement repris, de façon parfois tronquée, au lendemain des indépendances par le droit postcolonial, qui semble même le garder chevillé au corps. Malheureusement, ce dernier n'a pas réussi à se libérer de cette domination coloniale[10] dans laquelle il demeure profondément emmailloté. Visiblement, il ne cherche guère à analyser les dynamiques et les dialectiques conceptuelles et processuelles, pour réaliser un véritable renouvellement juridique qui repose, dans son intimité, sur un inventaire des réalités locales pratiquées par des populations qu'il a pour mission de réguler. Il est important de se rappeler que l'histoire précoloniale, coloniale et postcoloniale a donné une structure différente aux sociétés africaines sur les aspects culturels, religieux, sociaux, économiques et politiques[11].

3. Pourtant, le modèle français, qui constitue aujourd'hui la principale source d'inspiration du droit postcolonial, a su, au nom de

réimpression, Paris, PUF, 2007, 360 p. ; *Règles de la méthode sociologique*, Paris, 1894, coll. Petite Bibliothèque Payot, 2009.

[9] Pierre-François Gonidec, *Droits africains évolution et source,* Paris, 2ème édition, LGDJ, 1976, p. 9.

[10] Éloi Diarra, « Le droit colonial en Afrique de l'Ouest francophone ou la construction d'une société nouvelle », *in* Jean-Philippe Bras, *Faire l'histoire du droit colonial,* Karthala, 2015, p. 113.

[11] Léonard Matala-Tala, « L'ineffectivité du droit positif en Afrique subsaharienne », *Civitas Europa*, 2013/2, N°31, p. 242.

l'originalité de la règle de droit, opérer une synthèse entre l'héritage romain et les traditions coutumières françaises[12], dans l'intérêt de sa propre société. Paradoxalement, cette notion d'originalité – élément fondamental de la présente étude—semble être largement ignorée par le droit postcolonial. Or, elle constitue à la fois une nécessité et une exigence pour tout système juridique, comme l'ont souligné de nombreux auteurs aux profils variés.

4. Jean-Jacques Rousseau révèle l'importance de l'originalité de la règle de droit et met en garde, dans une brochure adressée aux émissaires polonais et corses, contre les dangers d'un mimétisme[13] juridique dépourvu d'esprit critique. Ces derniers l'interrogeaient sur la nécessité de la souveraineté populaire et du suffrage universel. Sa réponse, d'une portée universelle pour tout législateur, et *a fortiori* pour le législateur postcolonial en Afrique, est particulièrement éloquente, en ce sens qu'il exige l'adéquation entre le droit et les faits sociaux. Georges Burdeau, sur le rôle des facteurs sociaux et historiques dans la formation de l'État et du droit, allait dans le même sens. Pour chacun d'eux, avant de mettre en place le moindre système, il faut tenir compte de l'histoire, du caractère, des coutumes, des croyances religieuses, du niveau économique et de l'éducation de chaque peuple. Aucune règle, aucune méthode, aussi rationnelle soit-elle, ne possède une vocation universelle et immédiate d'application. Ce refus du mimétisme mécanique devrait être une leçon pour les législateurs africains postcoloniaux, en analysant de manière approfondie les réalités sociales du peuple africain auquel leurs œuvres étaient destinées. Aucun législateur éclairé ne saurait imposer des normes et institutions abstraites sans tenir compte des réalités propres à sa société.

5. Dans le même ordre d'idées, l'affirmation de Montesquieu semble être, de manière prémonitoire, un avertissement de

---

[12] *Idem.*

[13] Reprenons ici la définition de la notion de mimétisme donnée par Dominique Darbon, pour qui, c'est « un mode particulier d'ingénierie sociale, caractérisé par l'importation concrète ou diffuse, plus ou moins massive, de technologies institutionnelles externes [...] ayant vocation à s'inspirer dans un autre environnement ». Dominique Darbon, « A qui profite le mime ? Le mimétisme institutionnel confronté à ses représentations en Afrique », in Yves Mény, *Les politiques du mimétisme institutionnel. La greffe et le rejet,* Paris, L'Harmattan, 1993, p. 113-133.

l'inadéquation des lois postcoloniales au contexte socio-culturel. En effet, Montesquieu aborde la question de l'originalité de la règle de droit, affirmant que « les lois doivent être tellement propres au peuple pour lequel elles sont faites que c'est un très grand hasard si celles d'une nation peuvent convenir à une autre »[14]. Cette observation réaliste, formulée dans *De l'Esprit des lois*, souligne que les lois doivent être en adéquation avec les valeurs de la société, ainsi qu'avec la nature et les principes du régime politique en place ou envisagé. Si ces exigences ont été respectées par le législateur précolonial en Afrique, elles semblent en revanche avoir été négligées par le législateur postcolonial, dont les lois demeurent en décalage avec le mode de vie des populations. Il est ainsi manifeste que ces normes juridiques ne tiennent pas suffisamment compte du degré de liberté, de la religion, des inclinations, des mœurs et des traditions des habitants[15]. Par conséquent, elles souffrent d'un manque de crédibilité, de sécurité juridique, de cohérence et d'adaptabilité, compromettant ainsi leur effectivité et rendant nécessaire leur réajustement.

6. Pour sa part, Portalis a plaidé pour une législation enracinée dans les réalités sociales. En effet, Jean-Étienne-Marie Portalis, jurisconsulte et l'un des principaux rédacteurs du Code civil français de 1804, a également insisté sur l'originalité de la règle de droit dans son célèbre *Discours préliminaire au projet de code civil*. Il y souligne l'importance de l'harmonie entre les sources du droit, le rôle fondamental des pratiques coutumières et les liens entre les individus et leur législation. Ses propos, empreints de sagesse et ayant traversé les générations, rappellent que « il ne faut point de lois inutiles, elles affaibliraient les lois nécessaires ; elles compromettraient la certitude et la majesté de la législation »[16]. À bien des égards, on pourrait croire que ce discours s'adressait directement au législateur postcolonial en Afrique, tant il met en garde contre une législation déconnectée des réalités locales. Portalis affirme ainsi que « les lois ne sont de purs actes de puissance ; ce sont des actes de sagesse, de justice et de raison ». Il prévient également tout législateur du danger de perdre de vue que « les lois sont faites pour les Hommes et non les Hommes pour les lois ; qu'elles

[14] Montesquieu, *De l'esprit des lois*, L. 1, ch. 3, Barrillot & fils, 1748, p. 522.
[15] *Idem.*
[16] Jean-Étienne-Marie Portalis, « Discours préliminaires sur le projet du code civil », dans *Discours et rapports sur le code civil,* Caen, Centre de philosophie politique et juridique, URA-CNRS, Université de Caen, 1992, p. 15.

doivent être adaptées au caractère, aux habitudes, à la situation du peuple pour lequel elles sont faites »[17]. En ce sens, les législations ne sauraient être formées de dispositions théoriques alambiquées et piquées à l'extérieur, éloignées et déconnectées des réalités des Hommes pour lesquels elles sont faites.

7. Ahmed Sékou Touré, premier président de la Guinée indépendante, s'était aussi prononcé sur la question d'équilibre entre héritage précolonial et influences modernes. L'originalité de la règle de droit était au cœur de son discours prononcé lors du douzième Festival des Arts et de la Culture tenu à Conakry en novembre 1979. Dans cette intervention visionnaire sur l'articulation entre le droit précolonial, colonial et postcolonial, il déclarait : « Toute vie moderne qui ne plonge pas ses racines dans le passé est aussitôt balayée au premier coup de tempête, et toute vie traditionnelle qui refuse l'ouverture et s'enferme sur soi est vouée à la sclérose, à l'étouffement, à l'expérimentation. Le tout est de ne jamais perdre sa personnalité, son identité, et de savoir intégrer les valeurs culturelles étrangères dans une culture, sans altérer celle-ci ». Loin de rejeter toute influence de l'ordre colonial, l'ancien président guinéen ne prône ni la simple modernisation du droit traditionnel ni la traditionalisation du droit moderne. Son approche dépasse le dilemme entre la préservation radicale de l'ordre ancien et l'adoption d'un nouvel ordre. Il ne s'inscrit pas en tout état de cause dans un dilemme de vouloir opposer comme irréductibles la préservation de l'ordre ancien et l'entrée dans l'ère du nouvel ordre. À l'instar de Portalis, il semble soutenir l'idée qu'« il est utile de conserver tout ce qui n'est pas nécessaire de détruire ». Ainsi, si l'ordre postcolonial est dialectiquement lié aux ordres qui l'ont précédé (précolonial et colonial), il devrait entretenir un rapport plus profond avec l'ordre précolonial qu'avec l'héritage colonial.

8. Ces affirmations démontrent qu'il n'existe pas de solution normative universelle, et chaque situation exige une approche indivdualisée au regard de l'identité propre à chaque groupe humain, forgé par son histoire, ses valeurs, ses traditions et ses croyances. Ignorer ces spécificités peut conduire à des résultats d'ineffectivité de la norme juridique ainsi priduite. Le législateur postcolonial devrait donc tenir compte de la personnalité de son groupe social, la manière

[17] *Idem.*

de vivre de celui-ci, le niveau de son éducation, de son évolution, et même de son autonomisation, pour ainsi concevoir un système juridique adapté à ses réalités. L'effectivité d'une norme juridique dépend aussi de la possibilité pour chaque le peuple, avec son propre contexte, de trouver les solutions qui lui conviennent le mieux. La flexibilité, l'adaptation et la compréhension sont ainsi essentielles pour assurer la sécurité et la stabilité juridiques.

9. Ces réflexions liminaires mettent en évidence la nécessité d'une identité juridique au confluent entre originalité, mimétisme et ouverture. Elles sous-tendent le fait que toute société, même dans sa forme la plus élémentaire, doit s'appuyer sur son propre système juridique, dont l'originalité constitue un élément essentiel, tout en restant ouverte aux influences extérieures. Elles soulignent l'importance, pour chaque société, de disposer d'un droit[18] qui lui est propre, distinct en certains aspects de celui des autres, mais toujours en adéquation avec son identité. Elles insistent, par ailleurs, sur la nécessité d'une articulation harmonieuse entre le droit et le fait social, entre la tradition et la modernité. Ces considérations s'intègrent pleinement dans la ligne directrice du présent ouvrage, intitulé *L'Afrique et ses trajectoires juridiques : du droit précolonial au droit colonial et les enjeux identitaires du droit postcolonial.* Dans sa réformulation interrogative, il s'agit de savoir, de l'héritage juridique précolonial à l'influence du droit colonial, comment construire une identité juridique propre au postcolonialisme africain ? L'idée ici est d'examiner l'évolution historique du droit et les enjeux liés à l'identité juridique postcoloniale en Afrique.

10. En effet, ce sujet implique, de manière sous-jacente, une analyse approfondie du droit précolonial et de la transposition du droit colonial, dont l'étude successive permettra de mieux interroger l'effectivité du droit postcolonial dans les États africains issus de la colonisation française. Il convient de rappeler, si besoin est, que depuis les indépendances – et même bien avant – de nombreux auteurs issus de divers horizons (universitaires, chercheurs, magistrats, responsables administratifs) ont produit des travaux riches et variés sur l'effectivité

[18] Vincent Kangulumba Mbambi, « Les droits originellement africains dans les récents mouvements de codification : le cas des pays d'Afrique francophone subsaharienne », *Les Cahiers de Droit,* vol. 46, n°1-2, mars-juin 2005, p. 315-338.

du droit en Afrique. Ces contributions n'ont cessé de se multiplier depuis lors, exprimant des points de vue diversifiés, formulant des critiques constructives, soulevant des interrogations pertinentes, ressentant des craintes légitimes, émettant des doutes fondés et partageant des espoirs prudents quant au présent et au futur du droit africain. Des réflexions académiques approfondies sont régulièrement menées à travers des manifestations scientifiques, colloques, conférences et séminaires, tant en Afrique qu'ailleurs, notamment dans les universités françaises, afin de souligner l'importance de la réhabilitation de l'effectivité du droit sur le continent. Dès lors, face à l'extraordinaire fécondité et au rayonnement de la pensée critique et caustique de ces devanciers, ainsi qu'à la richesse de leurs propositions de solutions pragmatiques pour adapter le droit des États d'Afrique à leur contexte d'application, une question demeure : que peut encore apporter le présent ouvrage à cette abondante littérature consacrée à la problématique persistante de l'effectivité juridique en Afrique ?

11. Précisons d'emblée que la conception de cette problématique, portant sur l'application effective du droit postcolonial à la lumière de ses origines précoloniales et coloniales, s'inscrit dans la continuité des travaux d'autres auteurs qui examinent également cette question avec un regard critique. Il serait illusoire de prétendre que le présent ouvrage détient une solution miracle à ce problème récurrent. Toutefois, face à la nécessité pour les gouvernants d'opérer une reconfiguration paradigmatique, cette réflexion entend apporter une contribution modeste mais essentielle. S'appuyant sur les œuvres des grands précurseurs, ce livre propose, par la jonction d'un foisonnement de disciplines juridiques, d'explorer les défis liés à l'application effective du droit postcolonial en Afrique. Il met en avant l'importance d'un changement de repères pour assurer une meilleure cohérence juridique et institutionnelle. À cet effet, il adopte une approche transversale – bien que non exhaustive – du droit postcolonial dans les États d'Afrique subsaharienne francophone, en examinant ses origines précoloniales et coloniales, son mimétisme juridique et institutionnel, ainsi que son effectivité. L'objectif principal est de comprendre, dans une perspective anthropologique, les interactions entre les cultures et les systèmes juridiques antérieurs afin d'éclairer l'évolution du droit postcolonial. Cette comparaison permet d'évaluer dans quelle mesure ce dernier intègre, d'une part, certains éléments du droit précolonial – bien que de manière limitée – et, d'autre part, une reprise plus significative et dynamique du droit colonial. En substance, les réflexions développées ici s'articulent autour de trois axes fondamentaux : d'abord, une vision globale et non fragmentaire du droit précolonial et du droit colonial ; ensuite, l'examen de leur influence sur la structuration du droit postcolonial ; enfin, faudrait-il dire, une interrogation sur l'application effective de ce droit dans les sociétés africaines contemporaines.

12. Afin d'assurer la rigueur des développements et de mettre en épigraphe ces éléments substantiels, il est essentiel, d'un point de vue méthodologique et épistémologique, d'établir d'emblée une double délimitation, à la fois spatiale et temporelle, du sujet.

13. En effet, la formulation du sujet ne permet pas en soi d'identifier précisément l'aire géographique concernée. C'est pourquoi, il convient de préciser aussitôt que l'étude s'inscrit dans un cadre géographique centré sur l'Afrique subsaharienne[19] francophone. Ce cadre spatial inclut des pays tels que le Bénin, le Burkina Faso, le Burundi, le Cameroun, la Centrafrique, le Congo-Brazzaville, la Côte d'Ivoire, le Gabon, la Guinée, Madagascar, le Mali, le Niger, la République Démocratique du Congo, le Sénégal et le Togo. En revanche, il touchera moins au pourtour méditerranéen (Algérie, Égypte, Libye, Maroc, Tunisie) ainsi que sur certains États influencés par le droit musulman (Mauritanie, Soudan, Tchad). Ce cadre spatial couvrira également de manière plus marginale les pays africains dont les systèmes juridiques relèvent de la common law ou du droit mixte (Afrique du Sud, Botswana, Gambie, Ghana, Kenya, Lesotho, Libéria, Malawi, Maurice, Namibie, Nigéria, Ouganda, Rwanda, Swaziland, Seychelles, Sierra Leone, Tanzanie, Zambie, Zimbabwe).

14. Aussi, la formulation du sujet le place à l'intersection de l'histoire de l'Afrique, de l'anthropologie juridique et de l'histoire du droit, ce qui ne permet pas d'emblée de circonscrire aisément l'espace temporel de l'analyse. C'est pourquoi, il convient de faire une délimitation temporelle ciblée en analysant des périodes clés pour la compréhension de l'étude. Ce qui nécessite dès lors de préciser qu'elle ne prétend pas couvrir exhaustivement l'ensemble de l'histoire précoloniale, coloniale et postcoloniale des États africains concernés.

---

[19] Voir Michel Cartry, *L'Afrique au sud du Sahara,* Paris, Presses de sciences Po, 1962, 86 p.

L'objectif est plutôt d'examiner des périodes spécifiques qui éclairent les dynamiques d'évolution de l'ordonnancement juridique postcolonial en lien avec ses héritages.

15. Mais, il y a bien des limites et des tensions de cette délimitation méthodologique face à la transversalité du sujet. En effet, cette approche de délimitation, tant nécessaire, ne peut se faire sans soulever de questions délicates dans la mesure où le sujet étudié se distingue par sa diversité et son enchevêtrement. Ainsi, face à ces premiers éléments d'imbrication et de stratification, la difficulté principale réside dans la saturation des repères géographiques et temporels, qui se superposent, s'entrecroisent et s'influencent mutuellement, rendant tout cadre rigide d'analyse du sujet à des glissements constants. Au regard de cet éclatement des repères, on pourrait même remettre en question la pertinence d'une telle délimitation. Pourquoi privilégier l'étude de certains États africains et de certaines périodes historiques plutôt que d'autres, alors même que la formulation du sujet semble embrasser l'ensemble des États du continent, qu'ils aient ou non connu la colonisation, et couvrir une période aussi large que celle couvrant toute la période précoloniale ?

16. Au demeurant, il faut reconnaître que cette abondance de repères rend la grille d'analyse particulièrement complexe. Toutefois, l'un des principaux défis du sujet réside dans la volonté d'embrasser simultanément l'ensemble des États africains et de couvrir toute la période précoloniale, coloniale et postcoloniale en un seul développement. Une telle ambition, bien que louable, s'avère techniquement irréalisable et ne constitue pas l'objectif recherché et ne garantit pas forcément la cohérence de l'analyse. Ainsi, l'efficacité de cette étude repose sur une nécessaire circonscription de son champ d'analyse. Par ailleurs, le choix de se concentrer sur une partie spécifique du continent ne saurait être interprété comme une volonté délibérée de minimiser l'importance des régions non couvertes. Il ne s'agit en aucun cas d'un choix arbitraire, mais bien d'une démarche méthodologique visant à garantir la cohérence et la pertinence des réflexions menées.

17. De ce qui précède, le sujet semble s'inscrire entre diversité juridique et dynamiques convergentes, nécessitant une délimitation sans vision homogène. De toute évidence, en raison des nombreuses interconnexions, cette étude ne manquera pas d'aborder, même indirectement, les zones exclues en Afrique ainsi qu'ailleurs dans le monde. Cela est d'autant plus pertinent que tous les États africains, qu'ils aient été colonisés ou non, ont connu des réalités juridiques similaires, bien que ces expériences varient en intensité et en nature. Reste que le présent ouvrage n'a pas vocation à adopter une vision réductrice qui consisterait à affirmer, sur une base plus émotionnelle que rationnelle, que les trajectoires juridiques des États africains sont uniformes et interchangeables. L'idée d'une africanisation juridique sans frontières[20] apparaît ainsi limitée, dans la mesure où elle privilégierait une lecture homogène du droit au détriment des spécificités, des influences croisées entre coutumes et pratiques juridiques, aussi bien au sein de chaque État qu'entre les États africains eux-mêmes, leurs anciennes puissances coloniales et, plus largement, les autres États du monde. Or, il ne faut pas occulter le fait que l'Afrique n'est pas un État unique, mais un continent composé de plus de cinquante pays, où les systèmes juridiques varient en fonction des pratiques traditionnelles, des croyances religieuses, du régime politique et du poids de l'héritage colonial. Cette fragmentation des situations les plus diverses, les plus variées, les plus contradictoires, a, au demeurant, fait affirmer que, hormis son unité géographique, l'Afrique n'existe pas[21]. Pour Bernard Lugan, « il n'existe pas plus *une* Afrique qu'*un* homme africain »[22]. Il affirme que, en ce qui concerne l'Afrique, l'uniformisation y est idélogique et elle aboutit à un réductionnisme. L'auteur parle plutôt des Afriques[23] et donc des droits Africains. Une telle affirmation mérite tout de même d'être nuancée. En effet, nonobstant l'hétérogénéité juridique découlant des différences régionales, politiques, ethniques[24] et confessionnelles, il n'en existe pas moins des aspects convergents[25] suffisants pour que l'on puisse parler de droits coutumiers africains. C'est précisément dans cette optique que

---

[20] Jean Copans, « Penser l'Afrique ou connaître les sociétés de l'Afrique ? », *Cahiers d'études africaines* [En ligne], 233 | 2019, mis en ligne le 14 mars 2021, consulté le 06 janvier 2022. URL : http:// journals.openedition.org/etudesafricaines/25265 ; DOI : <https://doi.org/10.4000/etudesafricaines 25265>.

[21] Ryszard Kapuscinski, *Ébène : Aventures africaines*, Plon, 2000, 336 p.

[22] Bernard Lugan, *Afrique, l'Histoire à l'endroit,* Perrin, 1989, p. 16.

[23] *Idem*.

[24] *Ibid.*, p. 178 et s.

[25] Moussa Thioye, « Part respective de la tradition et de la modernité dans les droits de la famille des pays d'Afrique noire francophone », in *revue internationale de droit comparé*, vol. 57, n°2, 2005, p. 360.

la démarche de délimitation prend tout son sens. Elle permet d'éviter de diluer les axes du raisonnement en procédant pays par pays, culture juridique par culture juridique, ou tradition par tradition, tout en mettant en lumière les dynamiques communes et les aspects convergents qui structurent le droit africain.

18. Les vertus didactiques de ces étapes préliminaires permettent de structurer le sujet autour de plusieurs axes cohérents, facilitant ainsi une meilleure délimitation de son approche. Elles permettent non seulement de préciser son intérêt et la pertinence de sa problématique pour son développement, mais aussi, et surtout, de définir une méthodologie rigoureuse. Cette dernière implique la détermination d'un cadre de recherche spécifique, d'où découleront la justification de la méthode d'analyse ainsi que l'organisation du plan de l'ouvrage.

19. Ces développements préalables permettent de dégager l'intérêt du sujet qui réside assurément dans la nécessité d'examiner le droit en Afrique avant l'introduction du droit colonial, ainsi que les défis inhérents à l'application du droit postcolonial. Ce qui nécessite de faire une analyse croisée entre ces systèmes juridiques aux époques et contenus différents.

20. S'agissant du droit précolonial, faut-il le comprendre au-delà des clichés, en faisant une analyse entre richesses normatives et déformations coloniales? L'intérêt ici va alors résider dans l'analyse du cadre normatif qui régissait les rapports sociaux en Afrique avant la colonisation. Il est essentiel, sans prétendre à l'exhaustivité, de situer cette période afin d'en comprendre les structures juridiques et d'examiner comment les sociétés africaines s'organisaient juridiquement à cette époque. Mais comment la situer, d'autant bien plus que le terme « précolonial » est considéré comme péjoratif pour certains auteurs qui le soustraient à toute chronologie distinctive du passé des peuples colonisés[26] ? La datation de cette période varie en fonction du prisme adopté, qu'il soit occidental[27] ou africain[28]. Dès lors,

---

[26] Alexandre Galitzine-Loumpet, « Le passé indéfini : du ''précolonial'' en Afrique subsaharienne », *Les nouvelles de l'archéologie*, 126, 2011, p. 18-23.

[27] En 1962, Raymond Mauny (1912-1994) va diriger la chaire d'« Histoire de l'Afrique précoloniale des origines à 1600 » à l'Université de Sorbonne.

[28] Cheick Anta Diop, *L'Afrique Noire précoloniale,* Présence Africaine, 1987, 278 p.

doit-on remonter jusqu'à la préhistoire africaine[29] pour en comprendre les fondements ? Une telle démarche s'inscrirait-elle dans une volonté de réhabiliter l'histoire réelle du continent ? Cette question prend tout son sens, car les cosmogonies et récits dominants ont souvent contribué à déformer l'image de l'Afrique, la réduisant, dans l'imaginaire collectif, à un continent de misère, de barbarie et de pratiques considérées comme antinomiques aux valeurs des droits de l'homme, telles que l'excision, la polygamie ou le travail des enfants. Un continent où les forces de désordre l'emportent sur les forces de l'ordre. Loin des clichés qui attribuent aux populations africaines une prétendue paresse atavique, il convient, comme le souligne Simon-Pierre Ekanza, de rappeler que l'Afrique a été marquée par une exploitation effrénée de ses ressources par les puissances coloniales, combinée à diverses formes de violences : réquisitions, travail forcé, cultures obligatoires, impôts, expropriations[30]. Ekanza distingue ainsi quatre modes d'exploitation économique exercés par les colonisateurs : l'économie de prédation, l'économie de traite, l'économie de plantation et l'économie minière[31]. Des observations similaires sont formulées par Kashemukunda Kasongo-Numbi, qui soutient qu'« à l'arrivée des Blancs, tous les sidérurgistes du territoire de Kabongo, (...) étaient systématiquement arrêtés, emprisonnés ou tués. Il fut interdit de fabriquer le fer par des procédés africains. Le colonisateur ne jugea même pas nécessaire d'enseigner aux jeunes Africains comment leurs ancêtres arrivaient à extraire ces métaux de leurs minerais » [32]. Quelle que soit la forme qu'elle ait prise, la colonisation a profondément bouleversé le continent, détruisant des cultures entières, anéantissant des repères sociaux et causant des pertes humaines considérables[33]. Elle a entraîné une subrogation culturelle, un désastre économique et une catastrophe démographique[34], alimentant ainsi une vision péjorative de l'Afrique comme un continent marqué par le déséquilibre et l'incertitude. Mais, laissons aux historiens le soin de réécrire cette

---

[29] Joseph Ki-Zerbo, (dir.), *Méthodologie et préhistoire africaine,* in Histoire générale de l'Afrique, vol. 1, UNESCO, Paris, 1980, 893 p.

[30] Simon-Pierre Ekanza, « Le double héritage de l'Afrique », *Études,* N°4045, 2006, p. 608.

[31] *Idem.*

[32] Kashemukunda Kasongo-Numbi, *L'Afrique se recolonise,* une relecture du demi-siècle de l'indépendance du Congo-Kinshasa, L'Harmattan, 2008, p. 103.

[33] *Idem.*

[34] *Idem.*

Histoire[35] réelle de l'Afrique, *l'Histoire à l'endroit*[36], afin de restaurer une conscience authentique et de déconstruire les idées reçues qui continuent à entacher la perception du passé africain.

21. Dès lors, il convient de définir un point de départ temporel pertinent : quelle période du droit précolonial doit-on privilégier ? Aborder les présentes réflexions en débutant par la préhistoire de l'Afrique n'est-il pas un choix méthodologique, exigeant la mobilisation de multiples éléments, notamment temporels, ce qui pourrait donner une vision excessivement large du sujet ? Pour éviter une telle approche, faudrait-il plutôt se référer à l'Afrique ancienne[37]? Ou bien serait-il plus pertinent de débuter l'analyse à partir des grandes périodes historiques identifiées, comme l'Afrique du VIIe au XIe siècle[38], du XIIe au XVIe siècle, du XVIe au XVIIIe siècle[39], ou encore du XIXe siècle jusqu'aux années 1880[40] ? Ces datations s'inspirent de l'ouvrage emblématique de l'UNESCO, *Histoire générale de l'Afrique*, publié dans les années 1980.

22. Mais pour une question de cohérence et de délimitation méthodologique, il convient de faire un recentrage sur l'analyse juridique au détriment des périodisations interdisciplinaires. Dès lors, précisons que, dans le cadre restreint de cette étude, il ne s'agira pas de reprendre les périodisations établies par les éminents auteurs de cet ouvrage, fruit d'interdisciplinarité, au risque de s'éloigner de l'objectif principal du sujet, qui demeure avant tout une analyse juridique. Bien que les références historiques soient indispensables pour une meilleure compréhension du droit, l'enjeu central reste ici son évolution et son effectivité, elles-mêmes, il faut l'avouer, sont difficilement indissociables, pour être complètes, de tout cadre temporel.

---

[35] Voir Joseph Ki-Zerbo, *Histoire de l'Afrique noire : d'hier à demain,* Paris, Hatier, 1978, 731 p. ; Niamkey Georges Kodjo, *Le Royaume de Kong (Côte d'ivoire), des origines à la fin du XIXe siècle,* Paris, L'Harmattan, 2006, 377 p.

[36] Bernard Lugan, *Afrique, l'Histoire à l'endroit, op., cit.* p. 16.

[37] Gamal Mokhtar, (dir.), *Afrique ancienne,* in Histoire générale de l'Afrique, vol. 1, UNESCO, Paris, 1980, 925 p.

[38] Mohammed El Fasi et Ivan Hrbek (dir.), *Histoire générale de l'Afrique, volume III : L'Afrique du VIIe au XIe siècle*, Paris, UNESCO, 1988, 954 p.

[39] Djibril Tamsir Niane, (dir.), *L'Afrique du XIIe au XVIe siècle,* in Histoire générale de l'Afrique, vol. IV, UNESCO, Paris, Nouvelles éditions africaines, 1985, 811 p.

[40] Jacob Festus Adeniyi Ajayi (dir.), « L'Afrique au XIXe jusque vers les années 1880 », in *Histoire générale de l'Afrique*, vol. 1, UNESCO, Paris, 1996, 936 p.

23. Reconnaissons-le quand même, dater précisément le droit précolonial en Afrique demeure une tâche ardue, comme l'ont souligné plusieurs historiens du droit. En effet, le concept même de précolonial a fait l'objet de multiples requalifications[41]. Sa temporalité ainsi que ses implications idéologiques varient selon qu'elles sont évoquées par des chercheurs africains ou non africains[42]. Selon Alexandre Galitzine-Loumpet, le terme *précolonial* désigne étymologiquement la période antérieure à la colonisation. Il est construit à partir du mot *colonial*, qui renvoie à la fois à un fait chronologique et à une notion de civilisation, et du préfixe "*pré*" marquant l'antériorité. Cette définition sous-entend également une idée de progrès, en opposition à une supposée primitivité, toutes deux étant constitutives de la modernité[43].

24. Rappelons que la période précoloniale était une période charnière entre représentations culturelles et émergences politiques. Cette approche se situe donc à l'intersection des dimensions chronologique, géographique et civilisationnelle. Il s'agit d'une période intermédiaire, placée entre l'avant-colonisation et la colonisation proprement dite. Cheikh Anta Diop partageait-il cette conception dans sa thèse de doctorat d'État, publiée chez Présence Africaine sous le titre *L'Afrique Noire précoloniale. Étude comparée des systèmes politiques et sociaux de l'Europe et de l'Afrique Noire, de l'Antiquité à la formation des États modernes* ? Ce penseur libre et brillant a analysé cette notion sous divers prismes. Avant d'explorer l'illustre ouvrage de ce grand homme, qui a porté au niveau de la claire conscience sa connaissance innée de l'histoire de l'Afrique, il est essentiel de noter avec prudence que le terme *précolonial* fait référence à l'existence d'un ensemble de représentations culturelles, solidement ancrées et persistantes, avant l'intrusion coloniale.

25. Il est également essentiel d'examiner les modes de production et d'application de l'ordre juridique durant la période précoloniale. Était-il élaboré et mis en œuvre par des structures étatiques centralisées et hiérarchisées, ou bien existait-il en dehors de ces cadres institutionnels ? De plus, cette analyse s'intéressera à la perception qu'avaient les

---

[41] Alexandre Galitzine-Loumpet, « Le passé indéfini : du ''précolonial'' en Afrique subsaharienne », *Les nouvelles de l'archéologie*, 126, 2011, p. 18-23.
[42] *Idem.*
[43] *Idem.*

populations de ce système juridique précolonial, reposant sur un cadre normatif et un cadre juridictionnel distincts. Ainsi, il ressort que l'un des principaux mérites du droit précolonial africain, avant son appropriation et sa transformation par la colonisation, résidait dans son originalité. Malgré cette originalité, certains auteurs remettent encore en question l'existence même d'un droit précolonial, tandis que d'autres considèrent que toute tentative visant à démontrer son existence n'a qu'un intérêt secondaire[44]. Pourtant, les nombreux arguments attestant de la présence d'un ordre juridique originellement africain[45], certains continuent de rejeter l'idée qu'un droit ait pu exister en Afrique avant l'arrivée des colonisateurs.

26. On va vers une reconnaissance pluraliste du droit, non sans critiques du juridisme occidental. Cette posture a été vivement critiquée par Kéba Mbaye dans son allocution d'ouverture du symposium sur *La connaissance du droit en Afrique*. Il y dénonce les juristes qu'il qualifie de négationnistes, lesquels estiment que l'organisation sociale précoloniale, fondée sur des règles de conduite, ne relevait pas du domaine juridique. Il rapporte leurs propos selon lesquels, dans ces sociétés africaines, « les règles qui gouvernent les sociétés insuffisamment développées portent à la fois sur la façon d'être et sur la solution des litiges et, d'autres part, par le principe selon lequel en Afrique l'individu, absorbé par l'archétype du totem, de l'ancêtre commun ou du génie protecteur, se fond dans la communauté, certains juristes, ne reconnaissent au mot droit qu'un sens étroit et objectif, en sont arrivés à conclure que les pratiques africaines du comportement, non seulement ne méritent pas d'être appelées droit, mais constituent même sa négation »[46]. Dans cette même perspective, Edwin Hartland souligne que « les peuples civilisés qui ont l'habitude de lier le droit à une doctrine écrite, refusent d'appeler droit les règles auxquelles se plient les peuplades sauvages, et leur accordent seulement la qualité de coutumes. Mais des coutumes qui sont établies et respectées par

---

[44] Voir Kéba Mbaye, « Ouverture du Symposium », in *La connaissance du droit en Afrique,* Bruxelles, 2, 3 décembre 1983, Académie royale des Sciences d'Outre-mer, p. 7-15.

[45] Vincent Kangulumba Mbambi, « Les droits originellement africains dans les récents mouvements de codification : le cas des pays d'Afrique francophone subsaharienne », *op. cit.*, p. 321 et s.

[46] Voir Kéba Mbaye, « Ouverture du Symposium », *op., cit.*, p. 7-15.

l'ensemble de la population ne peuvent se distinguer des lois »[47]. Opposé à ces visions réductrices, Kéba Mbaye s'appuie sur les travaux de Jean Dauvillier, qui a démontré que, dès leurs origines, les sociétés humaines – y compris celles d'Afrique précoloniale – ont élaboré des règles de droit[48]. De ce fait, il est essentiel de reconnaître qu'« il n'existe pas de conception universelle du droit. En réalité, il n'est que ce qui est considéré comme droit par une société à un moment donné. Il est le résultat d'une évolution historique et de choix propres à chaque tradition juridique »[49]. Dans un style à la fois ironique et critique, Fatou Diome s'indigne de l'ignorance historique qui consiste à nier la profondeur des civilisations africaines. Elle écrit ainsi : « Dire que des baroudeurs cambrioleurs nous ont pris pour des gens sans civilisation ! Montesquieu, dis-moi, ne faut-il pas des chef(fe)s, de la stratégie et de la lumière pour structurer un esprit des lois et bâtir des royaumes depuis le Moyen Âge jusqu'en 1969 ? »[50]. À travers cette interpellation littéraire, l'auteure souligne l'absurdité du discours colonial qui a longtemps prétendu fonder la domination européenne sur une prétendue mission civilisatrice[51], alors même que les sociétés africaines avaient développé des structures politiques, juridiques et culturelles élaborées bien avant l'ère coloniale.

27. Cette négation de l'existence d'un droit proprement africain a servi de fondement idéologique et politique à la transplantation juridique coloniale. En effet, malgré la solidité des arguments en faveur de l'existence d'un droit précolonial, certains auteurs persistent à affirmer qu'il n'existait pas de « (...) système élaboré de droit dans les pays africains dont une structure tribale, en général très fragmentée, avait paralysé l'évolution »[52]. Sans tenir compte des variations de la perception du droit[53] selon les peuples, les époques, les contextes

---

[47] Edwin Sidney Hartland, *Primitive Law,* Londres, Methuen & Company Limited, 1924, 222 p.
[48] Jean Dauvillier, *Problèmes juridiques de l'époque paléolithique,* Mélanges, Henry Levy-Brühl, Paris, Sirey, 1959, p. 351-359.
[49] François Terré et Nicolas Molfessis, *Introduction générale au droit, op., cit.*, p. 200.
[50] Fatou Diome, *Auncune nuit ne sera noire, op., cit.*, p. 150.
[51] Nicolas Bancel, Pascal Blanchard, Françoise Vergès, *La République coloniale, Essai sur une utopie,* Albin Michel, 2003, p. 67 et s.
[52] René David, Camille Jauffret-Spinosi, *Les grands systèmes de droit contemporains,* 11e édition Dalloz, 2002, p. 64.
[53] François Terré et Nicolas Molfessis, *Introduction générale au droit, op., cit.,*, p. 200.

géographiques, ainsi que les influences culturelles et religieuses, ils avancent de manière péremptoire que « la notion même du droit y a été importée, avec l'ordre et la paix, par les puissances occidentales »[54]. Pour soutenir cette argumentation biaisée, ils prétendent qu'il n'existait dans les sociétés africaines précoloniales ni formation ni mode de légitimation du droit, celui-ci ne relevant pas du droit de l'État. Selon eux, l'absence d'écrits et d'institutions empêcherait de qualifier ces normes de droit. Or, si l'on s'appuie sur la définition de la société donnée par *Le Littré* – une réunion d'hommes ayant même origine, mêmes usages, mêmes lois –, on ne peut nier que les sociétés africaines précoloniales fonctionnaient nécessairement avec des normes, dont certaines relevaient de la juridicité[55]. Encore il est vrai que ces affirmations simplistes, sur l'histoire d'un continent aussi diversifié, aux identités multiples et profondes, ont souvent servi à justifier la transplantation du modèle juridique hexagonal[56]. Celui-ci avait pour objectif, dit-on, d'harmoniser, de centraliser et de moderniser un corpus de normes traditionnelles et coutumières perçu comme évoluant à rebours de la force centripète supposément nécessaire à l'essor d'une société en voie de modernisation.

28. En France, l'idée dominante veut que seul le droit étatique soit reconnu comme véritable droit. Comme l'a justement souligné Étienne Le Roy, cette approche contraste fortement avec le système anglo-saxon, où les universités anglophones et même néerlandophones et germanophones accordent une place importante à l'étude de la coutume et des droits non étatiques, sans les caricaturer ni les marginaliser[57]. Cette conception française repose donc sur un certain dogmatisme juridique. Pourtant, les pratiques juridiques africaines précoloniales étaient, à bien des égards, des mécanismes de régulation efficaces, en parfaite adéquation avec les réalités et les aspirations des sociétés

---

[54] René David, Camille Jauffret-Spinosi, *Les grands systèmes de droit contemporains, op. cit*, p. 64.

[55] Moussa Thioye, « Part respective de la tradition et de la modernité dans les droits de la famille des pays d'Afrique noire francophone », *op., cit.*, p. 352.

[56] Éloi Diarra, « Le droit colonial en Afrique de l'Ouest francophone ou la construction d'une société nouvelle », *in* Jean-Philippe Bras, *Faire l'histoire du droit colonial,* Karthala, 2015, p. 113.

[57] Etienne Le Roy, « La formation des droits ''non étatiques'' », *in* Pierre-François Gonidec, Maurice Ahanhanzo-Glélé (dir.), *Encyclopédie juridique de l'Afrique, tome 1 – L'État et le droit*, Abidjan, Dakar, Lomé, Les Nouvelles Éditions Africaines, 1982, p. 353.

concernées. Comme le rappelle Pierre-François Gonidec, *les Africains n'ont pas attendu les Européens pour résoudre leurs propres problèmes*. Il précise d'ailleurs que « dans les empires, dans les royaumes, voire les chefferies, sur lesquels se sont penchés les historiens et les ethnologues, il existait un appareil d'État, dont la perfection n'avait rien à envier à celui qui existait dans les monarchies européennes de l'ancien régime, et des techniques de création du droit parfaitement adaptées aux caractéristiques des sociétés africaines »[58]. Ainsi, nier l'existence d'un droit en Afrique précoloniale relève d'une posture qui peut séduire les détracteurs du pluralisme juridique, mais qui convainc difficilement les historiens sérieux de cette période.

29. En réalié, un système juridique propre existait bel et bien en Afrique avant l'arrivée des colonisateurs[59] occidentaux. D'ailleurs, le lien étymologique et ontologique entre le terme « système » et l'adjectif « juridique » vient renforcer cette affirmation. Selon le Dictionnaire encyclopédique de théorie et de sociologie du droit, un système est défini comme une collectivité organisée de normes juridiques pouvant être représentée de manière systémique, dans la mesure où elle repose sur une unité fondamentale (système juridique). Il peut également être compris comme un ensemble de normes, d'institutions et/ou de comportements collectifs interdépendants, considérés dans leur insertion au sein du système social global et/ou du système politique. En d'autres termes, le système juridique constitue le cadre des interrelations entre les acteurs et éléments du droit, ainsi que leurs connexions avec d'autres systèmes[60]. Quant à l'adjectif juridique, il désigne, dans son acception classique, l'ensemble des expressions et notions employées pour qualifier le droit dans son sens le plus large, comme l'indique le *Lexique des termes juridiques*[61].

---

[58] Pierre-François Gonidec, « Introduction », in *Encyclopédie juridique de l'Afrique*, Pierre-François Gonidec, Maurice Ahanhanzo-Glélé (dir.), tome 1 – *L'État et le droit*, Abidjan, Dakar, Lomé, Les Nouvelles Éditions Africaines, 1982, 500 p., p. 9.
[59] Jacques Bugnicourt, « Le mimétisme administratif en Afrique : obstacle majeur au développement », *op. cit.*, p. 1251.
[60] André-Jean Arnaud, « Système (en sociologie du droit) », in André-Jean Arnaud (dir.), *Dictionnaire encyclopédique de théorie et de sociologie du droit*, 2e éd., LGDJ, 1993, p. 598.
[61] Serge Guichard, et al. (dir.), *Lexique des termes juridiques*, Dalloz, 18e édition, 2011, p. 472.

30. Cette vision corsetée et restrictive du droit a conduit certains auteurs à formuler de telles affirmations. Selon leur logique, reconnaître l'existence d'un droit précolonial en Afrique supposerait nécessairement l'existence préalable d'une structure étatique, puisque, dans leur conception figée, droit et État sont indissociables, celui-ci étant imbriqué à celui-là. L'État est donc la condition du droit suivant cette conception restrictive qui sera remise en cause. Ainsi, pour les puristes de ce postulat, il serait impossible de définir et d'expliquer le droit sans le rattacher à l'État, car tout ordonnancement juridique repose en amont sur une organisation étatique, et tout État ne saurait acquérir de légitimité sans le prisme du droit. Cette perspective revient donc au paradoxe de l'œuf et de la poule. Pour ce mode de pensée aussi étriquée de l'histoire du continent africain, l'Afrique précoloniale ne pouvant être qualifiée d'État au sens occidental du terme, il ne saurait y avoir de droit précolonial. Ils soutiennent ainsi que les sociétés africaines d'avant la colonisation évoluaient non pas dans un cadre étatique, mais au sein d'empires[62], de royaumes, de chefferies ou encore de structures sociales plus élémentaires, où l'autorité parentale jouait souvent un rôle politique central. Or, comme le souligne Catherine Coquery-Vidrovitch, « l'absence de structures d'État, au sens classique hiérarchisé du terme, n'implique nullement l'anarchie »[63]. Pourtant, à l'opposé de l'anarchie, on trouve la discipline, l'ordre, l'organisation, et donc le droit.

31. Ces arguments devraient suffire à dissiper les doutes, mais certains auteurs persistent à affirmer que les formes d'organisation sociale et politique des sociétés africaines précoloniales engendraient une certaine indifférenciation et une fragilité des institutions publiques, marquées par l'absence d'une autorité étatique au sens moderne du terme. Ils soutiennent que « contrairement à d'autres conceptions où la frontière entre les phénomènes politiques et les autres phénomènes sociaux peut être souvent facilement tracée, dans les sociétés africaines précoloniales le mode d'organisation sociale et politique était calqué sur le modèle traditionnel et coutumier, faisant fi de toute conception

---

[62] Alioune Badara Fall, « La Charte africaine des droits de l'Homme et des peuples : entre universalisme et régionalisme », *Pouvoirs* 2009/2 (n° 129), p. 77-100.

[63] Catherine Coquery-Vidrovitch, « Les structures du pouvoir et la rurale précoloniale ». In *Revue française d'histoire d'outre-mer,* tome 68, n°250-253, Année 1981, État et société en Afrique Noire, p. 54-70.

d'institutions publiques »[64]. D'autres vont encore plus loin en affirmant qu'il était difficile d'y envisager une organisation politico-administrative comparable à celle des États occidentaux, et *a fortiori* un droit applicable structuré autour de notions similaires. Nicolas Delama résume cette pensée en indiquant que pour qu'un véritable système politico-juridique ait existé, deux conditions fondamentales auraient dû être remplies : d'une part, une séparation claire entre les autorités administrative et judiciaire, la première étant caractérisée par la production unilatérale d'actes de puissance en vue de l'intérêt collectif ; d'autre part, l'organisation d'un contrôle juridictionnel garantissant au citoyen des droits opposables à la puissance publique[65]. Faut-il le dire, ces critères relèvent d'une conception étatique occidentale et ne sauraient être les seuls référentiels valides pour juger de l'existence d'un droit au sein des sociétés africaines précoloniales. Cette indifférenciation institutionnelle prise comme argument de dénégation du droit précolonial, est une grille de lecture occidentalo-centrée.

32. N'est-ce pas la fonction première de tout droit que de réguler, sous une forme ou une autre, les rapports sociaux ? François Terré et Nicolas Molfessis, nous enseignent, dans une perspective de critique du droit, que « le droit est et doit être un savoir ordonné, partagé par une communauté qui en comprend les rouages, en ménage le fonctionnement et en configure les caractères, sinon il n'est plus droit »[66]. Ce principe implique que le droit ne repose pas nécessairement sur une organisation étatique. Une telle conception est parfaitement applicable au droit précolonial en Afrique. En effet, bien que les sociétés précoloniales aient été diverses sur les plans ethnique, organisationnel et culturel, leurs interactions étaient régies par des normes, et donc par un ordre juridique. Ainsi, avant l'arrivée des

---

[64] Marie Eliou, Claude Rivière, « Classes et stratification sociales en Afrique », *Revue Tiers Monde*, Tome 19, n°76, 1978, p. 901-903.

[65] Nicolas Delamare, « Les fondations du droit administratif français », in Revue française de théorie, de philosophie et de culture juridiques, *PUF*, 2003, n°38 p. 113. En ce sens, voir d'abord François Burdeau, *Histoire du droit français*, Paris, PUF, coll. « Thémis », 1995 ; « Naissance d'un droit », *Nonagesimo anno, Mélanges en hommage à Jean Gaudemet,* Paris, PUF, 1999, p. 521-540. Voir ensuite, très représentatif de ce nouveau courant, Grégoire Bigot, *Introduction historique au droit administratif depuis 1789*, Paris, PUF, coll. « Droit fondamental », 2002, p. 18-26 et 42-44.

[66] François Terré et Nicolas Molfessis, *Introduction générale au droit, op., cit.*, p. 190.

colonisateurs, un système de droit existait bel et bien en Afrique. Ce droit, profondément enraciné dans les traditions locales, encadrait tous les aspects de la vie sociale, notamment la famille, les biens, les contrats, la responsabilité, le commerce et les finances. Loin d'être une absence de droit, il représentait une forme juridique originale et adaptée aux réalités de ces sociétés. Cette affirmation sera développée et démontrée plus en détail par la suite.

33. Le véritable dilemme, comme le souligne Jean Carbonnier, ne devrait pas opposer la loi, associée à un appareil étatique, à d'autres formes de droit, mais plutôt distinguer le droit du non-droit. Pourtant, même en admettant l'existence d'un droit africain précolonial[67], certains auteurs négationnistes persistent à le confronter au droit occidental, le qualifiant de *droit barbare*, *droit sauvage* ou *droit arriéré*, en opposition à un supposé *droit civilisé*. Dans leur vision révisionniste et empreinte de condescendance, ces penseurs considéraient que les populations africaines étaient incapables de différencier l'ordre du désordre, le bien du mal, le juste de l'injuste, ou encore le vrai du faux. Ce mépris, fondé sur une incompréhension totale de ces systèmes juridiques, a nourri l'idéologie coloniale, structurant la « vie juridique de l'Afrique coloniale par opposition qui était faite entre les statuts de sujets de droit »[68]. Durant cette période de fatuité marquée par une vision biaisée et péjorative, un clivage binaire était soigneusement entretenu entre *droit officiel* et *droits périphériques secrets*, entre *citoyens français* et *sujets français*[69]. Cette distinction artificielle fut soutenue et légitimée non seulement par une désinhibition de la parole[70] des autorités politiques à la légitimité discutable, mais également par des scientifiques nimbés d'une arrogance intellectuelle, confortant, du haut de leur suffisance, cette hiérarchisation injustifiée des systèmes juridiques.

34. L'objectif ici n'est pas de dissiper tous les doutes sur l'existence d'un système juridique africain précolonial, car de nombreux chercheurs l'ont déjà brillamment démontré. Les auteurs sceptiques, même lorsqu'ils admettent son existence, tendent à le réduire à un

[67] Cheikh Anta Diop, *L'Afrique noire précoloniale, op. cit.*, 278 p.
[68] Etienne Le Roy, « La formation des droits ''non étatiques'' », *op. cit.*, p. 353.
[69] *Ibid.*, p. 354.
[70] Oissila Saaïdia, Laurick Zerbini (dir.), *La construction du discours colonial*. Paris, Karthala, 2009, 246 p.

simple artifice insignifiant, le qualifiant comme un brimborion. Ce livre, qui ne prétend pas convaincre ces derniers par un simple discours, se limitera à démontrer, à travers ses développements, les caractéristiques essentielles de ce droit précolonial. Sur le fond, il s'agissait d'un droit conciliateur et flexible, imprégné de mysticisme et reposant sur des valeurs de solidarité. Sur la forme, il était essentiellement oral et fondé sur un pluralisme juridique. Son objectif premier était de privilégier les réalités sociologiques sur une construction purement juridique, en mettant en avant son adaptation aux besoins des sociétés africaines de l'époque.

35. La présente étude revêt également un intérêt majeur, notamment en ce qui concerne le processus de transposition du droit colonial dans les États d'Afrique subsaharienne, sa réception après les indépendances et les effets qui en ont découlé. Les effets, en effet, le modèle juridique français a souvent été critiqué pour son inadéquation aux réalités africaines, en raison de son imprécision et de sa rigidité, peu compatible avec l'hétérogénéité et la complexité des faits sociaux africains. De nombreuses interrogations surgissent ainsi à l'intersection du droit colonial et des structures précoloniales africaines.

36. La datation précise de l'introduction du droit colonial en Afrique soulève elle aussi des questionnements. Quand ce processus a-t-il réellement débuté ? S'est-il opéré exclusivement à travers la domination coloniale ? Si tel est le cas, devons-nous nous appuyer sur l'*Histoire générale de l'Afrique* de l'UNESCO pour situer cette période entre 1880 et 1935[71], puis l'évolution de l'Afrique depuis 1935[72]? Quoi qu'il en soit, la colonisation a instauré des rapports asymétriques entre les États africains et les puissances coloniales, en particulier la France. Dans ces relations de domination, la France a établi huit colonies aux frontières souvent tracées sans véritable cohérence historique, séparant artificiellement des entités socio-culturelles. Ces territoires comprenaient le Sénégal, le Soudan français (actuel Mali), la Mauritanie, le Niger, la Guinée, la Haute-Volta (actuel Burkina Faso), la Côte d'Ivoire et le Dahomey (actuel Bénin). C'est dans ce contexte colonial que la France a imposé son modèle juridique, instaurant une

---

[71] Albert Adu Boahen, (dir.), *L'Afrique sous domination coloniale, 1880-1935*, in Histoire générale de l'Afrique, vol. 1, UNESCO, Paris, 1987, 937 p.
[72] *Idem.*

bipolarisation du droit. Cette transplantation juridique a entraîné une cohabitation complexe entre l'ordre ancien et l'ordre nouveau, qui a évolué en plusieurs phases, d'abord une coexistence, puis une confrontation, suivie d'une subordination progressive des systèmes juridiques précoloniaux[73], pour finalement aboutir à leur substitution et à leur subjugation. Tout au long de cette période coloniale, la question ambivalente de l'acceptation ou du rejet du droit colonial par les populations locales – aussi bien dans leur conscience collective qu'individuelle, tant sur le plan réel qu'imaginaire – s'est posée avec une égale acuité, notamment lors de l'élaboration du droit postcolonial.

37. En ce qui concerne le droit postcolonial, il convient d'abord de préciser que le terme postcolonial désigne, au sens littéral, ce qui succède à la colonisation. Schématiquement, le postcolonial désigne un ensemble de circonstances caractérisées par la présence du postcolonialisme, lequel est défini comme une attitude de résistance contre le colonialisme, pouvant précéder, accompagner ou suivre celui-ci. Quant aux études postcoloniales, elles renvoient aux « recherches scientifiques sur la postcolonialité, souvent assorties d'un engagement en faveur du postcolonialisme »[74]. Dans cette optique, le droit postcolonial peut être compris comme le droit né après le colonialisme[75], c'est une émergence entre rupture, continuité et engagement.

38. L'intérêt de cette étude réside alors dans l'analyse des contradictions inhérentes à l'élaboration de ce droit postcolonial. Ces contradictions semblent découler d'une réception mécanique du droit colonial, plutôt que d'une réappropriation du droit précolonial. Rappelons que lors des indépendances, on aurait pu s'attendre à ce que les nouvelles autorités normatives des États africains s'émancipent intelligemment du modèle colonial, jugé inadapté aux réalités locales. Cependant, une telle rupture ne s'est pas imposée d'elle-même. On a alors parlé de la difficile décolonisation juridique, mettant ainsi le droit

---

[73] Vincent Kangulumba Mbambi, « Les droits originellement africains dans les récents mouvements de codification : le cas des pays d'Afrique francophone subsaharienne », *op. cit.* p. 315-338.

[74] Alec G. Hargreaves, « Chemins de traverse. Vers une reconnaissance de la postcolonialité en France », in Mouvements, *La Découverte,* 2007/3, n°51, p. 24-31.

[75] Jim Cohen et al. « Le tournant postcolonial à la française », in Mouvement, *La découverte,* 2007/3, n°51, p. 7-12.

postcolonial au confluent de la réception du droit colonial et de la marginalisation des droits endogènes.

39. Pour des raisons à la fois juridiques et extra-juridiques – notamment liées au passé historique, aux moyens institutionnels et techniques disponibles –, les nouvelles autorités ont fait le choix de maintenir la continuité de l'ordre colonial, sans réellement prendre en compte son inadéquation avec les réalités locales. Ce choix a aussitôt soulevé la question de l'identité du droit postcolonial et, par conséquent, de son effectivité. Ce risque était d'autant plus redouté qu'il s'inscrivait dans une politique d'alignement mécanique des nouvelles autorités normatives. Il ne s'agit pas ici de rejeter en bloc toute forme d'influence étrangère, ni de condamner toute inspiration exogène ou de déclarer une *fatwa* contre toute forme d'inspiration étrangère ou même de partir en croisade contre toute forme de mimétisme. En réalité, aucun système – qu'il soit africain, français ou autre – ne saurait revendiquer une originalité absolue sans contenir, à des degrés divers, une part, minime soit-elle, d'influence, d'inspiration et de mimétisme.

40. Cependant, les nouvelles autorités normatives des États africains indépendants, sauf à manquer totalement de vision ou à avoir des esprits foutraques, auraient dû faire preuve d'un minimum[76] d'imagination pour façonner un droit postcolonial véritablement ancré dans l'ordre social auquel il était destiné. Les réalités africaines exigeaient en effet de repenser ce droit dans sa propre contemporanéité et dans une perspective adaptée à son propre contexte historique et social. Or, la reconduction pure et simple des concepts du droit colonial, sans effort de socialisation ni d'adaptation, a suscité plus d'incompréhension, d'intranquillité et d'instabilité que de sécurité juridique. Le sentiment dominant aujourd'hui est que ce droit postcolonial, largement calqué sur le modèle colonial, est tombé dans une désuétude programmée, *ab initio*, dès son origine, comme s'il avait été pour ainsi dire conçu pour être inefficace. Selon une perception bien établie en Afrique, les nouvelles autorités normatives, en reproduisant intégralement le modèle colonial, n'ont fait qu'adopter une approche simpliste et

[76] Vincent Kangulumba Mbambi, « Les droits originellement africains dans les récents mouvements de codification : le cas des pays d'Afrique francophone subsaharienne », *op. cit.*, p. 325.

mécanique. Plutôt que d'analyser en profondeur les réalités sociales qu'il devait encadrer, le droit postcolonial a suivi une méthode heuristique superficielle, feignant une prise en compte pragmatique des faits sociaux, alors qu'en réalité, il ne faisait qu'imposer un cadre juridique dogmatique inadapté aux besoins des sociétés africaines.

41. De ces trajectoires juridiques de l'Afrique, la problématique de l'étude se dévine facilement en se posant comme suit : ***entre héritages multiples et quête d'identité, quelle effectivité du droit postcolonial ?*** La convergence de ces éléments adjacents amène, en définitive, à poser cette problématique centrale de l'étude. De celle-ci, découlent plusieurs autres interrogations. Dans quelle proportion le droit postcolonial est-il influencé par ses héritages précoloniaux et coloniaux ? Quelle est son effectivité au regard de ses origines croisées ? Plus précisément, les difficultés d'application du droit postcolonial dans les États d'Afrique subsaharienne résultent-elles d'une simple reconduction de l'ordre juridique colonial ? Aurait-il été plus judicieux pour ce droit de s'inspirer davantage de l'ordre juridique précolonial, malgré le fait que ce dernier ait été dominé et marginalisé sous l'effet de la colonisation ? Le droit postcolonial à l'épreuve de ses origines (précolonialité et colonialité), quelle identité et quelle effectivité pour un droit postcolonial tiraillé entre reconduction et refondation ?

42. De ces interrogations légitimes, affirmons d'emblée qu'il est incontestable que la transposition du droit colonial en Afrique a engendré une divergence de préséance entre le droit nouveau et le droit ancien, en l'occurrence le droit précolonial. De manière schématique, la nomenclature juridique en Afrique, pendant la période coloniale, était caractérisée par une dualité institutionnalisée, où le droit précolonial, bien que relégué à une position subalterne, conservait l'avantage d'être moulé dans des structures civilisationnelles propres aux sociétés locales, intégrant croyances religieuses, coutumes et traditions. Cette vassalisation du droit précolonial n'était que formelle. Le droit postcolonial, pour être véritablement effectif, aurait dû s'appuyer sur ce droit précolonial comme fondement principal, tout en opérant une assimilation sélective et pragmatique de certaines dispositions du droit colonial, au lieu de faire de ce dernier sa référence quasi exclusive. Quoiqu'il en soit, face à ces interrogations cruciales, dans un contexte africain où la majorité de la population est jeune et où le droit peine à jouer pleinement son rôle de régulation des rapports sociaux en raison d'un décalage et d'une dysharmonie avec les réalités locales, il est essentiel d'adopter une démarche méthodologique alliant approche théorique et analyse empirique.

43. En effet, le choix méthodologique repose sur plusieurs axes structurants. Tout d'abord, une analyse théorique approfondie de l'existant sera menée, mobilisant les instruments juridiques relatifs aux droits précolonial, colonial et postcolonial. Cette analyse s'inscrit dans une perspective comparative, aussi bien au niveau national qu'international. Il sera néanmoins essentiel d'éviter l'écueil d'une approche purement descriptive, qui se limiterait à un inventaire sans véritable projection critique.

44. Précisons qu'il s'agit ici d'une méthodologie plurielle, c'est-à-dire le croisement des sources juridiques, des savoirs interdisciplinaires et des enquêtes de terrain. De même, les instruments juridiques pris en compte seront variés, notamment constitutionnels, internationaux, législatifs, réglementaires, jurisprudentiels, coutumiers et doctrinaux. Cette approche juridique dans un panorama comparatif et pluridisciplinaire permettra, sans nul doute, d'enrichir l'analyse, en intégrant des dimensions sociologiques, anthropologiques, historiques et ethnologiques. L'objectif est ainsi d'évaluer l'effectivité du droit postcolonial en quête d'identité, au prisme des systèmes juridiques qui l'ont précédé. En complément de cette approche théorique, une enquête de terrain sera menée à travers des interviews et des entretiens libres. Cette méthode[77] empirique s'affranchit de toute vision dogmatique et vise à adopter une démarche pragmatique, plus proche des réalités concrètes. Elle permettra d'examiner les modalités de conception, de compréhension, d'application et d'appropriation du droit précolonial, ainsi que les mécanismes de transposition et d'application du droit colonial. L'objectif du sujet, au-delà de cette analyse juridique, est d'avoir un regard sociologique, anthropologique, surtout historique et ethnologique afin de mieux évaluer l'effectivité du droit postcolonial en quête d'identité au prisme du droit précolonial et du droit colonial. Cette approche empirique permet d'avoir une vision pratique du sujet

[77] Voir Kalil Aissata Keita, *L'influence du droit administratif français sur le droit administratif guinéen*, Thèse de doctorat Droit, Université de Rouen Normandie, 2020, 705 p. ; Kalil Aissata Keita, *La protection juridictionnelle des administrés contre l'administration en Guinée*, L'Harmattan, 2022, 219 p.

en donnant lieu d'être plus proche de la réalité et de percevoir davantage les modalités d'appréhension de ces trajectoires juridiques en Afrique depuis la période précoloniale. Ces différentes perspectives permettront d'articuler un plan d'ouvrage cohérent et rigoureux.

45. C'est pourquoi, le plan de l'étude est bâti sur une analyse diachronique en trois temps du droit africain. À partir de ces axes méthodologiques et en mobilisant à la fois des connaissances théoriques et pratiques, l'analyse des réponses à apporter à la problématique nécessite une approche linéaire et cohérente, retraçant l'évolution du droit en Afrique depuis la période précoloniale jusqu'à la période postcoloniale, en passant par la phase coloniale. Plus concrètement, l'étude s'organisera en trois parties distinctes. *Le droit précolonial* **(Partie I)**, qui constituait un système juridique originel, incrusté dans les traditions et les réalités des sociétés africaines avant l'arrivée de la colonisation. *Le droit colonial* **(Partie II)**, imposé par les puissances coloniales, a marqué une rupture en instaurant un cadre juridique étranger souvent en décalage avec les structures sociales locales. *Le droit postcolonial* **(Partie III)**, qui, après les indépendances, aurait dû répondre aux attentes des sociétés africaines, mais qui s'est majoritairement construit dans la continuité du droit colonial, posant ainsi la question de son effectivité et de son adéquation aux réalités locales.

46. De ces parties, il faut aller vers un droit contextuel, c'est-à-dire, repenser l'efficacité normative dans les États africains postcoloniaux. En effet, à travers cette approche, les États de l'Afrique subsaharienne francophone issus de la colonisation française pourront ainsi interroger l'efficacité des systèmes juridiques successifs qu'ils ont expérimentés et identifier celui qui répond le mieux aux aspirations de leurs sociétés, dans l'optique d'un droit véritablement adapté aux contextes postcoloniaux, si tant est qu'ils s'assignent cet objectif.

PARTIE I – UN DROIT PRÉCOLONIAL ORIGINEL

« *Un arbre sans racines ne peut pas grandir.* »
(Sagesse collective d'Afrique).

47. Ce proverbe africain met en exergue l'idée que le droit précolonial constitue les racines profondes du système juridique des États d'Afrique. Avant d'être supplanté et profondément ébranlé par le droit colonial [78] créant ainsi un choc entre deux visions opposées du droit, le droit précolonial possédait, à l'instar de tout système juridique, une histoire longue et riche[79]. Il puisait sa légitimité et sa force dans les réalités sociales, culturelles et spirituelles des sociétés qui l'avaient façonné. Pour en comprendre pleinement les origines, tant sur le plan aussi conceptuel que pragmatique, il ne suffit pas de l'appréhender à travers le seul prisme du droit colonial[80]. Il est essentiel de le définir et d'en examiner les caractéristiques fondamentales. Comme évoqué en introduction, le droit précolonial régissait plusieurs aspects de la vie sociale. Il encadrait notamment les relations familiales, incluant le mariage[81], le divorce, la filiation et les liens de parenté (*droit de la famille*). Il établissait aussi des règles pour la gestion et la protection du patrimoine, qu'il s'agisse de la propriété individuelle et de ses modes d'acquisition, ou de la propriété collective et des servitudes (*droit des biens*). De plus, ce droit reconnaissait la force obligatoire des accords entre individus, à condition qu'ils respectent l'ordre public traditionnel et coutumier (*droit des contrats*). Il définissait également les principes de réparation des préjudices causés à autrui, intégrant ainsi des notions de *droit de la responsabilité civile, administrative et pénale*, mais une responsabilité davantage collectiviste et communautaire qu'individuelle et personnelle. Par ailleurs, le droit précolonial encadrait les activités économiques, notamment le négoce, le commerce

[78] François Terré et Nicolas Molfessis, *Introduction générale au droit, op., cit.*, p. 207.
[79] Kashemukunda Kasongo-Numbi, *L'Afrique se recolonise,* une relecture du demi-siècle de l'indépendance du Congo-Kinshasa, *op. cit.*, p.
[80] Jacques Bugnicourt, « Le mimétisme administratif en Afrique : obstacle majeur au développement ». *op. cit.*, p. 1251.
[81] Jacques Binet, *Le mariage en Afrique noire,* Les Éditions du Cerf, Coll. Foi vivante, 1959, 176 p.

et les systèmes de troc (*droit des affaires et droit commercial*). Il régissait aussi les relations entre les chefs traditionnels et les populations (*droit administratif*), ainsi que les modalités de désignation des dirigeants, souvent basées sur le consensus ou l'hérédité (*droit constitutionnel*). En matière de gestion des ressources publiques, des règles précises garantissaient une certaine transparence dans l'administration des deniers publics (*droit des finances publiques*). Enfin, cette société précoloniale reposait sur des principes d'harmonie et de respect des normes sociales, si bien que toute conduite déviante entraînait une réaction collective et des sanctions appropriées (*droit pénal*).

48. Ainsi, avant d'être transformé et bouleversé par la colonisation, le droit précolonial s'appuyait sur une multitude de sources, témoignant d'un foisonnement et d'une pétrification culturelle et juridique. Véritable réservoir de pratiques autochtones **(Titre I),** il se présentait comme un creuset de traditions et de coutumes, puisant ses fondements dans les systèmes traditionnels et coutumiers, les structures impériales et royales, ainsi que dans les croyances religieuses, qu'elles soient ancestrales ou introduites, ces dernières s'intégrant généralement aux premières. Cette diversité des sources s'étendait également aux références jurisprudentielles, qu'elles soient traditionnelles ou religieuses **(Titre II).** Ce pluralisme juridique, loin de favoriser une structure centralisée et hiérarchisée, imposait une approche souple et dynamique du droit, s'éloignant ainsi des conceptions pyramidales qui caractérisent le droit moderne. Les différents ensembles de règles juridiques et jurisprudentielles formaient des systèmes autonomes et cohérents, nécessitant une analyse distincte, tout en étant souvent interconnectés. Comprendre ces règles implique donc d'examiner leur application et leur influence, notamment dans le contexte colonial et postcolonial. Aussi, ce système juridique précolonial se distinguait par son originalité et son adéquation aux valeurs des sociétés qui l'appliquaient **(Titre III).** Il s'agissait d'un système conciliateur et flexible, reposant sur des principes de solidarité et de mythes fondateurs, mais surtout marqué par l'oralité et l'hétérogénéité. Bien que non écrit, ce droit était structuré et codifié à travers les croyances ancestrales, garantissant ainsi sa transmission et son effectivité. Du point de vue substantiel, le droit précolonial se caractérisait par sa capacité à concilier et à s'adapter aux réalités sociales. Il intégrait une dimension mystique et collectiviste, régulant les rapports sociaux de manière harmonieuse. Sur le plan formel, il s'appuyait sur l'oralité et le pluralisme juridique. Ainsi, ce droit se fondait avant tout sur l'observation et la prise en compte des réalités sociologiques, plutôt que sur des constructions purement normatives. En conséquence, il existait rarement des conflits entre les règles précoloniales et les faits sociaux qu'elles régulaient, du fait de leur ancrage profond dans les traditions et leur cohérence avec les structures de la société.

Titre I – Un droit aux sources autochtones

49. Le droit, en tant que phénomène juridique ou situation juridique[82], tel que défini dans les propos introductifs, trouve pleinement à s'appliquer au droit précolonial, dont les sources se distinguent par leur diversité et leur interconnexion[83]. Étudier ces sources, c'est retracer les processus par lesquels ce droit a émergé et s'est développé. Les sources du droit précolonial renvoient non seulement à son fondement, mais aussi à ses créateurs, en l'occurrence les autorités traditionnelles. Comme pour le droit moderne, elles constituent à la fois le lieu d'émergence des normes et ce qui leur confère un caractère obligatoire pour l'ensemble de la société. Il est également pertinent d'aborder ces sources sous l'angle de leur origine. Deux éléments essentiels doivent ainsi être mis en avant. Le premier concerne le fondement du droit précolonial, c'est-à-dire les principes qui sous-tendent son existence. Le second fait référence aux acteurs qui ont contribué à son élaboration et à son application. Dès lors, le droit précolonial prend racine dans des pratiques autochtones légitimées par les faits sociaux, qui en constituent la cause première. Ces faits sociaux, par leur propre existence, ont justifié et consacré l'ordre juridique, tandis que les autorités traditionnelles en assuraient l'application et la pérennité.

I – Un droit issu des pratiques traditionnelles et coutumières

50. Le droit précolonial africain tire principalement ses fondements des pratiques traditionnelles et coutumières, qui se révèlent être des expressions concrètes et vivantes de la norme dans les sociétés africaines. La notion même de « pratique » renvoie à une action régulière, répétée, et socialement intégrée, constituant ainsi une clé d'entrée essentielle pour comprendre les sources juridiques non écrites qui régissaient la vie collective avant la colonisation. Qu'il s'agisse, dans son appellation moderne, de la pratique administrative, entendue comme l'ensemble des usages organisant l'action publique au service de l'intérêt général, ou de la pratique judiciaire, conçue comme une suite cohérente d'actes destinés à trancher équitablement les différends,

---

[82] *Ibid.*, p. 391.
[83] *Ibid.* p. 394.

ou encore de la pratique parlementaire, basée sur des usages non codifiés adaptant la norme législative aux réalités locales, toutes participaient à structurer un droit enraciné dans le vécu communautaire.

A – Une pratique, fondement heuristique du droit précolonial

51. Les pratiques traditionnelles et coutumières constituaient les principales sources du droit précolonial. Avant d'aborder leurs définitions respectives, il convient de préciser que la notion de « pratique », qui précède les concepts de tradition et de coutume, est elle-même polysémique. Elle peut revêtir divers sens en fonction du contexte. Il est donc pertinent d'en examiner certaines acceptions en lien avec les développements à venir, afin d'apporter une meilleure compréhension du sujet.

52. Dans son acception littéraire, telle que définie par le dictionnaire *Le Robert*, la pratique désigne ce qui est acquis par l'expérience ou la répétition. Elle peut également être entendue comme une méthode, qu'elle soit individuelle ou collective, permettant d'accomplir une tâche ou une activité. Plus largement, elle renvoie à l'ensemble des actions exercées de manière régulière dans le but d'atteindre des résultats concrets. Par exemple, on parle de la pratique de la danse, du sport, de la lecture ou encore de la communication. Dans ce cadre, un objectif est fixé et les moyens pour l'atteindre sont clairement définis et mis en œuvre de façon concrète.

53. Dans le domaine administratif, la pratique ne se limite pas aux méthodes et procédures expressément définies selon le principe de légalité ; elle englobe également celles qui découlent implicitement du fonctionnement interne de l'administration. De manière générale, la pratique administrative désigne l'ensemble des actions menées par l'administration en vue de satisfaire l'intérêt général. Ces activités peuvent concerner les services publics, tels que l'éducation, la santé publique, la justice, les télécommunications ou encore l'enseignement supérieur. Elles peuvent également s'étendre aux activités de maintien de l'ordre public, où la pratique administrative regroupe un ensemble de méthodes et de procédures, ainsi que les discours et les acteurs impliqués, désignés explicitement ou implicitement par la loi pour exercer le monopole de la contrainte physique afin d'assurer ou de restaurer l'ordre public. Par ailleurs, les pratiques administratives peuvent recouvrir des méthodes et procédures visant à mobiliser différents moyens : juridique (contrats administratifs, actes administratifs unilatéraux) ; matériel (gestion du domaine public, travaux publics) ; humain (fonction publique, agents publics, statutaires, contractuels ou collaborateurs). Dans tous les cas, ces pratiques sont mises en œuvre dans le but ultime de répondre à un intérêt général.

54. Dans le domaine judiciaire, la pratique désigne l'ensemble des activités des cours et tribunaux, dont la mission est de rendre la justice et de veiller à l'application du droit en toute indépendance et impartialité. Elle correspond ainsi aux méthodes habituelles des juges pour trancher les litiges qui leur sont soumis ou pour émettre des avis sur des questions relevant de leur mission consultative. Plus précisément, la pratique judiciaire regroupe l'ensemble des opérations juridictionnelles effectuées de manière régulière, notamment l'étude des dossiers, la mise en demeure, la négociation et les échanges avec la partie adverse, la prise de mesures conservatoires, la saisine du juge, l'organisation de l'audience, la phase de mise en état et sa clôture, l'audience de plaidoirie, le délibéré, le prononcé du jugement, l'exercice des voies de recours et l'exécution des décisions. L'ensemble de ces étapes procédurales, depuis la saisine du juge jusqu'à l'exécution du jugement, est conforme aux principes de justice.

55. Dans son sens parlementaire, la pratique désigne l'ensemble des activités contribuant à l'accomplissement des missions du Parlement, à savoir : le vote des lois, le contrôle de l'action gouvernementale, l'évaluation des politiques publiques et la représentation des citoyens. Si ces fonctions sont encadrées par des règles constitutionnelles et infraconstitutionnelles, elles reposent également sur des usages et traditions, formant ce que l'on appelle la pratique parlementaire. Celle-ci regroupe les comportements, procédures non écrites et usages établis au sein des assemblées législatives dans l'exercice de leurs missions. Bien que non codifiées dans les textes juridiques, ces pratiques influencent largement le fonctionnement du Parlement ainsi que les interactions entre les institutions et les citoyens. Il faut aussi préciser que la pratique parlementaire se distingue du droit parlementaire. Alors que ce dernier regroupe l'ensemble des règles écrites qui régissent l'organisation et le fonctionnement du Parlement (telles que la Constitution et les règlements intérieurs des assemblées), la pratique parlementaire, quant à elle, repose sur des usages et traditions permettant d'adapter ces règles aux réalités du travail législatif. Jouant un rôle essentiel dans l'organisation et le fonctionnement des assemblées législatives, la pratique parlementaire facilite l'adaptation des règles de droit aux évolutions politiques et institutionnelles, garantissant ainsi un certain dynamisme dans l'élaboration des lois et le contrôle du gouvernement.

56. En corrélation avec les pratiques traditionnelles et coutumières, ces dernières ne relevaient pas d'un formalisme juridique à l'occidentale, mais d'une régularité sociale, perçue, acceptée et légitimée par la communauté. Elles étaient les vecteurs de transmission intergénérationnelle d'un savoir normatif fondé sur l'expérience, la cohésion et l'harmonie sociale. Toutefois, la colonisation a profondément perturbé cet équilibre. En instrumentalisant certaines pratiques locales à des fins de domination, l'administration coloniale a souvent déformé, voire détourné leur sens originel, entretenant volontairement une confusion entre tradition et coutume pour asseoir son autorité. Cette déformation coloniale a non seulement marginalisé ces sources juridiques endogènes, mais aussi engendré un rejet postcolonial, notamment face aux pratiques perçues comme contraires aux droits fondamentaux, en particulier ceux des femmes. Ces pratiques, lorsqu'elles sont dépouillées de leurs dérives, constituent de véritables fondements de l'ordre juridique précolonial, traduisant à la fois une continuité culturelle, un équilibre social et une forme d'adaptabilité juridique méconnue par les modèles importés. Leur reconnaissance, dans une logique de pluralisme juridique maîtrisé, apparaît comme une voie nécessaire pour renouer avec un droit enraciné, plus proche des réalités et aspirations des sociétés africaines contemporaines.

B – Des pratiques autochtones, fondements du droit précolonial

57. Étant le socle du droit précolonial, ces pratiques reflétaient les réalités sociales africaines et se définissent comme l'ensemble des comportements ancrés dans les sociétés dont elles appréhendaient les réalités en lien avec les aspirations des populations. Bien que variées et diversifiées sur le plan symbolique, elles restaient cohérentes et adaptées aux réalités locales.

58. Cette dimension autochtone du droit précolonial explique sa filiation enracinée dans les sociétés africaines. Mais affirmer que le droit précolonial tire son origine de sources autochtones implique d'en préciser la définition. Littéralement, un autochtone désigne un peuple issu du sol même où il réside, c'est-à-dire des personnes natives de cet endroit. Par exemple, en Amérique du Nord, le terme « autochtone » désigne les premiers peuples et leurs descendants. Une distinction est parfois faite entre les notions d'« indigène » et d'« autochtone ». Le premier terme renvoie aux habitants nés à l'endroit où ils vivent, sans autre condition. En revanche, le terme « autochtone » est employé pour une personne née dans le lieu où elle réside, à condition que ses ancêtres y soient également nés. Contrairement à l'« allochtone », qui désigne une personne vivant dans un lieu sans y avoir une origine historique directe, l'autochtone est lié à une filiation *in situ*. Il s'agit donc d'un individu dont la lignée est enracinée dans le territoire sur plusieurs générations. Appliquée aux sources du droit précolonial, cette définition permet de conclure que ce droit provient des pratiques sociales de personnes nées en Afrique, dont les ancêtres y ont également vécu depuis des générations.

59. La diversité des pratiques autochtones et leur marginalisation progressive sous l'effet de la colonisation ont pu être constatées. En effet, les pratiques du droit précolonial sont qualifiées d'autochtones, car elles émanent des pratiques ancestrales intégrées naturellement par leurs destinataires. Elles se distinguent par leur diversité et leur entremêlement[84]. Cette multiplicité de pratiques ne compliquait en rien le fonctionnement et la compréhension de ce droit autochtone. En réalité, ces différentes pratiques n'étaient pas cloisonnées ni en opposition stricte, mais coexistaient harmonieusement. Cette diversité s'inscrivait dans des pratiques traditionnelles et coutumières, dans des systèmes d'empire et de royauté, ainsi que dans des croyances religieuses, qu'elles soient endogènes ou importées. Il est ici mis en avant la continuité des pratiques et systèmes normatifs précoloniaux en Afrique avant leur altération par le droit colonial et leur marginalisation dans l'ordonnancement juridique postcolonial. Soulignons que ces pratiques traditionnelles (chefferies, royaumes, empires) constituaient la base de l'organisation politique, administrative et spirituelle des sociétés africaines. Cependant, sous l'effet de la colonisation, ces

---

[84] *Idem.*

structures ont perdu leur autorité au profit de nouvelles entités politiques et administratives imposées par les colonisateurs. Arsène Brice Bado rappelle que ces institutions traditionnelles détenaient un pouvoir global (politique, militaire, culturel, spirituel)[85], mais qu'elles ont dû renégocier leur place durant les périodes coloniale et postcoloniale[86]. Malheureusement, au lieu d'être intégrées dans le droit postcolonial, elles ont été marginalisées, voire caricaturées, ce qui a contribué à une rupture avec les systèmes juridiques précoloniaux et à une déstructuration de la société.

60. Pourtant, l'administration précoloniale, placée sous l'autorité du chef traditionnel – dont l'existence était indéniable –, avait pour mission de veiller à l'intérêt collectif en s'appuyant sur ces pratiques traditionnelles et coutumières. C'est ainsi que, divers services publics, tels que la justice et l'éducation, étaient établis, organisés et rendus non pas à partir de normes formelles, mais sur la base de ces pratiques ancrées dans la société. Il en était de même pour les missions de maintien ou de rétablissement de l'ordre public, ainsi que pour le personnel au service de l'administration précoloniale. Contrairement à ce qui se passe aujourd'hui, ces derniers ne percevaient pas une rémunération mensuelle ou périodique, mais bénéficiaient plutôt de faveurs et de largesses accordées par le chef. L'organisation de la société africaine précoloniale ne reposait pas sur une hiérarchie stricte des sources juridiques, à l'inverse du droit moderne qui, découlant de la classification kelsenienne, établit un ordre décroissant allant de la constitution au droit international, en passant par la loi, le règlement, la jurisprudence, la coutume et la doctrine. Donc, les pratiques traditionnelles et coutumières du droit précolonial, parfois dénigrées par certains discours chauvinistes et condescendants visant à discréditer les systèmes juridiques africains, traduisaient en réalité les préoccupations des populations concernées.

61. Rappelons en outre qu'il est illusoire de prétendre qu'un système juridique unique serait intrinsèquement supérieur aux autres et devrait servir de modèle absolu. Une telle posture relève de l'arrogance. Le meilleur système juridique est avant tout celui qui répond

---

[85] Arsène Brice Bado, « La démocratie au Burkina Faso aux prises avec les systèmes traditionnels de gouvernance », *La Société d'Édition de Revues (SER) «* Études », 2015, p. 19-30.
[86] *Idem.*

efficacement aux besoins et aspirations de la société qu'il régit. Le droit précolonial, fondé sur des pratiques autochtones, semblait répondre à cette exigence. C'est pourquoi, le droit postcolonial devrait lui accorder une place de choix dans son ordonnancement actuel, car il renferme des valeurs ancestrales pour la quiétude et le bon vivre ensemble des populations africaines. Ainsi, durant toute la période précoloniale, les pratiques traditionnelles et coutumières ont pu jouer avec satisfaction un rôle moteur dans l'organisation sociale. Il est donc essentiel de les définir, car une distinction s'opère au sein de ces systèmes d'organisation sociale. D'emblée, il ne faut pas les confondre avec les pratiques locales. En effet, tandis que les pratiques traditionnelles et coutumières sont des sources du droit précolonial, les pratiques locales, relèvent, quant à elles, des sources du droit colonial.

62. Le colonisateur – un point qui sera davantage développé plus loin – a cru bon de faire la symbiose des pratiques traditionnelles et coutumières pour n'en faire qu'une seule et même catégorie, qu'il a désignée comme pratiques locales. Ces dernières ont ensuite été intégrées aux normes imposées par la puissance coloniale. Par leur intermédiaire, le colonisateur implémentera les missions de l'administration coloniale, comme le maintien de l'ordre public colonial, la structuration et la gestion quotidienne des institutions coloniales[87]. Dans le domaine des services policiers et militaires, les pratiques locales ont été utilisées pour légitimer le monopole de la violence physique dans les colonies, empêchant ainsi toute forme de contestation ou de revendication, quelle qu'elle soit, contre l'autorité coloniale. De même, dans l'appareil judiciaire colonial, les pratiques locales ont servi a instauré un dualisme juridictionnel différenciant les indigènes et les colons – un autre point qui fera l'objet d'une analyse plus approfondie. Enfin, sur le plan de la mobilisation des ressources financières, les colons se sont servis de ces pratiques locales pour contraindre la population indigène à fournir de la main d'œuvre forcée, pour reprendre Romain Tiquet[88].

63. Il ressort de ce qui précède que les pratiques traditionnelles et coutumières sont antérieures à la colonisation. Bien qu'elles aient été

[87] Romain Tiquet, « Maintien de l'ordre colonial et administration du quotidien en Afrique », *Vingtième Siècle. Revue d'histoire*, n°140, 2018, p. 3-13.
[88] *Idem.*

reprises par la suite, pour être qualifiées de manière biaisée de pratiques locales au moment de la colonisation, ce qui a contribué à leur désintégration. À ce propos Simon-Pierre Ekanza souligne avec justesse que, plutôt que de préserver les pratiques de chefferies traditionnelles et coutumières précoloniales, « le colonisateur instaure des chefferies nouvelles qui ne sont que des succédanés des anciennes structures politiques »[89]. Dès lors, ces pratiques traditionnelles et coutumières, vecteurs juridiques, ont fait l'objet de critiques littéraires et de légitimité ontologique. Faut-il analyser ces éléments pour encore nuancer ces notions et afin d'enrichir la compréhension globale du sujet ?

C – Des pratiques autochtones, expressions littéraires de critique sociale

64. Les pratiques traditionnelles sont l'ensemble des valeurs et des croyances spécifiques à une communauté, transmises de génération en génération avec un ancrage profond dans la tradition et la culture. Elles peuvent sans doute avoir plusieurs significations selon le prisme d'analyse adopté. Les mettre en singulier n'oblitère en rien la pluralité des ordres de traditions ayant marqué l'histoire des États d'Afrique[90] ici concernés. Le terme « tradition » est généralement employé soit pour rappeler les formes politiques, soit pour faire référence aux systèmes juridiques. En Afrique, à quelques insignifiantes différences, la tradition découle essentiellement des pratiques précoloniales qui constituent un ensemble de droits non étatiques ou encore non officiels, au sens occidental du terme. Ce sont des pratiques juridiques découlant de l'expérience de régulation sociale précoloniale, « dont ni les modes de formation ni les modes de légitimation ne sont déterminés par l'État colonial ou postcolonial et dont les modes de fonctionnement ont été seulement altérés partiellement, à l'époque contemporaine, par les valeurs sociales, politiques et économiques associées à *l'État moderne*, au point qu'il est possible de parler d'une ''peau de chagrin'' qui se rétrécit peu à peu au profit de nouveaux ''droits populaires''»[91].

---

[89] Simon-Pierre Ekanza, « Le double héritage de l'Afrique », *op., cit.*, p. 605.
[90] Vincent Foucher, Étienne Smith, « Les aventures ambiguës du pouvoir traditionnel dans l'Afrique contemporaine », *op., cit.*, p. 32.
[91] Etienne Le Roy, « La formation des droits ''non étatiques'' », *op., cit.*, p. 355.

65. Ces pratiques traditionnelles s'obligeaient d'assurer l'équilibre des rapports sociaux autochtones, bien que leur formation et leur mode de légitimation ne dépendaient pas d'un appareil étatique. Certaines d'entre elles ont toutefois été qualifiées de néfastes, et la littérature africaine s'est engagée dans une véritable croisade pour les dénoncer comme incompatibles avec les orientations du postcolonialisme. En effet, certaines pratiques traditionnelles et coutumières, telles que les mutilations génitales féminines, la sorcellerie, ne sauraient être réintégrées dans le cadre du droit postcolonial. Aujourd'hui, nombre de ces pratiques sont en voie de disparition sous l'effet des politiques publiques adoptées et d'une prise de conscience grandissante, notamment grâce aux auteurs de la littérature africaine classique et contemporaine qui ne cessent de remettre au goût du jour la question de l'émancipation de la femme africaine. Pour mieux en saisir la portée, citons quelques auteurs, comme la sénégalaise Mariama Bâ avec *Une si longue lettre*[92], l'ivoirienne Regina Yaou avec *Lezou Marie ou les écureuils de la vie*[93], sa compatriote Fatou Keita avec *Rebelle*[94], ou encore l'ouvrage poignant rédigé par l'ONG guinéenne « Club ELLES » intitulé *Elles brisent le silence*[95], un livre auquel nous avons eu l'insigne honneur d'être l'un des ambassadeurs. Ces écrivains, parmi tant d'autres, la liste étant longue comme le bras, dénoncent les pratiques déviantes les droits des femmes. Le point commun de leurs écrits réside dans leur capacité à décrire, non pas des mythes, mais des réalités dramatiques qui impactent au quotidien la vie des femmes en Afrique, sous le couvert de la tradition et de la coutume.

66. La coutume, en effet, était considérée comme le fondement ontologique du droit précolonial, comprise entre transmission, croyance et mythe juridique. Les pratiques coutumières étaient considérées comme une source vive et intarissable du droit précolonial, pour reprendre Robert Verdier[96]. Elles sont étroitement liées à la coutume qui est une source fondamentale du droit africain. C'est vrai, certains

---

[92] Mariama Bâ, *Une si longue lettre,* Nouvelles Éditions Africaines, 1979, 164 p.

[93] Regina Yaou, *Lezou Marie ou les écureuils de la vie,* Nouvelles Éditions Africaines, 1982, 158 p.

[94] Fatou Keita, *Rebelle,* Éditions Présence Africaine, 2000, 231 p.

[95] Club ELLES Collectif, *Elles brisent le silence,* Falcon Éditions, 2023, 109 p.

[96] Robert Verdier, « Ethnologie et droits africains ». In : *Journal de la Société des Africanistes*, 1963, tome 33, fascicule 1. p. 105-128 : https://www.persee.fr/doc/jafr_0037-9166_1963_num_33_1_1367

auteurs font la nuance entre pratiques coutumières et droit coutumier et préfèrent éviter la formalisation des premières afin de préserver leur souplesse et leur adaptabilité aux réalités sociales. Selon eux, la codification de ces pratiques pourrait entrainer leur cristallisation, réduisant ainsi leur capacité d'évolution et de négociation[97]. Pour Élias Taslim Olawale, le droit coutumier est précisément le système dans lequel les règles consacrées par l'usage, s'imposent dans les rapports entre les personnes[98]. Quoi qu'il en soit, le droit coutumier ou pratiques coutumières, il s'agit d'une habitude collective d'action fondée sur la tradition et transmise de génération en génération. La coutume est une « série d'actes semblables, conduisant à l'émergence d'un modèle de comportement social qui reçoit le nom d'accoutumance, d'habitude ou de tradition »[99]. Elle crée un cadre normatif dont le respect est assuré par les autorités, sociales, familiales et parentales, qui veillent à son application et sanctionnent toute transgression. Etienne Le Roy, note avec justesse que « la coutume qui exprime, plus que toute autre, la représentation du droit que le groupe impose à chacun de ses membres »[100]. Faut-il dès lors préciser que l'existence de la coutume n'est tributaire d'aucune autorité institutionnelle, contrairement au droit moderne qui repose sur des institutions et des normes codifiées. D'un point de vue ontologique, elle puise sa légitimité dans la croyance collective et la transmission des valeurs ancestrales les plus enfouies, c'est-à-dire la manière de vivre des ancêtres. C'est donc le culte des ancêtres et le respect de l'autorité des anciens qui sont les dépositaires de la tradition sacrée. Cette interconnexion forte avec les croyances traditionnelles donne au droit précolonial un caractère mythique, basé sur une vision sacrée de la norme juridique. On aura compris, avec Robert Verdier, que la coutume se fonde sur un mythe et le droit coutumier sur une mythologie[101].

---

[97] Volker Stamm, « Formaliser les pratiques coutumières », *Études rurales* [En ligne], 191 | 2013, mis en ligne le 12 juillet 2015, consulté le 10 février 2020. URL : http://journals.openedition.org/etudesrurales/ 9839 ; DOI : 10.4000/etudesrurales.9839.

[98] Élias Taslim Olawale, *La nature du droit coutumier africain,* Présence africaine, Paris, 1961, 195 p.

[99] Etienne Le Roy, « La formation des droits ''non étatiques'' », *op., cit.*, p. 359.

[100] *Idem.*

[101] Robert Verdier, « Ethnologie et droits africains », *op., cit.*,

67. Aussi, le caractère spontané de la coutume s'explique par le fait qu'elle apparait inconsciemment de la société d'application. Elle se forme naturellement en fonction des pratiques et aspirations des populations. L'expression « droit coutumier africain » renvoie ainsi aux normes sociales en vigueur avant la transposition du droit colonial, période durant laquelle les pratiques coutumières étaient définies considérées comme la source intarissable du droit. À titre de comparaison, en France, la coutume a été considérée pendant l'époque médiévale jusque sous l'Ancien Régime, comme la principale source du droit coexistant avec le droit écrit et les lois du roi. Bien qu'elle ait perdu de son importance aujourd'hui, elle reste encore une source du droit quoique marginale. Cette comparaison note que le droit français, tant convoité par le système juridique postcolonial africain, repose-lui aussi sur des pratiques coutumières, à l'instar du droit précolonial.

68. De ces éléments définitionnels, il peut être affirmé que les pratiques traditionnelles et coutumières constituent des sources fondamentales du droit précolonial. Elles se différencient difficilement, car elles appartiennent toutes deux aux sources du droit précolonial, donc aux normes préexistantes à la transposition du droit colonial. De plus, elles sont intimément liées entre elles de sorte que la coutume est la reproduction des traditions ancestrales, ce qui explique aussi son caractère ambivalent qui consiste à préserver les intérêts des anciens, des présents et ceux des générations futures avec une exigence de transmission intergénérationnelle. Au-delà des pratiques traditionnelles et coutumières, dont l'originalité sera démontrée ultérieurement, les sources du droit précolonial relevaient également des savoirs et des connaissances enfouis dans les systèmes d'empire et de royauté. Ces structures ancestrales ont transformé l'organisation juuridique précoloniale en lui donnant une dimension institutionnelle et en assurant des normes adéquates aux besoins et aspiration des sociétés d'application.

II – Un droit issu des systèmes impériaux et royaux

69. Les systèmes d'empire et de royauté[102] sont considérés comme une organisation étatique et des fondements du droit précolonial. En

[102] Jean-Pierre Chrétien, *L'Afrique des Grands Lacs, Deux mille ans d'histoire,*

effet, avant la colonisation, les grands empires et royaumes africains disposaient d'organisations étatiques structurées, dotées de systèmes juridiques propres. Ces structures, comme celles de l'empire du Mali ou du royaume du Bénin, assuraient l'ordre social à travers des règles coutumières, une autorité centralisée et une justice hiérarchisée. Le droit y était profondément enraciné dans les traditions locales et reflétait les réalités politiques et sociales de ces entités. La colonisation, notamment française, a entraîné la disparition ou l'affaiblissement de ces systèmes. Le partage de l'Afrique par la Conférence de Berlin a morcelé les anciens royaumes, effaçant progressivement les cadres juridiques préexistants au profit de structures importées. Ce processus a provoqué une discontinuité dans l'évolution du droit africain, en marginalisant les institutions autochtones. Certains royaumes ont tenté de résister à cette intrusion, affirmant leur autonomie politique et juridique. Toutefois, l'administration coloniale a démantelé les structures juridiques locales, imposant un modèle centralisé inspiré du droit métropolitain, souvent inadapté aux réalités locales. Malgré l'effacement progressif de ces systèmes, certains éléments de l'ancien droit, notamment coutumiers, ont subsisté. Ils continuent d'influencer les pratiques actuelles, particulièrement dans les mécanismes traditionnels de règlement des conflits. Cette persistance souligne la résilience de certains fondements du droit précolonial, malgré la tentative de substitution coloniale.

A – Un système impérial et royal, structure juridico-politique

70. Aux pratiques traditionnelles et coutumières évoluant hors de la sphère étatique, il faut ajouter, pour les compléter, les systèmes d'empire et de royauté. Dans le cadre de ces derniers, l'autorité des chefs traditionnels dépassait les limites des groupes ethniques et s'inscrivait dans un moule assimilable à une organisation étatique. Ils servaient ainsi des sources principales au droit précolonial. En effet, de son origine étymologique, le mot « empire » provient du latin *imperium*, qui renvoie plus ou moins à un pouvoir politique. Il s'agit d'un pouvoir politique central[103]. Le caractère polysémique de cette notion s'explique du fait qu'il peut désigner autant des républiques, telles qu'Athènes au Ve siècle av. J.-C., que des monarchies, comme

---

Aubier, Paris, 2000, p. 69.

[103] Vincent Foucher, Étienne Smith, « Les aventures ambiguës du pouvoir traditionnel dans l'Afrique contemporaine », *op., cit.*, p. 33.

celles qui ont existé en Afrique au XIXe siècle. Dans sa forme monarchique, le système impérial s'assimile et s'imbrique avec celui de la royauté, un régime où le chef de l'État ne peut être autre que le roi. Celui-ci détient l'essentiel du pouvoir politique. L'empire peut également désigner des régimes des confédérations, comme le Saint-Empire romain germanique au Moyen Âge, ou s'assimiler à des dictatures et démocraties, comme la Troisième République en France. Il peut également s'apparenter à des régimes oligarchiques.

71. Il est vrai que le concept d'empire ou de royauté a fait l'objet de commentaires et de controverses rendant difficile l'émergence d'un consensus clair. Selon l'historien Moses Finley, un empire est défini comme « l'exercice durable par un État d'une autorité, d'un pouvoir, ou d'un contrôle sur un ou plusieurs États, communautés ou peuples »[104]. Cette conception ne semble pas être partagée par l'historien Jean Tulard qui, après s'être interrogé de comment définir le concept d'empire, considère dans sa réponse, qu'un « empire doit posséder cinq caractères : une volonté expansionniste ; une organisation centralisée ; des peuples encadrés par une armature politique et fiscale commune ; la croyance en une supériorité d'essence ; un début et une fin clairement identifiés »[105]. Nonobstant ces divergentes apparentes, ces définitions se complètent plus qu'elles ne s'opposent, permettant ainsi la compréhension du système impérial et royal. De ces deux définitions qui sont en définitive complémentaires à certains égards, s'ajoute celle retenue sous la plume de Michel Jéol, selon laquelle « le système d'empire ou de royauté est celui dans lequel certains chefs traditionnels parviennent à étendre le champ de leur autorité en dehors des groupes ethniques dont ils procédaient et créèrent de véritables royaumes. Ceux-ci ont connu parfois un tel rayonnement qu'ils ont pu influencer, à travers les âges, la dénomination de quelques États issus de l'indépendance africaine (Ghana, Mali) »[106].

72. De l'ensemble des définitions évoquées ci-dessus, il ressort clairement que les systèmes impériaux et royaux sont des formes d'organisation politique étatiques pour certains et semi-étatiques ou complexes pour d'autres. Avant d'aborder les spécificités des empires

[104] Moses Finley, *Économie et société en Grèce antique*, La Découverte, 2007, p. 322.
[105] Jean Tulard, *Les empires occidentaux, de Rome à Berlin*, PUF, 1997, p. 512.
[106] Michel Joel, *Les royaumes africains, in Droit public africain, op. cit.* p. 12.

et royaumes africains précoloniaux et coloniaux, rappelons, s'il en est besoin, que ces systèmes existent encore en Afrique certes pas sous la forme précoloniale ou de résistance coloniale. En effet, à l'instar des royaumes en Amérique (Canada, Jamaïque), en Asie (Thaïlande, Malaisie), au Moyen Orient (Arabie Saoudite, Bahreïn, Jordanie, Qatar) en Europe (Belgique, Espagne, Norvège, Suède, Royaume-Uni) et en Océanie (Nouvelle-Zélande, Tonga), en Afrique, certains royaumes perdurent, comme au Maroc, en Eswatini (ancien Swaziland) et au Lesotho. Il n'en existe pas cependant dans les États africains francophones issus de la colonisation française. S'il en existait avant la domination, il ne pouvait en être maintenu face à la violence expansionniste du colonisateur qui n'a pas hésité de « définitivement gommer de la carte géopolitique aussi bien les hégémonies musulmanes sahélo-soudanaises que les États animistes de la savane et de la forêt »[107]. Cela étant dit, parlons maintenant des empires et royaumes précoloniaux et pendant la résistance à la pénétration coloniale en Afrique. Mais avant, faisons un focus en insistant sur le partage et le morcellement de l'Afrique par la Conférence de Berlin.

73. Faut-il d'abord rappeler que le continent africain a connu et connait encore cette forme d'organisation politique qui pourrait remettre en question la qualification juridique de l'État au sens occidental du terme[108]. Pour le démontrer, commençons par la Conférence de Berlin en 1885 qui a officiellement autorisé l'invasion de l'Occident[109]. En effet, les frontières géographiques actuelles des territoires africains résultent du découpage colonial imposé par les puissances coloniales dans une logique expansionniste et impérialiste. Avant cette Conférence, qui marque l'organisation et la collaboration européenne pour le partage et le morcellement de l'Afrique, ce continent africain était structuré en vastes ensembles politiques dotés de systèmes juridiques répondant aux préoccupations des sociétés. Mais cette clôture géographique[110] et barrières socio-culturelles, politiques, bref ce processus de désintégration du continent africain, a commencé

---

[107] Simon-Pierre Ekanza, « Le double héritage de l'Afrique », *op., cit.*, p. 604.

[108] Jean-Pierre Chrétien, *L'Afrique des Grands Lacs, Deux mille ans d'histoire, op. cit.*, p. 110.

[109] Sur le concept d'empire colonial, voir Olivier Beaud, « L'empire et l'empire colonial dans la doctrine publiciste française de la troisième République », *Jus Politicum* <http://juspoliticum.com/Propos-introductifs.html>.

[110] Simon-Pierre Ekanza, « Le double héritage de l'Afrique », *op. cit.*, p. 607.

le 15 novembre 1884 à Berlin et fini le 26 février 1885. Ainsi, à l'initiative du Portugal et organisé par Bismarck, avec la participation de l'Allemagne, l'Autriche-Hongrie, la Belgique, le Danemark, l'Empire Ottoman, l'Espagne, la France, la Grande-Bretagne, l'Italie, les Pays-Bas, le Portugal, la Russie, la Suède-Norvège ainsi que les États-Unis, en trois mois, par un traité signé entre eux, ces peuples colonisateurs[111], ont décidé de l'assombrissement de l'avenir du continent africain en le partageant telle une « pizza » chacun repartant avec sa part. Cette initiative de désagrégation du continent s'est poursuivie, en raison des besoins inhérents aux objectifs impérialistes, et a finalement abouti) l'édiction des règles officielles de la colonisation. Par cette colonisation, l'Afrique devient ainsi l'une des terres fertiles d'exportation du droit[112], et donc de la transposition d'un système juridique inadéquat. Pourtant, bien avant cette ère d'imposition d'un modèle étranger, le continent africain se distinguait par une richesse juridique et institutionnelle remarquable, au cœur des grands empires et royaumes précoloniaux.

B – Une richesse juridique au cœur des empires et royaumes

74. Auparavant, les vastes territoires africains étaient marqués par l'essor, le rayonnement et le déclin de royaumes et d'empires successifs, qui organisaient plus ou moins bien leurs sociétés. Le système de ces territoires, autrement dit l'ensemble des règles de conduite sociale (dans certains cas, règles issues du droit naturel, dans d'autres règles produites soit par les pratiques coutumières, soit par la volonté du chef traditionnel), était dans tous les cas soumis à l'influence des grands empires de types monarchiques, dans lequel le pouvoir était détenu par un empereur, comme en France l'empereur qualifié *de lex viva*, ou *lex animata* était reconnu comme pouvant *dare, solvere, condere leges,* c'est-à-dire qu'il disposait d'un « pouvoir législatif » illimité[113] et que sa volonté, selon la fameuse formule d'Ulpien,

---

[111] Éloi Diarra, « Le droit colonial en Afrique de l'Ouest francophone ou la construction d'une société nouvelle », *in* Jean-Philippe Bras, *Faire l'histoire du droit colonial,* Karthala, 2015, p. 113.

[112] Pierre Lampué, « L'influence du droit français et du droit coutumier sur les lois civiles africaines », in *Dynamiques et finalités des Droits africains*, Gérard Conac (dir.), Économica, 1980, p. 14 et s.

[113] André Gouron, « La double naissance de l'État législateur », Théologie et droit dans la science politique de l'État moderne, *École française de Rome*, 1991, p. 101-113 (105).

jurisconsulte de l'époque classique, avait force de loi[114]. Il en allait de même dans les sociétés africaines où certains de ces empires et royaumes ont laissé une empreinte indélébile dans l'histoire politique du continent par leurs modalités de structure et d'organisation stratégique.

75. Citons-en quelques-uns en guise d'illustration. En effet, le Royaume du Kongo ou Congo (XVe siècle) était à la fois un royaume et un empire de l'Afrique du Sud-Ouest. Il s'étendait sur l'ensemble des territoires du Nord de l'Angola, de Cabinda, de la République du Congo, de la République démocratique du Congo et d'une partie du Gabon. À son apogée, il s'étendait de l'Océan Atlantique jusqu'à l'Ouest de la rivière Kwango à l'Est, et du fleuve Congo jusqu'au fleuve Loge au Sud. Pour sa part, l'Empire Songhaï (XVe et XVIe siècle), fut un royaume étendu le long du fleuve Niger. Au VIIe siècle, c'est le royaume de Gao, devenant par la suite vassal des empires du Ghana et du Mali. Il devient un empire durant le XVe siècle. À son apogée, il s'étendait sur une partie du Niger, du Mali et une partie du Nigéria. Le Royaume de Sosso ou Soso, quant à lui, a existé au XIIe siècle. Il était situé dans l'Afrique de l'Ouest dans la région de Koulikoro (actuel Mali). Si l'Empire du Ghana se propageait en Afrique de l'Ouest dont le royaume mandingue dans les régions du haut Sénégal et du haut Niger (Guinée) du IXe au XIe siècle, l'empire du Mali au XIIIe siècle avec Sundjata Keita (1230-1255), s'étendait quant à lui du Nord et de l'Est de la Guinée à Tombouctou (Mali), et avait pour capitale Niani (aujourd'hui un petit village guinéen). Le Royaume du Khasso, quant à lui, s'étendait sur un vaste territoire couvrant le Sénégal et la région de Kayes au Mali. Le royaume du Kanem fondé vers le VIIIe siècle s'étendait également sur de vastes territoires faisant désormais partie du Tchad et du Nigéria. Ce vaste royaume au peuplement majoritairement musulman a connu plusieurs rois avant d'atteindre son apogée avec le roi Dounama Dibalami. Sans doute, ces systèmes d'empires et de royaumes africains ont successivement réussi, *in fine,* à construire, organiser et développer des systèmes juridiques autochtones, harmonieux et cohérents, adaptés à leur cadre local. Ils pouvaient à cet

[114] Jean-Marie Carbasse, « Le roi législateur : théorie et pratique », in Revue française de théorie, de philosophie et de culture juridiques, *PUF*, « Droits », 2003, n°38 p. 3-20.

effet être assimilés à une organisation étatique et ce, jusqu'à leur apogée facilité par les colons européens.

76. Il convient de rappeler que cette période fut particulièrement significative pour l'avenir et le devenir institutionnels du continent africain. Sans doute, les empires et royaumes de résistance, parfois aux stratégies religieuses musulmanes par exemple, se fixaient pour objectif de faire échouer la pénétration coloniale, pour se dresser face au colon qui, pour reprendre Alain Mabanckou, « s'arrogeait le droit d'imposer sa civilisation prétendument éclairée à des barbares empêtrés dans les ténèbres de l'obscurantisme »[115]. Cependant, on y constatait des luttes entre fractions aristocratiques qui avaient non seulement accepté la tutelle coloniale et servi de tremplin à celle-ci mais aussi et surtout facilité l'occupation de toute la région par ces troupes étrangères. Dès lors, on va assister à des rivalités tragiques entre les familles facilitant ainsi la conquête coloniale[116]. Ces rivalités de leaderships autour d'individualités, de groupes familiaux et régionaux entraineront la « suppression progressive des grands chefs et le morcellement de leur autorité jusqu'à ce que soit obtenu le village comme entité administrative »[117], facilitant par conséquent l'établissement de l'autorité coloniale. Ces empires et royaumes, dont il convient de citer quelques exemples en Afrique de l'Ouest[118], furent ravagés par ces rivalités de leaderships faisant sonner l'heure de la colonisation, par conséquent, l'heure de la transposition de la culture juridique coloniale. La politique du colon était de diviser pour mieux régner. Donc, pour restaurer son autorité, le colon « n'aura de cesse d'opposer les populations locales aux chefs et rois locaux dans l'intention de briser

[115] Alain Mabanckou, *Le Sanglot de l'Homme noir*, Fayard, 2012, p. 163.

[116] Monique Bertrand, Universalis, « GUINÉE », Des peuples divers in Universalis éducation, *op. cit.*

[117] Rapport d'ensemble de la situation générale de la Guinée française en 1906. Conakry, Imprimerie Ternaux, 1907.

[118] Éloi Diarra fait une délimitation bien illustrative de l'Afrique de l'Ouest pour montrer qu'il s'agit d'un espace grand comme le continent européen. En effet, « il s'agit, dit-il, de celle qui va de Dakar au Sénégal à Agadez au Niger ; de Taoudéni aux confins du Mali et à la frontière de l'Algérie aux rivages de l'Océan Atlantique en Abidjan ; de Nouadhibou en Mauritanie à Cotonou au Bénin ; de Conakry en Guinée à Madama à l'extrême nord du Niger ». Éloi Diarra, « Le droit colonial en Afrique de l'Ouest francophone ou la construction d'une société nouvelle », *in* Jean-Philippe Bras, *Faire l'histoire du droit colonial, op. cit.*, p. 134.

l'autorité traditionnelle »[119]. Autant dire que les instabilités institutionnelles et politiques dans les États d'Afrique de succession coloniale française liées aux rivalités et appétences du pouvoir ne datent pas d'aujourd'hui.

77. En Haute Volta (devenue Burkina Faso en 1984), le royaume Mossi avec le roi Boukary Koutou, s'est farouchement opposé à la pénétration coloniale. Le Moro Naaba Wobgho (éléphant) Boukary, intronisé comme 32e Moro, avant sa mort en 1904, a mené une farouche résistance contre les troupes françaises. Mais en même temps il faisait face aux dissensions internes avec d'autres Naaba. Avant d'être assiégé par les troupes françaises qui ont prononcé sa déchéance, le roi Boukary, tout comme ses prédécesseurs, avaient réussi à instaurer une véritable administration locale pour le royaume Mossi, qui fonctionnait sur la base des règles juridiques autochtones. Pour Arsène Brice Bado, « l'État colonial s'est donc implanté au détriment des entités politiques et administratives préexistantes »[120].

78. Au Mali, le royaume du Kénédougou, avec le roi Babemba Traoré a mené une résistance aux troupes coloniales françaises. À la chute de Sikasso, il se donne la mort en 1898 pour éviter l'humiliation. Ce grand résistant malien préférant le suicide à la colonisation française avait réussi tout comme ses prédécesseurs, à fonder une véritable administration locale pour son royaume qui sera malheureusement consumée par la colère brûlante et ardente des rivalités internes créées et entretenues de manière machiavélique par le colon français.

79. Au Dahomey (actuel Bénin), le royaume du Dahomey, avec le roi Béhanzin, a résisté contre la pénétration coloniale française. Cette partie de l'Afrique de l'Ouest est considérée comme l'une des plus topiques de l'expérience des chefferies traditionnelles et coutumières. Véritablement, le roi Béhanzin, avant sa mort en 1906, avait réussi à doter le royaume d'Abomey, aussi appelé Dahomey, de véritables systèmes administratifs fondés sur des règles juridiques reflétant la volonté de la société d'application. L'ancrage profond de ces pratiques traditionnelles et coutumières se manifeste encore dans les sociétés de

---

[119] Arsène Brice Bado, « La démocratie au Burkina Faso aux prises avec les systèmes traditionnels de gouvernance », *op., cit.,* p. 19-30.

[120] Arsène Brice Bado, « La démocratie au Burkina Faso aux prises avec les systèmes traditionnels de gouvernance », *op., cit.,* p. 19-30.

ce pays considéré comme l'un des creusets du droit coutumier et traditionnel africain.

80. Au Sénégal, l'empire toucouleur, avec le souverain El Hadj Omar Tall, a lutté contre l'armée coloniale française qui finira malheureusement par annexer Saint-Louis et Gorée. Le colon français va ainsi continuer son impérialisme en anéantissant le Fouta-Toro des Peuls au nord du Sénégal, le Kayor du damel Lat-Dior Diop. Il finira aussi par annexer le royaume Baol (où se trouve Touba, la ville des mourides), le Buurba (qui signifie roi) de l'empire Djolof, obligeant ainsi les chefs traditionnels à faire leur reddition les uns après les autres. Ce qui va entrainer l'annihilation de tout le système juridico-administratif bâti jusque-là sur la base des considérations des pratiques originelles.

81. En Guinée, le roi Mohammad Dinah Salifou Camara, « Roi des Nalous » a résisté contre la domination coloniale bien longtemps avant qu'il ne fût expédié à Saint Louis en 1900 et sa royauté supprimée. Il meurt en exil[121]. Au Fouta-Djalon[122], région aux vallées verdoyantes, Alpha Yaya Diallo avait réussi à solidifier la structure du système d'empire et de royaume en la fondant sur une hiérarchisation et une différenciation de la société pour mieux affronter le colon. Les habitants de ces hauts plateaux dans le massif montagneux et cours d'eaux de Guinée, étaient soumis à une forte influence de l'autorité des Almamys[123] et des Marabouts issus des grandes familles Peuls avec un système d'alternance au pouvoir depuis 1784 dans les provinces et villages. Au pays mandingue, en Haute Guinée, l'empire Wassoulou fut fondé au XIXe siècle par l'Almamy Samory Touré contre la pénétration coloniale jusqu'à son arrestation en 1898. Dans la région forestière de la Guinée au sud du pays, la famille patriarcale ou les alliances entre familles (pays Kissi)[124], le village ailleurs (pays Toma ou Guerzé)

121 Archives Nationales de Guinée, 1.E.15 et 1. E.22. Cf. également Dr Méo, Étude sur le Rio Nunez, Bulletin du Comité d'Étude historiques et scientifiques de l'A.O.F., 1919, n°3 et 4, et Ibrahima Baba Kaké, A propos de l'exil de Dinah Salifou, Présence Africaine, LI, 3e trimestre, 1964, 146-58.

122 Thierno Diallo, *Institutions politiques du Fouta-Djalon au XIXe siècle*. Thèse, Université de Sorbonne, sous la direction d'Yves Person, Professeur d'Histoire de l'Afrique à l'Université de Sorbonne, 1968, 339 p.

123 Commandeur des croyants musulmans.

124 Voir Denise Paulme, « La société Kissi ; son organisation politique », Cahiers d'Études Africaines, *Persée* 1, 1. 1960, p. 73-85 ; Yves Person, « Soixante ans

constituaient les unités politico-administratives où Zébéla Togba Pivi mena une résistance farouche contre les troupes françaises pendant plus de 22 ans. Capturé par les Français dans le petit village de Gbaipkala à l'âge de 71 ans, il mourut en 1908.

82. Partout ailleurs, en Afrique pendant la résistance coloniale, les résistants furent pris au piège des rivalités internes facilitant l'arrivée des colons. Ces divisions ont profondément fragilisé les anciens systèmes de gouvernance, entraînant la désagrégation progressive des structures impériales et royales, dont certaines traces subsistent encore dans les pratiques politiques et sociales contemporaines.

C – Une fragmentation et des survivances des empires et royaumes

83. Il résulte de ce qui précède que la division géographie à l'intérieur même de ces pays africains pendant cette période de résistance, comme ce fut le cas en Guinée subdivisée en région dite naturelle[125], n'était pas aussi de nature à contrer efficacement la pénétration coloniale. Chaque région d'un même et unique pays était peuplée de plusieurs ethnies, chacune ayant son organisation juridico-sociale calquée sur l'influence du système d'empire et de royauté marquée par des dissensions intestines facilitant ainsi la domination étrangère.

84. Au pays des Yorubas, Wolofs, Ouatchis, Kabiyès, Batammaribas, Mandingue, Gourmantchés, Peuls, Kissi, Toucouleur, Bwabas, Haoussas, Luka, Kuba, Pende, Fon, Lobis, Kwas, Mossis comme partout ailleurs dans la mythologie africaine, l'accès au trône

---

d'évolution en pays Kissi », Cahiers d'Études Africaines, *Persée* 1, 1. 1960, p. 86-112,

125 Agnès Lainé, Universalis, « GUINÉE », in Universalis éducation. *Encyclopaedia Universalis*, consulté le 20 avril 2016. Disponible sur http://www.universalis-edu.com/encyclopedie/guinee/. Pour l'auteur, « un relief parfois imposant en retrait de la plaine côtière et un peuplement ethnique hétérogène se combinent pour donner de réelles singularités géographiques aux quatre régions [naturelles] : la Basse Guinée, la Moyenne Guinée, la Haute Guinée et la Guinée forestière » qui ont chacune sa spécificité du système d'empire et de royauté qui se scrute dans une aristocratie dominante. Selon Odile Goerg, au « temps de la colonisation française, la division de la Guinée en quatre régions se répand, notamment à partir des années 1920. Cette partition administrative et ethnique procède par simplification. Pourtant, elle perdure après l'indépendance de 1958 et sa symbolique imprègne encore tout un fonctionnement quotidien ».

était réservé à une certaine ethnie, à un certain lignage et à une certaine famille. Cependant, ces groupes ethniques avaient pour chacun une originalité culturelle propre et parfois exclusive indépendamment des caractéristiques générales d'accession, d'exercice et de transfert du pouvoir. Dans cette Afrique, l'attribution du trône suivait généralement certaine règle liée parfois au respect du droit d'aînesse, ou par une guerre de succession ritualisée[126]. Dans cette organisation politico-administrative et sociale, il y avait une forme de gouvernance fondée sur la centralisation territoriale et la concentration du pouvoir au profit du roi. L'obéissance à celui-ci suivant les règles établies était un témoignage de respect à l'égard de la tradition et de la coutume et la transgression à sa volonté risquait d'entraîner des réactions aussi bien de la société tout entière, que du pouvoir royal, le droit applicable étant l'expression de la volonté du chef ou du roi traditionnel.

85. À ces rivalités internes, il faut ajouter des rivalités externes. Des empires et royaumes de pays différents se faisaient aussi la guerre. Les uns et les autres étaient animés d'une volonté expansionniste. Hélas, partout ailleurs en Afrique, la pénétration des troupes coloniales fut facilitée non seulement par ces rivalités mais aussi et surtout par une volonté expansionniste des empires et royaumes. L'annexion et l'anéantissement de ces vastes ensembles, vont entrainer, par voie de conséquence, l'affaiblissement de l'autorité des chefs qui fut réduite à celle d'intermédiaires subalternes étroitement contrôlés et leur compétence territoriale à la dimension du « canton ». La subdivision en « cantons » correspond, qui plus est, à une réalité traditionnelle dans certains pays aujourd'hui, et c'est à partir de l'expérience soudanaise que ce système administratif sera généralisé à l'ensemble des colonies françaises d'Afrique tropicale.

86. En définitive, l'organisation impériale et royale, associée aux pratiques traditionnelles et coutumières, a servi de sources originales pour le droit précolonial. Toutefois, ces ensembles ont été graduellement dépassés sous la pesanteur du colonisateur, qui a transposé de manière comminatoire un modèle de déstructuration de ces valeurs autochtones. Cette transformation a marqué la disparition théorique de ces systèmes précoloniaux même si leurs traces persistent

---

[126] Antonio Gambaro, Rodolfo Sacco, Louis Vogel, « Droit africain traditionnel », in *Traité de droit comparé,* LGDJ, 2011, p. 426-427.

encore aujourd'hui, influençant la culture juridique et politique de nombreux États africains. Outre les pratiques traditionnelles et coutumières ainsi que les systèmes impériaux et royaux, les sources du droit précolonial se trouvaient également dans les croyances religieuses aussi bien traditionnelles qu'importées.

III – Un droit issu des croyances religieuses

87. Le droit précolonial africain s'est en partie fondé sur les croyances religieuses et mystiques traditionnelles. Ces croyances, ancrées dans les pratiques rituelles locales, structuraient la vie sociale et juridique. Cependant, leur influence a décliné avec l'introduction des religions importées, notamment l'Islam et le Christianisme. L'expansion de ces religions en Afrique, principalement par la voie transsaharienne, s'est faite de manière progressive et souvent pacifique, en s'adaptant aux coutumes locales. Cette diffusion a entraîné une forme de christianisation ou d'islamisation juridique, marquée par une intégration partielle de la législation religieuse dans les systèmes existants. Il en a résulté une cohabitation entre royances religieuses importées et normes autochtones. Cette rencontre n'a pas été conflictuelle dans tous les cas : elle a donné lieu, dans plusieurs sociétés, à une symbiose entre les règles religieuses et les traditions juridiques africaines. Le droit précolonial s'est ainsi construit sur une pluralité de sources, conciliant spiritualité, coutume et adaptation aux réalités sociales.

A – Une croyance traditionnelle comme socle spirituel et juridique

88. La pluralité des sources du droit précolonial s'explique par leur enracinement dans les croyances religieuses, traditionnelles ou importées. Avant la transposition des religions abrahamiques, l'Islam et le Christianisme – le Judaïsme n'étant présent qu'en faible proportion – il y avait un ensemble de religions autochtones pratiquées en Afrique. Les influences et interférences de ce syncrétisme religieux dans le système africain étaient donc bien perceptibles, en particulier dans les sociétés à fort taux de pratiques religieuses, notamment dans les communautés islamisées.

89. En effet, les croyances religieuses traditionnelles ont laissé une empreinte marquée dans le droit précolonial. Les religions traditionnelles africaines (RTA), sont l'ensemble des religions autochtones pratiquées en Afrique précoloniale. Tout comme les pratiques traditionnelles et coutumières ainsi que les systèmes impériaux et royaux, ces pratiques religieuses se distinguaient par leur variété culturelle et la diversité de leurs expressions. Parmi elles, on retrouve les cultes voduns au Bénin[127], le nimba en Guinée (symbole de la fécondité ou de la fertilité), ou encore le dogon au Mali (symbole de la maternité). Ces religions traditionnelles ou indigènes des peuples africains avaient en commun une croyance profonde en des divinités propres aux différents strates de la nature et de la vie humaine.

90. Avant la colonisation islamique et chrétienne de l'Afrique, l'idolâtrie était une pratique courante dans les sociétés africaines traditionnelles. Dérivant du grec *eidôlon*, « représentation », et *latreia*, « adoration », l'idolâtrie était le culte, d'une religion polythéiste ou animiste, que les sociétés traditionnelles africaines rendaient à des idoles ou des créatures adorées comme des sculptures en métal et en terre cuite, en les assimilant à des divinités. La sorcellerie[128], quant à elle, était, de manière ontologique, perçue comme une force mystique échappant à tout raisonnement humain. Ce qui lui conférait une influence redoutée et qui expliquait en même temps son caractère divin. Car, dans ces sociétés traditionnelles tout ce qui ne peut être expliqué par la compréhension élémentaire de l'homme le transcende. C'est ainsi que cette pratique de sorcellerie[129], dans la plupart des cas néfastes, est restée longtemps dans l'Afrique précoloniale, comme un moyen de vengeance dans la société à travers l'envoûtement, la possession ou encore le sort. L'animisme[130], était une pratique fondée sur le culte des ancêtres et des esprits des aïeux. Cette pensée religieuse africaine traditionnelle accordait une importance particulière au culte des esprits protecteurs[131]. Il n'était pas simplement question de commémorer les défunts, mais plutôt de respecter leur mémoire et de rechercher leur

---

[127] Emmanuelle Tall, « De la démocratie et des cultes voduns au Bénin », *Cahiers d'Études Africaines*, vol., XXXV-1, 1995, p. 195-208.

[128] Michael Schatzberg, « La sorcellerie comme mode de causalité politique », *Politique Africaine*, n°79, 2000, p. 33-47.

[129] Harris Memel-Fotê, « Enquête sur la sorcellerie chez les Adioukrou. Question de méthode », *Bulletin de Liaison du Centre Universitaire de Recherches de Développement,* I, 1970, p. 17-20.

[130] Voir Edward Burnett Tylor, *Primitive culture,* Dover Publications, 1ere édition, 2016, 512 p.

[131] Harris Memel-Foté, « Rapport sur la civilisation animiste », *Colloque sur les religions africaines (Abidjan, avril 1961),* Paris, Présence Africaine, 1962, 240 p.

protection. C'est pourquoi, Robert Verdier affirme très justement qu'il était question d'observer strictement le « respect à l'égard des ancêtres, de qui les ossements sont mêlés au sol et de qui les esprits veillent sur les vivants »[132]. Désobéir au culte des ancêtres, qui, de leur vivant se sont distingués par leur qualité morale et d'âge, « risque d'entraîner on ne sait trop quelles réactions, défavorables, des génies de la terre, dans un monde où tout est lié, le naturel et le surnaturel »[133] et « le comportement des hommes et les phénomènes de la nature »[134], ajoute Hubert Deschamp. Ainsi, cette ancestralisation constituait des rites sociaux au cours desquels la communauté faisait des prières, offrandes et sacrifices. La consultation des devins et le fétichisme[135] constituaient également des formes de pratique rituelles marquantes de cette Afrique précoloniale.

91. Ces diverses croyances religieuses traditionnelles, bien que qualifiées de primitives ou de totémistes, étaient en corrélation avec les aspirations de leurs adeptes. Elles régulaient les sociétés et leur mode de gouvernance. Toutefois, avec l'avènement des croyances importées, elles ont graduellement été dominées et subjuguées avant d'être assimilées à de nouvelles doctrines religieuses venues d'ailleurs.

B – Une mutation juridique sous l'effet des religions importées

92. Rappelons d'emblée que bien avant la colonisation politique occidentale, l'Afrique avait également fait l'expérience d'une colonisation religieuse. Sans conteste, par vague déferlante, les États africains subsahariens, reçoivent et incorporent volontairement ou involontairement l'empreinte religieuse des croyances jusque-là inconnues. Les religions importées, notamment l'Islam et le Christianisme, se sont implantées en transformant les structures sociales et juridiques préexistantes. Ainsi, sous le poids de cette

---

[132] Robert Verdier, *« Chef de terre et terre de lignage », Études de droit africain et de droit malgache* (J. Poirier, dir.), 1965, p. 333-359.

[133] Bonambela Dika Akwanya, *La sphère du sacré en Afrique noire* – Thèse, Paris VII, 1972.

[134] Hubert Deschamps, « *Les fondements du droit quotidien malgache* », *in* Poirier Jean (éd.), *Études de droit africain et de droit malgache, Paris, Cujas,* 1965, p. 19-25.

[135] David Livingstone, Charles Livingstone, *Explorations dans l'Afrique australe et dans le bassin du Zambèze depuis 1840 jusqu'à 1864,* ouvrage traduit par Mme Henriette Loreau, Paris, Hachette & Cne, 1868, 308 p.

islamisation[136] et évangélisation, les religions traditionnelles africaines plient sans qu'il n'y ait eu de politique ou de mouvement anti-islamique ou anticléricale significatif qui se soit répandu en Afrique, contrairement à d'autres régions du monde. Mais incontestablement, l'Islamisation, en particulier, s'est révelée durable et a laissé une empreinte marquante sur l'organisation des sociétés africaines[137]. Pour Bernard Lugan, l'Afrique noire fut un vivier humain des musulmans[138]. Avant d'y revenir, évoquons l'évangélisation de l'Afrique qui n'a pas eu la même ferveur, car considérée comme un instrument de la « mission civilisatrice ».

93. L'évangélisation de l'Afrique, comme son islamisation, ne débute pas avec la colonisation européenne. Dès les premiers siècles de notre ère, le christianisme s'implante dans les provinces romaines d'Afrique du Nord (Égypte, Tunisie, Algérie, Libye), avec des figures majeures comme Saint Augustin, Tertullien ou Origène. L'Église copte d'Égypte et l'Église éthiopienne constituent des traditions chrétiennes africaines anciennes. Toutefois, avec l'expansion de l'islam à partir du VIIe siècle, le christianisme recule dans plusieurs régions du nord et du Sahel. À partir du XVe siècle, avec les premières expéditions portugaises sur les côtes ouest-africaines, les missions catholiques (principalement portugaises, puis espagnoles et françaises) tentent de convertir les populations locales. Mais ces premières évangélisations restent limitées, souvent liées aux comptoirs commerciaux. La véritable expansion missionnaire s'intensifie au XIXe siècle, avec la colonisation européenne. L'évangélisation devient alors un instrument de la « mission civilisatrice » : l'Église catholique, avec les pères blancs, les spiritains, les lazaristes, s'implante dans l'Afrique francophone. Les Églises protestantes (anglicanes, baptistes, méthodistes) s'installent surtout en Afrique anglophone (Ghana, Nigeria, Kenya, Afrique du Sud). Les missions établissent des écoles, hôpitaux, séminaires, formant une élite chrétienne africaine. Dès lors, l'évangélisation transforme profondément les sociétés africaines sur plusieurs plans. Sur le plan religieux, elle introduit le monothéisme chrétien, souvent en opposition

---

136 Mohamed El Fasi, Ivan Hrbek, "Étapes du développement de l'Islam et de sa diffusion en Afrique », in *Histoire générale de l'Afrique,* vol. III : *L'Afrique du VIIe au Xie siècle,* Unesco/NEA, 1988, p. 81-116.

137 Hamadou Adama, Drissa Koné, *L'Islam et le vivre-ensemble en Afrique subsaharienne*, Paris, L'Harmattan, 2019, 280 p.

138 Bernard Lugan, *Afrique, l'Histoire à l'endroit, op., cit.* p. 141 et s.

avec les religions traditionnelles africaines (animisme, culte des ancêtres). Sur le plan linguistique et éducatif, les missionnaires diffusent les langues coloniales (français, anglais). Sur le plan social, l'école missionnaire devient un moyen d'ascension sociale ; certains convertis deviennent enseignants, catéchistes, auxiliaires de l'administration coloniale. Sur le plan politique, l'Église joue un rôle ambigu : parfois complice du pouvoir colonial, parfois critique (notamment avec l'émergence des élites chrétiennes anticoloniales). C'est pourquoi d'ailleurs, au XXe siècle, surtout après les indépendances, une forme de prise de conscience se manifeste avec le développement des Églises africaines indépendantes, créées par des Africains eux-mêmes, souvent en réaction au paternalisme missionnaire ; un christianisme contextualisé, intégrant des éléments de spiritualité africaine ; des mouvements charismatiques, pentecôtistes et évangéliques, très dynamiques dans les zones urbaines. En définitive, la période d'évangélisation de l'Afrique a été longue, complexe et ambivalente. De l'Afrique chrétienne antique à l'émergence de formes contemporaines de christianisme africain, le continent a intégré, transformé et parfois résisté à l'influence missionnaire. L'évangélisation fut à la fois une entreprise spirituelle, culturelle, historique mais surtout politique, dont les effets sont toujours visibles dans les sociétés africaines contemporaines. Compte tenu de sa proximité avec les colonisateurs politiques, les populations africaines ont eu une perception moins favorable du christianisme par rapport à l'islam qui se montrait comme une religion des opprimés.

94. La pesanteur de l'Islam va particulièrement marquer ce rapport théoriquement asymétrique mais pratiquement symétrique. L'Islam, selon la conception de Noël Coulson, est une religion reposant sur « la volonté révélée par Dieu, un système divinement institué ayant précédé l'État musulman et non précédé par lui, contrôlant la société musulmane et non contrôlé par elle »[139]. Sous cette influence, la nomenclature des pratiques antérieures se transforme sans pour autant se déformer. Cela est d'autant plus visible que nonobstant cette irruption religieuse, on ne pouvait, à l'évidence, nier la réalité, que cette myriade d'ethnies et de tribus qui peuplait la société africaine précoloniale n'obéissait principalement qu'aux chefferies traditionnelles et coutumières, aux religions autochtones et importées, ainsi qu'aux systèmes d'empire et

[139] Noël Coulson, *Histoire du droit islamique*, PUF, Paris 1995, p. 1.

de royauté. Il faut reconnaitre que ces principales forces centrifuges se traduisaient souvent dans leurs oppositions, les conflits de générations[140]. C'est ce qui semble du reste justifier l'instauration du recours à la force pour répandre les religions importées dans des localités où la résistance était encore farouche contre la pénétration religieuse. Ce moyen de contrainte était souvent utilisé par les rois noirs convertis qui déclenchèrent des guerres au nom du « Djihad » contre les religions traditionnelles africaines ou contre les non croyants. Dès lors, les sociétés finiront, volontairement (en grande majorité) par se convertir.

95. L'Islam, né dans la péninsule arabique au VIIe siècle (610) s'est progressivement implanté à la fin du VIIe siècle et au début du VIIIe, en Afrique du Nord et subsaharienne. Il est donc « né hors de l'Afrique (en Arabie) puis s'est développé principalement au Moyen-Orient, en Afrique du Nord ou en Espagne andalouse »[141]. Son expansion en Afrique[142] de l'Ouest a été facilitée par les relations commerciales transsahariennes (avec l'Afrique du Nord fraîchement islamisée). Du Maghreb à l'empire Manding, de la Mauritanie vers l'empire du Ghana, de l'Algérie vers le Mali[143], l'expansion de l'Islam fut relayée en Afrique, spécialement au sud du Sahara, par les africains eux-mêmes sans grande difficulté. Car, l'Islam, porteur d'un message universel, a su s'adapter aussi vite et aussi loin de sa base arabe, aux cultures locales[144] tout en conservant un socle commun[145]. Contrairement au droit colonial européen, perçu comme impérialiste, dominateur et souvent contraignant, l'Islam a su s'acclimater aux cultures locales auxquelles il devrait appliquer sa doctrine.

96. Cette islamisation du continent africain s'accompagnait avec une accommodation des règles juridiques nouvelles, car la religion

---

[140] Norbert Elias, « Conflits de génération et célébrations nationales : analyse et perspectives », *Cultures & conflits, (en ligne)*, 2011, p. 81-82.
[141] Etienne Le Roy, « La formation des droits coutumiers islamisés devant les tribunaux musulmans ou les juridictions traditionnelle ou coloniales », *op., cit.*, p. 374.
[142] Vincent Monteil, *L'Islam noir. Une religion à la conquête de l'Afrique*, Paris, Seuil, 1980, 468 p.
[143] Mustapha Benchenane, « L'Islam africain », Revue *Défense Nationale,* 2016 n° 793, p. 103-108.
[144] Moussa Thioye, « Part respective de la tradition et de la modernité dans les droits de la famille des pays d'Afrique noire francophone », *op. cit.*, p. 362.
[145] Mustapha Benchenane, « L'Islam africain », *op. cit.*, p. 103-108.

islamique est régie par un ordre juridique, en l'occurrence le droit musulman, la *sharia*, qui est un droit d'origine divine, c'est-à-dire les commandements de Dieu. Ce droit musulman se fonde sur quatre sources principales (*Usûl al-Fiqh*). La source première est le Coran qui est le livre saint rassemblant les révélations d'Allah à son Prophète Mohammad (paix et salut sur lui). La deuxième source est la *sunna* qui désigne la conduite, la tradition et les pratiques du Prophète Mohammad (paix et salut sur lui) matérialisée par la parole, le silence ou l'action. Elle est documentée dans les *hadiths* recueillis après le décès du Prophète Mohammad (paix et salut sur lui) qui furent rassemblés en recueils. La troisième source est l'*idjma*, le consensus des savants, l'accord unanime des docteurs de la loi. Enfin, la quatrième source est le *qiyâs*, le raisonnement par analogie, donc la jurisprudence. Dès lors, les règles traditionnelles et coutumières africaines préexistantes devraient intégrer, dès que possible, ce nouvel ordonnancement juridique islamique, car les sociétés d'application ayant désormais embrassé majoritairement cette nouvelle religion qui, à son tour s'est accommodée aux règles traditionnelles et coutumières, conduisant à un mélange harmonieux entre traditions locales et prescriptions islamiques. Il s'agissait d'une forme d'acculturation réciproque nécessaire bien décrite par Bénédicte Fischer, pour qui, cette islamisation « des sociétés précoloniales se traduit par une acculturation réciproque du phénomène juridique mandingue traditionnel et de l'islam, fondement du droit musulman »[146].

C – Une symbiose entre normes islamiques et traditions locales

97. La symbiose entre les normes islamiques et les traditions locales s'explique par les accommodations de l'Islam à la société africaine. En effet, la religion musulmane a semblé avoir vite compris la nécessité d'un œcuménisme religieux respectant équitablement les valeurs traditionnelles qui n'étaient pas manifestement incompatibles avec ces dogmes en intégrant les préoccupations des peuples africains. En Afrique, la conversion à l'Islam n'avait pas pour conséquence la rupture d'avec la coutume, ce qui semblait être le cas du droit colonial qui voyait dans la coutume locale un facteur de déséquilibre avec ses

---

[146] Bénédicte Fischer, *Les relations entre l'administration et les administrés au Mali : contribution à l'étude du droit administratif des États d'Afrique subsaharienne de tradition juridique française,* Thèse, Université de Grenoble, sous la direction de Jean-Jacques GLEIZAL, Professeur émérite, Université Grenoble II, 2006, p. 100.

objectifs de domination et qu'elle devrait être boutée hors de ses législations. Contrairement au colonisateur occidental, pour qui les pratiques coutumières africaines devraient pour la plupart être considérées comme des pratiques démodées et primitives[147], l'Islam a adopté une approche inclusive. Au lieu de considérer, comme l'a fait le colonisateur occidental, ces pratiques africaines comme des vieilles lunes auxquelles il ne fallait pas s'en remettre pour implémenter les objectifs de la transplantation, l'Islam a préservé certaines d'entre elles qui étaient conformes à ses principes, tout en influençant l'évolution des structures juridiques et sociales. Si le droit précolonial a subi les affres du droit colonial français, avec le droit musulman, tel ne fut pas le cas. L'Islam, dans son contact avec les populations d'accueil, s'est montré très accommodant en prenant conscience de sa rencontre avec une nouvelle civilisation, avec laquelle il devrait désormais interagir et s'intégrer mutuellement sans aucune velléité de domination ou de conquête sinon que spirituelle ou morale.

98. Plusieurs domaines attestent cette fusion entre l'Islam et les pratiques autochtones africaines. En effet, l'Islam a refusé de combattre les structures sociales préexistantes et plusieurs domaines ont prêté le flanc à la symbiose tradition-islam. Par exemple, la conception communautaire de la propriété foncière prévalait aussi bien dans la culture islamique que dans les sociétés africaines où la terre appartient à Dieu. Donc, ce principe de non-appropriation des terres est commun entre l'Islam et les traditions africaines. Dans ces conceptions, on ne peut avoir qu'un droit d'usage sur la terre. Un autre cas d'illustration de cette symbiose réside dans l'organisation sociale reposant sur des valeurs communautaires et complémentaires. Dans l'un et l'autre, la société est fondamentalement fondée sur des valeurs communautaires et collectivistes. En Islam comme dans les sociétés africaines précoloniales, la société n'est pas fondée sur des considérations subjectives de l'individu qui se dissout dans la communauté. Ce sont donc des sociétés d'entraide. L'éducation des enfants était une responsabilité communautaire, donc l'éducation pour tous. De même, l'obligation du respect du droit d'aînesse est strictement observée. Dans le domaine familial, aucune difficulté majeure n'est à noter. La vie

---

[147] Vincent Kangulumba Mbambi, « Les droits originellement africains dans les récents mouvements de codification : le cas des pays d'Afrique francophone subsaharienne », *op. cit.*, p. 324.

familiale a pu garder sa stabilité à la réception de l'Islam qui autorise la pratique de la polygamie ; met un accent tout particulier sur l'obligation de préservation des liens de la fraternité ; n'interdit pas explicitement l'esclavage, pratique affermie dans certaines sociétés africaines, mais recommande la libération des esclaves. Dans le cadre de la transmission héréditaire des biens, l'Islam attribue une part à la femme, suivant les règles de sa répartition. Plusieurs autres domaines peuvent être notés pour attester de la souplesse et de la capacité d'adaptation dont a fait preuve l'Islam. En se limitant volontairement à ces quelques cas d'exemple, notons que la religion musulmane a réussi à accommoder son droit (ou ses droits en tenant compte de ses quatre écoles juridiques : malékite, hanéfite, chaféite et hanbalite) aux réalités africaines. Moussa Thioye affirme à ce propos que « ce brassage est, du reste, tellement profond que les règles coutumières authentiquement africaines et celles islamisées sont souvent logées à la même enseigne, celle de droits dits traditionnels selon le critère ethnocentrique occidental »[148].

99. On aura compris que cette acclimatation n'avait pas pour but d'annihiler certains principes fondateurs (dogmes) de cette religion au profit de la société de réception mais de trouver un juste équilibre. La formation de ces droits coutumiers islamisés dans ces sociétés traditionnelles africaines « n'a pas donné naissance à un ordre juridictionnel distinct, différencié de l'organisation communautaire autochtone durant la période précoloniale ou échappant à tout contrôle »[149]. Mais le « droit islamique n'a été qu'exceptionnellement appliqué intégralement par les sociétés islamisées de l'Afrique noire. Il y a même des situations où la conversion religieuse à l'Islam ne paraît pas emporter l'adoption du droit coranique, en raison de sa complexité »[150]. Cette influence religieuse était à la fois un facteur de démystification du droit précolonial autochtone africain et un annonciateur d'une sorte de coexistence pacifique et non conflictuelle. De cette double considération, le droit découlant était le fruit d'une co-construction entre le droit musulman et les droits autochtones. Par conséquent, ce nouveau droit, issu de cette interaction, était marqué par

---

[148] Moussa Thioye, « Part respective de la tradition et de la modernité dans les droits de la famille des pays d'Afrique noire francophone », *op., cit.*, p. 363.
[149] Etienne Le Roy, « La formation des droits coutumiers islamisés devant les tribunaux musulmans ou les juridictions traditionnelle ou coloniales », *op cit.*, p. 377.
[150] *Idem.*

son adaptation au concret, son rapprochement de ses destinataires et par-dessus tout, son originalité, favorisant ainsi une interpénétration des normes ayant contribué à façonner un système hybride cohérent.

100. Aussi, ce droit musulman a réussi à introduire des méthodes de règlement des litiges avec l'établissement des tribunaux musulmans. Ces méthodes ont d'ailleurs été considérées comme un facteur de désacralisation des méthodes de règlement autochtones des litiges même si ces deux méthodes vont coexister ensemble, et elles le sont au demeurant toujours, car cette coexistence annoncée conflictuelle est finalement restée pacifique[151]. Ce qui démontre la capacité de ce droit musulman à s'adapter aux valeurs locales tout en instaurant des réformes juridiques durables. La mise en place de cette justice religieuse s'est accomplie pacifiquement car, comme il a été précédemment noté, la religion musulmane s'est bien accommodée aux valeurs des populations d'accueil. Dans la continuité de l'analyse des fondements du droit précolonial, il convient désormais d'examiner le rôle structurant d'un système judiciaire adéquat, garant de l'effectivité, de la légitimité et de la cohérence du droit.

---

[151] *Ibid.*, p. 374.

Titre II – Un droit fondé sur une assise juridictionnelle adéquate

101. Concernant la justice précoloniale, l'analyse partage l'affirmation de Gilbert Mangin selon laquelle « la manière dont pouvait être rendue la justice dans l'Afrique précoloniale est fort mal connue faute de documents écrits ». Pourtant la justice était au cœur des préoccupations des populations africaines de l'époque. C'est donc avec raison que l'auteur note que « peu d'études ont été consacrées à cette question (cf. ouvrages de Vassina sur le Rwanda, de M. Glélé sur le Danxomé, Nubia, Paris, 1974 et de J. Kizerbo, *Histoire générale de l'Afrique*, Paris, Hatier, 1972, etc.) »[152]. Cependant, avant l'imposition du droit colonial, les sociétés africaines disposaient de leurs propres systèmes juridiques et judiciaires, adaptés à leurs réalités sociales, culturelles et économiques. Contrairement à une idée répandue, ces sociétés n'étaient pas dépourvues d'ordre juridique ; elles fonctionnaient selon des mécanismes de régulation des conflits basés sur la coutume, la tradition et les structures sociales en place. La justice précoloniale africaine se caractérisait par son organisation décentralisée, son rôle de conciliation et sa finalité axée sur la restauration de l'harmonie sociale plutôt que d'appliquer une répression stricte. Dès lors, il convient d'examiner les structures judiciaires traditionnelles afin de mieux comprendre les modes de règlement des conflits et les principes fondamentaux qui les régissaient.

102. La justice précoloniale était une justice pluraliste fondée sur l'équilibre social et le respect des droits humains. Elle se différencie clairement de la justice coloniale et postcoloniale (mise en place après les indépendances des États d'Afrique). Elle est donc l'ensemble des activités relatives au règlement des conflits en vigueur pendant la période précoloniale. Son organisation contrastait avec une grande diversité et une empreinte marquée dans les pratiques traditionnelles et coutumières, ainsi que dans les systèmes impériaux et royaux. Elle était également le reflet des réalités religieuses, en ce sens qu'elle était rendue suivant les croyances religieuses, autochtones ou importées. Elle était, par-delà tout, une justice respectueuse des principes

[152] Gilbert Mangin, « Les structures de l'appareil juridictionnel », in *Encyclopédie juridique de l'Afrique*, Pierre-François Gonidec, Maurice Ahanhanzo-Glélé (dir.), tome 1 – *L'État et le droit*, les Nouvelles Éditions Africaines, 1982, 500 p., p. 239.

fondamentaux des droits humains, en particulier dans les matières pénales et civiles. Son objectif ultime était de garantir l'équilibre de la société et d'éviter que les conflits ne se transforment en rancunes durables entre les parties au procès. On aura compris que cette justice mettait l'accent sur la préservation de l'équilibre social, rien ne devrait être fait pour l'étioler, car il était, pour elle, l'élément essentiel au bon fonctionnement de ces sociétés.

I – Une justice précoloniale structurée et cohérente

103. Avant l'instauration des systèmes juridiques coloniaux, les sociétés africaines disposaient de mécanismes de justice bien organisés et profondément enracinés dans leurs structures sociales. Cette justice précoloniale, bien que diverse selon les régions et les peuples, reposait sur une finalité commune : assurer la cohésion sociale, préserver l'harmonie collective et rétablir l'équilibre au sein des communautés. Elle se caractérisait par son pluralisme, articulant les règles coutumières, les traditions ancestrales, les institutions royales et les référents religieux, dans un équilibre fonctionnel. Loin d'être centralisée, cette justice était décentralisée et se fondait sur des liens sociaux étroits, donnant une place essentielle à la médiation, à la palabre et à la conciliation, plutôt qu'à la sanction punitive. Elle traduisait ainsi une forme de régulation souple mais cohérente, capable d'intégrer les spécificités locales tout en garantissant une stabilité juridique adaptée aux réalités africaines d'alors.

A – Une diversité des fondements de la justice précoloniale

104. L'objectif ici est d'examiner l'organisation de la justice précoloniale, en mettant en lumière ses structures judiciaires, ses modes de règlement des conflits et les principes fondamentaux qui la régissaient. En effet, l'organisation judiciaire renvoie classiquement aux règles fixant le nom de la justice, sa compétence, sa composition, sa place dans la hiérarchie et les attributions de son personnel, comme les magistrats. Avant l'intrusion coloniale et l'imposition des systèmes judiciaires exogènes, les sociétés africaines disposaient de leurs propres mécanismes institutionnalisés de régulation des rapports sociaux et de résolution des différends. Ces mécanismes, profondément enracinés dans les réalités socioculturelles locales, étaient structurés autour de deux grands ensembles : les pratiques traditionnelles et coutumières d'une part, et les systèmes religieux d'autre part, endogènes ou issus des contacts précoces avec l'Islam ou le Christianisme.

105. Dans ce contexte précolonial, la justice ne se présentait pas comme un appareil étatique autonome ou centralisé, mais comme une fonction exercée au sein même de la communauté. Elle procédait d'une approche holistique, intégrant les dimensions sociales, morales, spirituelles administratives et politiques. Les normes d'organisation et de fonctionnement de cette justice précoloniale ne faisaient pas l'objet d'une codification écrite ; elles étaient transmises par voie orale, portées par les anciens, les sages, ou encore les chefs traditionnels, garants de la mémoire[153] et de l'équilibre communautaire. Leur légitimité reposait donc moins sur leur formalisation que sur leur enracinement dans les coutumes et traditions partagées. L'un des traits les plus saillants de la justice précoloniale réside dans sa finalité : elle ne se résumait pas à l'application des règles strictes, mais visait avant tout à maintenir l'harmonie et la paix sociales et à favoriser la réconciliation plutôt que la sanction punitive. Le règlement des litiges s'appuyait sur des formes variées de médiation, de conciliation ou de palabres communautaires, visant à restaurer les liens sociaux, apaiser les tensions et rétablir un ordre moral partagé. Ainsi, la responsabilité collective, la réparation symbolique, le pardon public et la réconciliation étaient des piliers de ce système de justice, bien éloigné de la logique répressive et individualiste propre au modèle occidental repris par le modèle postcolonial.

106. Sur le plan structurel, on distinguait des formes d'organisation judiciaire adaptées à la diversité des sociétés. Dans les systèmes royaux et impériaux – tels que ceux des royaumes Mandingues, Peuls, du Kongo, Zoulou – la justice s'exerçait selon une hiérarchie bien définie, allant du chef de famille ou du village aux cours royales, en passant par des assemblées de notables. Le procès prenait souvent la forme d'un palabre communautaire, organisé dans un lieu symbolique – à l'ombre d'un arbre, sur la place du village – et réunissait les membres de la communauté. La procédure était orale, dialoguée, et permettait à chaque partie de s'exprimer avant que ne soit rendue une décision fondée sur les règles coutumières connues de tous. L'objectif était moins la

[153] Mamoussé Diagne, *Critique de la raison orale. Les pratiques discursives en Afrique noire,* Karthala, 2005, p. 409 et s.

sanction que la restauration de l'ordre social, à travers la médiation, le compromis ou la réparation, y compris sous forme symbolique (présentation d'excuses publiques, dons rituels, réconciliation solennelle). À chaque échelon, des compétences générales et spécifiques étaient attribuées suivant la gravité ou la nature du litige. Le recours au chef suprême, généralement considéré comme détenteur d'un pouvoir sacré, intervenait en dernière instance. Dans les sociétés lignagères ou acéphales, l'autorité judiciaire se concentrait autour d'un conseil des anciens ou d'un sage reconnu pour sa sagesse et sa probité.

107. Parallèlement, la dimension religieuse du droit jouait également un rôle majeur. Dans les régions islamisées, notamment en Afrique de l'Ouest, Sénégal, Guinée, Mali, Côte d'Ivoire, Niger, Burkina Faso, et dans la Corne de l'Afrique, les juridictions islamiques, fondées notamment sur la charia, coexistaient avec les juridictions coutumières et traditionnelles. Le cadi ou juge musulman, formé aux sciences religieuses, rendait la justice selon les principes du Coran et de la Sunna. De même, dans les régions touchées par l'évangélisation chrétienne, notamment dans certaines parties de l'Afrique centrale, les structures missionnaires participaient parfois à la régulation sociale en introduisant une justice morale fondée sur les valeurs bibliques.

108. Ainsi, l'organisation judiciaire précoloniale africaine se caractérisait par une diversité de systèmes, d'acteurs et de procédures. Cette justice plurielle, souple et contextualisée, témoignait d'une capacité à réguler les conflits selon les valeurs et les besoins propres à chaque communauté. Elle traduisait une conception de la justice comme vecteur de cohésion, d'équilibre et de préservation des solidarités, bien loin du modèle étatique, coercitif et impersonnel qui allait être imposé par la colonisation et reconduit aux indépendances. Dans ce contexte, la justice précoloniale se distinguait par la diversité de ses fonctions et la légitimité de ses acteurs, garants d'un ordre social fondé sur la proximité, la médiation et le consensus.

B – Une justice aux fonctions polyvalentes et aux acteurs légitimes

109. Avant la colonisation, en Afrique la justice traditionnelle, la justice coutumière, la justice impériale ou royale ainsi que la justice religieuse, renvoyaient à des réalités[154] similaires. Ces systèmes, bien

[154] Nelly Robin et al., « Étude relative aux justices traditionnelles au Sahel », *Revue*

qu'issus de traditions orales et d'organisations lignagères, n'en étaient pas moins structurés, hiérarchisés et dotés d'une légitimité profondément ancrée dans les réalités locales. Toutes avaient pour missions de trancher les litiges dans divers domaines – constitutionnel, civil, administratif et pénal – en fonction des pratiques traditionnelles et coutumières locales. Ici, les techniques de raisonnement du juge s'inspiraient des pratiques ancestrales africaines, assurant ainsi une justice conforme aux valeurs de la société. L'administration de la justice dans ces systèmes impériaux n'était pas exempte de rituels. Des procédures non codifiées, parfois secrètes ou initiatiques, encadraient le jugement. L'élément surnaturel – recours aux devins, oracles ou épreuves – pouvait être mobilisé dans la recherche de la vérité, en particulier dans les affaires complexes ou lorsque la preuve humaine faisait défaut. Cette conception de la vérité, intégrant l'invisible et le spirituel, témoignait d'une vision holistique du droit, indissociable du sacré.

110. Ces divers domaines amenaient la justice précoloniale à exercer une compétence générale et spécialisée. Cependant, son personnel, notamment les magistrats et autres acteurs de la chaine judiciaire, n'étaient pas formés selon un cadre institutionnel, comme c'est le cas aujourd'hui. Leur légitimité reposait davantage sur leur expérience, leur sagesse et leurs connaissances des traditions et coutumes locales. Il convient de souligner que ces formes de justice coutumière et royale assuraient une fonction de régulation sociale et d'intégration communautaire. La sanction n'avait de sens que si elle rétablissait l'équilibre, évitait les ruptures sociales et réinsérait le coupable dans le tissu communautaire. La dimension pédagogique, symbolique et collective de la justice l'emportait sur une logique purement coercitive. De ce fait, la justice ne se voulait pas seulement outil de répression mais instrument de cohésion. Ainsi, la diversité des systèmes judiciaires précoloniaux reflétait la richesse des organisations politiques africaines, qui, loin de l'image de sociétés dépourvues de droit, avaient développé des institutions adaptées à leurs structures sociales et à leurs conceptions du monde.

---

bibliographique. Disponible en ligne : https://pasasminka.fr/en/resources/download/149

111. Cette originalité a d'ailleurs amené le Haut-Commissariat des Nations-Unies aux droits de l'homme, à définir la justice coutumière comme « les types de systèmes judiciaires qui existent au niveau local ou communautaire et qui n'ont pas été établis par l'État. Ils peuvent aussi être perçus comme un système de justice qui suit généralement les principes du droit coutumier ou un ensemble de règles de comportement non codifiées, qui est mis en œuvre à l'aide de sanctions et peut évoluer avec le temps »[155]. Cette justice ancrée dans le vécu des peuples s'est vue brutalement marginalisée par l'instauration d'une administration coloniale autoritaire, rompant avec la logique communautaire et participative qui prévalait jusque-là. Pourtant, avant cette rupture, elle reposait sur une organisation décentralisée, où les structures sociales constituaient les piliers de la régulation des conflits et de la préservation de l'ordre collectif.

C – Une justice décentralisée et portée par les structures sociales

112. L'organisation de cette justice évoluait en fonction du degré d'affinité, de l'étroitesse entre les parties, des liens de parenté ou de la nature du litige. Dans tous les cas, elle ne relevait pas d'une institution centralisée de type étatique. En l'absence de toute logique institutionnelle rigide, elle se manifestait principalement sous la forme d'une justice familiale, villageoise ou tribale, appliquant le principe bien établi du double degré de juridiction. Ainsi, dans ces sociétés africaines précoloniales, la justice coutumière s'organisait selon une logique profondément décentralisée, où l'autorité judiciaire émanait des structures sociales elles-mêmes, et non d'une institution centralisée. Cette décentralisation n'était pas synonyme de désordre, mais au contraire, elle traduisait une répartition naturelle et hiérarchisée des responsabilités en fonction des cercles d'appartenance sociale : famille, lignage, village, tribu ou ethnie. La justice se voulait d'abord communautaire, contextuelle et relationnelle, épousant les contours de la vie collective.

---

[155] Haut-commissariat des Nations-Unies aux droits de l'homme, *droits de l'homme et systèmes de justice traditionnelle en Afrique*, HR/PUB/16/2, 2016, p. 6. Rapporté par Ben Luther Touere Elenga, « Justice traditionnelle st système africain de protection des droits de l'homme », *Revue des droits de l'homme,* En ligne], 22 | 2022, mis en ligne le 12 septembre 2022, consulté le 28 septembre 2022. URL : http://journals.openedition.org/revdh/15518 ; DOI: https://doi.org/10.4000/revdh.15 518

113. C'est pourquoi, l'organisation du règlement des conflits reposait sur un principe de proximité, car ce n'était pas tant la gravité de l'infraction qui déterminait l'échelon compétent, mais plutôt le type de relation sociale entre les parties concernées. Un conflit entre époux était d'abord soumis au chef de famille ou au conseil familial ; un différend entre membres de clans alliés relevait d'un conseil inter-lignager ; une affaire opposant des membres de différents villages pouvait être tranchée par une assemblée plus large composée de notables des deux communautés. Ce maillage progressif permettait de réguler les tensions sans recours à une autorité lointaine ou impersonnelle. Il consacrait ainsi l'ancrage de la justice dans les liens de solidarité, de respect hiérarchique et d'interconnaissance.

114. Cette justice décentralisée appliquait également, de manière empirique mais rigoureuse, le principe du double degré de juridiction. Une décision rendue au niveau familial pouvait être portée devant le conseil de village, puis éventuellement devant un chef de canton ou une autorité *supra* locale. Chaque niveau intervenait comme une forme d'appel, avec un objectif clair : vérifier que les normes communautaires avaient été respectées et que la solution trouvée ne risquait pas d'ébranler la cohésion sociale. Le souci de préserver la paix et de restaurer l'équilibre prenait le pas sur la sanction. Ce système, tout en étant souple et accessible, permettait aussi d'assurer une progressivité dans le traitement des litiges, une forme d'escalade juridique maîtrisée.

115. Aussi, il importe de rappeler que l'une des caractéristiques fondamentales de cette justice résidait dans l'oralité de ses procédures. Les audiences, souvent publiques, se tenaient dans des lieux identifiés – cases des anciens, places centrales, sous l'arbre à palabres – et suivait un déroulement connu de tous, fondé sur le dialogue, l'écoute et la recherche du compromis. L'objectif n'était pas tant de « trancher » que de réconcilier. L'accusé n'était pas rejeté mais intégré dans une dynamique de pardon et de réparation. La symbolique des gestes, des paroles et des objets[156] (calebasses brisées, offrandes, serments) renforçait la portée des décisions rendues. Cette justice coutumière décentralisée s'opposait en tous points au modèle étatique centralisé introduit par la colonisation. Elle n'était pas fondée sur une autorité

---

[156] Mamoussé Diagne, *Critique de la raison orale. Les pratiques discursives en Afrique noire, op. cit.*, 600 p.

impersonnelle et coercitive, mais sur une légitimité sociale partagée, une connaissance intime des enjeux communautaires et un souci constant de préservation de l'ordre social. Dans ce système, le droit n'était pas séparé de la société, il en était l'expression vivante. Ce modèle a certes été marginalisé par l'avènement de l'État colonial puis postcolonial, mais ses logiques de fonctionnement, sa légitimité populaire et ses mécanismes souples de résolution des conflits continuent d'imprégner profondément les pratiques contemporaines de justice, notamment dans les zones rurales. Ainsi, la justice coutumière décentralisée demeure une source précieuse de réflexion pour repenser une justice plus accessible, participative et enracinée dans les réalités locales. Elle illustre une manière endogène de régulation des rapports sociaux, où la résolution des litiges ne relève pas d'une simple application mécanique de la norme, mais d'un ensemble de pratiques sociales visant la restauration de l'harmonie communautaire.

II – Une résolution des litiges fondée sur les pratiques sociales

116. Dans les sociétés africaines précoloniales, les mécanismes de résolution des conflits étaient profondément enracinés dans les réalités sociales locales. L'organisation judiciaire suivait une structure hiérarchique, permettant l'exercice d'un double degré de juridiction : les litiges étaient d'abord examinés en première instance, avant de pouvoir faire l'objet d'un appel devant une instance supérieure. Dans certains systèmes plus élaborés, un recours ultime était possible, s'apparentant à un pourvoi en cassation. Le Conseil de tribu faisait office d'organe suprême de régulation coutumière. Il assumait un rôle essentiel de préservation de l'ordre social, garantissant l'équilibre au sein de la communauté. À côté de cette structure, le chef traditionnel jouait un rôle central dans le règlement des litiges complexes, en raison de l'autorité morale et sociale dont il jouissait. Dans les grands empires et royaumes, une centralisation progressive de l'appareil judiciaire a vu le jour, avec la mise en place de juridictions impériales ou royales dotées d'une organisation plus institutionnalisée. Qu'il s'agisse des formes coutumières, religieuses ou impériales, la justice précoloniale se caractérisait par son pluralisme, son accessibilité et son enracinement profond dans les valeurs et les réalités socioculturelles des communautés africaines.

A – Une hiérarchie judiciaire coutumière structurée

117. Avant la transposition des systèmes judiciaires coloniaux, les sociétés africaines réglaient leurs litiges au sein des structures bien établies, adaptées à leurs réalités sociales et culturelles. La justice précoloniale reposait sur une organisation cohérente et structurée, garantissant une prise en compte effective des spécificités locales et des rapports de parenté. Les conflits trouvaient leur règlement en première instance devant le Conseil de famille (tribunal de première instance), présidé par le chef de famille. Il s'agit ici des « sociétés élémentaires dans lesquelles l'organisation parentale assure la totalité des fonctions politiques. Elles visent principalement l'incorporation des individus par la parentalisation des groupes, (…) »[157]. Dans la conception africaine traditionnelle, tout litige non résolu au sein même de la famille risquait d'ébranler les liens familiaux et de perturber les rapports de parenté et l'harmonie sociale. C'est pourquoi le Conseil de famille se fixait pour objectif fondamental de favoriser la conciliation des parties, ce faisant, il utilisait tous les moyens possibles pour parvenir à un règlement à amiable. À cet effet, il avait compétence pour traiter des affaires de toute nature qu'il s'agisse de délits internes ou externes, de transgressions sociales ou de violation d'interdits coutumiers. Ce qui est autrement dit par Mamadou Wane que le Conseil de famille était compétent pour les « délits dits ''publics'' ou ''privés'', de délits internes ou externes, de délits profanes ou relevant de la rupture d'un interdit »[158]. Dans tous les cas, le chef de famille « orchestre la procédure qui sera essentiellement, (…), une procédure de conciliation destinée à favoriser le retour à la ''normale'' »[159]. Néanmoins, les décisions du Conseil familial reposaient sur l'accord des parties (accord parfois arraché) et elles étaient prises à la lumière des croyances coutumières et traditionnelles. Lorsque la conciliation échouait et qu'un accord ne pouvait être trouvé, c'est cela aussi la nature humaine, la partie insatisfaite pouvait interjeter appel devant le Conseil interfamilial ou le Conseil de village, constituant une juridiction du second degré.

---

[157] Mamadou Wane, « La formation des droits ''non étatiques'' », in *Encyclopédie juridique de l'Afrique*, Pierre-François Gonidec (dir.), Tome 1, éditions *les Nouvelles Éditions Africaines*, 1985, p. 361.
[158] *Ibid.*, p. 362.
[159] *Idem.*

118. Les décisions (jugements) du Conseil de famille pouvaient être contestées en appel devant le Conseil du village (Cour d'appel). À l'échelon du village, la résolution du conflit dépassait le cercle familial, son champ s'étendant au niveau du village ou du quartier. À ce niveau, la justice était rendue par le Conseil du village. Placé sous l'autorité du chef de village, le Conseil de famille composé de notables, servait de juridiction d'appel pour les affaires jugées en première instance par le Conseil de famille. Il jouait donc le rôle de juridiction d'appel des décisions rendues par le Conseil familial. Il avait une compétence générale et tranchait notamment les différends inter-villageois, tels que les conflits relatifs aux limites territoriales ou à l'utilisation des ressources naturelles. Plus spécifiquement, les chefs de village ou de canton, investis d'un pouvoir délégué, rendaient la justice dans les affaires de proximité. En cas de conflit persistant ou de faute grave (sorcellerie, meurtre, trahison), l'affaire pouvait être portée devant des juridictions supérieures, telles que le conseil royal, composé de notables, ministres ou dignitaires du royaume. Dans l'hypothèse où, le litige intéressait plusieurs villages, son règlement se faisait au niveau du Conseil de canton. Celui-ci était composé du chef de canton, qui en assurait la présidence, « des chefs de village du canton, des chefs de famille et des notables ou anciens du village »[160]. Doté d'une compétence générale, le Conseil de canton « statuait sur les litiges intéressant divers villages d'un même canton comme ceux relatifs aux limites de village ou de forêt »[161]. Les décisions (arrêts) rendues par le Conseil de village ou le Conseil de canton pouvaient être contestées en cassation devant le Conseil de tribu (Cour de cassation).

119. En effet, la tribu, l'une des modalités d'organisation sociale de l'Afrique, fut déstructurée par la colonisation. Elle est un groupement humain autour des valeurs culturelles, et linguistiques, identifiable dans une zone géographique, appelée zone tribale qui a changé, sans disparaître, avec le développement des agglomérations sous l'effet de la colonisation. Cette organisation tribale témoigne de la diversité naturelle du continent africain et il en existe des milliers. La tribu n'est pas à confondre avec l'ethnie qui peut comprendre plusieurs tribus. Quelques exemples de tribus en Afrique, les tribus Massaï et Samburu au Kenya, la tribu Gourounsi au Burkina Faso, les tribus Massaï et

---

[160] Gilbert Mangin, « Les structures de l'appareil juridictionnel », *op., cit.*, p. 239.
[161] *Idem.*

Hadza en Tanzanie, les tribus Zoulou, Ndébélé et Xhosa en Afrique du Sud, la tribu Dogons au Mali, la tribu Himba en Namibie, les tribus Hamar, Karo, Surma et Mursi en Éthiopie, les tribus Noubas et Dinka au Soudan, la tribu Touareg en Libye, Algérie, Niger, Mali, Maroc, Burkina Faso, la tribu Pygmées au Congo. Sans insister outre mesure sur la diversité et la richesse de ces tribus qui se chevauchent dans plusieurs États d'Afrique dont les frontières ont été anarchiquement tracées par le colon, revenons au sujet sur le règlement des conflits par le Conseil de tribu.

120. Le Conseil de tribu était une juridiction compétente pour connaître en cassation toutes les décisions rendues soit par le Conseil du village, soit par le Conseil de canton. Placé sous la présidence du chef de tribu, le Conseil de tribu se composait des chefs de village et de notables, il était l'instance judiciaire suprême. Dans tous les cas, le litige était tranché sur le fondement des croyances coutumières et traditionnelles. Il faut convenir avec Mamadou Wane que le Conseil de tribu était « chargé de rechercher la paix et le bonheur du groupe, dans cette mission dit-il, le chef se tournera bien volontiers vers l'expérience des ancêtres pour y puiser les recettes qui lui permettront de faire évoluer harmonieusement son groupe »[162]. Il ajoute que « les pratiques ancestrales serviront au Conseil de référence pour régler les conflits sur terre, pour veiller des biens et des femmes, et pour donner un sens à la coutume elle-même, lorsque sous l'effet des événements elle se sent menacée »[163]. Cette organisation coutumière, loin d'être anarchique, traduisait au contraire une véritable structuration judiciaire interne, propre aux grands empires et royaumes africains, fondée sur des mécanismes hiérarchisés et cohérents de régulation des différends.

B – Une structuration judiciaire des systèmes impériaux et royaux

121. Il importe de signaler qu'en l'absence de toute solution à amiable et dans un effort de restauration de l'harmonie sociale, il revenait au chef traditionnel de trancher les litiges les plus sensibles. Il lui incombait de statuer sur les différends opposant les autorités politiques entre elles ou avec les populations, ce qui correspondant dans le langage de la justice moderne, aux compétences de la justice constitutionnelle. C'était le cas aussi pour tout litige impliquant les

---

[162] Mamadou Wane, « La formation des droits ''non étatiques'' », *op., cit.*, p. 362.
[163] *Idem.*

administrations elles-mêmes ou entre elles et les particuliers à travers le contrôle d'éventuels abus de pouvoir ou des autorités administratives de toute sorte, ce qui est assimilable à la justice administrative moderne. De plus, le chef traditionnel était compétent pour régler les contentieux civils et pénaux, ce qui s'apparente à la justice de droit commun.

122. Il faut noter que ce système se présentait comme une institution de paix, plus qu'elle ne vise à l'application d'un droit strict. En cela, la justice visait « à réconcilier les parties et à restaurer l'harmonie dans la communauté »[164]. La fonction justicière du chef traditionnel dans cette Afrique précoloniale n'était pas reléguée, et encore moins abolie, par l'émergence de sa mission législative, dès lors que celle-ci, structurellement, demeure dans le prolongement de celle-là. Ce dédoublement juridique et juridictionnel du chef traditionnel entraînait par conséquent l'absence de tout moyen de contrôle sur ses actes. Il était à la fois compétent, sur la base de la tradition et de sa propre volonté, pour connaître aussi bien toutes les matières judiciaires que celles touchant son gouvernement et son administration. Ce qui implique également que l'application du droit régissant la structure et le fonctionnement de l'administration traditionnelle et du droit qui réglementait le rapport entre les particuliers (droit commun), étaient de son ressort et de sa compétence. On l'aura compris, il n'y avait pas « *de pouvoir judiciaire extérieur et supérieur qui puisse imposer sa décision* »[165]. Toutefois, cette centralisation convenait aux attentes des populations, car elle garantissait l'harmonie sociale, et c'est l'objectif pour toute société. Cependant, dans les systèmes impériaux et royaux, la structure judiciaire se distinguait de cette justice traditionnelle et coutumière par un début de formalisation et d'institutionnalisation du droit.

123. Comme mentionné précédemment, le système impérial ou royal pouvait être considéré comme une évolution avancée des structures de chefferie traditionnelle et coutumière. On y observait un début d'autonomisation de la sphère juridique. Dans ce cadre, la société évolue vers l'émergence d'un appareil juridique étatique. Cette évolution conduit à une organisation politique et juridique reconnue à

---

[164] René David, Camille Jauffret-Spinosi, *Les grands systèmes de droit contemporains, op. cit.*, p. 443.

[165] Mamadou Wane, « La formation des droits ''non étatiques'' », *op. cit.*, p. 362.

un territoire délimité sur lequel vit une population soumise aux commandements de ces structures complexes. Dans ces formes d'organisation sociale, affirme Mamadou Wane, « le langage juridique, suivant le développement de la structure sociale, se particularise. C'est le cas des sociétés (…) qualifiées de semi-complexes, tels que les organes centralisés du XVIIIe siècle de l'Afrique de l'Ouest (Cayor, Fouta-Tooro). L'appareil juridique est dit "légaliste" car il tend vers la formulation des normes juridiques précises, n'entretenant aucun rapport apparent avec le mythe ou la coutume »[166]. Corrélativement, dans les différents empires et royaumes successifs d'Afrique – qu'il s'agisse de l'empire du Ghana, du Mali, de l'empire Wassoulou, ou encore des royaumes du Fouta Djalon, des Nalous – des organes juridictionnels plus ou moins centralisés étaient institués. Ceux-ci présentaient parfois des similitudes avec des juridictions religieuses, notamment celles du droit musulman. Toutefois, la diversité des institutions judiciaires précoloniales témoignes d'un pluralisme assumé, où la justice, loin d'être centralisée, restait proche des réalités communautaires et accessible à tous. Elle s'enracinait profondément dans les structures sociales, conciliant autorité, équité et cohésion.

C – Une justice accessible et enracinée dans le tissu social

124. La justice précoloniale africaine se caractérisait avant tout par son pluralisme, sa proximité avec les justiciables et son adaptation constante aux réalités socioculturelles des différentes communautés. Contrairement à l'uniformisation introduite par les systèmes coloniaux puis postcoloniaux, la justice indigène épousait la diversité des structures sociales, des coutumes et des croyances religieuses locales. Ce pluralisme juridique n'était ni source d'anarchie ni d'insécurité normative, mais garantissait au contraire une régulation contextuelle et souple des rapports sociaux, fondée sur la légitimité communautaire.

125. Les formes que pouvait revêtir cette justice variaient selon le degré d'organisation politique des entités sociales. Dans les sociétés lignagères ou segmentaires, la justice reposait principalement sur les structures familiales et les conseils de sages. Dans les royaumes et empires centralisés, comme ceux du Mali, du Songhaï, du Manding, elle était administrée par des corps spécialisés au sein de la cour royale, selon une hiérarchie établie et des procédures parfois codifiées. En

---

[166] *Idem.*

parallèle, dans de nombreuses régions islamisées, une justice fondée sur la charia cohabitait avec les normes coutumières, cela a déjà été noté. Cette pluralité des régimes juridiques – coutumier, religieux, impérial – permettait aux populations de trouver, en fonction de la nature du conflit, l'arène judiciaire la plus adaptée à leurs attentes.

126. Ce système juridique, bien que non unifié, présentait une constante : l'accessibilité. Loin d'être réservée à une élite administrative ou à un personnel formé à un droit savant, la justice était rendue par des acteurs sociaux reconnus : chefs de lignage, chefs de village, marabouts, imams, ou juges traditionnels. Leurs décisions s'appuyaient sur la connaissance intime des us et coutumes, et sur une capacité à équilibrer les intérêts en jeu, avec pour finalité non pas la répression mais la restauration de l'harmonie communautaire. La dimension orale et publique des procédures renforçait cette accessibilité. Les litiges étaient souvent tranchés en présence de la communauté, et les arguments avancés devaient être compréhensibles par tous. Ce mode de règlement contribuait à la pédagogie du droit, à la socialisation des normes, et à la prévention des conflits. Le justiciable n'était pas un simple objet de jugement : il participait activement à la procédure, avec la possibilité de s'exprimer, de proposer des solutions, ou de solliciter la médiation d'un tiers respecté. Ainsi, la justice précoloniale apparaissait moins comme un instrument de domination que comme un facteur de cohésion sociale.

127. Enfin, ce système se distinguait par sa capacité d'évolution. Loin d'être figée, la justice précoloniale savait intégrer les changements sociaux, politiques ou religieux. L'introduction progressive de normes islamiques dans certaines régions, ou encore l'adaptation des procédures à l'urbanisation croissante dans d'autres, illustrent la souplesse d'un modèle fondé sur le dialogue et l'expérience plutôt que sur l'abstraction normative. En somme, cette justice pluraliste, enracinée dans les réalités sociétales, offrait un modèle original de régulation sociale, basé sur la proximité, la participation, la légitimité et l'humanité des rapports sociaux. Sa remise en perspective aujourd'hui, face aux failles des systèmes judiciaires postcoloniaux, constitue une piste sérieuse pour penser un droit plus efficace et plus enraciné dans les contextes africains contemporains. Cette réflexion invite à révisiter les formes d'accès à la justice héritées du passé, souvent plus inclusives et participatives que les modèles importés. Elle met en lumière la nécessité d'une justice de proximité, attentive aux réalités sociales et aux besoins concrets des justiciables.

III – Une justice accessible et attentive aux justiciables

128. Dans les sociétés africaines précoloniales, la justice était conçue avant tout comme un instrument de préservation de l'harmonie sociale. Loin de se limiter à la sanction, elle cherchait à restaurer l'équilibre au sein de la communauté. Parmi les outils les plus emblématiques de cette justice, la palabre africaine s'imposait comme un mode redoutablement efficace de régulation des tensions sociales. Par ailleurs, la conciliation constituait une méthode privilégiée pour résoudre tous types de différends, qu'ils soient familiaux, fonciers ou communautaires. Des textes fondateurs comme la Charte de Kouroukanfouga témoignent d'ailleurs de cette volonté d'instaurer un cadre institutionnel orienté vers la cohésion sociale et la régulation pacifique des rapports humains. À travers l'exemple de certaines pratiques traditionnelles encore en vigueur, il est possible d'illustrer le fonctionnement concret de cette justice enracinée. Le juge précolonial, souvent un notable ou un chef coutumier, rendait ses décisions en tenant compte non seulement des faits en cause, mais aussi de leurs répercussions sur le tissu social. Sa mission était de garantir non seulement la justice, mais aussi la paix et la réconciliation. Cette justice se voulait accessible à tous, équitable, et assurée par des acteurs – notamment les magistrats traditionnels – bien ancrés dans les réalités locales. Réputée crédible et efficace, cette justice précoloniale suscitait l'adhésion des justiciables, car elle répondait à leurs attentes tout en tenant compte de leurs valeurs sociales et culturelles.

A – Une justice ancrée dans la conciliation et l'harmonie sociale

129. Dans les sociétés africaines précoloniales, qu'il s'agisse des pratiques traditionnelles et coutumières, des systèmes impériaux ou royaux, des croyances religieuses traditionnelles ou importées, dans tous les cas, l'organisation de la justice se caractérisait par une absence stricte entre les structures étatiques et judiciaires. Ces formes d'organisation sociale africaine précoloniale reposaient sur différents modes de règlement des litiges, qu'ils fussent judiciaires ou extra-judiciaires. Toutefois, quelle que fut la procédure utilisée, l'objectif fondamental de la justice précoloniale était de restaurer l'harmonie sociale. Pour paraphraser Mamadou Wane, cette justice visait à maintenir l'équilibre du groupe en répondant aux besoins sociaux fondamentaux et aux contextes internes et externes[167]. Parmi les modes privilégiés figuraient la conciliation et l'arbitrage, qui permettaient d'éviter les sanctions punitives et d'assurer une résolution amiable des différends.

130. Dans les sociétés précoloniales africaines, la justice était rendue suivant le mode de règlement à l'amiable qui visait à restaurer l'harmonie des rapports sociaux, à maintenir l'équilibre de la communauté. Ce mode de règlement pacifique est appelé la Palabre africaine qui est « un processus de concertation et d'échange, visant à une prise de décision [cas d'une résolution de litiges, cas d'un choix stratégique pour l'avenir de la communauté, etc.] dont l'unique but est le rétablissement ou la préservation de l'harmonie sociale et la solidarité »[168]. La Palabre se caractérise par la conciliation, la médiation et l'arbitrage. Dans ces sociétés précoloniales, la justice reposait essentiellement sur des modes de règlement pacifiques des conflits. Ainsi, la palabre était l'un des procédés les plus emblématiques, un lieu de la pratique de la sagesse pour résoudre tous les conflits sociaux. Selon Patrice Meyer-Bisch, la palabre africaine « est une école de l'écoute patiente et respectueuse des personnes et de leurs paroles dans le but unique d'aboutir à une solution qui rétablit la cohésion de la communauté »[169]. Il poursuit en affirmant que « la décision finale prise par le chef de la communauté est le fruit mûr de tous les points de vue appréciés à la lumière de la loi, des coutumes et des traditions. Elle requiert l'adhésion de tous et l'engagement de chacun »[170]. Dans cette Afrique traditionnelle, le dialogue, dans une large mesure, le dialogue interculturel, était considéré comme la seule voie respectueuse de l'homme permettant à tous et à chacun de participer, dans la responsabilité, à l'édification de la Nation. Il était considéré également comme la « démarche qui consiste à ouvrir un espace et un cadre de

---

[167] Mamadou Wane, « La formation des droits ''non étatiques'' », *op. cit.*, p. 361.
[168] Pouknif Kondombo, « La ''Palabre Africaine'' Peut-elle Renforcer la Démocratie en Afrique ? » *Burkina Thinks*, 2014. Disponible en ligne avec le lien ci-après : <http://burkinathinks.com/qui-sommes-nous/la-palabre-africaine-peut-elle-renforcer-la-democratie-en-afrique-partie-i?showall=1>.
[169] Patrice Meyer-Bisch (dir.), « La culture démocratique : un défi pour les écoles », *illus.*, 1995, p. 152. Disponible en ligne à l'adresse suivante : <https://unesdoc.unesco.org/ark:/48223/pf0000184354>.
[170] *Idem.*

concertation pour, d'une part, identifier les problèmes et leurs causes et d'autre part trouver des solutions communes qui engagent toutes les composantes de la Nation »[171].

131. Expérimentée au niveau des sociétés à structure élémentaire[172] ou à l'organisation sociopolitique de type lignager[173], la conciliation, était la procédure favorisée de règlement de conflits de tout genre dans ces sociétés précoloniales africaines. Elle était perçue comme une démarche visant à rétablir un ordre momentanément perturbé par une infraction ou un manquement aux règles sociales. Ce procédé de règlement à l'amiable des litiges, appliqué aussi bien dans les chefferies traditionnelles et coutumières que dans les royaumes et les empires, visaient à « rétablir l'ordre un moment troublé par un manquement grave à une règle de droit, plutôt que de prononcer un jugement »[174]. Ces modes de règlement des conflits étaient facilement accessibles et protégeaient et garantissaient les droits des victimes. Ils ont prouvé, à plusieurs reprises, leur efficacité. Bien que des difficultés pouvaient être constatées, surtout s'agissant des conflits interethniques, donc de coutumes différentes en raison de l'hétérogénéité des ethnies. Cependant, les décisions rendues et acceptées sous l'emprise de la médiation, de la conciliation étaient revêtues de deux effets. Elles étaient exécutoires. Et elles étaient solidaires, c'est-à-dire, elles étaient acceptées solidairement et globalement à la fois par la victime et le coupable. Cependant, il y avait des hypothèses où ces modes pacifiques se soldaient par un échec. Dans ces cas de figure, il était fait recours à la procédure d'arbitrage.

132. Dans l'empire mandingue, la Charte de Kouroukanfouga, qui codifiait les valeurs originellement africaines, avait pour but de garantir la paix, la cohésion et le bon vivre ensemble. Cette Charte mettait en place des mécanismes spécifiques. C'est ainsi que son article 7 créait

---

[171] Jean-Pierre Charbonneau, « De la démocratie sans le peuple à la démocratie avec le peuple », *Éthique publique,* vol. 7, n° 1, 2005.

[172] Mamadou Wane, « La formation des droits ''non étatiques'' », *op., cit.*, p. 363.

[173] Michel Jules Mahier Bah, César Léonce Koffi Eben-Ezer, Charles Sylvain Gade, « La chefferie traditionnelle à l'épreuve des mutations et compétitions politiques en Côte d'Ivoire : cas de Kéibly dans la sous-préfecture de Bloléquin en pays Wê », *Autrepart*, 2018/2 n° 86, p. 125-138.

[174] Mamadou Wane, « La formation des droits ''non étatiques'' », *op., cit.*, p. 363.

entre les Mandinkas, le Sanankunya, le cousinage à plaisanterie[175], et le tanamanyoya, qui est une forme de totémisme. Le premier est un puissant moyen de désamorçage des différends entre individus ou entre communautés, et ce quelle que soit la gravité du litige. Le second est, quant à lui, un mécanisme efficace de prévention des différends. Il assurait le respect mutuel et empêchait l'éclatement des conflits. En conséquence, aucun différend né entre ces groupes ne devrait dégénérer, le respect de l'autre étant la règle sacrée. Cette conception du vivre-ensemble traduisait une véritable philosophie sociale du droit, fondée sur l'équité, la conciliation et la préservation des liens communautaires. La justice y apparaissait avant tout comme un instrument de paix et d'équilibre social, répétons-le sans se lasser, à la fois accessible, humaine et soucieuse de rétablir l'harmonie plutôt que de sanctionner.

B – Une justice sociale, équitable et proche du justiciable

133. Lors d'un de nos entretiens avec un gardien des traditions ancestrales africaines, un exemple marquant de la justice précoloniale a été observé dans un village de la région de Nzérékoré (Guinée). Un différend éclata entre un cultivateur et un éleveur dont le troupeau avait détruit une rizière en phase de reproduction, durant la saison des pluies, avait été broutée par un troupeau de vaches, pas en transhumance car ce n'était pas la période, mais en direction vers leurs enclos. Plutôt que de se faire justice, le cultivateur saisit le Conseil des sages pour demander réparation des dommages résultant du fait des animaux que l'éleveur avait sous sa garde. Dans sa requête, il exigeait la réparation intégrale « *restitutio in integrum* » de sa rizière, précisant qu'à défaut, il n'hésitera pas à appliquer la loi du Talion. Le Conseil a d'abord présenté, au nom de toute la communauté, consommatrice des animaux coupables et de la rizière victime, les plates excuses au cultivateur, avant de s'interroger pour savoir comment fallait-il procéder à une telle réparation. Après analyse, le Conseil conclut à une responsabilité sans faute de l'éleveur, étant donné qu'il n'a commis aucune négligence de sorte à laisser les animaux se diriger vers le champs pour commettre des dégâts. Concluant sur la responsabilité sans faute de l'éleveur, le Conseil avait évalué les dommages causés au cultivateur et recommanda une réparation collective pour préserver la paix sociale.

---

[175] Alhassane Cherif, *La Parenté à plaisanterie (Le Sanakouya)*, Paris, L'Harmattan, 2014, 146 p.

Dans ce cas d'espèce, le Conseil poursuivait le but de sauvegarder la paix sociale, mais il visait aussi à satisfaire le requérant sans dire que le coupable était responsable des dommages causés. Finalement, ce sont les populations elles-mêmes qui s'étaient mobilisées dans une démarche harmonieuse pour la réparation des dommages causés au cultivateur. Cet exemple illustre la flexibilité et la sagesse de la justice précoloniale, qui cherchait à concilier équité et maintien de l'harmonie sociale.

134. Quand bien même le conflit entre agriculteurs et cultivateurs se caractérise par sa complexité, mais au nom de l'entente fraternelle, dans un souci constant de sauvegarder ou de garantir les liens de cohésion entre les groupes sociaux, la justice précoloniale déployait toujours des techniques de raisonnement visant à satisfaire toutes les parties impliquées, c'est-à-dire les justiciables. Elle était efficace pour la victime qui obtenait toujours réparation. Elle était juste pour le responsable qui ne cessait de s'accuser pour s'être coupé de la société par l'offense qu'il avait commise directement ou indirectement (l'honneur étant une valeur sacrée dans ces sociétés ancestrales), mais restait intégré dans la société sans subir d'exclusion définitive. Elle était bénéfique pour la communauté qui voyait son harmonie préservée par le rétablissement de la paix sociale momentanément troublée.

135. Dans ce système moins centré sur les droits subjectifs de l'individu, comme il a été dit précédemment, le juge se montrait bien attentif à la réaction sociale de ses décisions qu'à ses motivations juridiques. C'est-à-dire, il ne se préoccupait pas uniquement des règles de droit, mais aussi des répercussions sociales de ses décisions. Jean du Bois de Gaudusson rappelait très justement que « depuis l'époque précoloniale, la justice en Afrique est conçue comme une fonction de médiation, son rôle ne consiste pas tant à régler un litige en fonction de la règle de droit applicable au cas d'espèce mais à préserver l'équilibre de ceux des groupes impliqués dans le litige »[176]. Ces instances étaient davantage proches des justiciables. Véritables modes de régulation sociale adéquats, cette justice précoloniale était aussi en harmonie avec les valeurs des droits de l'homme[177]. Comme décrit plus haut, elle

[176] Jean du Bois de Gaudusson, « Le statut de la justice dans les États d'Afrique francophone », *in* G. Conac et J. de Gaudusson (dir.), *La justice en Afrique,* Afrique contemporaine, numéro spécial, 156, 4e trimestre 1990, p. 11.

[177] Publication des Nations-Unies, « Droits de l'Homme et systèmes de justice

faisait une stricte observation des principes cardinaux dans toutes les procédures, qu'elle soit devant la justice pénale (actes coupables), la justice civile (conflits entre personnes) ou devant la justice administrative (conflits avec les administrés) ou encore devant la justice constitutionnelle (contestation liée à la succession au pouvoir).

136. Cette justice précoloniale se caractérisait aussi par la garantie de la facilité de son accès, elle était proche des justiciables. Par ses procédés de règlement des litiges, elle était une justice équitable et en adéquation avec les valeurs de la société. Dans les procès (civil, pénal, administratif, constitutionnel), elle respectait des principes fondamentaux tels que : la présomption d'innocence, la non-rétroactivité des lois, le principe du contradictoire, l'adaptation des peines à la faute commise et à la personne jugée, l'égalité et la non-discrimination, la liberté de religion ou de croyance, le droit des victimes. Elle ne semblait pas être une justice manquant d'équipements et de moyens matériels et financiers pour son organisation et son fonctionnement. Elle était composée d'un personnel qui s'imbriquait aux réalités des justiciables. Ses membres étaient eux-mêmes des figures emblématiques de la communauté. Ils étaient donc l'incarnation des valeurs du cadre social des règlements des litiges auquel ils s'enchevêtraient de sorte que leur rôle allait au-delà de la simple application des lois. Conscients de leur mission plus stratégique dans l'ancrage de la stabilité et de l'harmonie sociale, de la garantie de la prospérité, leur indépendance était garantie par l'absence de pression, quelle que fut sa nature (politique, administrative, sociologique), ce qui limitait les risqes de corruption. De même, elle était perçue comme une justice à accès facile et ouverte avec une célérité ne comportant aucune conséquence négative sur la qualité et la rigueur juridique des décisions. Contrairement à la justice postcoloniale perçue comme bureaucratique et éloignée des justiciables, la justice précoloniale était perçue comme équitable et soucieuse des intérêts de tous. Elle était accessible, sans barrières économiques ou administratives. Elle était efficace, garantissant une résolution rapide et durable des conflits. Certes, l'équilibre et l'harmonie de la société étaient davantage son objectif. Cependant, cette justice était pour les justiciables une justice crédible répondant facilement, rapidement et équitablement à leur demande, en toute justice. Par conséquent, elle les mettait dans la sécurité juridique,

---

traditionnelle en Afrique », *Nations-Unies*, HR/PUB/16/2, 2016, p. 88.

assurant ainsi la stabilité politique, sociale et économique, ce qui renforçait en même temps son autorité légitime. Cette continuité du rôle structurant de la justice dans les sociétés africaines précoloniales démontre que, malgré la rupture introduite par la colonisation, certains principes fondamentaux, comme la recherche de l'équilibre, la médiation et le respect des liens sociaux, ont perduré. Ces héritages normatifs et institutionnels constituent encore aujourd'hui des repères essentiels dans la quête d'une justice africaine authentique et adaptée.

C – Une justice aux héritages persistants

137. La justice précoloniale, bien que marginalisée par les systèmes imposés durant la période coloniale, n'a jamais totalement disparu du paysage juridique africain. Fondée sur des principes de conciliation, de dialogue, de réparation et de réintégration sociale, elle reposait moins sur la sanction que sur la restauration de l'harmonie communautaire. Dans la plupart des sociétés africaines, l'objectif n'était pas tant de punir l'individu fautif que de restaurer les liens sociaux rompus par le conflit. Ce paradigme se distinguait nettement de la justice coloniale importée, fondée sur des notions d'infraction, de faute individuelle et de sanction coercitive. Avec l'implantation des tribunaux coloniaux inspirés du droit européen, un bouleversement profond s'est opéré : les structures coutumières ont été disqualifiées, leurs juridictions supprimées ou subordonnées, et leurs règles reléguées au rang de normes inférieures, tolérées uniquement à titre subsidiaire. Le droit écrit, rigide, individualiste, formaliste et souvent incompréhensible pour les populations locales, s'est substitué aux normes orales, communautaires et souples qui régissaient auparavant la vie des groupes. Cette substitution a été synonyme d'une rupture entre le peuple et la justice, perçue désormais comme une institution étrangère, éloignée et peu légitime.

138. Cependant, malgré cette marginalisation volontaire des systèmes traditionnels par le colonisateur, les principes fondamentaux de la justice précoloniale ont survécu. D'une part, ils ont continué à être pratiqués de manière informelle dans les villages, les familles, les communautés, en dehors du champ d'action officiel de l'État. D'autre part, ils ont été partiellement réintégrés dans les structures étatiques postcoloniales, sous la forme de mécanismes alternatifs ou d'instances hybrides conciliant droit moderne et traditions locales. Ce phénomène témoigne d'un attachement résilient des populations aux valeurs ancestrales, perçues comme plus proches de leurs attentes, plus accessibles et plus équitables. L'intégration partielle des mécanismes coutumiers dans la justice postcoloniale. Certains mécanismes précoloniaux ont, en effet, inspiré les institutions modernes. L'exemple le plus frappant est celui de la médiation. Bien que formalisée aujourd'hui sous des appellations comme « Médiateur de la République » ou « Commission de conciliation », cette procédure de résolution à l'amiable des différends plonge ses racines dans les pratiques traditionnelles africaines. Le rôle du médiateur, dans sa forme ancestrale, était tenu par des figures d'autorité locale – chefs, doyens, sages – chargées de rétablir la paix entre les parties en conflit, souvent dans un cadre informel et oral, mais empreint d'un fort sens de justice sociale.

139. En outre, le principe selon lequel l'individu est indissociable de son groupe d'appartenance – principe structurant dans la justice précoloniale – a eu une influence durable sur certaines représentations contemporaines de la justice. Dans ces systèmes traditionnels, les conflits étaient souvent réglés en tenant compte non seulement des torts individuels, mais aussi de leurs répercussions sur la communauté tout entière. Ainsi, la responsabilité collective et la recherche de réconciliation l'emportaient sur la logique purement punitive. Cette vision reste vivace dans de nombreuses communautés africaines, même lorsque les procédures formelles du droit étatique sont engagées. Il convient également de rappeler que la pluralité des systèmes juridiques, loin d'être un handicap, constitue une richesse pour les États africains. Elle permet de mieux adapter la justice aux réalités pluriethniques, multiculturelles et multiconfessionnelles. C'est pourquoi la reconnaissance partielle du droit coutumier dans plusieurs États africains n'est pas uniquement un legs du passé, mais aussi une réponse contemporaine à l'exigence de proximité, de simplicité et de légitimité dans le traitement des conflits.

140. En somme, malgré la volonté coloniale d'éradiquer les juridictions traditionnelles et de les remplacer par un droit homogène importé, la justice précoloniale n'a pas été totalement effacée. Elle a laissé des empreintes profondes dans les mentalités, les pratiques sociales et certains dispositifs juridiques contemporains. Sa résurgence sous forme institutionnalisée ou informelle révèle la nécessité d'un droit enraciné, nourri par les traditions locales, mais capable aussi de s'articuler aux exigences de l'État moderne et de la justice contemporaine. Ces constats ont permis de comprendre les fondements endogènes de la normativité africaine. Ils permettront également d'analyser les particularités de ces normes africaines, c'est-à-dire, leur originalité, ou encore leur capacité à s'adapter aux valeurs de leurs sociétés d'application.

Titre III – Un droit aux particularismes affirmés

141. L'originalité d'un droit est l'expression, fût-elle minime, de l'esprit créateur de son auteur. Autrement dit, nul droit ne saurait clamer son originalité s'il ne porte l'empreinte de la personnalité de son auteur, son identité et ses spécificités. Aucun système juridique ne peut revendiquer son authenticité s'il ne reflète pas la société qui l'a produit. Tel était le cas du droit précolonial en Afrique, qui, malgré son interaction avec des religions importées, comme analysé plus haut, conservait ses fondements propres. Il portait la marque indélébile de la personnalité juridique de son auteur qui se fixait pour objectif de le rendre congruent avec les rapports sociaux, économiques, administratifs et politiques et d'en faire un droit reflétant la volonté de la société d'application. Son originalité résidait dans sa capacité à exprimer fidèlement les croyances et pratiques de ses destinataires, s'incarnant dans des rituels et coutumes solidement incrustés.

142. Le droit précolonial était un droit adapté et différencié du droit colonial. Il était l'incarnation d'un ordre cohérent et adapté par ses caractéristiques fondamentales : communautaire, oral[178], conciliateur, flexible, mythique, solidaire et hétérogène. Contrairement au droit colonial, perçu comme dissemblable, inadapté, conquérant, dominateur voire oppresseur et n'étant reconnu que nominalement, le droit précolonial inspirait confiance, plus rassurant et s'intégrait naturellement dans le quotidien des populations. Cette différence traduit l'écart entre deux civilisations juridiques basée sur des visions du monde différenciées, et non conjointes : d'un côté, un droit enraciné dans la culture et la vie sociale africaine, de l'autre, un droit imposé par un dominateur et souvent en rupture avec les aspirations et les besoins locaux.

143. Aussi, le droit précolonial est un droit englobant tous les domaines de la vie sociale. Naturellement, ses items caractéristiques ne se limitaient pas à un cadre restreint, mais s'étendaient à tous les domaines de la société. On les retrouvait, notamment dans le droit de la famille (mariage, filiation, héritage), le droit des biens (gestion des

---

[178] Vincent Kangulumba Mbambi, « Les droits originellement africains dans les récents mouvements de codification : le cas des pays d'Afrique francophone subsaharienne », *op. cit.*, p. 322.

terres et des ressources), le droit des contrats (validité des accords et des échanges), le droit de la responsabilité civile (réparation des préjudices), le droit commercial (régulation des échanges et du troc), le droit administratif et constitutionnel (régulation entre autorités et populations), le droit des finances publiques (gestion des richesses collectives), surtout le droit pénal et la procédure pénale (sanction et réhabilitation des fautifs). L'ensemble de ces domaines témoignait d'un système juridique cohérent, adapté et évolutif, en relation avec le cadre social dans lequel il était appliqué.

I – Un droit fondé sur la dimension communautaire

144. Le droit précolonial africain reposait sur une conception profondément communautaire et collectiviste de la régulation sociale. Loin d'être centré sur l'individu comme dans les traditions juridiques occidentales, il s'inscrivait dans une logique de solidarité et de responsabilité partagée. Chaque individu était perçu comme un membre d'un groupe – famille, clan, tribu – et ses droits comme ses obligations découlaient de cette appartenance. Cette organisation sociale privilégiait la cohésion du groupe, et les conflits étaient appréhendés non comme des ruptures individuelles, mais comme des atteintes à l'équilibre communautaire.

A – Un droit comme construction juridique communautaire

145. Le droit précolonial était un droit fondamentalement communautaire ou collectiviste directement issu du terroir contrairement au droit moderne de sources françaises qui repose principalement sur l'individualisme. Ce dernier, dominé par la philosophie politique grecque et la pensée juridique romaine, a évolué pour consacrer, notamment après la Révolution française de 1789, des droits individuels inaliénables et imprescriptibles. À l'inverse, le droit précolonial tire son essence des coutumes et traditions les plus authentiques. Il s'agit ainsi de deux systèmes de pensée juridique différents, par leurs origines, valeurs ainsi que par leurs finalités. Le droit précolonial africain était moins centré sur les droits subjectifs de l'individu qui se diluaient dans le droit de la communauté. Il considérait la solidarité – qu'elle fut familiale, villageoise, tribale ou ethnique – comme le socle pour garantir la stabilité des intérêts individuels et personnels, toutes choses devant assurer le bon fonctionnement du groupe social.

146. Dans tous les cas, il fallait maintenir cette cohésion de groupe qui était fédérateur et pour la pensée épistémologique et sociologique de ces sociétés, l'individu ne pouvait jouir pleinement de ses droits qu'en s'intégrant harmonieusement dans la sphère collective. Cette dimension communautaire et collectiviste renvoie à la notion d'intérêt général qui est aujourd'hui une notion centrale en droit public français. Ce qui explique dès lors que la notion d'intérêt général était déjà bien incrustée et pratiquée avec rigueur et vigueur en droit précolonial où elle était perçue comme le garant des droits individuels et permettait de préserver en même temps l'unité du groupe, d'assurer l'équilibre des intérêts personnels et de prévenir les conflits internes.

147. Cette conception communautaire du droit, fondée sur la solidarité et la réciprocité, traduisait une véritable éthique de la cohésion sociale. Toutefois, dans les États postcoloniaux, cette solidarité, bien que toujours vivante dans les mentalités et les pratiques, a été marginalisée par l'adoption de modèles juridiques importés, souvent étrangers à la culture de la collectivité et à la logique du vivre-ensemble.

B – Une solidarité sociale durable mais insuffisamment reconnue

148. La dynamique communautaire se ressent encore très fortement dans les sociétés africaines postcoloniales où la solidarité se transforme même en assistance. Elle s'exprime, notamment par l'entraide familiale et communautaire, jouant ainsi un rôle de premier plan dans la protection contre les difficultés de l'existence et palliant, par voie de conséquence, les insuffisances des systèmes étatiques de protection sociale.

149. Paradoxalement, cette solidarité traditionnelle n'a pas été efficacement intégrée dans les politiques publiques des États postcoloniaux. Ces derniers affichent, selon les statistiques, les taux de couverture sociale les plus faibles au monde. Plutôt que de s'appuyer sur ces pratiques de solidarités traditionnelles pour redynamiser un système de protection sociale adapté, les États africains postcoloniaux s'appuient au contraire sur ces valeurs ancestrales pour s'enliser dans une forme de misérabilisme au vu de la ferveur que prennent les demandes d'assistanat vis-à-vis des bailleurs de fonds internationaux.

Ils oublient que cette dépendance à l'aide extérieure est conditionnée par des exigences peu scrupuleuses. Cette dépendance aux bailleurs de fonds vers qui ils tendent toujours des mains vides et suppliantes, s'oppose à la résilience et à l'autosuffisance des systèmes de protection sociale traditionnels et coutumiers. Alors que l'entraide reste encore une réalité au sein des communautés en Afrique (logique horizontale), elle peine, cependant, à se réaliser entre les structures étatiques et les communautés (logique verticale).

C – Une organisation sociale fondée sur la responsabilité collective

150. Le droit précolonial était une organisation sociale harmonieuse fondée sur la solidarité et la responsabilité collective. Quoi qu'il en soit, le droit précolonial s'est donné pour objectif premier de parvenir de manière satisfaisante à une organisation harmonieuse du groupe social. C'est pourquoi, ses sources s'imbriquaient et s'interconnectaient pour la recherche de cette harmonie dans laquelle le vivre ensemble découlait des liens étroits fondés sur une solidarité indéfectible. La responsabilité collective, notamment en matière de réparation des préjudices, illustrait cette approche : c'est la famille ou le lignage qui répondait des actes d'un de ses membres. Bien que cette solidarité sociale ait su résister à l'épreuve du temps, elle reste peu valorisée par les politiques publiques contemporaines, qui continuent à privilégier des modèles juridiques individualistes importés. Pourtant, cette conception communautaire du droit précolonial mérite une réévaluation, tant elle incarne des valeurs de cohésion, d'entraide et d'équité, encore vivaces dans les pratiques sociales actuelles. Elle constitue un socle fondamental pour repenser l'enracinement du droit en Afrique à partir des réalités vécues et partagées par les populations.

151. Un exemple caractéristique de cette logique est le régime foncier en vigueur dans les sociétés précoloniales. L'accès à la terre se faisait majoritairement par voie héréditaire assurant ainsi la transmission des ressources au sein de la communauté. De plus, il existait un système de prêt de parcelles à des fins agricoles, sous réserve du respect des normes traditionnelles et coutumières comme la bonne conduite codifiée par les traditions et coutumes. Tout manquement – qu'il fut le fait du prêteur ou de l'emprunteur – entraînait des sanctions adaptées au sein de la communauté. Ce mode de gestion, fondé sur des principes de responsabilité collective et de bonne conduite, perdure encore dans certaines sociétés africaines postcoloniales, nonobstant la réception des systèmes fonciers coloniaux. Loin de se limiter à l'organisation de la propriété ou de la terre, cette approche illustre un mode de régulation sociale profondément attaché à la parole donnée, à la mémoire collective et à la transmission orale des normes. La parole, vecteur de légitimité, tenait alors lieu d'écrit et incarnait la force du lien communautaire, assurant la continuité du droit au sein des générations.

II – Un droit fondé sur l'oralité et la gestualité

152. Le droit précolonial africain se caractérisait par sa profonde inscription dans l'oralité[179] et la gestualité. Il s'agissait d'un système préscriptural, c'est-à-dire non écrit, mais parfaitement structuré et juridiquement contraignant. Loin d'être synonyme de désorganisation, l'absence d'écriture n'enlevait rien à la force normative de ses règles. Bien au contraire, l'oralité constituait le vecteur principal de transmission du droit, assurée par les anciens, les chefs coutumiers ou les « sages » de la communauté, dont la parole faisait autorité.

A – Une oralité, vecteur de légitimation et de transmission du droit

153. La tradition orale occupe une place fondamentale dans la culture africaine précoloniale dont les sociétés étaient non littérariennes ou du moins à littératie réservée[180]. Pour les africains, certes, l'écriture permet « d'*instituer*, c'est-à-dire de rédiger, puis d'*institutionnaliser*, c'est-à-dire de mettre en ordre, voire de mettre au pas »[181], au demeurant, ils y sont bien habitués suivant leur contact avec le droit musulman. Toutefois, ils considéraient que derrière le texte, il y a également et surtout toute un ensemble de croyances et de pratiques ancestrales qui ne pouvaient être fidèlement retranscrites dans un document, aussi exhaustif fut-il, sans omettre ces esprits les plus enfouis. Donc, dans ces sociétés précoloniales africaines, le droit, pour exister, ne doit pas forcément être exprimé par écrit[182]. Ces populations optaient, à juste

---

[179] Mamoussé Diagne, *Critique de la raison orale. Les pratiques discursives en Afrique noire, op. cit.*, 600 p.

[180] Albane Geslin, « L'apport des *postcolonial studies* à la recherche en droit international », *in* Alban Geslin et al., *Postcolonial et droit : perspectives épistémologiques,* éditions Kimé, Nomos & Normes, 2020, p. 159-186.

[181] Etienne Le Roy, « La formation des droits coutumiers islamisés devant les tribunaux musulmans ou les juridictions traditionnelle ou coloniales », *op. cit.*, p. 354.

[182] Vincent Kangulumba Mbambi, « Les droits originellement africains dans les

raison, pour la flexibilité et non pour la fixité des règles juridiques dans un document formel, comme le code ou le recueil. Pour elles, la coutume étant définie comme un ensemble de pratiques traditionnelles répétées pendant longtemps et dont le respect s'impose, en est le code par excellence. Elle exprimait la volonté générale et transmise de génération en génération, exigeant son observation sans nécessité d'inscription formelle.

154. Le droit précolonial, bien que dépourvu de support écrit[183], possédait une valeur juridique incontestable. Il était un droit non écrit résultant de ces pratiques traditionnelles et coutumières. Il n'existait pas de documents visibles attestant l'existence de la règle de droit. Contrairement à une idée répandue, le manque de formalisme ne dénote pas la valeur juridique d'autant bien plus que l'écrit n'est pas la seule source du droit, même en droit moderne. Les traces orales en sont également. En faisant une esquisse de comparaison, dans l'Europe, héritière du droit romain, le droit était initialement un droit coutumier non écrit. Sous l'Antiquité, ce droit romain d'origine coutumière va régir toute la société avant l'apparition des premiers écrits législatifs, comme la Loi des XII Tables, qui servira de sources d'inspiration aux systèmes législatifs ultérieurs, aux interprétations des jurisconsultes ou encore aux actes administratifs, comme les édits, les recueils des constitutions impériales. Ces derniers sont du reste considérés comme la principale source du droit. Ces constitutions impériales étaient le point de départ de la codification du droit. En France, avant la première Constitution écrite de 1791 issue de la Révolution de 1789, la Constitution était coutumière, issue des règles non écrites relevant de traditions, d'usages transmis oralement et observés sur plusieurs générations. Ainsi, l'histoire de la création du droit français remonte à la rédaction des coutumes[184] dans le but, a-t-on dit, d'unification et de rationalisation du droit. Aussi, « la rédaction des coutumes a permis à la doctrine française, à la plaupart des avocats et des magistrats, de

---

récents mouvements de codification : le cas des pays d'Afrique francophone subsaharienne », *op., cit.*, p. 315-338.

[183] Mamoussé Diagne, *Critique de la raison orale. Les pratiques discursives en Afrique noire, op. cit.*, 600 p.

[184] Voir l'Ordonnance de Montils-lès-Tours du 15 avril 1454 relative à la réformation de la coutume. Promulguée par le roi Charles VII, cette ordonnance va écrire les coutumes jusque-là source presque exclusive du droit français.

participer largement au renouvellement du droit français »[185]. Même aujourd'hui, au Royaume-Uni, la coutume est une source essentielle du droit. De même, en Afrique précoloniale, le droit était formé de traditions orales et variait selon les sociétés et les époques (patriarcales, matriarcales). Ces pratiques culturelles ancestrales africaines, c'est-à-dire, l'ensemble des règles juridiques en dehors de toute documentation (code, recueil, stèle), étaient transmises d'une génération à une autre par l'oralité.

155. Cette transmission assurait la pérennité et l'adaptabilité des règles juridiques, tout en évitant la rigidité d'un texte figé. Elle reposait sur une mémoire vivante et partagée, dans laquelle la parole, le geste et le rituel occupaient une place centrale. La gestualité, souvent sacralisée, traduisait non seulement la solennité de l'acte juridique, mais aussi la continuité entre le monde visible et l'invisible, entre le profane et le sacré. Ces formes d'expression constituaient de véritables supports de légitimation du droit, où la dimension spirituelle se mêlait à la pratique sociale.

B – Une mémoire collective entre sacralité et gestualité rituelle

156. La mémoire collective constituait, dans les sociétés africaines précoloniales, le véritable socle de la normativité. En l'absence d'écrit, le droit se transmettait par la parole, mais aussi par le geste, la symbolique et le rituel, qui en assuraient la légitimité et la continuité. Chaque geste, chaque posture, chaque signe avait une portée juridique et morale, traduisant la gravité de l'acte et son enracinement dans la tradition. Cette gestualité, indissociable du sacré, conférait au droit un caractère à la fois spirituel et social. Elle liait les membres de la communauté à leurs ancêtres, aux divinités tutélaires et aux valeurs collectives qu'ils incarnaient. Ainsi, la mémoire collective n'était pas seulement un réservoir de coutumes ; elle était une véritable institution vivante, garante de la stabilité normative et de la cohésion sociale.

157. Dès lors, dans ces sociétés africaines précoloniales, la transmission verbale des normes était si ancrée qu'elle inversait la perception classique du rapport entre oralité et écriture. Alors qu'en droit moderne, on dit souvent *verba volant, scripta manent*, (les paroles

---

[185] Samba Thiam, *Introduction historique au droit en Afrique,* L'Harmattan, 2011, p. 106.

s'envolent mais les écrits restent), en Afrique précoloniale, ce proverbe était renversé, *scripta volant, verba manent*, (les écrits s'envolent mais les paroles restent). La prudence à laquelle, il invite ne trouve à s'appliquer dans les sociétés africaines précoloniales que lorsqu'il est utilisé dans un sens contraire, tant il est vrai que dans ces sociétés, la parole ne s'évanouissait pas dans l'air, elle laissait immanquablement des traces. La parole avait une valeur sacrée et constituait un engagement irrévocable. Contrairement à la conception du droit colonial, toute l'économie de la norme juridique tenait à son rapport à l'oralité qui la rendait incontestable. Parmi les valeurs enseignées dans les familles africaines, celles liées à l'écoute ont été bien observées. Des contes, événements, histoires et autres faits marquants, sont transmis de bouche à oreille. C'est pourquoi, les griots (les sacs à paroles[186]) et les sages occupaient une place prépondérante : en tant que gardiens de la mémoire collective, ils étaient les dépositaires du savoir et assuraient la préservation et la transmission des normes juridiques.

158. Insistons sur le fait que la gestualité[187] jouait un rôle essentiel dans l'expression et la transmission du droit. Elle s'exprimait à travers les danses rituelles[188], qui accompagnaient des événements majeurs tels que les mariages, les naissances ou les rites de passage. Elle s'exprimait également par les signes symboliques, utilisés pour sceller des accords ou pour exprimer l'autorité. Elle se manifestait aussi dans les chants traditionnels, qui véhiculaient des enseignements juridiques et sociaux. Ainsi, bien avant l'apparition de l'écrit, le droit africain précolonial reposait sur une organisation interne structurée et fonctionnelle, assurant l'ordre, la justice et la régulation des rapports sociaux. Ce système, fondé sur la parole, la mémoire et le rituel, témoigne d'une véritable rationalité juridique propre, à la fois cohérente et efficiente.

C – Une structure pré-scripturale mais cohérente et efficiente

159. Bien qu'il soit non écrit, le droit précolonial n'était pas pour autant désorganisé. Ses vecteurs de communication exprimaient tout un

---

[186] Mamoussé Diagne, *Critique de la raison orale. Les pratiques discursives en Afrique noire, op. cit.*, p. 278.

[187] Céline Baduel-Mathon, « Le langage gestuel en Afrique occidentale : Recherches bibliographiques », *J. de la Société des Africanistes,* XLI, 2, 1971, p. 203-249.

[188] Mamoussé Diagne, *Critique de la raison orale. Les pratiques discursives en Afrique noire op. cit.*, p. 386 et s.

symbole pour ses peuples, constituant ainsi des supports du droit, et donc un droit préscriptural[189], c'est-à-dire, en l'absence de textes formels. Ils faisaient du droit précolonial, un droit vivant, flexible et adapté aux réalités sociales. Contrairement à la conception colonialiste qui le présentait comme archaïque et désorganisé, le droit précolonial constituait un système juridique cohérent et structuré. Il s'appliquait sur des règles autochtones précises, appliquées de manière constante ; sur un respect profond des engagements verbaux, garantissant l'ordre social et sur une transmission intergénérationnelle rigoureuse, assurant la pérennité du droit.

160. L'oralité et la gestualité étaient ainsi les méthodes[190] par lesquelles le droit précolonial s'exprimait et était exprimé à travers des échanges verbaux et gestuels. Cette absence de texte juridique formel, n'était en rien une source d'insécurité juridique. Au contraire, l'oralité et la gestualité assuraient l'effectivité du droit. Dans ces sociétés, la parole était sacrée, l'honneur en dépendait (parole d'honneur). Le dédie ou le parjure était considéré comme des infractions dont les auteurs étaient punis souvent par des réprobations pouvant les obliger à changer de contrée. Ces pratiques juridiques autochtones qui s'exprimaient par l'oralité et la gestualité ont été bien décrites par Bénédicte Fischer qui les fait remarquer avec finesse dans ses travaux de recherche en notant que « la principale source du droit africain précolonial est la coutume. Elle se fonde, tant dans son mode de production que de perpétuation, à la fois sur la gestuelle et sur la parole »[191]. D'autres auteurs ont ajouté que dans cette forme d'organisation, « il n'existait pas de langage juridique savant et la règle juridique à défaut d'être écrite, s'exprimait, au mieux, par un proverbe allusif »[192] ou encore, ajoutons pour compléter, par des récits et des enseignements prodigués par la sagesse[193] ou la religion. Ces droits ancestraux, formés de coutumes, de

---

[189] Moussa Thioye, « Part respective de la tradition et de la modernité dans les droits de la famille des pays d'Afrique noire francophone », *op. cit.*, p. 352.

[190] Jean Vansina, « La tradition orale et sa méthodologie », *in* Joseph Ki-Zerbo (dir.), *Histoire générale de l'Afrique. I. Méthodologie et préhistoire africaine,* Jeune Afrique/Stock/Unesco, 1980, p. 167-190.

[191] Bénédicte Fischer, *Les relations entre l'administration et les administrés au Mali : contribution à l'étude du droit administratif des États d'Afrique subsaharienne de tradition juridique française,* Thèse, *op. cit.* p. 94.

[192] Antonio Gambaro, Rodolfo Sacco, Louis Vogel, *Traité de droit comparé,* LGDJ, 2011, p. 420.

[193] Mamoussé Diagne, *Critique de la raison orale. Les pratiques discursives en*

traditions et des croyances religieuses, ne s'exprimaient pas par écrit, leur existence ne rimait pas avec la fixité de leurs règles et principes dans un écrit encore moins dans un document formel.

161. Dans cet ordre juridique, on assiste à un véritable renversement du rapport entre oralité et écriture : là où, dans les traditions occidentales, l'écrit est gage de légitimité, c'est la parole, dans les sociétés africaines, qui fonde la norme et la rend exécutoire. À cette oralité s'ajoutait la gestualité, tout aussi essentielle dans l'expression juridique. Les gestes, postures, regards ou silences faisaient partie intégrante du langage juridique, codifiant les émotions, les consentements ou les désaccords. Ainsi, ce droit oral et gestuel, loin d'être informel, garantissait un ordre social fondé sur la parole donnée, la mémoire collective et le respect des hiérarchies sociales. Sa force résidait dans sa proximité avec les justiciables, son adaptabilité et sa capacité à produire une normativité efficace, enracinée dans la culture et les pratiques sociales. En somme, l'oralité ou la gestualité juridique n'était pas un défaut à corriger, mais un fondement de l'effectivité du droit dans les sociétés africaines traditionnelles. Mais au-delà de leur caractère communautaire et de leur oralité, ces droits étaient aussi et surtout un ordre fondé sur une hiérarchisation et une hétérogénéité de la société.

III – Un droit fondé sur la hiérarchisation sociale

162. Le droit précolonial africain repose sur une organisation profondément enracinée dans la structure hiérarchisée des sociétés traditionnelles. Loin d'être arbitraire, cette hiérarchisation reflétait une parfaite adéquation entre le système juridique et l'ordre social. Le respect de la hiérarchie sociale constituait un principe fondamental, garantissant la stabilité et la cohésion du groupe. Contrairement à certaines perceptions modernes, cette organisation n'impliquait pas nécessairement une inégalité injuste, mais plutôt une répartition des rôles et des responsabilités fondée sur l'expérience, la sagesse, l'âge ou la lignée. Cette architecture sociale se doublait d'une grande diversité ethnique et culturelle, chaque communauté disposant de ses propres institutions, normes coutumières et modes de gouvernance. L'autorité coutumière, souvent incarnée par les chefs traditionnels ou les conseils de sages, tirait sa légitimité non d'un pouvoir coercitif, mais d'une

Afrique noire, op. cit., p. 294 et s.

reconnaissance collective fondée sur les valeurs communautaires. Le pouvoir se transmettait selon des modes de désignation fondés sur le consensus, renforçant ainsi son acceptation sociale. Cette autorité était respectée parce qu'elle incarnait les traditions et la continuité du groupe. Dès lors, le droit précolonial est un droit vivant, articulé autour d'une organisation sociale claire, qui assurait la régulation des rapports sociaux dans un esprit de justice et d'équilibre.

A – Une structuration du droit en adéquation avec l'ordre social

163. Le droit précolonial était aussi un ordre juridique fondé sur une hiérarchisation et une hétérogénéité structurelle. Il constituait l'incarnation d'un ordre cohérent et adapté à sa stratification sociale. Ces autres traits caractéristiques étaient observables dans plusieurs domaines du droit, notamment le droit de la famille, des biens, des contrats, de la responsabilité civile, des affaires, administratif, constitutionnel, des finances et particulièrement en droit pénal et en procédure pénale.

164. Le droit précolonial en Afrique, qu'il émane des pratiques traditionnelles et coutumières ou des systèmes impériaux et royaux ou même des croyances traditionnelles ou importées, était un système juridique en parfaite adéquation avec le milieu qui le sécrétait. Il était spontanément généré par des faits sociaux sans intervention d'une autorité institutionnelle, c'est-à-dire, en dehors de toute autorité étatique centralisée. Il n'était donc pas un droit reposant sur le primat du droit étatique. Cela ne signifie nullement que cette juridisation des faits sociaux était faite en l'absence des modes légaux, mais plutôt que la légalité se définissait selon le cadre tracé par une organisation sociale des populations si on admet que la légalité n'est rien d'autre que ce qui est convenu comme telle par la société. Cette société précoloniale était structurée selon un modèle pyramidal et hiérarchisé, avec une répartition claire et stricte des responsabilités et des rôles.

165. En effet, le respect de la hiérarchie sociale était perçu comme une question d'honneur. Toute transgression des règles établies pouvaient entraîner une mise à l'écart progressive de l'individu du groupe. Donc, ne pas observer cet ordonnancement hiérarchique, c'était admettre de se voir abandonné par les autres membres de la communauté et *in fine* être mis au ban de la société. Cette stratification sociale comprenait plusieurs classes ou catégories. Du sommet à la base de la pyramide, il y avait une catégorie-frontière ressortissant plusieurs classes sociales, notamment les guerriers, les marabouts, les griots, les juges et sages, les femmes et les jeunes, les initiés aux savoirs traditionnels. Cette organisation politico-sociale verticale ne concernait pas seulement les fonctions sociales et professionnelles, mais s'appliquait aussi aux rapports de genre et d'âge. Selon les régions et époques, la société pouvait être patriarcale ou matriarcale. Toutefois, même dans les sociétés matriarcales, l'autorité politique restait dévolue aux hommes, la transmission du pouvoir s'effectuant avec l'appui de la reine-mère. Dans cette Afrique précoloniale, le matriarcat, quand bien même il donnait le pouvoir de manière prépondérante aux femmes, n'était pas assimilé à la matrilinéarité et la matrilocalité de sorte que ni le nom de famille, ni la filiation de l'enfant n'étaient rattachés à la mère. Cette autorité matriarcale semblait être une autorité concurrente à celle d'un chef nommé avec le soutien de la reine-mère. Dans cette organisation politico-sociale verticale, la hiérarchie des âges était également rigoureusement respectée. Chez les mandingues, par exemple, on avait coutume de dire que « Dieu a créé le grand frère et ce dernier a créé son jeune frère », illustrant ainsi la primauté absolue des aînés sur les plus jeunes, ce qui implique que ce système de gouvernance était basé sur la hiérarchie sociale. Cette conception hiérarchique, profondément ancrée dans la culture mandingue, traduit une organisation sociale rigoureuse où chaque individu occupe une place précise. Elle prépare à comprendre que cette rigueur, souvent perçue comme une contrainte, relavait en réalité d'une logique d'équilibre et d'adaptation aux réalités sociales, comme en témoigne l'organisation juridique précoloniale.

B – Une organisation juridique souple sous sa rigidité apparente

166. Certains observateurs extérieurs ont qualifié le droit précolonial d'inégalitaire en raison de sa structuration rigide. Ces derniers ignorent ou non certaines réalités les plus enfouies de ces sociétés à qui ce droit convenait bien. L'absence d'un État centralisé et d'institutions judiciaires modernes ne signifie guère la fragilisation des forces de l'ordre face aux forces de désordre[194]. Quiconque aura été en contact avec ces sociétés africaines précoloniales n'aura pas manqué d'être

[194] Mamoussé Diagne, *Critique de la raison orale. Les pratiques discursives en Afrique noire, op. cit.*, p. 471 et s.

frappé par le sens d'égard envers ces règles coutumières et traditionnelles et par l'intérêt attaché au fait de ne pas les transgresser. À noter que le droit français, qui est venu occasionner le dérèglement de ces structures, trouvait lui-même, dans l'histoire de sa création, son origine dans des pratiques coutumières avant d'être systématisé pour enfin faciliter le travail du législateur débouchant sur l'adoption du Code civil en 1804. Cela a été déjà dit dans les propos introductifs du présent ouvrage.

167. Il convient simplement de rappeler que l'organisation sociopolitique précoloniale africaine était marquée par une multitude de pratiques suivant le caractère hétérogène de la société. Chaque ethnie ou tribu possédait sa propre langue, ses institutions et ses pratiques juridiques propres respectant un ordre établi, bien qu'il existât des similitudes dans les principes fondamentaux. Elles étaient ainsi chacune marquées par des réalités culturelles propres, outre celles les reliant toutes. Et l'œil dans le rétroviseur, on voit clairement que cette affirmation trouve sa justification dans plusieurs constats retraçant le passé. Avant la colonisation, chaque communauté était autonome et autogérée. Elle possédait son propre système de gouvernance, et ses coutumes régulaient la vie sociale et juridique, bref chaque groupe, avant qu'il ne soit conquis, se suffisait à lui-même. Il possédait et pratiquait ses mœurs et ses coutumes particulières.

168. Certaines sociétés africaines étaient considérées comme des sociétés structurées selon le modèle aristocratique, tandis que d'autres suivaient des organisations plus équitables et plus décentralisées. Toutefois, quelle que fut la structure dominante, l'ensemble des sociétés précoloniales reposait sur des pratiques traditionnelles et coutumières. Même pendant les conquêtes coloniales et avant que les territoires africains ne soient proclamés colonies françaises[195] et ce jusqu'à la naissance des États africains, les institutions administratives resteront foncièrement dominées par cette dimension multiculturelle de la société africaine. Les diverses et multiples pratiques de chefferies traditionnelles ayant chacune son système de communication, ont ainsi

[195] Par exemple, pour le cas guinéen, voir le décret du 17 décembre 1891 qui a transformé la colonie des « rivières du sud et dépendances » en « Guinée française et dépendances » avec un gouverneur à Conakry et un secrétaire général pour la Guinée proprement dite. Il faudra attendre 1899 pour que ses frontières soient fixées.

continué à jouer un rôle crucial dans la gestion des affaires locales. À ce propos, Norbert Elias affirmait que :

> « chacun de ces forces désintégratives tirait son importance de l'appui qu'elle prenait sur son groupe relativement conscient de sa spécificité et jouant comme groupe de pression sur un ou plusieurs autres groupes opposés. Elles provenaient de clivages traditionnels, à savoir : clivages selon l'ethnie, clivages selon le sexe, clivages selon l'âge : dans la société traditionnelle, pouvoir et dignités étaient monopolisés par le groupe des aînés, les plus proches des ancêtres »[196].

169. En s'interrogeant sur la manière de définir les catégories Hutu, Tutsi et Twa ou Hima et Iru, présentes au Burundi, au Buha, au Rwanda, dans l'ouest de l'Ouganda et sur les palteaux de la rive occidentale du lac Victoira, Jean-Pierre Chrétien relance le débat non seulement sur la nature de ces clivage, mais aussi sur l'opposition entre ces différents groupes sociaux, opposotion fondée avant tout sur des considérations d'ordre politiques[197].

170. Contrairement à l'État centralisateur occidental, les sociétés africaines précoloniales fonctionnaient selon des principes communautaires et participatifs. Une telle conception particulière, qui fait l'objet de reconsidération ailleurs, laisse peu de place à l'existence d'un système social homogène cohérent autour d'un État centralisateur au sens occidental du terme. Néanmoins, dans ces formes commodes de perception africaine, le pouvoir du chef traditionnel ou du roi était absolu mais s'appuyait sur des règles sociales et des valeurs ancestrales, se manifestant par l'esprit de communauté, le respect pour les anciens. Bien sûr, chaque groupe social dans cette Afrique précoloniale était indépendant et autonome les uns des autres laissant apparaître un pouvoir centralisé avec un chef traditionnel doté de toutes les prérogatives et ne répondant à aucune autorité supérieure hiérarchiquement. La séparation classique des pouvoirs législatif, exécutif et judiciaire n'existait pas dans le sens moderne du terme. En effet, les fonctions exécutive, législative ou judiciaire dans le cadre

---

196 Norbert Elias, « Conflits de génération et célébrations nationales : analyse et perspectives », *op. cit.*

197 Jean-Pierre Chrétien, *L'Afrique des Grands Lacs, Deux mille ans d'histoire, op. cit.*, p. 56.

d'une délimitation, n'étaient ni démêlées, ni dédoublées. Pierre-François Gonidec le précise qu'« à vrai dire, la tradition africaine n'était pas fondée sur le principe de séparation des pouvoirs, mais sur celui de l'unité du pouvoir »[198]. Taslim Olawale Elias de renchérir qu'en réalité, « quel que soit le type de société africaine considérée, (sociétés sans État ou sociétés parvenues au stade d'État), les pouvoirs législatif, juridictionnel et exécutif tendaient à coïncider dans leurs titulaires comme dans leur exercice »[199]. Paradoxalement, cette forme de concentration des pouvoirs entre les mains du chef traditionnel ou du roi était à la fois synonyme de l'absolutisme et de stabilité sociale. Tout de même, certaines structures existaient pour limiter les abus, notamment des assemblées délibératives composées de sages et de conseillers. Bien qu'étant chargées de légiférer pour définir les orientations de la communauté sociale, ces assemblées ne pouvaient aller à l'encontre de la volonté du chef traditionnel ou du roi, limitant ainsi le risque d'autoritarisme. Et s'il y a des domaines du droit précolonial repris par le droit postcolonial, cette forme d'organisation et d'exercice du pouvoir qui s'apparente à l'absolutisme, en est une illustration parfaite. Ce qui donne l'impression d'une inspiration sélective, partielle, partiale et de convenance, non au profit des populations, mais de l'appétence du pouvoir.

C – Une autorité légitime et un droit socialement opérant

171. Le mode de désignation et de renouvellement des autorités traditionnelles était généralement fondé sur le consensus[200], les élections existaient, mais elles n'étaient pas le mode privilégié de désignation et de renouvellement[201]. Car le processus électoral était

---

[198] Pierre-François Gonidec, « Propos introductif d'Encyclopédie juridique de l'Afrique », in Encyclopédie juridique de l'Afrique, Pierre-François Gonidec (dir.) Tome 1, *les nouvelles éditions africaines*, 1985, p. 233.

[199] Taslim Olawale Elias « The Nature of African Customary Law, Manchester, 1956 ; traduction française : La nature du droit coutumier africain, Paris, Présence africaine, 1961, p. 206. Rapporté par Pierre-François Gonidec, « Propos introductif d'Encyclopédie juridique de l'Afrique », Tome 1, éditions *les nouvelles éditions africaines*, 1985, p. 233.

[200] Michel Jules Mahier Bah, César Léonce Koffi Eben-Ezer, Charles Sylvain Gade, « La chefferie traditionnelle à l'épreuve des mutations et compétitions politiques en Côte d'Ivoire : cas de Kéibly dans la sous-préfecture de Bloléquin en pays Wê », *Autrepart*, 2018/2 n° 86, p. 125-138.

[201] Jean-Pierre Chrétien, *L'Afrique des Grands Lacs, Deux mille ans d'histoire, op. cit.*, p. 103.

considéré dans ces sociétés fondées sur la confiance et l'harmonie, comme catisseur des conflits intracommunautaires contribuant ainsi à l'effritement des autorités traditionnelles. Le chef traditionnel était généralement désigné par un conseil des sages, selon certains critères définis à la lumière des us et coutumes de la localité, tels que : la probité et la moralité, l'appartenance à une lignée spécifique, l'aisance matérielle, la contraction d'un mariage, l'expérience et la connaissance des traditions[202]. Une fois désigné, le chef exerçait ses fonctions à vie sans possibilité de destitution, sauf en cas d'indignité ou de fautes graves incompatibles avec la fonction incarnée.

172. En Afrique précoloniale, la communauté était administrée avec sagesse par la seule volonté du chef traditionnel qui « était investi d'un pouvoir général sur ses sujets, tribu entière ou famille donnée »[203] tout en se fixant comme objectif de subvenir à leurs besoins. Autrement dit, l'autorité du chef traditionnel ne se limitait pas à une simple administration du territoire. Il était garant de l'ordre social et du bien-être de sa communauté. On comprend dès lors, *a priori*, que tout système qu'il soit interne ou importé ne pouvait se différencier de cette conception traditionnelle. Il ne pouvait que se trouver lui-même étroitement confondu avec cette tradition réputée stable. Par conséquent, on retiendra que dans cette Afrique coutumière précoloniale, la hiérarchie de l'autorité constitue la réplique de la hiérarchie des âges, tout aîné ayant vocation à commander. Dans l'empire mandingue, par exemple, la Charte de *Kouroukanfouga* codifiait les principes fondamentaux de la gouvernance en faisant une division de la société en classe d'âge assortie de l'obligation de respect du droit d'aînesse[204]. Ce sont là des principes séculaires qui ponctuaient le quotidien de la vie sociale dans le manding posé expressément dans cette Constitution de 1236. Tandis que l'article 4 fait une division de la société en classe d'âge, l'article 8, quant à lui, pose de manière impérative le respect du droit d'aînesse et donc du droit de commandement[205].

---

202 *Idem.*

203 Gilles Cuniberti, *Grands systèmes de droit contemporains,* 2e édition LGDJ, Lextenso, 2011, p. 458.

204 Ces propos sont brillamment rapportés par Ahmed Salim Halaby dans sa thèse : *La protection des droits fondamentaux devant la Cour suprême guinéenne statuant en matière administrative, op. cit.*, p. 506.

205 Koufecou A. Traoré, « L'Assemblée de Kouroukanfouga ou la constitution de

173. Loin d'un système archaïque, le droit précolonial africain reposait sur une organisation sociale bien structurée. Son application se fondait sur une hiérarchie sociale acceptée, où l'autorité des chefs traditionnels garantissait l'équilibre et la cohésion de la communauté. La colonisation a certes bouleversé cet ordre juridique, mais de nombreuses pratiques issues du droit précolonial subsistent encore aujourd'hui dans plusieurs sociétés africaines.

l'empire du Mali du 12ème siècle », *Gouvernance en Afrique*, 2002, p. 12.

Conclusion de la première partie

174. Tout bien considéré, une fois jeté ce regard rétrospectif sur le passé normatif précolonial, l'on constate, à travers cette première partie, que le droit précolonial s'est affirmé comme un système juridique original profondément ancré dans les pratiques autochtones visibles et invisibles et adapté aux réalités socioculturelles des sociétés qu'il réglementait. En prenant en compte l'équilibre entre traditions, coutumes, structures impériales et royales et croyances religieuses (traditionnelles et importées), il peut être affirmé sans nul doute que ce droit précolonial offrait un cadre juridique souple, adéquat et cohérent, garantissant la stabilité et l'harmonie sociale. Ce droit, bien que morcelé et composé d'une mosaïque de sources compte tenu de la diversité juridique et de l'imbrication culturelle africaine, ne manquait ni de rigueur ni de structuration, comme en témoigne cette hétérogénéité juridico-culturelle perceptible dans chacun des États qui en assuraient la pérennité.

175. Quand bien même ce fond traditionnel était en rapport avec le cadre local dans lequel il était appliqué, il n'en demeure pas moins qu'il était caractérisé par une insensibilité et une fragilité d'institutions publiques par voie de conséquence, une carence d'autorité étatique. À cela s'ajoutent des rivalités de leaderships, comme il a été noté plus haut. Ainsi, la pénétration coloniale va marquer une rupture brutale avec ces traditions juridiques endogènes, reléguant progressivement le droit précolonial à une place marginale. La colonisation n'a pas seulement imposé un nouvel ordre juridique, elle a également altéré les dynamiques sociopolitiques en introduisant une culture et une tradition juridiques jugées inadéquates aux conceptions africaines du droit. Comble du mépris, le colonisateur « va justifier la substitution [de son modèle aux institutions traditionnelles] soit qu'elle n'ait pas toujours découvert l'existence ou l'intérêt des institutions publiques antérieures, soit qu'elle les ait estimées inadaptées aux besoins d'un pays moderne et aux objectifs de sa politique colonisatrice »[206]. Et Michel Jéol a eu raison d'affirmer qu'« avec la période coloniale, s'instaure dans le système juridique africain, un ordre juridique nouveau qui, du point de vue du droit public, s'oppose trait pour trait, à l'ordre juridique antérieur »[207]. Mais le législateur métropolitain semble se soucier peu

---

[206] Michel Jéol, *Droit public africain*, Paris-VIe, édition Berger-Levrault, 1967, p. 13.
[207] *Idem.*

de l'adéquation entre sa conception occidentale et les réalités du contexte sociopolitique local. Il va imposer sa propre conception juridique, or, celle-ci « s'oppose trait pour trait, à l'ordre juridique antérieur »[208].

176. En définitive, l'étude du droit précolonial aura permis non seulement de mieux comprendre les fondements historiques et juridiques des sociétés africaines, mais aussi d'apprécier la manière dont ces normes traditionnelles ont survécu et évolué à travers le temps. Si ce droit a été ébranlé par l'imposition du droit colonial, il continue néanmoins d'influencer, parfois de manière informelle, les pratiques juridiques et sociales postcoloniales. Dès lors, il apparaît essentiel d'interroger la place et la reconnaissance du droit précolonial dans les ordres juridiques contemporains, notamment dans le cadre des réformes juridiques et institutionnelles postcoloniales. L'analyse de cette évolution nous conduit aussi à nous interroger sur la manière dont le droit colonial a non seulement remplacé, mais parfois perpétué certaines structures juridiques préexistantes sous une nouvelle forme. C'est cette continuité et cette transformation du droit à l'époque coloniale et postcoloniale que nous examinerons dans la suite de notre réflexion.

[208] *Idem.*

PARTIE II – UN DROIT COLONIAL DÉSTRUCTURANT

« Quand la maison de ton voisin brûle,
apporte vite de l'eau sur ton toit. »
(Proverbe malinké).

177. Ce proverbe malinké met en garde contre le danger extérieur qui, s'il n'est pas contenu, finit par atteindre et détruire même ceux qui pensaient être à l'abri. Dans le contexte de la colonisation, il symbolise l'irruption soudaine et destructrice du droit colonial. En effet, après avoir touché un territoire, le droit colonial s'est étendu inexorablement aux autres, jusqu'à bouleverser l'ensemble du continent. Ce proverbe qui s'accorde bien à l'idée des présents développements, exprime également la nécessité de vigilance. Il rappelle que les sociétés africaines, malgré la structuration de leurs systèmes juridiques autochtones, n'ont pu échapper à l'incendie colonial qui les a profondément déstructurées.

178. Ce proverbe s'illustre également avec l'affirmation de Jacques Vanderlinden selon laquelle, à la charnière des XIXe et XXe siècles, l'ordre colonial s'implante en Afrique à la suite du partage du continent entre les puissances européennes. Avec cette domination font irruption sur le sol africain divers ordres juridiques étrangers, ceux des métropoles coloniales[209]. C'est ainsi qu'à partir des années 1870, les grandes puissances coloniales prennent le relais des explorateurs et aventuriers, qui, depuis la fin du Moyen âge, avaient commencé « à fonder quelques modestes comptoirs sur le littoral africain, avant d'explorer, quatre siècles plus tard, l'intérieur du continent »[210], et s'engager dans la « course au drapeau ». On abandonne ainsi progressivement la politique des comptoirs commerciaux[211], qui ont

[209] Jacques Vanderlinden, « La magistrature coloniale au carrefour de deux mondes », in *Temps des colonies*, acte de colloque, édition l'Espace Juridique, 30 avril 1988, p. 17-33.
[210] André Larane, « L'Afrique noire, de la colonisation aux indépendances », *Afrique-synthèse,* 2013, p. 471.
[211] François Zuccarelli, « De la chefferie traditionnelle au canton : évolution du canton colonial au Sénégal – 1855-1960 », *in Cahiers d'études africaines*, vol. 13, n°50, 1973, p. 218.

permis d'écouler les produits manufacturés et d'approvisionner les occidentaux en matières premières pour son industrie[212], pour celle de l'occupation territoriale et de domination politique. Ce processus impose un nouvel ordre juridique non voulu, qui entre en conflit avec les pratiques autochtones.

179. Convenons d'ailleurs avec Roland Séroussi que « par vagues successives, le continent africain, reçoit et intègre – à son corps défendant – l'empreinte juridique de systèmes jusque-là inconnus »[213]. Sous le déluge, dit-il, « de principes venus d'ailleurs, le droit coutumier plie et se transforme »[214]. Ce droit envahisseur ne s'est jamais accommodé avec les pratiques autochtones. C'est pourquoi, l'auteur affirme que « certes l'Afrique a déjà vécu l'évangélisation (...) puis l'islamisation (...). Mais, en tombant sous la domination des Européens, le droit coutumier, pourtant si prompt à s'adapter, subit de plein fouet plusieurs familles de droit que le grand continent mettra plus d'un siècle à digérer »[215]. L'historien Simon-Pierre Ekanza affirme à son tour que la colonisation de l'Afrique s'est déroulée dans un laps de temps relativement court. Cependant, dit-il, « le phénomène colonial représente une rupture majeure dans l'histoire du continent, (...). Les changements intervenus depuis lors dans l'évolution du continent africain sont irréversibles »[216]. Cet historien ivoirien, auteur de plusieurs publications notamment sur la colonisation française, affirme que l'Afrique « se doit de réagir face à cette intrusion étrangère si elle ne veut pas y laisser son âme »[217].

180. Ce phénomène colonial représente encore l'un des défis majeurs pour les États d'Afrique concernés, car en désagrégeant l'espace politique africain, après avoir démantelé les systèmes précoloniaux[218], la colonisation a annihilé ou tenté d'annihiler, par délaissement, le droit antérieur créant ainsi un nouvel ordre juridique impérial et déséquilibré.

---

[212] Éloi Diarra, « Le droit colonial en Afrique de l'Ouest francophone ou la construction d'une société nouvelle », *in* Jean-Philippe Bras, *Faire l'histoire du droit colonial, op. cit.*, p. 115.
[213] Roland Séroussi, *Introduction au droit comparé, op. cit.*, p. 174.
[214] *Idem.*
[215] *Idem.*
[216] Simon-Pierre Ekanza, « Le double héritage de l'Afrique », *op., cit.*, p. 604.
[217] *Idem..*
[218] *Ibid.*, p. 605.

Cette transposition forcée façonnera durablement l'ordre juridique postcolonial en lui servant directement et indirectement de matrice juridique. Dès lors, l'Afrique noire, perçue à l'époque comme une « terre sans maître », devient l'enjeu d'un partage entre puissances européennes, officialisé lors du « Congrès de Berlin en 1885 ». À l'issue de cette conférence, les territoires africains sont divisés arbitrairement entre les nations colonisatrices, sans consultation des populations locales. En particulier, les territoires africains sous domination française tombent sous le « pré carré » colonial français. Le Congrès de Berlin a non seulement défini les règles officielles de la colonisation, mais aussi et surtout acté la mise en place de traités entre les puissances européennes pour l'organisation et l'exploitation des territoires africains. L'une des conséquences immédiates de cette occupation impérialiste est l'importation forcée des systèmes juridiques occidentaux[219]. Le droit français en particulier, s'installera brutalement, sans période de transition[220]. Ce qui revient hanter l'une des dispositions de la Déclaration des droits de l'homme et du citoyen, texte français d'admiration universelle, qui proclame que « tous les hommes naissent et demeurent libres et égaux en droit ». Toutefois, l'application du droit colonial en Afrique semble introduire une exception implicite, posant ainsi une inégalité fondamentale dans l'application de ce principe universel, à travers le « sauf certains ». Ainsi, la transposition du droit colonial s'est opérée selon plusieurs mécanismes **(Titre I)** et a produit des effets multiples **(Titre II)**, contribuant à déraciner un système juridique et administratif ancestral profondément enraciné (**Titre III**).

[219] René Rodière, « Approche d'un phénomène : les migrations de systèmes juridiques », in *Mélanges Gabriel Marty,* Université des sciences sociales de Toulouse, 1978, p. 947-954.

[220] Moussa Thioye, « Part respective de la tradition et de la modernité dans les droits de la famille des pays d'Afrique noire francophone », *op., cit.*, p. 366.

Titre I – Une transposition fondée sur la domination

181. L'un des grands spécialistes du droit colonial, Éloi Diarra, souligne d'abord les difficultés liée à la définition de la colonisation avant de la caractériser comme « un processus de domination politique, culturelle et économique pratiqué par certains États sur d'autres États ou sur d'autres peuples alors obligés d'accepter des liens plus ou moins étroits de dépendance »[221]. Cette définition s'applique parfaitement aux relations coloniales entre la France et l'Afrique. En colonisant l'Afrique, la France y impose son droit, qu'elle « transplante dans le nouvel espace »[222] qu'elle a conquis, pour reprendre les termes d'Éloi Diarra. Ce mécanisme de transplantation juridique, effectuée de manière autoritaire[223] et systématique, est décrit par André Cabanis et Danielle Cabanis comme un réseau de « canaux par lesquels est passé le droit français pour irriguer les pays colonisés »[224].

182. Fondamentalement, les normes[225] coloniales ont été transposées dans les États africains par trois voies principales. L'extension des normes juridiques métropolitaines : certaines lois et règlements français ont été directement appliqués aux colonies, souvent sans adaptation aux réalités locales. L'application du principe de « spécialité législative » : dans certains cas, des normes spécifiques ont été adoptées pour les territoires colonisés, différentes de celles en vigueur en métropole. La prise en compte des particularismes locaux : dans certains cas, des normes étaient adoptées tenant en compte des particularités locales (ou parfois de les marginaliser). Ces trois voies feront l'objet d'une analyse critique dans les présents développements. Mais avant, rappelons qu'il s'agissait, dans tous les cas, d'une transposition normative globale. La transplantation du droit colonial ne s'est pas limitée aux seules lois et règlements. Elle a concerné l'ensemble du système juridique, englobant les normes constitutionnelles à travers l'organisation du pouvoir dans les colonies selon un modèle centralisé ; les normes internationales par l'intégration des colonies dans les accords et traités internationaux signés par la métropole ; les normes législatives et réglementaires

---

221 Éloi Diarra, « Le droit colonial en Afrique de l'Ouest francophone ou la construction d'une société nouvelle », *op cit.,* 113-134.
222 *Idem.*
223 *Idem.*
224 André Cabanis, Danielle Cabanis, « L'influence du droit français liée au processus de Colonisation-décolonisation », *op. cit.*, p. 09-30.
225 *Idem.*

suivant l'adoption de codes et de décrets spécifiques aux colonies ; les décisions juridictionnelles par l'application des principes dégagés par les tribunaux coloniaux ou métropolitains ; les doctrines juridiques à travers la diffusion des concepts et principes du droit français dans l'enseignement et la pratique juridique des territoires colonisés. Cette transposition globale du droit colonial a profondément bouleversé les systèmes juridiques préexistants en Afrique, contribuant à l'érosion des traditions locales et à la dépendance juridique des États postcoloniaux.

I – Une transposition par l'extension du droit métropolitain

183. L'extension du droit français aux territoires coloniaux s'est opérée selon une logique systématique fondée sur le principe d'unité juridique. Il s'agissait bien d'une stratégie d'uniformisation juridique. En effet, les différentes politiques coloniales, d'assujettissement, d'autonomie et d'assimilation, ont servi à légitimer la transposition des normes métropolitaines dans les colonies. Cette transposition reposait sur l'idée d'une unité juridique de la République, justifiant l'application de lois françaises aux colonies, soit de plein droit, soit par voie d'extension. La loi du 9 août 1849, relative à l'état de siège, illustre cette dynamique d'exportation des régimes d'exception, qui perdureront dans les textes postcoloniaux. Cette uniformisation juridique a renforcé la domination coloniale, en imposant un droit conçu en métropole, souvent sans considération pour les réalités locales.

A – Une unité juridique impériale, fondement de la transposition

184. Le processus de transposition de l'ordre juridique colonial français en Afrique s'est effectué principalement selon le prisme de l'extension des normes juridiques métropolitaines aux territoires colonisés. En vertu du principe d'unité spatiale et juridique, les normes (constitutionnelles, conventionnelles, législatives, réglementaires ou jurisprudentielles) adoptées en France s'appliquaient non seulement sur le territoire métropolitain, mais également, à quelques exceptions près, aux colonies. Pierre Lampué résume bien cette situation en soulignant que ces territoires intégrés dans une « personnalité internationale unique de l'État dont ils font partie ou auquel ils sont rattachés, se trouvent, sous ce rapport, dans une situation comparable à celle des collectivités décentralisées existant dans la métropole elle-même »[226].

[226] Pierre Lampué, « L'application des traités dans les territoires et départements d'outre-mer », *op. cit.* p. 907.

Joseph John Nambo complète cette analyse en affirmant qu'« au nom de la civilisation qui sert de fondement premier à l'occupation juridique et politique, l'État colonial français va dorénavant être le producteur officiel de la norme juridique à travers la maîtrise de l'espace et le contrôle des hommes »[227].

185. En vertu de ce principe, les normes métropolitaines transposées, par voie coloniale, aux territoires coloniaux s'appliquaient de plein droit. À n'en pas douter, ce principe conférait à la France une responsabilité juridique exclusive sur ces grands ensembles territoriaux non métropolitains dépourvus de souveraineté. Il était donc normal que le champ d'application des normes métropolitaines, couvre géographiquement ces territoires coloniaux. Cela est encore plus vrai que l'État français « comportant des territoires d'outre-mer est, par la force des choses, un "État plurilégislatif" dans lequel un ordre juridique propre et original correspond à la métropole, d'une part, à chacune des fractions situées outre-mer, d'autre part »[228]. Ces colonies ou territoires ou encore provinces ultramarines ne pouvaient juridiquement participer par leurs organes aux activités à la fois internes et internationales sans l'accord exprès de la métropole[229]. Donc, elles ne possédaient aucune compétence juridique propre et distincte de celle de la métropole. Le rapport entre la métropole et les dépendances coloniales était fondé sur trois tendances politiques qui déterminaient à des degrés divers le processus d'implantation et d'application de la tradition juridique française dans les colonies. Il s'agit de l'assujettissement, de l'autonomie et de l'assimilation. Pour la compréhension de ces éléments, Olivier Beaud rapporte récemment, que Louis Rolland et Pierre Lampué, identifient dans leur Manuel, *Précis de législation coloniale*, les trois types-idéaux de la relation entre la métropole et les colonies, du reste empruntée à Arthur Girault[230]. Ces trois

[227] Joseph John Nambo, « Quelques héritages de la justice coloniale en Afrique noire », *Droit et société* n°51/52, 2002, p. 327.
[228] *Ibid.*, p. 916.
[229] Pierre Lampué, « L'application des traités dans les territoires et départements d'outre-mer », *op. cit.* p. 907.
[230] L'auteur du premier grand Traité de droit colonial, *Principes de colonisation et de législation coloniale*, 1ère édition, Paris, 1896, p. 44-56. (n° 10-13). Toujours selon Olivier Beaud, sur une fine description de l'opposition entre assimilation et autonomie, voir le cours de Jacques Lafon, « Histoire des droits coloniaux », in *Itinéraires*, p. 287-343.

tendances avaient la même vocation, celle de maintenir la domination coloniale, mais se distinguaient dans leur mise en œuvre.

186. La politique d'assujettissement repose sur l'idée que les colonies existent pour servir la métropole. Elles sont perçues comme des instruments d'influence politique ; des sources de richesses et de débouchés commerciaux ; des bases militaires stratégiques. C'est ce que résume Pierre Lampué en affirmant que la colonie « était faite pour la métropole : c'est un instrument destiné à procurer à l'État colonisateur de l'influence politique, de la force militaire, des débouchés commerciaux, des richesses, à éviter qu'il se prive d'or et d'argent au profit de l'étranger »[231]. Dans ce système autoritaire et centralisé, les colonies ne jouissaient d'aucune autonomie. Elles étaient considérées comme une propriété sur laquelle la métropole exerçait une compétence exclusive. Elles n'avaient pas de représentation auprès de la métropole, elles ne participaient pas non plus à l'élaboration des lois qui leur étaient imposées et elles ne disposaient d'aucun budget autonome. C'est pourquoi, Olivier Beau affirme que toute « autonomie était niée aux colonies, qui étaient étroitement soumises au Centre : elles n'ont pas de représentation auprès de la Métropole, ne participaient aucunement à la législation qui s'appliquait à elles, n'avaient pas davantage de budget autonome »[232]. Ce modèle a prévalu jusqu'à l'adoption de la loi n° 56-619 du 23 juin 1956, dite loi-cadre Gaston Defferre, qui octroyait une autonomie limitée aux colonies, bien que souvent qualifiée de « façade ».

187. Contrairement à l'assujettissement, la politique d'autonomie prônait une gestion plus libre des affaires locales. Elle consistait, quant à elle, à « laisser les habitants de la colonie gérer aussi complètement et librement que possible leurs propres affaires »[233]. Toutefois, les applications et implications de cette autonomie encadrées par la « dépendance à l'égard de la métropole, qui reste le point juridiquement central du rapport impérial »[234]. La France conservait le contrôle des

---

[231] Louis Rolland, Pierre Lampué, *Précis de législation coloniale (Colonies, Algérie, Protectorats, Pays sous mandat)* ; Paris, Dalloz ; p. 30, n° 38 ; 1931.
[232] Olivier Beaud « L'empire et l'empire colonial dans la doctrine publiciste française de la IIIe République », *Jus Politicum*, juin 2015, n° 14, p. 65.
[233] Louis Rolland, Pierre Lampué, *Précis de législation coloniale (Colonies, Algérie, Protectorats, Pays sous mandat)* ; *op. cit.* ; p. 32, n° 40 ; 1931.
[234] Olivier Beaud « L'empire et l'empire colonial dans la doctrine publiciste française

décisions majeures et les lois locales ne pouvaient pas contredire les principes du droit français. Pendant cette période coloniale, deux variantes de cette autonomie ont émergé[235]. Le modèle français, qui restreignait l'autonomie aux aspects administratifs et économiques (assimilable à une simple politique de décentralisation[236]) et le modèle britannique du *self-government*, qui est représentée par « l'autonomie proprement dite »[237], accordant une réelle autonomie politique aux colonies. En pratique, l'autonomie française était en réalité une autonomie limitée dans laquelle il n'y avait « pas d'organisation locale ressemblant à une organisation étatique, et les habitants ne sont pas appelés à faire eux-mêmes leurs lois »[238]. Telle était l'idée défendue par la loi Defferre, qui accordait une autonomie dans laquelle les habitants n'avaient ni la capacité de légiférer eux-mêmes, ni une organisation locale dotée de compétences souveraines.

188. La politique d'assimilation est une espèce de « jacobinisme colonial »[239] de sorte que le libéralisme politique, philosophique, économique, reconnu au droit français ne semblait pas être une réalité pour les colonies dans lesquelles il a plutôt servi d'instrument de domination, d'assimilation, d'acculturation et même d'abrutissement. En effet, la politique d'assimilation repose sur l'idée que les colonies ne sont que des bras serviteurs de la métropole. Selon Louis Rolland et Pierre Lampué, elle est l'idée selon laquelle « le territoire de la colonie n'est qu'un prolongement de celui de la métropole. Il doit donc être soumis au même régime ; les habitants qui s'y trouvent et les faits qui se reproduisent dans la colonie doivent être traités comme se trouvant où se reproduisant la métropole »[240]. Cette dernière tendance est encore

---

de la IIIe République », *op. cit.*

[235] *Idem.*

[236] Jean-Baptiste Pierchon, « Le précis de législation coloniale de Louis Rolland & Pierre Lampué », *LM-DP*, 2016. Disponible en ligne suivant le lien ci-après : http://lm-dp.org/20160429jbp/

[237] Olivier Beaud « L'empire et l'empire colonial dans la doctrine publiciste française de la IIIe République », *op. cit.*

[238] Louis Rolland, Pierre Lampué, *Précis de législation coloniale (Colonies, Algérie, Protectorats, Pays sous mandat)* ; *op. cit.* ; p. 40, 1931. Cité par Jean-Baptiste Pierchon, « Le précis de législation coloniale de Louis Rolland & Pierre Lampué », *LM-DP*, 2016. Disponible en ligne, voir lien ci-après : http://lm-dp.org/20160429jbp/

[239] Olivier Beaud « L'empire et l'empire colonial dans la doctrine publiciste française de la IIIe République », *op. cit.*

[240] Louis Rolland, Pierre Lampué, *Précis de législation coloniale (Colonies, Algérie,*

une politique de négation comme les deux précédentes certes à des degrés divers. Pour Olivier Beaud, le rapport entre l'État colonial français et les colonies est en « réalité l'équivalent de celui qui se pose en métropole à propos des relations entre l'État et les collectivités locales ou, dans une Fédération, en ce qui concerne les rapports entre le gouvernement fédéral et ses États-membres – comparaison peut-être encore plus judicieuse »[241].

189. En théorie, cette politique impliquait l'application des mêmes lois et droits aux colons et aux indigènes ainsi que l'intégration progressive des territoires coloniaux à la République française. Toutefois, en pratique, cette égalité était une illusion. Les populations indigènes n'étaient pas reconnues comme des citoyens à part entière. Les libertés et droits fondamentaux n'étaient pas appliqués uniformément. Ainsi, la situation juridique des indigènes traduisait une hiérarchie implicite entre les sujets coloniaux et les citoyens de la métropole, établissant un dualisme normatif au sein de l'Empire. Cet déséquilibre, fondé sur des critères raciaux et territoriaux, fut progressivement institutionnalisé à travers l'extension du droit métropolitain aux colonies.

B – Une application généralisée des normes métropolitaines

190. Il résulte de ce qui précède, que les normes de la métropole étaient également applicables aux dépendances coloniales. Cet ensemble de normes devrait s'appliquer à la fois sur la métropole et sur les colonies en vertu, comme il a été dit, du principe de cohésion spatiale et d'unité juridique. Elles peuvent donc s'analyser selon qu'il s'agit des normes en droit interne ou en droit international. Mais ces normes métropolitaines, qu'elles fussent du droit interne ou du droit international prévoyaient toujours leur mode d'extension aux territoires d'outre-mer en application du principe d'unité spatiale et juridique. Certaines de ces normes étaient applicables de plein droit, d'autres l'étaient de manière étendue aux colonies.

191. Les textes juridiques issus du droit interne applicables de plein droit et/ou étendus aux colonies, c'est-à-dire, des textes métropolitains

Protectorats, Pays sous mandat) ; *op. cit.* ; p. 32, n° 40 ; 1931.

[241] Olivier Beaud « L'empire et l'empire colonial dans la doctrine publiciste française de la IIIe République », *op. cit.*

régissant des parties hors métropolitaines (outre-mer), il convient de rappeler d'emblée que la Constitution de la deuxième République française de 1848 disposait dans son article 109 que « Le territoire de l'Algérie et des colonies est déclaré territoire français, et sera régi par des lois particulières jusqu'à ce qu'une loi spéciale les place sous le régime de la présente Constitution ». Il en résulte que cette Constitution de la deuxième République définissait « territoire français » le territoire des colonies, de manière aussi clairement que celles de la quatrième et cinquième Républiques. De même, en vertu de la Loi du 12 nivôse an VI, « les lois rendues pour les départements continentaux sont applicables aux colonies ». dans le même ordre d'idées, la Constitution de la quatrième République du 27 octobre 1946, prévoyait la consistance territoriale de la République française, en y comprenant « la France métropolitaine, les départements et territoires d'outre-mer ». En vertu des dispositions de son article 60, « L'union française est formée, d'une part, de la République française qui comprend la France métropolitaine, les départements et territoires d'outre-mer, d'autre part, des territoires et États associés ». Plus loin, l'article 85 dispose que « La République française, est une et indivisible, reconnait l'existence de collectivités territoriales. Ces collectivités sont les communes et département, les territoires d'outre-mer », comprenant ainsi des colonies françaises en Afrique.

192. En substance, ces textes rangeaient les territoires d'outre-mer parmi les collectivités territoriales faisant partie intégrante de la République française. Cette unité spatiale et juridique de l'État fut réitérée par la Constitution du 4 octobre 1958 dans sa version initiale. Celle-ci mentionne de nouveau les territoires d'outre-mer, dans son article 72, parmi les collectivités territoriales de la République. Cette unité voulue par les constituants de 1946 et de 1958 exigeait de ce fait l'application de plein droit des législations métropolitaines dans les départements et territoires d'outre-mer. Donc, sans équivoque, aussi bien dans ces textes constitutionnels que législatif, la France, dans sa conquête territoriale, a toujours défendu et affirmé avec ferveur l'unité de l'État. Ces normes ainsi transposées dans les colonies africaines seront reconduites à l'indépendance servant ainsi de socle et de substrat de l'armada juridique aux États africains devenus indépendants.

193. Plusieurs normes métropolitaines qui s'appliquaient de plein droit ou étendues aux colonies, peuvent ainsi être citées pour étayer les affirmations. Cependant, évoquons simplement la loi du 9 août 1849[242] sur l'état de siège, modifié par les lois du 3 avril 1877 et du 27 avril 1916. Aux termes de son article 4, dans les colonies françaises, la déclaration de l'état de siège est faite par le gouverneur de la colonie. Il doit en rendre compte immédiatement au Gouvernement. Ce texte nous intéresse doublement. D'abord, il traduit et confirme l'affirmation selon laquelle les normes métropolitaines régissaient également les territoires d'outre-mer. Ensuite, son interprétation permet de comprendre qu'il demeure l'ancêtre des législations quasiment de tous les États africains de succession coloniale française en matière d'état de siège, d'état d'urgence qui, à la suite de leur accession à la souveraineté internationale, ont opté pour le principe de continuité juridique des normes coloniales. Pour faire entendre raison, il suffit de se référer à la législation de certains États africains en la matière.

194. En droit ivoirien, la législation en vigueur est celle adoptée pendant la colonisation car le pays n'ayant obtenu son indépendance qu'en 1960. C'est la loi n°59-281 du 7 novembre 1959 portant mesures d'état d'urgence, dont en vertu de son article premier, « l'état d'urgence peut être déclaré sur tout ou partie du territoire de la République de Côte d'Ivoire, soit en cas de péril imminent résultant d'atteintes graves à l'ordre public, soit en cas d'événements qui, par leur nature ou leur gravité, sont susceptibles d'entraver la bonne marche de l'économie ou les services publics ou d'intérêt social ». Nos recherches ont montré, sauf changement de législation ayant échappé à notre vigilance, que cette loi de 1959 est toujours en vigueur en Côte d'Ivoire.

195. En droit sénégalais, c'est d'abord la loi n°69-029 du 29 avril 1969 relative à l'état d'urgence, à l'état de siège et à la gestion des catastrophes naturelles ou sanitaires, a ensuite été modifiée par la loi n°2021-18 du 19 janvier 2021 modifiant la loi n°69-029 du 29 avril 1969 relative à l'état d'urgence, à l'état de siège. De la loi d'origine à celle modificative, là encore les notions conceptuelles et les modalités d'application (articles 2 à 14 pour l'état d'urgence et articles 15 à 18 pour l'état de siège) sont inspirées du droit français.

196. En droit malien, le régime juridique de l'état d'urgence et de l'état de siège est régi par la loi n°87-049/AN-RM du 10 août 1987,

---

[242] Publié au *bulletin* des lois n° 186, p. 146, 1949.

laquelle s'inspire largement du modèle français, tant dans définition des concepts que dans la détermination des conditions de leur mise en œuvre. Cette loi établit une distinction claire entre l'état de siège, applicable en cas de péril grave menançant la sécurité nationale, et l'état d'urgence, destiné à faire face à des troubles graves à l'ordre public ou à des calamités exceptionnelles. Comme en droit français, ces régimes d'exception visent à conférer à l'exécutif des pouvoirs étendus tout en maintenant un encadrement juridique garantissant le respect des droits fondamentaux. L'article 2 de cette loi sur la compétence du Président de la République sur la proclamation de l'un ou l'autre de ces régimes, après délibération du Conseil des ministres, comme pour le cas des autres États africains ici concernés, reprend mécaniquement la législation française.

197. En droit gabonais, c'est la loi n°11/90 du 16 novembre 1990 relative à l'état d'urgence, dont son article premier renvoie à l'article 18 de la Constitution pour définir qu'il s'agit d'un « régime de légalité spécial à des circonstances exceptionnelles destiné à permettre de faire face, par une restriction de certaines libertés individuelles et par une extension des pouvoirs de police, soit à un péril imminent résultant d'atteintes graves à l'ordre public, soit à des événements présentant, par leur nature et leur gravité, le caractère de calamité publiques ». De cette définition, la similitude avec la solution juridique française se passe de commentaire.

198. En droit guinéen, le régime juridique de l'état d'urgence et de l'état de siège est régi par la loi organique L/91/016 du 23 décembre 1991, laquelle fixe les conditions de proclamation, d'application et de contrôle de ces régimes d'exception. À l'instar de la législation française, le texte guinéen s'inscrit dans la même logique de préservation de l'ordre public face à des circonstances exceptionnelles tout en cherchant à maintenir la continuité de l'État dans le respect des principes constitutionnels. Dans la dynamique mimétique, les articles 2 à 14 de la loi précitée sur la définition de l'état d'urgence et les articles 15 à 18 de la même loi sur le régime de l'état de siège, sont plus proches des solutions retenues par les textes français. Ainsi, la loi organique de 1991, tout en étant formellement autonome, reproduit dans son économie générale et dans la structure de ses dispositions le modèle juridique français, tant sur le plan conceptuel que procédural.

199. En droit burkinabè, les régimes d'exception sont régis par la loi n°023-2019/AN du 14 mai 2019 portant règlementation de l'état de siège et d'urgence au Burkina Faso. Comme pour les autres États, ici, le législateur fusionne aussi les deux dans une même loi. De même, les définitions conceptuelles ainsi que les modalités de leur application (articles 4 à 9 pour l'état de siège et articles 10 à 14 pour l'état d'urgence) sont plus proches de celles retenues en droit français.

200. On pourrait également citer la loi du 3 juillet 1877 sur les réquisitions militaires pour justifier que cette proximité témoigne d'une continuité postcoloniale du droit public des États d'Afrique, dans laquelle les institutions et les mécanismes d'exception demeurent fortement inspirés du système administratif français. Quoi qu'il en soit, pour ces normes, celles applicables de plein droit, on se rapportera ici à deux types de classification incarnés par deux auteurs dont les plumes continuent de marquer toute la matière du droit colonial. Alors que la classification faite par Dareste regroupe ces textes en dix catégories[243]. Celle effectuée sous la plume de Pierre Lampué n'en retient que trois étages[244]. Il ne s'agit pas ici de susciter de controverse entre ces deux auteurs, d'autant plus que chacune de ces deux classifications permet de comprendre davantage cette problématique de l'extension des textes métropolitains applicables aux colonies. Ainsi, au-delà des divergences d'approche relevées entre ces deux auteurs, leurs analyses convergent sur un point essentiel: l'expansion du droit métropolitain vers les territoires coloniaux traduisait moins une simple extension administrative qu'un véritable projet d'assimilation juridique. Cette dynamique visait à uniformiser les systèmes normatifs au sein de l'empire, en imposant les modèles législatifs et institutionnels de la métropoles aux sociétés colonisées. Cependant, cette politique d'uniformisation, fondée sur l'idéologie de la supériorité du droit

---

[243] Pierre Dareste, *Traité de droit colonial*, 1931, tome 1, p. 244 : « les lois remontant à la période de validité de la Constitution de l'an III, la législation s'appliquant aux faits survenus ou contrats passés aux colonies, les lois métropolitaines suivant les français hors de la métropole, les lois constitutionnelles, les traités internationaux, les lois anciennes, la déclaration d'application implicite, les lois interprétatives, les lois de caractère général, l'application d'une législation en bloc »

[244] Pierre Lampué, « Les lois applicables dans les territoires d'outre-mer », *Penant*, Paris, 1950, p. 1 : « les lois relatives aux pouvoirs publics et celles qui régissent certains organes centraux, les lois régissant le statut de certains corps ou de certaines catégories de personnes, les règles auxquelles la jurisprudence reconnaît la valeur de principes généraux du droit ».

occidental, notamment français, se heurta rapidement à des obstacles d'ordre politique, culturel et international.

C – Une assimilation limitée par les normes internationales

201. Il convient de préciser que ces normes coloniales transposées dans les colonies en Afrique leur permettaient de participer quasi intimement à l'organisation politique de la République. À ce titre, parmi les trois tendances politiques, évoquées *supra*, assujettissement, autonomie et assimilation, il semble que c'est la dernière qui trouve à s'appliquer, c'est-à-dire la théorie de « l'assimilation législative » ou encore de « l'application automatique » des normes métropolitaines. Même si les constituants de 1946 et de 1958, entendaient écarter cette théorie qui s'oppose à celle de la « spécialité législative » reposant essentiellement sur l'idée des spécificités locales des territoires d'outre-mer, ce qui pourrait sous-entendre l'application de la théorie de l'autonomie des colonies.

202. S'agissant des textes issus du droit international, singulièrement en matière de traités internationaux auxquels la métropole est partie, il est appliqué le principe controversé de la « clause territoriale » qui ne visait expressément que le territoire métropolitain. Selon Pierre Lampué, en vertu de ce principe, « le traité est conclu, en principe, pour la métropole seule ; mais il appartient au Gouvernement d'en étendre les effets aux territoires d'outre-mer ou à certains d'entre eux, par une déclaration expresse. Celle-ci peut intervenir, soit au moment de la signature, soit au moment de la ratification ou de l'adhésion, soit même par la suite »[245]. Ce principe n'a pas pour conséquence d'exclure toute intervention des autorités locales dans la procédure de préparation des traités. Il a souvent conduit à une application sélective des engagements internationaux dans les colonies, renforçant leur dépendance à l'égard des décisions de la métropole. Pierre Lampué rappelle, en faisant allusion aux traités internationaux, que, « certains auteurs ont pensé que ces dispositions, et en particulier celle de l'article 60 de la Constitution de 1946, du fait qu'elles consacraient l'unité de l'État, commandaient désormais l'application de plein droit des traités »[246].

---

[245] Voir, Pierre Lampué, « L'application des traités dans les territoires et départements d'outre-mer », in *Annuaire français de droit international,* vol. 6, 1960, p. 910-916.

[246] Luchaire, « L'exercice de la fonction exécutive du droit international par les

203. Par ailleurs, il faut convenir en substance avec Yédoh Sébastien Lath que « quand on parle historiquement du droit (...) français, il faut le mettre en rapport avec l'histoire coloniale des États africains. De ce point de vue, le droit (...) français ne fut pas seulement le droit de la France métropolitaine. Il comprenait aussi bien le droit de la France métropolitaine que le droit de la France d'Outre-mer ; puis plus tard, le droit de la communauté française »[247].

204. Loin d'être un simple transfert de normes, la transposition du droit colonial visait à asseoir la domination française tout en façonnant durablement l'organisation juridique des territoires colonisés. On l'aura compris, les objectifs poursuivis par la France dans son processus de conquête territoriale résidaient dans sa vocation « à promouvoir normativement sa civilisation dans les territoires conquis »[248], quitte à adopter ou faire adopter pour les colonies des législations spéciales dans un cadre de domination tracé de manière habile par la norme métropolitaine[249].

II – Une transposition par le principe de « spécialité législative »

205. La transposition du droit métropolitain dans les colonies se justifiait par le principe de spécialité législative, qui reconnaissait la spécificité des réalités locales. Ce principe impliquait que les colonies, considérées comme juridiquement distinctes de la métropole, puissent faire l'objet de règles particulières, tant en droit interne qu'international. Cette logique de dualité législative offrait une autonomie relative aux colonies, tout en s'opposant au principe d'uniformité juridique de la République. Toutefois, cette autonomie restait limitée, et souvent instrumentalisée pour asseoir le contrôle impérial.

---

organes étatiques », *Études en l'honneur de Georges Scelle*, 1950, p. 851 ; Rousseau, *Droit international public*, 1953, p. 45. Rapporté par Pierre Lampué, « L'application des traités dans les territoires et départements d'outre-mer », *op. cit.* p. 921.

[247] Yédoh Sébastien Lath, « Les caractères du droit administratif des États africains de succession française », *op. cit.* p. 1255.

[248] *Idem.*

[249] Alain Serge Mescheriakoff, « Contribution de l'Afrique à l'évolution du droit administratif français », *in* Maurice Kamto, Stéphane Doumbé-Billé, Brusil Miranda Metou, (dir.), *Regard sur le droit public en Afrique*, Paris, L'Harmattan, Collection Études Africaines, Série Droit, 2016, 466 p, p. 155-172.

A – Une justification apparente par l'adaptation aux réalités

206. La transposition des normes coloniales s'est également réalisée à travers l'application du principe de spécialité législative, qui repose officiellement sur la nécessité d'adapter les lois aux réalités locales des colonies. Cependant, cette justification masque en réalité un refus de reconnaître les droits autochtones et traduit une volonté de distinction entre les civilisations coloniale et indigène.

207. Le principe ou la règle de la spécialité législative est, selon Pierre Lampué, « un principe bien assuré suivant lequel les lois ne saisissent les territoires d'outre-mer que si elles ont été faites précisément en vue de les régir ou si elles leur ont été étendues par une disposition spéciale contenue soit dans la loi elle-même, soit dans un décret… »[250]. Pour Serge Braudo, « dans les Territoires ou collectivités d'Outre-mer, l'ordre juridique local nécessite une adaptation aux situations qui leur sont particuliers et ce, alors surtout si le Statut qui définit leurs rapports juridiques avec la République et leur organisation interne, transfert aux autorités locales une compétence exclusive pour légiférer dans les domaines que ce statut précise. Cette règle est appelée le principe de ''spécialité législative'' selon laquelle une Loi de la République n'est localement applicable que si, sous réserve de la consultation de leurs assemblées territoriales, cette Loi le décide expressément »[251]. Dans ce cadre, la règle de spécialité législative, affirme Francis Wodié, impose que « la réglementation ne s'applique au territoire colonisé que si elle est déclarée applicable ou reconnue applicable ; faute de quoi elle n'aura d'effet qu'à l'égard de la seule métropole. La loi modifiée n'entre en vigueur, c'est-à-dire en application dans la colonie considérée, que si un texte exprès la promulgue et la publie dans sa version modifiée ; qu'une telle formalité n'ait pas été accomplie et cette réglementation perd toute validité, toute effectivité sur le territoire retenu »[252].

---

[250] Pierre Lampué, « Les lois applicables dans les territoires d'outre-mer », Penant, 1950, p. 1. Rapporté par René Degni-Segui, *La succession d'États en Côte d'Ivoire*, thèse d'État en droit. Cité par Francis Wodié, « La législation », in *Encyclopédie juridique de l'Afrique*, Pierre-François Gonidec, Maurice Ahanhanzo-Glélé (dir.), tome 1 – *L'État et le droit*, les Nouvelles Éditions Africaines, 1982, p. 312.

[251] Serge Braudo, « Définition de spécialité législative ». Disponible en ligne https://www.dictionnaire-juridique.com/definition/specialite-legislative.php

[252] Francis Wodié, « La législation », in *Encyclopédie juridique de l'Afrique*, Pierre-

208. Suivant ces définitions, les lois métropolitaines ne s'appliquent pas automatiquement aux territoires coloniaux. Elles ne peuvent produire leurs effets dans ces territoires que si le législateur métropolitain a expressément prévu leur extension. De ces définitions, la porté juridique du principe ou de la règle de spécialité législative s'explique par le fait qu'une loi votée pour la France ne devient applicable dans une colonie que si elle contient une clause d'extension explicite ou si un texte réglementaire distinct (souvent un décret) en décide ainsi. Ce principe marque donc une différence fondamentale avec le principe d'universalité de la loi, selon lequel une norme adoptée par l'État vaut pour l'ensemble du territoire national. En matière coloniale, la spécialité législative traduit au contraire la reconnaissance d'une dualité juridique, où chaque espace, métropolitain et colonial, est soumis à un régime législatif distinct.

209. Il s'agit d'un régime dérogatoire qui trouve son fondement dans la diversité des statuts administratifs et juridiques des colonies : certains étaient des territoires d'assimilation (comme les vieilles colonies antillaises), tandis que d'autres, notamment en Afrique, relevaient d'un régime d'association ou de tutelle. Le législateur français estimait que la spécificité des réalités locales (coutumes, traditions, structure politique, organisation sociale) justifiait un traitement différencié. Finalement, le principe de spécialité législative servait à maintenir la souverainté de la métropole tout en laissant une marge d'adaptation aux gouverneurs et administrateurs coloniaux. Théoriquement, il permettrait de concilier la centralisation normative avec une certaine flexibilité administrative, bien que cette dernière fût souvent perçue comme un instrument de domination plutôt que de respect des particularismes locaux. Pratiquement, il traduisait une inégalité structurelle entre les territoires. C'est peu de dire que les colones ne bénéficiaient pas du même niveau de protection juridique que la métropole ou que les droits et libertés pouvaient être suspendus ou aménagés selon les circonstances locales ou encore que le pouvoir exécutif colonial disposait d'une large autonomie pour édicter des réglementations spécifiques, souvent au détriment des populations indigènes. Pour toutes ces raisons, il peut être affirmé que la spécialité

François Gonidec, Maurice Ahanhanzo-Glélé (dir.), tome 1 – *L'État et le droit*, *op. cit.*, p. 312.

législative, présentée comme un principe de rationalisation juridique, a servi à institutionnaliser la hiérarchie coloniale, en plaçant les territoires d'outre-mer dans une zone normative subordonnée à la métropole.

210. Ainsi, si le principe de spécialité législative a permis d'affirmer la prééminence normative de la métropole sur les territoires colonisés, son application n'a toutefois pas revêtu un caractère uniforme. En effet, la portée de ce principe variait selon que la question se situait dans le champ du droit interne, relevant du pouvoir législatif et réglementaire français, ou dans celui du droit international, où s'imposaient progressivement des contraintes issues des engagements internationaux et du contrôle exercé par les instances supranationales.

B – Une application duale des normes internes et internationales

211. Le principe de spécialité législative régit tant les actes de droit interne que les traités internationaux, bien que son application aux seconds soit plus controversée. En effet, dans le cadre de la conception et de l'application du droit international, Pierre Lampué, parlant du principe de la spécialité des traités, cite deux arrêts de la chambre criminelle de la Cour de cassation[253] française refusant d'appliquer à un chinois d'Annam la convention franco-chinoise de Tien-Tsin du 25 avril 1886, au motif que, bien qu'elle mentionne l'indochine, elle n'avait pas fait l'objet d'un arrêté de promulgation locale.

212. En substance, cette convention assurait aux chinois établis en Indochine le traitement de la nation la plus favorisée. Pour le déclarer inapplicable, la Cour s'est fondée sur le fait que, bien qu'elle visât expressément l'Indochine, elle n'avait pas fait l'objet d'un arrêté de promulgation dans ce pays. Cependant, cette interprétation fut remise en question en ce sens que le pouvoir de promulgation locale ne concerne que les actes internes émanant des autorités centrales et non pas les actes internationaux. Cette remise en question est faite par l'arrêt Schreiber[254] de la Cour d'appel de Dakar[255] du 15 mai 1957, qui a statué

[253] Chambre criminelle de la Cour de cassation des 16 et 30 janvier 1913 (Dareste, 1913, 3. 175). Cité par Pierre Lampué, « L'application des traités dans les territoires et départements d'outre-mer », *op. cit.* p. 916.
[254] Cour d'appel de Dakar, 15 mai 1957, *Ministère Public et Administration des Douanes c. Schreiber et Air-France.* Revue française de Droit aérien, octobre-décembre 1957, p. 355 ; AFDI, 1958, p. 765.
[255] Juridiction d'appel des territoires d'Afrique occidentale française AOF.

que la Convention de Chicago du 7 décembre 1944 sur l'aviation civile internationale, devait être appliquée d'office dans les territoires d'outre-mer, sans nécessité de promulgation locale.

213. Cette jurisprudence marque un tournant significatif dans l'évolution du droit colonial. En reconnaissant l'applicabilité directe d'un traité international sans promulgation locale, l'arrêt *Schreiber* de la Cour d'appel de Dakar a contribué à relativiser la portée du principe de spécialité législative. Il introduit, en effet, une logique nouvelle selon laquelle certaines normes internationales s'imposent directement aux territoires d'outre-mer, indépendamment de toute intervention du législateur métropolitain. Toutefois, cette ouverture au droit international n'a pas pour autant consacré une pleine autonomie juridique des colonies. Bien au contraire, elle est demeurée strictement encadrée par la volonté de la métropole, qui en fixait les limites et les conditions d'application.

C – Une autonomie juridique encadrée et incomplète des colonies

214. Louis Rolland rappelle que les colonies françaises bénéficiaient d'une personnalité civile distincte de celle de l'État français, mais uniquement dans un cadre de décentralisation administrative. Toutefois, cela ne leur conférait aucune reconnaissance en tant qu'entités politiques ou États souverains. La personnalité civile dont étaient dotées les colonies françaises en application du décret du 30 décembre 1912, sur le régime financier des territoires d'outre-mer, modifié par le décret n° 57-646 du 23 mai 1957, est bien distincte de celle de l'État. Simplement elle permet la décentralisation ou l'autonomie et fait de l'établissement colonial « un centre d'intérêts »[256].

215. Cette distinction permet d'affirmer avec l'auteur que la colonie est une personne morale de droit public interne et non de droit international. Par conséquent, les colonies ne constituent donc « pas des entités politiques ni des États, même embryonnaires ou imparfaits »[257].

---

[256] Rolland Louis, *Précis de droit administratif*, Paris, Dalloz ; 1938 (7e éd.) ; p. 3. Rapporté Jean-Baptiste Pierchon, « Le précis de législation coloniale de Louis Rolland & Pierre Lampué », LM-DP, 2016, disponible en ligne : http://lm-dp.org/20160429jbp/

[257] *Idem.*

Ce qui revient finalement à confirmer que le seul sujet de droit en droit international était l'État colonial français. Les colonies étant considérées comme des simples collectivités publiques dotées de la personnalité morale de droit public interne. Cependant, « les colonies se distinguent des départements car elles sont soumises à un ''statut juridique spécial''. L'organisation administrative de la colonie n'est pas la même que celle d'un département métropolitain. Son organisation financière implique une autonomie particulière, le principe de spécialité s'applique en matière de législation, le statut des habitants n'est pas le même que dans la métropole »[258].

216. Le principe de spécialité législative a instauré une véritable dualité législative[259] entre la métropole et les colonies. Une législation métropolitaine peut s'appliquer de plein droit ou être étendue aux colonies. Et une législation spécialement élaborée pour les colonies soit par les colonies elles-mêmes mais sous la responsabilité de l'État colonial, soit par ce dernier. Ce qui implique deux interprétations possibles. Ou bien la métropole donnait la possibilité aux colonies de s'administrer librement par des gouvernements locaux pour l'exercice de leur compétence. Elles ne pouvaient le faire que dans le respect des dispositions juridiques métropolitaines. Les autorités locales n'agissent pas comme celles du territoire métropolitain lui-même, qui est considéré, non en tant qu'une collectivité décentralisée, mais comme agents de l'État[260]. Cette première hypothèse, sur laquelle fut adoptée la « loi cadre », correspond en France aux statuts des collectivités territoriales régis par l'article 72 de la Constitution du 4 octobre 1958. Ou bien les textes métropolitains pour être applicables devraient faire l'objet d'une réception[261] et d'une acclimatation par le « pouvoir » local. Cette dernière hypothèse, en écartant la règle de l'application automatique, repose sur l'idée des particularismes locaux des colonies d'application. Ainsi, excepté cette spécificité en droit international, il

---

[258] *Idem.*

[259] Olivier Beaud, « L'empire et l'empire colonial dans la doctrine publiciste française de la IIIe République », *op. cit.*

[260] Pierre Lampué, « L'application des traités dans les territoires et départements d'outre-mer », *op. cit.* p. 909.

[261] Joseph-Marie Bipoum-Woum, « Recherches sur les aspects actuels de la réception du droit administratif dans les États d'Afrique noire d'expression française, le cas du Cameroun », *Revue juridique politique, indépendance et coopération,* 1972, p. 359-388.

convient, somme toute, de faire remarquer que la règle de spécialité législative qui doit prendre en compte les particularismes locaux des colonies, s'oppose au *territorium legis* métropolitain.

217. Le principe de spécialité législative s'oppose ainsi à l'application uniforme du droit métropolitain. Il s'agit d'une forme de reconnaissance implicite des spécificités locales des colonies, bien que cette reconnaissance ait été instrumentalisée à des fins de contrôle politique et juridique. Dans les faits, cette dualité législative n'a pas réellement favorisé l'émergence d'un ordre juridique colonial indépendant, mais a plutôt consolidé la mainmise de l'État colonial sur les décisions législatives et réglementaires.

218. En définitive, la coexistence entre les normes métropolitaines et les normes locales n'a pas conduit à une véritable autonomie juridique des colonies. Cette dualité, loin de consacrer une indépendance normative, a plutôt servi de mécanisme de contrôle permanent à la métropole d'adapter, selon ses intérêts, l'application des lois tout en maintenant son autorité sur les structures administratives et judiciaires locales. Cependant, la nécessité de gouverner des sociétés aux traditions, coutumes et structures sociales profondément enracinées a fini par imposer à l'administration coloniale une certaine souplesse. La transposition des modèles juridiques français a alors dû tenir compte des réalités locales, introduisant ainsi une dynamique d'adaptation partielle du droit colonial aux contextes africains.

III – Une transposition par les particularismes locaux

219. Le droit colonial, bien qu'imposé dans un souci d'unification territoriale, n'a jamais constitué un ensemble juridique homogène. S'il existait une certaine unité spatiale, celle-ci masquait une fragmentation profonde des normes, dictée par la diversité des contextes locaux. L'assimilation, qui visait à appliquer uniformément le droit métropolitain dans les colonies, s'est heurtée à l'hétérogénéité culturelle, sociale et juridique des sociétés africaines, conduisant à son échec. Face à cette impasse, une autonomie législative limitée a été instaurée, encadrée étroitement par le pouvoir métropolitain. Cette autonomie permettait une certaine adaptation normative, tout en conservant la mainmise de la métropole. La jurisprudence coloniale a entériné cette spécificité en reconnaissant des régimes juridiques différenciés selon les statuts des individus ou les territoires concernés. Ce système a consacré un dualisme juridique durable, né de la confrontation entre le droit précolonial, enraciné dans les coutumes locales, et le modèle juridique français, souvent inadapté. Ce dualisme hante encore aujourd'hui les systèmes juridiques postcoloniaux.

A – Une adaptation stratégique aux réalités locales

220. Dans une stratégie d'affermir sa domination sur les territoires colonisés, la puissance coloniale a intégré certaines spécificités locales propres et irréfutables dans ses législations. Toutefois, loin de témoigner d'une véritable reconnaissance des droits autochtones, cette démarche visait avant tout à affiner la politique impérialiste et à maintenir un contrôle efficace sur les populations. Ainsi, pour asseoir son autorité juridique, le colonisateur français a ajusté sa manière de légiférer en fonction des contextes locaux, tout en préservant la supériorité de son droit colonial[262]. La prise en compte des particularismes locaux a conduit à l'adoption du principe de spécialité législative, qui empêchait l'application automatique du droit métropolitain aux colonies[263]. Pierre Lampué souligne à cet égard qu'« il est normal qu'un État formé de pays géographiquement séparés les uns des autres, et situés dans des milieux physiques, économiques et sociaux dissemblables, édicte ou maintienne des législations distinctes pour ses diverses régions composantes »[264]. Ainsi, selon lui, les lois françaises ne s'appliquaient pas automatiquement aux territoires d'outre-mer, sauf mention expresse.

221. Bien que les colonies aient été considérées comme une extension territoriale de la France en vertu du principe d'unité spatiale, elles ne bénéficiaient pas pour autant d'un régime juridique uniforme. Étant sous le joug colonial français, elles faisaient par conséquent partie intégrante de la France. Mais ces données ne peuvent correspondre difficilement au principe d'unité juridique compte tenue des spécificités

---

[262] Vincent Kangulumba Mbambi, « Les droits originellement africains dans les récents mouvements de codification : le cas des pays d'Afrique francophone subsaharienne », *op., cit.*, p. 315-338.

[263] Francis Wodié, « La législation », in *Encyclopédie juridique de l'Afrique*, Pierre-François Gonidec, Maurice Ahanhanzo-Glélé (dir.), tome 1 – *L'État et le droit*, *op. cit.*, 312.

[264] Pierre Lampué, « L'application des traités dans les territoires et départements d'outre-mer », *op. cit.*, p. 909.

locales. Pierre Lampué décrit ces territoires comme « des pays compris avec la métropole dans un même État, mais éloignés d'elle géographiquement et formant la base d'un ordre juridique propre et original, différant plus ou moins nettement de l'ordre juridique métropolitain »[265].

222. En substance, il s'agit, pour l'auteur, des entités juridiquement autonomes, nécessitant des adaptations spécifiques du cadre législatif. Cette dualité a conduit le colonisateur à instaurer une multitude de régimes juridiques particuliers, où coexistaient des lois métropolitaines applicables de plein droit et des normes adaptées aux colonies par des décrets spécifiques. Le colon français a compris l'idée de ce principe et pour mieux atteindre ses objectifs, il a fait émerger dans ses colonies des îlots de législations spéciales au milieu de l'océan des législations applicables de plein droit ou celles qui leur sont étendues. Cette stratégie d'éclatement juridique trouve ses racines dans les Constitutions successives depuis 1791, qui ont consacré une différenciation légale entre la métropole et ses dépendances[266].

223. Cette différenciation légale, pensée comme un instrument de domination politique et d'adaptation administrative, a abouti à la création d'un véritable éclatement du droit dans les colonies. En instituant des régimes normatifs distincts, le colonisateur a cherché à concilier deux impératifs contradictoires : maintenir l'unité juridique de l'Empire tout en reconnaissant la diversité des situations locales. Ce mécanisme d'« îlots de législations spéciales » a eu pour effet de fragmenter le système normatif colonial, rendant toute uniformisation juridique véritablement illusoire. Dès lors, la volonté affichée d'harmoniser les régimes juridiques entre la métropole et les territoires d'outre-mer s'est heurtée à la réalité d'un dualisme législatif profondément enraciné, résultat d'un compromis entre l'assimilation proclamée et la différenciation pratiquée.

B – Une unification juridique introuvable

224. L'idée d'assimiler les colonies au droit français s'est heurtée aux réalités locales et aux résistances culturelles. Par exemple, la loi du

---

265 *Ibid.*, p. 907.

266 Pierre Lampué, « Les lois applicables dans les territoires d'outre-mer », *Penant*, Paris, 1950, p. 1.

13 mars 1791 qui accordait des droits civils et politiques aux affranchis, a été rapidement abandonnée sous le Premier Empire.[267]. Le décret Schœlcher du 27 avril 1848, abolissant l'esclavage et étendant le Code civil français à toute la population de l'empire colonial, illustre cette volonté d'unification juridique. Toutefois, cette tentative s'est soldée par un échec, car le Code civil de 1804 était inadapté aux structures familiales et sociales africaines[268]. Face à ces limites, les législateurs ont créé des lois spécifiques pour les colonies, comme l'article 91 de la Constitution du 22 frimaire an VIII et l'article 73 de la Charte de 1814, qui ont consacré l'existence de réglementations coloniales distinctes[269]. La Constitution de 1946, dans son article 72, a poursuivi cette logique en réservant au Parlement le pouvoir législatif en matière pénale et de libertés publiques dans les territoires d'outre-mer. En dehors de ces domaines, la loi française n'était applicable dans les colonies qu'après adoption d'un décret d'extension, confirmant ainsi l'opposition à une application automatique des lois métropolitaines. Il ressort en substance, que ces textes s'opposent, contre les traités comme contre les lois, à la règle d'application automatique. Ces législations antérieures semblent être suivies dans ce sens par le constituant de 1958.

225. En vertu des ordonnances royales[270], les gouverneurs coloniaux avaient le pouvoir de négocier des accords commerciaux, mais leur validation restait subordonnée à l'approbation du chef de l'État français. Cette centralisation du pouvoir limitait toute véritable autonomie législative des territoires d'outre-mer. De nombreux textes ont été adoptés en tenant compte des spécificités locales des colonies. Citons-en quelques exemples, la loi du 25 juin 1902 relative au Bail emphytéotique ; le décret du 8 octobre 1925 instituant le mode de constatation des droits fonciers des indigènes en Afrique occidentale française ; le décret du 29 septembre 1928 portant règlementation du domaine d'utilité publique et des servitudes publiques (modifié par

---

[267] Pierre Bourel, Pierre Bourel, « Les conflits de droits », in *Encyclopédie juridique de l'Afrique*, Pierre-François Gonidec, Maurice Ahanhanzo-Glélé (dir.), tome 1 – *L'État et le droit*, les Nouvelles Éditions Africaines, 1982, 500 p. p. 424.

[268] *Idem*.

[269] *Idem*.

[270] Les ordonnances royales du 22 août 1833 sur le gouvernement des colonies, modificatives des ordonnances organiques des 21 août 1825, 9 février 1827 et 27 août 1828, au regard des intérêts locaux.

décrets du 7 septembre 1935 et du 3 juin 1952), le décret n°500 du 11 avril 1949 sur les marchés publics. Comme le souligne Odile Goerg, cette multiplicité de textes a créé une superposition de normes locales et métropolitaines, rendant le cadre juridique colonial particulièrement complexe. Selon l'auteur, « plusieurs niveaux de législation s'imbriquèrent ou se succédèrent : arrêtés locaux des premiers gouverneurs (Ballay, Cousturier), décrets harmonisant les lois des colonies françaises[271], multitude d'arrêtés municipaux après la création de la commune mixte de Conakry, fin 1904 »[272].

226. Ainsi, la coexistence de ces différents niveaux normatifs, lois, décrets, arrêtés locaux ou municipaux, a conduit à une véritable stratification du droit colonial. Cette superposition, loin de constituer une richesse juridique, a engendré une instabilité et une hiérarchisation implicite entre les normes métropolitaines et les normes locales. Le droit colonial, au lieu de s'unifier, s'est donc construit dans la coexistence de plusieurs ordres normatifs, parrfois concurrents, traduisant le caractère hybride et inachevé du système. Face à cette complexité normative, la jurisprudence a été appelée à jouer un rôle central dans l'interprétation et l'application de ces textes disparates. Les juridictions coloniales se sont ainsi retrouvées incesties d'un pouvoir d'harmonisation de facto, donnant naissance à une véritable reconnaissance judiciaire du pluralisme juridique dans les colonies.

C – Une consécration judiciaire du pluralisme juridique colonial

227. Plusieurs décisions judiciaires françaises ont consolidé cette approche différenciée. La Chambre criminelle de la Cour de cassation a admis dans un arrêt du 2 mars 1893 qu'« il est de principe que les lois et règlements en vigueur en France ne sont pas, à moins d'une disposition spéciale, applicables dans les colonies »[273]. En effet, à l'occasion d'une disposition de la loi du 30 août 1883, d'après laquelle les magistrats d'une Cour d'appel doivent délibérer en nombre impair, disposition qui n'avait fait l'objet d'aucune extension, la Cour de

---

[271] Décret du 24 mars 1901, JOG, 6 juin 1901 ; décret du 24 juillet 1906, sur le régime foncier et le domaine public, s'inspirant de l'Act Torrens, JOG, 124 bis, 28 novembre 1906 : 567.

[272] Odile Goerg, « Conakry : un modèle de ville coloniale française ? Règlements fonciers et urbanisme, de 1885 aux années 1920 », in *Cahiers d'études africaines*, vol. 25, n°99, 1985, Ségrégation spatiale, ségrégation raciale, p. 309-335.

[273] Cass. crim. 2 mars 1893, S. 1893, p. 273.

cassation a déclaré qu'il est de principe que les lois et règlements en vigueur en France ne sont pas à moins d'une disposition spéciale, applicables dans les colonies. Ce principe a été confirmé par la Chambre civile de la Cour de cassation, qui a rappelé que l'application automatique des lois françaises était impossible sans prise en compte des particularismes locaux. Par cette décision, elle a mis en avant de manière particulièrement nette, le principe de la spécialité législative[274] se traduisant pour elle dans l'impérative prise en compte des spécificités locales des colonies. Ainsi, bien que la France ait maintenu un discours sur l'unité de l'Empire, elle a en réalité instauré un système juridique fragmenté, contrôlé depuis la métropole. Certes, les législations des dépendances coloniales restent et demeurent sous la responsabilité exclusive de l'État central. Cependant, jusqu'en 1848, la nécessité de lois spécifiques aux colonies a été constamment réaffirmée[275]. La loi du 24 avril 1833 portant régime législatif des colonies a maintenu une centralisation du pouvoir, tout en accordant une autonomie limitée aux assemblées locales[276]. Elle réservait « aux assemblées locales une relative autonomie par la voie de ''décrets coloniaux'' pour les règlements d'affaires locales, fiscales notamment »[277]. Alain Bockel, souligne en substance que l'administration coloniale était fondée sur des règles propres, mais reposait toujours sur une base juridique métropolitaine. Ce dualisme juridique, hérité de la période coloniale, a perduré après les indépendances, avec la reconduction massive des normes françaises par les nouveaux États africains[278].

228. En somme, il est indéniable qu'un ordre juridique africain précolonial existait bien avant la pénétration de la conception française, entraînant la transposition d'une culture juridique étrangère. En tout état de cause, l'implantation du droit colonial a engendré une confrontation idéologique et légitime entre les systèmes juridiques traditionnels et coutumiers africains et le modèle normatif imposé par la France. Cette

---

274 Cass. ch. civ., 12 nov. 1957, Bull. Civ., I, n° 427.

275 Les Chartes du 4 juin 1814, art. 73 et du 14 août 1830, art. 64.

276 Schmidt Nelly, « Schoelchérisme et assimilation dans la politique coloniale française : de la théorie à la pratique aux Caraïbes entre 1848 et les années 1880 », in *Revue d'histoire moderne contemporaine*, tome 35 n°2, avril-juin 1988. Des Européens dans l'Amérique coloniale et aux Caraïbes, XVIe-XIXe siècle. p. 305-340.

277 *Idem.*

278 Alain Bockel, « Recherche d'un droit administratif en Afrique francophone », *op cit.*, p. 3.

situation a donné naissance à une coexistence juridique complexe, marquée par un dualisme systémique. Cela est d'autant plus visible que de manière schématique la nomenclature juridique en Afrique pendant la période coloniale s'est structurée autour de deux sphères parallèles. Le premier était régi par le droit traditionnel et coutumier, encore appliqué dans de nombreux aspects de la vie sociale, notamment en matière de famille, de succession et de règlement des litiges et le second était régi par le droit colonial d'inspiration française, adopté dans l'administration, le commerce et la justice officielle. À l'indépendance, les nouvelles autorités normatives africaines feront le choix incompréhensible de reconduire le second.

Titre II – Une bipolarisation juridique inégalitaire

229. La colonisation, selon Vincent Foucher et Étienne Smith, « a simultanément pétrifié et bouleversé les ordres politiques et sociaux préexistants »[279]. En effet, la tourmente coloniale a conduit à une bipolarisation juridique inégale **(I)**, privilégiant le système normatif du colonisateur au détriment des structures juridiques traditionnelles africaines. Cette transposition forcée a entraîné une redéfinition des frontières, ainsi qu'une centralisation administrative qui rompait avec l'organisation sociale locale. Dès lors, un dualisme juridique s'est instauré en Afrique coloniale, avec un droit imposé par l'État colonial et un droit coutumier progressivement marginalisé **(II)** faisant aussitôt apparaître une divergence de préséance entre le premier et le second dont le dépérissement formel était désormais bien réel **(III)**.

I – Une coexistence normative asymétrique

230. Le régime colonial a instauré un pluralisme juridique non pas dans un esprit de reconnaissance de la diversité normative locale, mais comme un outil de domination. C'est ainsi que le droit précolonial, fondé sur les pratiques coutumières et religieuses, va progressivement être évincé au profit du droit colonial importé. Cette substitution, loin d'être totale, s'est accompagnée de résistances multiples : de nombreux acteurs locaux ont continué à faire vivre le droit traditionnel en dépit de son rejet officiel. Face à cette réalité, l'administration coloniale a tenté d'organiser une forme de coexistence entre le droit colonial et certains aspects du droit coutumier. Toutefois, cette tentative de fusion s'est révélée largement illusoire. Le droit précolonial était souvent jugé incompatible avec les finalités de la colonisation, notamment en matière de contrôle social et d'exploitation économique. Il s'ensuivit un refus systématique d'intégrer pleinement les normes traditionnelles dans le système juridique officiel. Le résultat fut une coexistence juridique et juridictionnelle forcée, marquée par des tensions constantes entre deux systèmes de droit qui s'ignoraient ou s'opposaient. La transposition du droit colonial, pensée dans une logique de rupture et de hiérarchisation, a contribué à installer une insécurité normative et à fragiliser la légitimité du droit imposé. Ce pluralisme conflictuel demeure l'un des

---

[279] Vincent Foucher, Étienne Smith, « Les aventures ambiguës du pouvoir traditionnel dans l'Afrique contemporaine », *op., cit.*, p. 36.

héritages problématiques les plus persistants dans les ordres juridiques postcoloniaux.

A – Un pluralisme juridique déséquilibré et imposé

231. La coexistence entre le droit colonial et les systèmes juridiques précoloniaux a donné naissance à un pluralisme juridique étanche et déséquilibré. Ce pluralisme était le résultat de plusieurs influences. C'est d'abord le droit colonial français, issu du système romano-germanique, marqué par la centralisation, le capitalisme et la laïcité. Ce sont ensuite les droits traditionnels africains, fondés sur le collectivisme, les croyances religieuses et les pratiques coutumières. Ils étaient aussi soumis aux influences des systèmes juridiques religieux issus des périodes d'islamisation et de christianisation antérieures à la colonisation européenne. Cependant, cette pluralité n'a jamais constitué une coexistence égalitaire, car le droit colonial, perçu comme supérieur, a progressivement marginalisé les systèmes juridiques indigènes.

232. L'objectif du droit colonial était de se substituer progressivement aux traditions juridiques africaines. D'emblée, on entend ici par substitution du droit colonial aux droits traditionnels et religieux[280], le fait pour le premier de venir, de manière menaçante, remplacer les seconds. Ce droit colonial d'origine romano-germanique et d'inspiration capitaliste, individualiste, laïque avec ses deux grandes divisions, droit public et droit privé, chaque branche ayant ses propres matières[281], possède tous les qualificatifs pour être en opposition avec les droits coutumiers africains (syncrétiques et autochtones) qui sont des droits collectivistes et non laïcs. Comme rappelé plus haut, l'État colonial français ayant eu dans ses colonies africaines une « politique d'assimilation, fondée sur le double postulat de l'égale valeur de tous les hommes et de la supériorité de la civilisation européenne sur les mœurs africaines »[282], de même, étant désormais le seul producteur

[280] Oissila Saaidia, « Islam et ordre colonial dans les empires britannique et français : entre collaboration et contestation », *Histoire, Monde et cultures religieuses*, n° 25, 2013, p. 75-105.

[281] Pierre-Louis Agondjo-Okawe, « Domaines d'application des droits traditionnels », in *Encyclopédie juridique de l'Afrique*, Pierre-François Gonidec, Maurice Ahanhanzo-Glélé (dir.), tome 1 – *L'État et le droit*, les Nouvelles Éditions Africaines, 1982, p. 407.

[282] René David, Camille Jauffret-Spinosi, Marie Gore, *Les grands systèmes de droit contemporains*, *op. cit.*, p. 489.

officiel de la norme juridique à travers la maîtrise de l'espace et le contrôle des hommes, se confère le droit de prendre toutes les mesures au nom et pour le compte des colonies. Ainsi, même si les autorités coloniales ont toléré, dans certains cas, l'application du droit coutumier, cette coexistence était souvent faussée et instrumentalisée.

233. En réalité, la reconnaissance du droit coutumier dans le système colonial ne traduisait pas une volonté sincère de respecter les traditions juridiques locales, mais relevait d'une stratégie d'administration indirecte visant à mieux contrôler les populations autochtones à travers leurs propres structures. Ce pluralisme juridique, contrôlé par la métropole, reposait sur une tolérance conditionnée, où la coutume n'était admise que dans la mesure où elle ne contredisait pas les intérêts de l'ordre colonial. Cependant, face à cette domination normative, les socités africaines n'ont pas été totalement passives. Par des mécanismes de résistance, de contournement et d'adaptation, elles ont cherché à préserver leurs valeurs juriques fondamentales tout en intégrant, parfois de manière contrainte, certains éléments du droit importé.

B – Une résistance endogène et une adaptation contrainte

234. Malgré cette tentative de substitution, les droits traditionnels ont opposé une résistance tenace en raison de leur ancrage profond dans les pratiques sociales. L'obligation pour le droit colonial d'intégrer certaines spécificités locales montre qu'il ne pouvait pas complètement éradiquer les normes autochtones. Olivier Le Cour Grandmaison, explique que le droit colonial, « reposant sur des considérations raciales, culturelles et cultuelles, (...), fonde un anti-universalisme depuis longtemps théorisé et revendiqué par beaucoup qui affirment que ni les principes de la Déclaration des droits de l'homme et du citoyen, ni ceux de la République par conséquent, ne peuvent s'étendre aux colonies »[283]. Il affirme que « (...) Là-bas, dans les terres lointaines de l'empire où vivent des peuples jugés "primitifs", ou par trop différents en raison des spécificités des civilisations auxquelles ils appartiennent »[284], la conception juridique française ne saurait être efficacement établie. Avant que la diversité des populations africaines ne soit désormais passée sous le joug de la métropole, c'était le droit

[283] Olivier Le Cour Grandmaison, « L'exception et la règle : sur le droit colonial français », *Diogène*, n° 212, 2005/4, p. 42.
[284] *Idem*.

qui « fixait les règles d'organisation de la société dans ses aspects politiques et économiques aussi bien que dans les rapports de famille ou d'échange entre les individus, le droit pénal, et la procédure »[285]. De cette manière, ce droit coutumier endogène[286] « exprimait, à propos des questions les plus diverses, la conception de l'ordre social qu'entretenait le village ou la tribu »[287].

235. Face aux limites de l'assimilation, une fusion partielle des systèmes juridiques a vu le jour. D'un côté, les colons n'ont pas pu imposer entièrement leur droit, car il était inadapté aux réalités locales. De l'autre, le droit traditionnel était jugé obstacle à la modernisation, ce qui a conduit à sa codification partielle. Cette solution de fusion s'est imposée au colonisateur car son ordre juridique qu'il a apporté était réputé être en inadéquation avec les réalités locales qu'il était censé régir. Il ne reflétait ni dans son esprit ni dans sa lettre les données sociologiques de ses destinataires. L'ordre juridique traditionnel[288], en revanche, comportait des domaines lexicographiques de l'intuition de la réalité socioculturelle. Il était réputé être en adéquation avec les aspirations locales mais en inadéquation avec les objectifs modernisateurs et assimilationnistes clairement affichés par les autorités coloniales. C'est pourquoi, la pratique du droit préexistant, dont le destin dépendra désormais du droit colonial, avait été considérée comme « dangereuse, en ce qu'elle favorisait le ''racisme'' ethnique, le régionalisme, etc., les unes et les autres étant des perversions condamnables pour un centralisme étatique plus ou moins démocratique »[289], ont affirmé certains auteurs.

236. À l'évidence, ce droit préexistant moulé dans des types de civilisation liés à des croyances religieuses, des coutumes, des traditions, des systèmes impériaux et royaux, était de nature à opposer un certain obstacle aux objectifs de la colonisation. Au grand dessein

---

[285] René David, Camille Jauffret-Spinosi, Marie Gore, *Les grands systèmes de droit contemporains*, *op. cit.*, p. 489.
[286] Pierre-Louis Agondjo-Okawe, « Domaines d'application des droits traditionnels », in Encyclopédie juridique de l'Afrique, *op. cit.*, p. 395.
[287] *Idem.*
[288] Alain Bockel, « Recherche d'un droit administratif en Afrique francophone », *op. cit., p. 3.*
[289] Etienne Le Roy, « La formation des droits ''non étatiques'' », in *Encyclopédie juridique de l'Afrique*, Pierre-François Gonidec, Maurice Ahanhanzo-Glélé (dir.), tome 1 – *L'État et le droit*, les Nouvelles Éditions Africaines, 1982, p. 365.

impérial de la métropole, ce droit traditionnel « n'était pas apte à s'accommoder, avec la rapidité nécessaire, au type de société entièrement nouveau qui allait s'imposer au XIXe et au XXe siècles »[290]. Très exactement, l'ancien gouverneur général de l'Afrique équatoriale française, Félix Éboué exprimait cette idée en déclarant que « l'indigène a un comportement, des lois, une patrie qui ne sont pas les nôtres. Nous ne ferons son bonheur, ni selon les principes de la Révolution française, qui est notre Révolution, ni en lui appliquant le Code Napoléon, qui est notre Code »[291]. Cette déclaration illustre bien l'approche coloniale : imposer un droit étranger tout en reconnaissant implicitement son inadéquation avec les réalités locales. Malgré cette contradiction, le Code Napoléon a été introduit en Afrique française par arrêté dès 1830, d'abord au Sénégal, puis étendu à l'ensemble de l'Afrique occidentale française en 1901. Ce texte juridique, conçu pour la France métropolitaine, a ainsi servi de référence légale aux États africains même après leur indépendance, témoignant de la persistance de l'influence coloniale sur les systèmes juridiques postcoloniaux.

237. On aura compris que l'introduction du Code Napoléon dans les colonies africaines, sans réelle prise en compte des réalités socioculturelles locales, a profondément bouleversé les systèmes normatifs endogènes. Ce transfert juridique, opéré sous le couvert de la civilisation du droit, a instauré un ordre hybride où coexistaient difficilement les normes coutumières et les règles issues du droit civil français. Toutefois, cette coexistence forcée a rapidement révélé ses contradictions. Le droit importé, abstrait et individualiste, se heurtait à des structures sociales fondées sur le communautarisme et la conciliation. Ainsi, face à l'impossibilité d'une véritable symbiose entre les deux ordres juridiques, les autorités coloniales ont opté pour une hiérarchisation systématique du droit, érigeant le droit métropolitain en norme supérieure et reléguant la coutume à un rôle subalterne. Ce choix traduisait un rejet manifeste de l'idée d'un ordre juridique mixte, pourtant plus adapté à la diversité normative des sociétés africaines.

---

[290] René David, Camille Jauffret-Spinosi, Marie Gore, *Les grands systèmes de droit contemporains*, *op. cit.*, p. 490.

[291] Félix Éboué, *La nouvelle politique indigène pour l'Afrique Équatoriale Française, La France des cinq parties du Monde*, Office français d'édition, 1941, p.3.

C – Un rejet systématique d'un ordre juridique mixte

238. L'instauration du droit colonial en Afrique ne visait pas à favoriser une coexistence équilibrée avec le droit traditionnel. Au contraire, l'administration coloniale française refusait tout compromis juridique avec les structures indigènes, perçues comme archaïques et contraires au projet de modernisation impériale. Dans cette optique, nombre d'éléments dérivatifs de coutumes et de traditions devaient disparaître. La France n'admet ni ne tolère la coexistence ou la « fusion » juridique avec l'ordre juridique traditionnel, quand bien même, ce dernier renfermait des faits authentiques et multiséculaires.

239. Ces pratiques juridiques africaines ont été considérées comme autant d'entraves à la centralisation et à l'unification juridique de la colonie. La France, selon Pierre Bourel, prétendait guérir, par sa conception modernisatrice, un pays « pustuleux au sang pourri par le bacille ethnocentrique et à la physionomie ravagée par l'intumescence des chefferies »[292]. Cela illustre la perception négative que le colonisateur français avait des structures politiques africaines traditionnelles, notamment les chefferies, considérées comme des obstacles à la centralisation et à l'unification coloniales. D'ailleurs, le législateur colonial, selon Francis Wodié, « dans son souci d'assimilation et dans celui de faire prévaloir son droit, avait été conduit ou à répudier le droit traditionnel, droit local, ou à l'inférioriser »[293].

240. La France a ainsi rejeté toute possibilité de fusion entre ces systèmes, préférant l'éradication progressive des traditions juridiques locales en élaborant des dispositions particulières et en les faisant appliquer dans les colonies en tenant « compte de l'infériorité des ''indigènes'' sans oublier les intérêts supérieurs du pays et les impératifs de l'ordre public colonial »[294]. Cet ordre public, selon Olivier Le Cour Grandmaison, « dont la défense impitoyable, face à des populations que l'on dit barbares ou sauvages, est une tâche majeure devant laquelle les ''scrupules juridiques et les considérations

---

[292] Pierre Bourel, « Les conflits de droits », *in* Gonidec P.-F., Ahanhanzo-Glélé M. (dir.), *Encyclopédie juridique de l'Afrique*, tome 1 – *L'État et le droit*, *op. cit.*, p. 424.
[293] Francis Wodié, « La législation », in *Encyclopédie juridique de l'Afrique*, Pierre-François Gonidec, Maurice Ahanhanzo-Glélé (dir.), tome 1 – *L'État et le droit*, *op. cit.*, p. 313.
[294] Olivier Le Cour Grandmaison, « L'exception et la règle : sur le droit colonial français », *op. cit.*, p. 44.

sentimentales doivent s'effacer''[295]. Ils s'effaceront effectivement »[296]. Roland Séroussi affirme que l'action civilisatrice de la France « conduisant à terme à l'assimilation doit s'exercer dans l'intérêt commun de tous les peuples indigènes. Le droit, prolongement naturel de la domination politico-économique, en constitue l'instrument essentiel »[297]. L'auteur poursuit en précisant que « la justice de type traditionnel qui s'exerce au sein du village par une seule personne, fût-elle la plus sage, ne convient absolument pas au colon français épris de procédures complexes et structurées rendues par des juridictions bien identifiées »[298]. Il en découle que toutes les initiatives endogènes étaient régulées par l'empire colonial français, ce dernier visant à calquer sur les droits indigènes africains le modèle juridique colonial de la mère patrie[299]. De cette manière « un véritable carcan législatif s'élabore sous la houlette sourcilleuse de l'État dominant. Bien sûr, cela a eu pour effet de gommer un grand nombre de traditions anciennes, et de bousculer, de malmener voire de dénaturer des modèles culturels riches et originaux »[300]. Le législateur colonial affirmait ainsi la nécessité de supplanter le droit coutumier au nom de la civilisation. Cette logique a conduit à l'élaboration de nouvelles dispositions juridiques spécifiquement adaptées aux colonies, mais toujours conçues selon une vision européo-centrée. L'objectif final de cette politique était d'assimiler les populations indigènes à l'ordre juridique métropolitain, tout en maintenant leur subordination aux intérêts économiques et politiques de la France. Cette contradiction a accentué la fracture entre les communautés africaines et l'administration coloniale, créant une insécurité juridique et un sentiment de dépossession parmi les populations locales.

241. En tout état de cause, cette coexistence systémique et juridique qui implique « le pluralisme législatif qui lui-même traduit un pluralisme social résultant de la survivance sur le territoire d'un État de

---

[295] Arthur Girault, « Conditions des indigènes au point de vue de la législation civile et criminelle et de la distribution de la justice », dans *Congrès international de sociologie coloniale*, Paris, Rousseau 1901, t.1 p. 66. Cité par Olivier Le Cour Grandmaison, « L'exception et la règle : sur le droit colonial français », *op. cit.*, p. 44.
[296] Olivier Le Cour Grandmaison, « L'exception et la règle : sur le droit colonial français », *ibid.*, p. 44.
[297] Roland Séroussi, *Introduction au droit comparé*, *op. cit*, p.175.
[298] *Idem.*
[299] *Ibid.*, p.176.
[300] *Idem.*

sociétés différentes ou de groupes sociaux différents »[301], va entrainer *ipso jure*, un conflit[302] latent de lois du fait de la question de l'autonomie des sources, du particularisme de la méthode et de l'originalité des solutions retenues. De ce fait, pour Pierre-François Gonidec, « c'est la colonisation qui, mettant en contact, ces sociétés entre elles et avec la société occidentale, a développé les relations de droit (...) et par là même multiplié les occasions de conflits »[303]. L'État colonial français affichait clairement sa volonté de faire appliquer le droit importé dans le cadre des litiges entre européens ou entre européens et populations locales devant les juridictions coloniales. Il était systématiquement refusé aux indigènes de recourir aux juridictions et aux procédures coutumières même si cela paraissait quasiment impossible dans certains cas. Les juridictions de type européen demeurent compétentes dans tous les cas où les règles traditionnelles ne trouvaient pas à s'appliquer. Au nom ainsi des principes généraux de la colonisation, la substitution du droit colonial aux pratiques traditionnelles et coutumières était justifiée.

242. En définitive, la transposition du droit colonial en Afrique ne s'est pas faite dans un esprit de modernisation, mais dans une logique de domination et d'exclusion. La réforme du système juridique africain sous la colonisation n'a pas été une simple adaptation aux normes européennes, mais une rupture brutale avec les traditions locales, entraînant des conséquences juridiques et sociales se traduisant par une réduction progressive des domaines d'application de l'ordre préexistant.

---

[301] En effet, dans « la conception la plus classique et la plus répandue, le conflit de lois est défini en termes d'option, le juge devant, en présence d'une situation qui se rattache à plusieurs ordres juridiques, choisir entre les lois concurrentes, celle qui sera appelée à régir le rapport de droit considéré ». Pierre Bourel, Pierre Bourel, « Les conflits de droits », *in* Pierre-François Gonidec, Maurice Ahanhanzo-Glélé (dir.) (dir.), *Encyclopédie juridique de l'Afrique*, tome 1 – *L'État et le droit*, *op. cit.*, p. 423.

[302] Au sens du Dictionnaire encyclopédique de théorie et de sociologie du droit, *LGDJ*, 1993, p. 91, « un conflit est une situation sociale dont la modification unilatérale entraine la mise en cause des intérêts d'une autre partie ».

[303] Pierre-François Gonidec, « Propos introductif d'Encyclopédie juridique de l'Afrique », in *Encyclopédie juridique de l'Afrique*, Pierre-François Gonidec, Maurice Ahanhanzo-Glélé (dir.), tome 1 – *L'État et le droit*, Abidjan, Dakar, Lomé, Les Nouvelles Éditions Africaines, 1982, 500 p., p. 9-19.

II – Une réduction progressive du champ du droit précolonial

243. Le droit précolonial, longtemps enraciné dans les pratiques sociales africaines, a vu son champ d'application progressivement se restreindre sous l'effet de l'expansion coloniale. Cette restriction s'est opérée de manière plus marquée dans le domaine du droit public, où les institutions traditionnelles ont été remplacées par des structures administratives coloniales, centralisées et hiérarchisées. En revanche, dans le domaine du droit privé, les pratiques coutumières ont mieux résisté, en raison de leur proximité avec les réalités quotidiennes des populations. Malgré cette pression normative, le droit précolonial ne s'est pas entièrement effacé. Il a opposé une certaine résistance à l'imposition du modèle colonial, notamment à travers la persistance de la coutume dans le règlement des litiges familiaux, successoraux ou fonciers. Cette persistance a nourri l'espoir d'un maintien partiel des normes autochtones dans l'environnement juridique colonial. Le droit coutumier fut ainsi partiellement reconnu, mais dans un cadre contrôlé par l'administration coloniale, souvent relégué à un statut subalterne. Ce dualisme juridique, entre droit écrit colonial et droit coutumier toléré, a généré une forme d'insécurité normative et de concurrence entre systèmes juridiques. La question d'une disparition programmée du droit coutumier s'est alors posée, certains textes coloniaux prévoyant même son extinction progressive. Toutefois, loin de disparaître, le droit précolonial a laissé un héritage juridique visible encore aujourd'hui, notamment à travers les mécanismes alternatifs de règlement des conflits et la résilience des normes coutumières dans les sociétés africaines contemporaines.

A – Une substitution progressive et différenciée du droit traditionnel

244. La transposition de l'ordre juridique colonial a entrainé une restriction progressive des domaines d'application du droit traditionnel local. Que ce soit le droit autochtone ou celui issu de la colonisation religieuse (notamment islamique et chrétienne), ces systèmes juridiques ont été graduellement marginalisés. La jurisprudence et la législation coloniales ont systématiquement opposé le droit traditionnel au droit moderne, considérant le premier comme archaïque et informel, tandis que le second était présenté comme structuré et conforme aux exigences d'un État moderne[304]. Cette distinction, bien qu'initiée sous

[304] Pierre-Louis Agondjo-Okawe, « Domaines d'application des droits traditionnels »,

l'administration coloniale, a perduré après les indépendances, le législateur des nouveaux États ayant conservé cette dualité dans la structuration de leurs systèmes juridiques. Dans cette dynamique, les droits précoloniaux, autrefois exclusivement appliqués sur le plan territorial, ont progressivement été réduits à des domaines résiduels. Les colonisateurs les ont qualifiés de « droit indigène », le reléguant ainsi à un statut inférieur. Cette catégorisation concernait même le droit musulman, pourtant codifié et fondé sur le Coran, assimilé aux droits coutumiers et soumis aux mêmes restrictions.

245. Il faut tout de même préciser que cette substitution du modèle colonial aux droits traditionnels n'a pas eu le même impact selon les domaines du droit. Elle a été beaucoup plus visible en droit public qu'en droit privé. Selon Michel Alliot, « les règles traditionnelles continuèrent à s'imposer pour la parenté, le mariage, les successions et le régime des terres surtout dans les campagnes ; mais les institutions concernant l'État, l'administration, l'économie nouvelle relevèrent du droit moderne d'inspiration française »[305]. Alain Bockel va dans le même sens, affirmant que, « seuls échappaient [au] phénomène de substitution de l'ordre antérieur par un ordre nouveau, le domaine du droit civil, beaucoup trop lié à l'ensemble de la vie sociale et personnelle »[306]. Ces affirmations sont nimbées d'un halo de réalité dans la mesure où l'introduction par le colonisateur français de techniques juridiques à rebours de celles de la société colonisée a eu des effets qui ont varié en fonction des besoins de la puissance coloniale. Répétons-le, l'irruption de la France en Afrique s'inscrivait dans un cadre bien défini, celui de la domination dans tout le sens du terme. Et pour atteindre son objectif colonial, l'annihilation du système africain préexistant pour imposer aux populations locales « un appareil d'État et des techniques de création du droit entièrement nouveaux, substitué à ce qui existait avant l'établissement de la domination »[307], était bien visible, même si les

---

op. cit. p. 393.

[305] Michel Alliot, « Un droit nouveau est-il en train de naître en Afrique ? », *in* Camille Kuyu (textes choisis et édités par), *Le droit et le service public au miroir de l'anthropologie*, Karthala, Paris 2003, p. 214.

[306] Alain Bockel, « Recherche d'un droit administratif en Afrique francophone », *op. cit.* 1978, p. 1 ; Voir aussi Mangin Gilbert, « Quelques points de repère dans l'histoire de la justice en Afrique francophone », Afrique contemporaine Jean du Bois De Gaudusson, Gérard Conac, (dir) n°156, 1990, p. 23.

[307] Pierre-François Gonidec, « Propos introductif d'Encyclopédie juridique de l'Afrique », in *Encyclopédie juridique de l'Afrique*, Pierre-François Gonidec, Maurice

droits traditionnels ont tenté de bien résister face à cette entreprise d'acculturation juridique[308]. Cette observation souligne un fait essentiel : le droit public colonial, qui organisait l'administration et la gouvernance, s'est imposé sans réserve. En revanche, le droit civil précolonial, lié aux structures familiales et sociales profondément enracinées, a montré une plus grande résilience. Toutefois, cette cohabitation forcée n'a pas empêché les autorités coloniales de chercher à affaiblir ces pratiques traditionnelles. Selon certains auteurs, la colonisation a progressivement désintégré les structures socio-politiques traditionnelles qui assuraient la cohésion des sociétés précoloniales, forçant ainsi une transition vers le modèle imposé par la puissance coloniale[309].

B – Une résistance opiniâtre, mais contenue, du droit précolonial

246. Face au dynamisme et à la domination du droit métropolitain, le droit précolonial africain ne se tint pas pour battue et n'a pas disparu sans résistance. Bien au contraire, il a continué à être pratiqué dans de nombreuses communautés, même lorsqu'il était en contradiction avec les nouvelles normes coloniales. Dans un premier temps, les populations africaines ont perçu l'imposition du droit colonial comme une situation temporaire, croyant que les valeurs juridiques traditionnelles finiraient par reprendre le dessus, une fois la domination coloniale affaiblie. Car, pour elles, ce droit colonial se situait aux antipodes de leurs valeurs ancestrales. Ces considérations n'étaient pas sans fondement dans la mesure où l'appui populaire dont bénéficiait le droit précolonial lui permettait, sans relâche, de résister à l'assaut de l'envahisseur qui, visiblement en complicité avec certaines élites locales, commençait également à bénéficier d'un support solide. Malheureusement, ces élites locales ont progressivement été intégrées dans l'appareil colonial, ce qui a permis au modèle juridique européen d'être appliqué avec plus de rigueur et de bénéficier d'un certain soutien au sein des nouvelles générations de dirigeants africains. Il convient alors de se poser certaines questions fondamentales. Le droit

---

Ahanhanzo-Glélé (dir.), tome 1 – *L'État et le droit*, Abidjan, Dakar, Lomé, Les Nouvelles Éditions Africaines, 1982, 500 p., p. 9-19.

[308] Vincent Kangulumba Mbambi, « Les droits originellement africains dans les récents mouvements de codification : le cas des pays d'Afrique francophone subsaharienne », *op., cit.*, p. 315-338.

[309] Simon-Pierre Ekanza, « Le double héritage de l'Afrique », *op., cit.*, p. 604.

précolonial a-t-il fini par disparaître totalement sous la pression du droit colonial, ou avait-il réussi à se maintenir dans certains domaines[310] ? Avait-il été totalement anéanti sous la pesanteur du droit colonial français en servant finalement de tremplin à ce dernier ? Quel sort lui avait-il été réservé ?

247. Malgré la pression exercée par l'administration coloniale, le droit précolonial a continué à suivre dans certaines sphères, notamment dans le droit privé. Ainsi, dans le cadre de cette résistance juridique, l'espoir commençait à se dessiner pour le droit précolonial tant durant la période coloniale qu'au moment même de l'indépendance. Michel Alliot, affirme à ce sujet que « loin de se laisser purement et simplement éliminer, le droit traditionnel africain, par deux fois, a réagi contre le droit moderne qu'on voulait lui substituer et, pour une bonne part, s'imposer à lui »[311]. Certes, cette volonté des droits traditionnels de résister farouchement au droit colonial était clairement affichée. Elle s'est toutefois révélée de plus en plus difficile face à la centralisation et à la modernisation imposée par le droit colonial. En conséquence, le droit coutumier africain a vu son champ d'application se réduire progressivement, sans pour autant être totalement effacé.

248. Certainement, le droit traditionnel a tenté de renaitre de ses cendres pour se faire entendre à travers certains de ses éléments (du droit privé principalement). Ces derniers ont fini par être intégrés dans les législations coloniales sous une forme modifiée. Ainsi, à l'issue de ce mouvement « d'intégration des mœurs, us et traditions, les règles coutumières africaines se codifient pour se fondre dans le droit de la puissance coloniale »[312]. Au fil du temps, les règles relatives au mariage coutumier, à la polygamie et au droit de succession[313] ont été incorporées dans les nouvelles législations coloniales, notamment dans les pays africains à majorité musulmane, sous la pression des pratiques

---

[310] René Degni-Segui, « Codification et uniformisation du droit », in *Encyclopédie juridique de l'Afrique*, Pierre-François Gonidec, Maurice Ahanhanzo-Glélé (dir.), tome 1 – *L'État et le droit*, les Nouvelles Éditions Africaines, 1982, p. 473.

[311] Michel Alliot, « Les Résistances traditionnelles au droit moderne dans les États d'Afrique francophones et à Madagascar », *Études africaines et malgache*, 1965, p. 239.

[312] Roland Séroussi, *Introduction au droit comparé*, *op. cit.* p. 175.

[313] Yémalin Gnonlonfoun, *Le rôle de la pratique dans la formation du droit de la famille en Afrique noire francophone : cas du Bénin,* Thèse, Droit. Université de Perpignan, 2022. Français. ffNNT : 2022PERP0002ff.fftel-04131769ff.

islamiques. Dans ces pays, le mariage polygamique et le régime de la séparation des biens ainsi que la dot sont devenus le droit commun, notamment en Guinée et au Sénégal[314]. On va alors assister à la consécration du dualisme juridique dans les codes emportant ainsi une reconnaissance de *jure* des droits traditionnels[315], mais uniquement dans les limites fixées par le législateur colonial. Cette solution se fondait sur une appréciation empirique de la situation de sorte que la suppression textuelle des droits traditionnels n'aurait eu que peu de conséquences pratiques sur les rapports sociaux. Le poids de la tradition est tel que le législateur colonial était obligé de fléchir et de reconnaître certaines pratiques traditionnelles. Dans certains domaines, il se voit contraint de faire des concessions parfois en prévoyant des régimes d'exception. Ces éléments témoignent de la réalité, de la force et de la résistance du droit traditionnel.

249. Faut-il en conclure que ces régimes d'exception traduisent en réalité une reconnaissance implicite de la vigueur du droit coutumier africain, qui a su résister aux tentatives d'homogénéisation imposées par le modèle juridique colonial. L'administration, contrainte par les réalités sociales et culturelles locales, a dû concéder certains aménagements normatifs pour maintenir l'ordre et garantir une relative stabilité dans la gestion des territoires. Mais, cette coexistence entre le droit importé et le droit traditionnel n'était ni équilibrée, ni équitable. Elle s'inscrivait dans une logique de hiérarchisation normative où la coutume, bien que tolérée, demeurait subordonnée aux prescritpions du droit métropolitain. Ce déséquilibre structurel et conjoncturel annonce progressivement la marginalisation programmée des systèmes juridiques endogènes au profit du modèle occidental.

C – Une coexistence juridique inégalitaire et intimidante

250. Dans l'ensemble des colonies françaises en Afrique, ce conflit béant de légitimité entre ces deux systèmes juridiques, va donner « naissance à un système juridique composite variant suivant les catégories de personnes »[316]. Deux statuts civils ont coexisté : le statut

---

[314] René Degni-Segui, « Codification et uniformisation du droit », in *Encyclopédie juridique de l'Afrique*, Pierre-François Gonidec (dir.), *op., cit.,* p. 471-472.
[315] *Ibid.*, p. 471.
[316] Pierre Bourel, « Les conflits de droits », in *Encyclopédie juridique de l'Afrique*, Pierre-François Gonidec, Maurice Ahanhanzo-Glélé (dir.), tome 1 – *L'État et le droit*,

civil français, réservé aux colons et aux populations africaines ayant acquis un statut particulier (notamment les « évolués ») et le statut civil local, appliqué aux populations indigènes, basé sur certaines règles coutumières mais strictement encadré par les autorités coloniales. Bien évidemment, cette dualité a eu des conséquences majeures. Elle a d'abord engendré une inégalité juridique entre les populations coloniales et indigènes. Elle a ensuite conduit à une fragmentation du système judiciaire, où les tribunaux européens avaient une autorité supérieure aux juridictions coutumières. Elle a enfin créé un déséquilibre structurel, puisque le droit colonial, bien qu'officiellement coexistant avec le droit coutumier, prédominait toujours en cas de conflit entre les deux[317].

251. Mais cette coexistence était si intimidante pour les droits traditionnels, cela du fait de la volonté autoritaire et modernisatrice du droit colonial, « qu'on a pu les considérer comme des ''morts en sursis''. Tels des condamnés à mort qui attendent cloitrés entre les quatre murs d'une prison le jour et l'heure de l'exécution, les droits traditionnels, parqués dans une zone réservée, à la manière des indiens d'Amériques, attendent le terme fixé à leur existence (par l'amenuisement progressif des domaines à eux réservés jusqu'à disparition complète) »[318]. Ils étaient ainsi farouchement concurrencés voire dominés et même appelés à disparaître au profit de ces nouvelles normes d'origine étrangère. Pierre Bourel estime ainsi que « le maintien du droit traditionnel, qui s'imposa au colonisateur pour des raisons de pure opportunité, était le fait d'une simple tolérance »[319] comme si ce n'était qu'un simple stratagème. Autrement dit, le colonisateur n'avait pas pour objectif de le préserver, mais de le faire disparaître progressivement et graduellement. Car son sort semblait fixé, de sorte que « de caractère précaire, il fut l'objet de plusieurs tentatives d'abolition. En outre, sa portée fut limitée dans la mesure où il n'eut jamais pour effet de mettre sur un pied d'égalité, en cas de conflits entre

op. cit., p. 424.

[317] *Idem.*

[318] René Degni-Segui, « Codification et uniformisation du droit », in *Encyclopédie juridique de l'Afrique*, Pierre-François Gonidec, Maurice Ahanhanzo-Glélé (dir.), tome 1 – *L'État et le droit*, *op. cit.* p. 473.

[319] Pierre Bourel, « Les conflits de droits », in *Encyclopédie juridique de l'Afrique*, Pierre-François Gonidec, Maurice Ahanhanzo-Glélé (dir.), tome 1 – *L'État et le droit*, *op. cit.*, p. 424.

eux, les statuts locaux et le statut civil français »[320]. Dans cette logique, chaque réforme juridique menée par les colons avait pour but de réduire encore davantage l'influence du droit précolonial. Le droit coutumier était toléré, mais jamais considéré comme égal au droit colonial. La prévalence du principe de la primauté du droit du colonisateur était de toute évidence inévitable afin de régenter des populations envahies aux cultures juridiques pourtant très antagonistes aux siennes. Ce droit colonial était considéré comme le droit commun de l'État colonial et dans son objectif de centralisation, il s'imposait à toutes les parties de la population. Il en était ainsi dans quasiment tous les pays d'Afrique anciennement colonisés où les pratiques ancestrales congruentes n'étaient appliquées par les cours et tribunaux que pour autant qu'elles ne fussent pas contraires à l'ordre public colonial.

252. De cette situation de tensions, de trouble institutionnel et de risque de vide juridique, le droit originellement africain a su résister, pour un temps, avant de se voir impuissamment envahir, annihiler, déformer ou transformer, remodeler[321] et supplanter par l'ampleur du droit de la puissance coloniale[322]. Pourtant, « en se superposant, ces deux sources du droit cohabitent et s'enrichissent mutuellement. Chaque système apportant à l'autre ce qui lui manque : souplesse des principes, conception de l'ordre social, solidarités familiales et tribales, fréquences et systématisation des décisions, certitude des procédures et des décisions, recours à des conciliateurs, prise en compte des droits subjectifs »[323]. De ces considérations, on peut affirmer que le pluralisme juridique a persisté durant toute la période coloniale, où le droit moderne a coexisté, contre son gré certes, avec des normes coutumières toujours pratiquées d'ailleurs par certaines communautés en Afrique postcoloniale.

III – Un dépérissement formel du droit précolonial

253. Le droit précolonial a connu un affaiblissement progressif sous l'effet de la domination coloniale. Marginalisé au profit du droit

---

[320] *Idem.*

[321] Éloi Diarra, « Le droit colonial en Afrique de l'Ouest francophone ou la construction d'une société nouvelle », *op. cit.*, p. 134.

[322] Gérard Conac, « Le développement administratif des États d'Afrique noire », in Conac, Gérard (dir.), *Les institutions administratives des États francophones d'Afrique noire,* coll. La vie du Droit en Afrique, Économica, Paris 1979, p. 316-355.

[323] Roland Séroussi, *Introduction au droit comparé, op. cit.*, p. 172.

colonial, il a vu son champ d'application se réduire, notamment dans les domaines publics. Les autorités coloniales ont parfois toléré son maintien dans certaines matières privées, mais sous contrôle strict, vidant la coutume de sa substance originelle. Cette cohabitation forcée entre droit coutumier et droit colonial a engendré un pluralisme déséquilibré, où le premier occupait une place subalterne. Ce processus d'effacement, bien qu'inachevé, a entraîné une perte de cohérence du système juridique, tout en laissant subsister certains fondements du droit traditionnel dans les pratiques contemporaines.

A – Une marginalisation croissante des structures traditionnelles

254. Avec le droit colonial, on va assister au dépérissement du droit précolonial[324] et à l'abandon des structures juridiques traditionnelles, comme les chefferies coutumières. L'un des éléments marquants de cette transformation a été l'application du décret constitutif de l'Afrique occidentale Française (AOF), qui a mis un terme aux pratiques juridiques préexistantes en instaurant une centralisation accrue sous l'autorité de l'administration coloniale[325]. Cette centralisation a privé les autorités indigènes de toute autonomie effective et a progressivement rendu obsolètes les normes juridiques traditionnelles. Mais plutôt que de supprimer totalement ces structures locales, l'État colonial les a réorientées à son avantage, les transformant en instruments de gouvernance des colonies. Les chefs traditionnels ont ainsi été intégrés dans le dispositif colonial, servant des relais, des auxiliaires et des facteurs d'uniformisation des comportements[326] et d'unification d'un pays qu'il a artificiellement créé au cours des conquêtes. Cette stratégie n'a pas seulement entraîné la disparition du droit précolonial, mais a aussi modifié profondément les systèmes sociopolitiques africains. L'État colonial français a imposé un ordre juridique impérialiste, taillé sur mesure pour ses propres besoins, au détriment des formes d'organisation préexistantes.

---

[324] Pierre-François Gonidec, « Propos introductif d'Encyclopédie juridique de l'Afrique », in *Encyclopédie juridique de l'Afrique*, Pierre-François Gonidec, Maurice Ahanhanzo-Glélé (dir.), tome 1 – *L'État et le droit*, *op. cit.*, p. 9-19.

[325] Fischer Bénédicte dans sa thèse, *Les relations entre l'administration et les administrés au Mali : contribution à l'étude du droit administratif des États d'Afrique subsaharienne de tradition juridique française, op. cit.* p. 76.

[326] Etienne Le Roy, « La formation des droits ''non étatiques'' », *op., cit.*, 1985, p. 354.

255. Cependant, autant le modèle colonial dans ses objectifs de domination n'accepterait la concurrence avec d'autre modèle fût-il local et adapté, autant dans sa mission de profonde transformation des structures organisationnelles des territoires colonisés, il ne pourrait se passer du système traditionnel qui avait pour mérite tout de même de correspondre aux spécificités locales. Donc, nonobstant une volonté affichée d'éliminer toute concurrence juridique, l'État colonial n'a pas pu totalement se passer des structures préexistantes. Pour administrer efficacement les vastes territoires sous son contrôle, l'État colonial a dû s'appuyer sur certaines institutions traditionnelles, adaptant leur fonction à sa propre logique. Francis Wodié affirme à ce propos que « la législation coloniale, dans son mouvement d'assimilation, teinté d'hégémonisme, avait relégué au second rang, quand elle ne les écartait pas, ''les droits coutumiers'' ou la législation locale en vigueur antérieurement à la transformation du territoire en colonie »[327]. Ce phénomène a engendré un système juridique hybride, mêlant des éléments de droit européen et de droit précolonial dans un syncrétisme juridique déséquilibré. Le droit coutumier, bien qu'officiellement marginalisé, a continué à jouer un rôle fondamental dans l'organisation des sociétés africaines. Une « guerre de normes »[328] s'est alors installée, opposant un droit coutumier marginalisé, mais servant de tremplin[329], à un droit colonial dominant[330], mais nécessitant tout de même des compromis pour asseoir son autorité. Le maintien des chefferies traditionnelles, bien que transformées en relais de l'administration coloniale, a permis à la France de renforcer sa mainmise sur les territoires conquis tout en conservant une certaine proximité avec les populations locales. Ce double jeu entre rejet et instrumentalisation du droit précolonial s'est poursuivi jusqu'aux indépendances.

---

[327] Francis Wodié, « La législation », in *Encyclopédie juridique de l'Afrique*, Pierre-François Gonidec, Maurice Ahanhanzo-Glélé (dir.), tome 1 – *L'État et le droit*, *op. cit.*, p. 313.

[328] Vincent Kangulumba Mbambi, « Les droits originellement africains dans les récents mouvements de codification : le cas des pays d'Afrique francophone subsaharienne », *op. cit.*, p. 315-338.

[329] Alain Bockel, « L'administration territoriale et locale », in *Encyclopédie juridique de l'Afrique*, Pierre-François Gonidec, Maurice Ahanhanzo-Glélé (dir.), tome 1 – *L'État et le droit*, *op. cit.*, p. 171.

[330] Vincent Kangulumba Mbambi, « Les droits originellement africains dans les récents mouvements de codification : le cas des pays d'Afrique francophone subsaharienne », *op. cit.*, p. 322.

256. Il faut reconnaître que l'instrumentalisation des chefferies traditionnelles a constitué l'un des paradoxes majeurs du système colonial. Tout en dénigrant les structures coutumières comme archaïques et incompatibles avec la modernité juridique, le pouvoir colonial les a utilisées comme relais indispensables pour consolider son autorité. Ce recours pragmatique aux institutions indigènes a permis à la France d'assurer un contrôle administratif étendu, tout en donnant l'illusion d'une continuité locale. Cependant, cette stratégie d'intégration superficielle des autorités coutumières n'a pas permis une véritable refondation juridique. Ce constat conduit à s'imposer sur la portée réelle du processus de substitution du droit colonial aux droits traditionnels, souvent qualifié, à juste titre, de révolution inachevée.

B – Une prétendue révolution juridique restée inachevée

257. Le processus de substitution du droit colonial aux droits traditionnels a été présenté par le colonisateur français comme une révolution juridique. Toutefois, cette prétendue transformation radicale soulève plusieurs interrogations : a-t-elle véritablement supprimé les systèmes préexistants ? A-t-elle atteint ses objectifs d'uniformisation et de modernisation ? Ces questions complexes et délicates, qui relèvent de la prospective, ne sauraient avoir des réponses tranchées, car ne bénéficiant pas d'un consensus doctrinal. Pierre-François Gonidec souligne ainsi que « nulle part les États coloniaux n'ont réalisé une véritable révolution juridique en ce sens qu'ils auraient annihilé les systèmes juridiques préexistants en imposant aux populations africaines un appareil d'État et des techniques de création du droit entièrement nouveaux, substitués à ce qui existait avant l'établissement de la domination »[331]. Il poursuit en précisant qu'« en fait, pendant toute la période coloniale, l'ancien et le nouveau ont coexisté, en lutte l'un contre l'autre, observation faite que la domination, par sa nature, impliquait la prééminence du nouveau sur l'ancien au nom de l'ordre public colonial et de la "supériorité" des civilisations de l'Europe sur les civilisations africaines »[332].

[331] Pierre-François Gonidec, « Propos introductif d'Encyclopédie juridique de l'Afrique », in *Encyclopédie juridique de l'Afrique*, Pierre-François Gonidec, Maurice Ahanhanzo-Glélé (dir.), tome 1 – *L'État et le droit, op. cit.* p. 9.

[332] *Idem.*

258. De son côté, Roland Séroussi, adopte une approche plus nuancée, considérant que « les mesures prises par la puissance coloniale ont permis d'affranchir des peuples, d'abolir certaines pratiques barbares, de purger quelques abus de type népotiste, de lever les différences pas toujours amicales entre ethnies et, en améliorant la condition féminine, de traiter – par étapes – la femme comme l'égale juridique de l'homme »[333]. Toutefois, cet argument est discutable, dans la mesure où les nouvelles normes juridiques coloniales n'ont pas systématiquement favorisé l'émancipation des peuples africains, mais ont plutôt servi les intérêts de la métropole.

C – Un pluralisme juridique déséquilibré et instrumentalisé

259. La colonisation a profondément modifié les systèmes juridiques africains en superposant des normes étrangères à des traditions locales, provoquant ainsi un choc entre l'autoritarisme du modèle juridique français et les pratiques sociales africaines profondément enracinées. On note finalement une suppression incomplète du droit précolonial et un héritage juridique ambivalent et inachevée. Le droit précolonial n'a pas été totalement éradiqué, mais il a été progressivement réduit et marginalisé.

260. Dans ce mouvement de marginalisation et de dépassement, les pratiques judiciaires traditionnelles ont perdu leur autonomie, mais ont continué d'exister sous un contrôle strict des autorités coloniales. De même, les chefferies ont été transformées en instruments d'administration indirecte, mais ont survécu jusqu'aux indépendances. Ce qui a favorisé la persistance d'un pluralisme juridique, bien que déséquilibré en faveur du droit colonial. Loin d'être une rupture totale, la colonisation a produit une hybridation des systèmes juridiques africains. Ce fut une instrumentalisation stratégique du droit précolonial qui a été réinterprétée pour servir les intérêts de la puissance coloniale. Plutôt que d'éliminer purement et simplement les structures juridiques et sociales existantes, la France les a adaptées à ses propres besoins. C'est ainsi que les chefs traditionnels ont été maintenus mais placés sous tutelle. Certains aspects du droit coutumier ont été conservés, mais dans un cadre strictement encadré par les autorités coloniales. Ce processus va finalement créer un syncrétisme juridique asymétrique, où

---

[333] Roland Séroussi, *Introduction au droit comparé*, *op. cit.*, 2003, p.176.

le droit précolonial a été utilisé comme un outil de gouvernance plutôt qu'un véritable cadre normatif autonome.

261. Ce syncrétisme juridique asymétrique a profondément façonné l'architecture institutionnelle des colonies. En érigeant le droit précolonial en simple instrument de gestion administrative, le colonisateur a privé les peuples africains de la possibilité d'un développement autonome de leurs systèmes juridiques. Le droit coutumier, vidé de sa substance et subordonné aux logiques de domination, n'était plus qu'un moyen d'assurer la stabilité de l'ordre colonial. Dans ce contexte, l'administration française a cherché à consolider son autorité par la mise en place d'un appareil politico-administratif centralisé et hiérarchisé. Cette organisation, fondée sur la soumission des structures locales au contrôle direct de la métropole, a marqué le passage d'une domination juridique à une domination institutionnelle.

Titre III – Une implantation autoritaire de l'administration

262. À la suite de la pénétration coloniale, l'État colonial français met en place des structures administratives[334] pour asseoir son autorité. Cela passe notamment par le tracé de nouvelles frontières et l'instauration d'un système administratif fortement centralisé et hierarchisé[335]. Ce modèle, basé sur un commandement strict, ne correspond pas aux structures sociales locales préexistantes et se révèle en décalage avec les réalités africaines. Les autorités coloniales concentrent alors à la fois des fonctions politiques et administratives, rendant leur rôle ambigu, aucune distinction ne pouvant être établie entre fonctions politiques et administratives. Ce qui a favorisé la mise en place d'une administration organiquement centralisée et autoritaire, fonctionnellement dominatrice et une administration hermétique et inadaptée aux réalités locale.

I – Une administration organiquement centralisée et autoritaire

263. L'administration coloniale, dans son organisation et dans son fonctionnement, se caractérise par une centralisation à outrance du pouvoir et une autorité verticale fortement hiérarchisée. Issu du modèle jacobin français, cette structuration visait à assurer un contrôle total sur les territoires conquis et à imposer l'ordre colonial au moyen d'un appareil administratif concentré entre les mains de quelques représentants de la métropole. Ainsi, comprendre l'administration coloniale revient à analyser les ressorts d'un système organiquement centralisé et autoritaire, où la rationalité bureaucratique se confondait avec la logique de domination politique. Dans cette perspective, il importe d'examiner les fondements structurels et organisationnels de ce modèle administratif. En effet, la compréhension du fonctionnement de l'administration coloniale suppose d'abord l'analyse de la hiérarchisation de ses organes et de la concentration des pouvoirs entre les mains de l'autorité coloniale, éléments constitutifs d'un système où la centralisation constituait le principe directeur de l'action publique.

---

[334] La transposition du droit administratif français en Afrique remonte aux décrets des 5 août et 7 septembre 1881. cf. Gonidec Pierre-François, « Introduction » in *Encyclopédie juridique de l'Afrique*, Pierre-François Gonidec, Maurice Ahanhanzo-Glélé (dir.), tome 1 – *L'État et le droit, op. cit.*, p. 9 et 10.

[335] Éloi Diarra, « Le droit colonial en Afrique de l'Ouest francophone ou la construction d'une société nouvelle », *in* Jean-Philippe Bras, *Faire l'histoire du droit colonial,* Karthala, 2015, p. 115.

A – Une administration coloniale implantée en Afrique

264. Classiquement, la fonction politique se distingue de la fonction administrative même si cette distinction n'est pas souvent aisée du fait du caractère polysémique de chacune de ces fonctions. En effet, Édouard Laferrière délimitait la fonction politique de celle administrative en affirmant que « Administrer, c'est assurer l'application journalière des lois, veiller aux rapports des citoyens avec l'administration centrale ou locale ou des diverses administrations entre elles. Gouverner, c'est veiller à l'observation de la Constitution, au fonctionnement des grands pouvoirs publics, assurer les rapports du gouvernement avec les Chambres, ceux de l'État avec les puissances étrangères »[336]. Pour sa part, Maurice Hauriou, affirme que « La fonction administrative consiste essentiellement à faire les affaires courantes du public. La fonction gouvernementale consiste à résoudre les affaires exceptionnelles qui intéressent l'unité politique et à veiller aux grands intérêts nationaux »[337]. Dans le même ordre d'idées, Georges Vedel affirme que « gouverner, c'est tracer des orientations générales, opérer de grandes options ; administrer, c'est satisfaire quotidiennement à certains besoins collectifs que l'État a pris en charge (...) »[338]. Ces définitions, somme toute convenue, mettent en évidence que la fonction politique relève de la direction générale de l'État et de la détermination des grandes orientations, tandis que la fonction administrative s'attache à la mise en œuvre concrète et quotidienne des décisions publiques. Autrement dit, gouverner, c'est décider ; administrer, c'est exécuter, évidemment, dans la pratique, la frontière entre les deux reste souvent perméable.

265. Il convient simplement de noter que cette distinction, a priori évidente, permet, dans le cadre de cette étude, de comprendre que l'implantation de l'État impérial français en Afrique sous l'effet colonial a entrainé la mise en place d'un système politico-administratif aux contours et contenus théoriquement significatifs mais aux applications pratiquement confusionnistes et ambiguës. Intéressons-nous seulement à la fonction administrative et par extension au terme

---

336 Édouard Laferrière, *Traité de la juridiction administrative et des recours contentieux*, Berger-Levrault, 1896, t. 2.
337 Maurice Hauriou, *Précis de droit administratif et de droit public*, 12e éd. 1933.
338 Georges Vedel, *Manuel élémentaire de droit constitutionnel*, Sirey, 1949.

« administration » qui se caractérise par son ambivalence[339] et pouvant désigner alternativement un organe ou une activité[340].

266. Ce faisant, l'administration peut se définir « juridiquement » selon un double sens : organique et fonctionnel. Donc, par analogie, l'administration coloniale implantée en Afrique était un instrument de domination, conçu non pas pour répondre aux besoins des populations locales, mais pour servir les intérêts de la métropole. Ce système, fondé sur une centralisation autoritaire, sera largement repris par les États africains après l'indépendance, en perpétuant des pratiques bureaucratiques répressives et intimidantes. Il en est le digne fils héritier.

267. L'administration coloniale repose sur un système pyramidal dirigé par un gouverneur général, chargé de faire appliquer une législation uniforme destinée à transcender les particularismes locaux. L'objectif est clair, démanteler les structures traditionnelles existantes pour imposer un ordre colonial centralisé. Ce système repose sur deux piliers essentiels : une administration centrale omnipotente et une administration locale subordonnée et soumise à la hiérarchie coloniale. Dans l'un et l'autre, il s'agit de remplacer par un système administratif « pyramidal centralisé autour du gouverneur général et unifié par une législation qui tend à transcender les particularismes coutumiers »[341]. Ce modèle d'organisation, à la fois pyramidal et centralisé autour du gouverneur général, reflétait la logique d'un pouvoir administratif fortement concentré, fondé sur la verticalité des décisions et la subordination stricte des échelons locaux à l'autorité coloniale. La législation, uniformisée et imposée depuis la métropole, visait à effacer les particularismes juridiques locaux au profit d'un ordre colonial unifié et contrôlable.

B – Une structure administrative hiérarchisée et concentrée

268. L'administration coloniale était fortement centralisée, suivant le modèle jacobin français. Elle fonctionnait selon une structure hiérarchique rigide, où l'autorité métropolitaine détenait l'essentiel du pouvoir, relayée localement par les gouverneurs et administrateurs

---

339 Yves Gaudemet, *Traité de droit administratif*, Tome 1, *op. cit.*, p. 13.
340 Bertrand Seiller, *Droit administratif*, t. II, *op. cit.*, p. 15.
341 Simon-Pierre Ekanza, « Le double héritage de l'Afrique », *op., cti.*, p. 606.

coloniaux. Les décisions étaient imposées du sommet vers la base, sans véritable participation des populations locales. Les personnes morales de l'administration, comme les cercles ou territoires, n'avaient pas d'autonomie réelle, quant aux personnes physiques, telles que les gouverneurs, commandants de cercle ou chefs de subdivision, elles incarnaient l'autorité coloniale et disposaient de pouvoirs étendus, souvent répressifs. Ce système visait à contrôler fermement les territoires colonisés, en marginalisant les structures traditionnelles locales. Il a laissé une empreinte durable sur l'organisation administrative des États africains postcoloniaux.

269. Sur le plan organique, l'administration coloniale était structurée en une série d'institutions publiques et privées, regroupant des organismes ayant pour mission de gérer les affaires publiques. L'administration centrale, dirigée par un gouverneur, détenait tous les pouvoirs et appliquait les décisions de la métropole sur l'ensemble du territoire colonial. L'administration locale, quant à elle, assurait le relais du pouvoir colonial sur le terrain, mais restait étroitement contrôlée par la hiérarchie coloniale. La centralisation était telle que la décentralisation était quasi inexistante, sauf dans quelques grandes villes à forte présence européenne. En dehors de ces centres urbains, les structures traditionnelles sont maintenues, mais sous tutelle stricte des autorités coloniales. Il s'agissait donc d'un ensemble de personnes morales chargé de gérer et de diriger les affaires publiques, personnes morales au sein et sous le contrôle desquelles interviennent des personnes physiques. Personnes morales ou physiques, il s'agit, *in fine*, d'un ensemble d'organisme possédant chacun son identité, sa personnalité, ses règles de fonctionnement, son budget[342]. Cette définition « distingue des acteurs publics et des acteurs privés en fonction des intérêts en jeu et par là, les institutions publiques et les institutions privées »[343]. Ainsi, l'administration coloniale en Afrique était constituée des personnes morales de droit public et de droit privé assurant l'organisation et le fonctionnement des activités administratives.

[342] Yves Gaudemet, *Traité de droit administratif*, tome 1, *op. cit.*, p. 13.

[343] Dominique Maillard, Desgrées du Lou, *Institutions administratives*, PUF, 2011, p. 1.

270. S'agissant des personnes morales ayant une mission administrative, qui peuvent être des organismes publics ou ceux à statut privé, elles correspondent à des collectivités. Celles-ci peuvent être centrales ou locales. Pour le système colonial d'administration centrale, il se caractérise par sa structure pyramidale, hiérarchisée et fortement centralisée sous la direction d'un gouverneur. On l'aura compris, dans un tel système, la place qu'occupe la décentralisation n'est que très marginale. Ainsi, l'ensemble des services étaient implanté quasiment dans la capitale, et l'administration centrale placée dans la capitale, avait une compétence, *ipso facto*, sur toute l'étendue du territoire de la colonie. Elle était le centre de commandement de toute la machine administrative coloniale. Ce système français de centralisation continuera à influencer les États d'Afrique subsaharienne issus de la décolonisation française qui appliqueront de manière encore plus autoritaire que le système colonial. En parlant du cas congolais, Kashemukunda Kasongo-Numbi, affirme que « pendant 47 ans d'indépendance, notre pays (Congo) a véu sous un pouvoir, non seulement dictatorial, mais, pire encore, outrageusement centralisé et concentré à Kinshasa. Ce pouvoir a même renoncé au mode de gestion de l'État qui se faisait, sous l'empire belge au Congo, par le mécanisme de délégation des compétences du pouvoir central aux entités locales »[344]. Ce modèle d'administration coloniale, fondé sur une centralisation absolue, s'opposait à toute logique de décentralisation réelle ou de participation locale. Contrairement à certaines colonies belges où la délégation des compétences aux entités locales avait été timidement expérimentée, l'administration française privilégiait un contrôle direct, en imposant un encadrement étroit du territoire à travers ses représentants hiérarchisés.

C – Une administration centrale relayée sur le territoire colonial

271. Pour le système colonial d'administration locale, il permettait la mise en place des services administratifs ayant vocation sur une partie du territoire colonial. Ces services pouvaient être greffés aux services centraux, on parle alors de l'administration territoriale de l'État colonial. Ils pouvaient également être regroupés en structures locales dotées de la personnalité juridique et de certaines autonomies et organisés et dirigés par des instances désignées directement par les

---

344 Kashemukunda Kasongo-Numbi, *L'Afrique se recolonise, une relecture du demi-siècle de l'indépendance du Congo-Kinshasa*, *op. cit.*, p. 249.

populations concernées, on parle alors de l'administration locale décentralisée. Sous l'administration coloniale, Alain Bockel rappelle également à juste titre que « la décentralisation est faible, et se limite à quelques agglomérations urbaines où la population européenne est importante ; à ce niveau, l'irruption de la politique, à partir de 1946, va se traduire par une dégradation du fonctionnement des municipalités dont les traces sont de surcroit sensibles actuellement ; les campagnes, quant à elles, demeurent encadrées par les structures traditionnelles, plus ou moins contestées, et soumises aux organes de traite que des institutions de nature précoopératives (comme les anciennes sociétés indigènes de prévoyance) ne concurrencent pas vraiment »[345].

272. S'agissant des personnes physiques agissant pour l'administration coloniale, il convient de rappeler d'emblée qu'avant la création de l'Afrique occidentale française (AOF), l'ordonnance royale du 7 septembre 1840 disposait aux termes de son article premier que « le commandement et la haute administration de la colonie du Sénégal et de ses dépendances sont confiés à un gouverneur résident à Saint-Louis ». Ce dernier disposait des prérogatives aussi importantes que diversifiées et étendues tant sur les pouvoirs administratifs, judiciaires, militaires que diplomatiques. Ce texte lui donnait une habilitation normative. Le gouverneur disposait des pouvoirs en matière de législation coloniale. À ce titre, la promulgation des ordonnances, des lois et décrets, relevait de ses domaines de compétence. En matière administrative, il était également habilité à prendre des actes réglementaires exécutables dans la colonie. Le gouverneur était considéré comme un véritable chef de l'État dans les colonies même si ses actes étaient soumis au contrôle hiérarchique du ministre de la Colonie. Outre donc les bureaux composés de fonctionnaires d'outre-mer, dirigeant les affaires en liaison avec le gouverneur, il y avait des inspecteurs de colonies. Ceux-ci étaient principalement des agents de contrôle. Bref, toute l'administration coloniale était placée sous son autorité hiérarchique.

[345] Alain Bockel, « L'administration territoriale et locale » in *Encyclopédie juridique de l'Afrique*, Pierre-François Gonidec, Maurice Ahanhanzo-Glélé (dir.), tome 1 – *L'État et le droit*, les Nouvelles Éditions Africaines, 1982, 500 p., p. 171-200.

II – Une administration fonctionnellement dominatrice

273. L'administration coloniale en Afrique n'avait pas pour vocation de servir les populations locales, mais plutôt d'assurer la domination de la puissance coloniale. Elle fut conçue comme un instrument de contrôle politique, d'exploitation économique et de gestion autoritaire des territoires. Sa fonction principale n'était pas le service public, mais la consolidation de l'ordre colonial. Le commandant de cercle, figure emblématique de cette structure, incarnait à l'échelle locale le pouvoir absolu. Il était à la fois juge, administrateur, percepteur d'impôts et chef militaire. Autour de lui, les structures territoriales comme les cercles, subdivisions et communes servaient à quadriller l'espace africain en vue d'un contrôle plus efficace. L'architecture administrative, notamment en Afrique occidentale française (AOF) et en Afrique équatoriale française (AEF), était fortement centralisée, suivant une logique impérialiste. Les chefs traditionnels, intégrés de force dans ce dispositif, étaient utilisés comme relais locaux du pouvoir colonial, souvent en rupture avec leur légitimité d'origine. Par ailleurs, contrairement au modèle britannique plus indirect, le modèle français privilégiait une administration directe, bureaucratique, et rigide, souvent perçue comme étrangère aux réalités sociales africaines. Elle participait à une politique d'assujettissement en instrumentalisant les élites locales et en marginalisant les structures coutumières autonomes.

A – Une administration coloniale au service du contrôle impérial

274. Dans son sens fonctionnel, l'« Administration » est le fait ou l'activité d'administrer, d'organiser ou encore de gérer des biens ou des affaires publiques. Plus globalement, l'administration doit pourvoir[346] aux besoins du groupe social de manière désintéressée[347]. Il s'agit de satisfaire d'abord et avant tout l'intérêt général[348]. L'administration coloniale n'avait pas pour objectif premier de répondre aux besoins des populations locales, mais de maintenir l'ordre public et garantir les intérêts économiques et politiques de la France. Elle se caractérisait par sa variété se fixant deux missions principales. D'abord, celle liée au régalien, comprenant la sécurité, la justice, et la fiscalité (impôt de capitation, travail forcé). Ensuite, celle se rapportant à l'économie et au

---

[346] Dominique Maillard, Desgrées du Lou, *Institutions administratives*, *op. cit.*, p. 2.

[347] Bertrand Seiller, *Droit administratif*, t. II, *op. cit.*, 2016, p. 17.

[348] Georges Dupuis (al.), *Droit administratif*, 8e éd., Dalloz, 2002, p. 3.

social, visant à exploiter les ressources locales, à développer les infrastructures nécessaires à l'administration coloniale (l'urbanisation, le réseau routier, les voies ferrées, les aéroports), diffuser la culture occidentale, enseigner les savoirs coloniaux.

275. Cet ensemble d'activités, était celles consubstantielles à la raison d'être même de l'État impérial et qui ne pouvaient, en principe, faire l'objet d'aucune délégation. C'est le cas de la sécurité extérieure par la diplomatie et la défense du territoire colonial, la sécurité intérieure et le maintien de l'ordre public colonial. Cet ensemble d'activités consistait aussi à définir le droit et rendre la justice dite moderne, à définir la souveraineté économique et financière en ayant la capacité d'émettre de la monnaie coloniale. Loin d'être un organe de développement, l'administration coloniale est avant tout un instrument de contrôle et d'exploitation.

276. C'est ainsi qu'elle va imposer de manière dictatoriale une domination totale sur les populations africaines, restreignant leurs libertés et les soumettant à un système coercitif basé sur le Code de l'indigénat. Toute activité, y compris les déplacements, est soumise à l'autorisation des autorités coloniales. Le travail forcé et les impôts de capitation sont imposés aux indigènes sous la surveillance des chefs traditionnels, transformés en relais du pouvoir colonial. Les élites locales sont intégrées dans ce système en échange de privilèges, créant ainsi une relation clientéliste entre le colonisateur et certaines figures indigènes.

277. L'administration coloniale était une administration en déséquilibre avec le cadre social et à vocation impérialiste. Elle reposait sur une approche assimilationniste, visant à imposer les valeurs et la culture métropolitaine aux populations colonisées. En comparaison, le modèle britannique prônait une administration indirecte, *l'indirecte rule*[349], laissant une certaine autonomie aux chefferies locales sous supervision britannique. L'administration française se distingue par son caractère autoritaire et centralisateur, ne laissant que peu de place aux particularismes locaux. Toutefois, si les deux systèmes ont en commun d'être une administration coloniale, ils se différencient, de

---

[349] Jean-Pierre Chrétien, *L'Afrique des Grands Lacs, Deux mille ans d'histoire, op. cit.*, p. 229.

manières moins radicales que ne le laisse supposer la terminologie employée[350], par leur mode d'administration.

278. Le système français se caractérise par un gouvernement direct de la colonie depuis la métropole par l'entremise des agents de celle-ci sous le commandement du ministère des colonies créées en 1894. Comme noté *supra*, la métropole, dans le cadre du système d'administration coloniale, reste et demeure le point juridiquement central du rapport impérial[351]. Par conséquent, l'administration coloniale doit, sans relâche, prôner la politique d'assimilation culturelle des populations colonisées aux valeurs et idéaux de la civilisation métropolitaine. Alors que le système britannique, quant à lui, prône la politique d'association. C'est le système du *self-government*, qui se caractérise par une réelle autonomie accordée aux colonies. Dans la conception coloniale britannique, les particularismes et les divergences entre les colonies et la métropole sont si marqués que celles-ci ne sauraient être efficacement administrées que par elles-mêmes et ce, sous le contrôle de l'autorité métropolitaine. Ce faisant, les colonies ont, dans le cadre de cette administration indirecte, le droit de se gouverner elles-mêmes mais tout en reconnaissant l'autorité britannique. Entre ces deux variantes, l'administration coloniale française ne faisait qu'imposer sa volonté dilatoire. Elle se distingue de celle britannique par son autoritarisme. Alain Bockel rappelle, à juste titre, que dans le modèle administratif français, « l'administrateur colonial en est la pièce maîtresse : c'est un fonctionnaire d'autorité, de commandement, souvent amené à diriger directement les services techniques de la circonscription ; cet agent est en contact étroit avec les chefferies qui lui servent de relais pour ''saisir'' la population »[352].

---

[350] Jean Suret-Canal, « *La fin de la chefferie en Guinée* », *Journal of African History*. VII. 1966. p. 459-493.

[351] Olivier Beaud « L'empire et l'empire colonial dans la doctrine publiciste française de la IIIe République », *op. cit.*

[352] Alain Bockel, « L'administration territoriale et locale », in *Encyclopédie juridique de l'Afrique*, Pierre-François Gonidec, Maurice Ahanhanzo-Glélé (dir.), tome 1 – *L'État et le droit*, Abidjan, Dakar, Lomé, Les Nouvelles Éditions Africaines, 1982, p. 171.

B – Une structuration territoriale conçue pour la domination

279. Jusqu'à une époque recente, les colonies françaises en Afrique étaient gérées séparément et cette multiplication des centres d'autorité au sein des colonies suscitait des conflits de compétences entre gouverneurs de colonies voisines. Ce qui était alors considéré comme néfastes aux objectifs de l'État impérial, ceux de la domination française en Afrique. C'est ainsi qu'apparaît très nettement la nécessité d'anticiper cette désagrégation de l'influence coloniale en adoptant le décret du 16 juin 1895[353]. Ce texte confie au Gouverneur de la colonie du Sénégal, l'administration de l'ensemble des colonies de l'Afrique occidentale française (AOF) au nombre de quatre : Côte d'Ivoire, Guinée, Sénégal et Soudan français (actuel Mali). D'autres territoires coloniaux rejoindront cette union en 1904, date à laquelle l'empire colonial français distingue les fonctions du Gouverneur du Sénégal et celles du Gouverneur général de l'AOF. De manière générale, toutes les colonies françaises en Afrique sont réunies en divers gouvernements généraux notamment la fédération AOF dont la capitale est transférée de Saint-Louis à Dakar, et la fédération de l'Afrique Équatoriale française (AEF) avec pour capitale Brazzaville créée en 1910, à quoi s'ajoutent l'Afrique du Nord et le Madagascar. Ils disposaient de tous les pouvoirs tant administratifs que politiques et dans chacune de ces structures était nommé un gouverneur qui représentait à la fois l'État français et l'ensemble des territoires coloniaux de son ressort géographique.

280. La métropole a ainsi mis en place, non pas au profit de la population colonisée, mais pour des besoins de l'exploitation coloniale, cette nomenclature administrative pyramidale. Et certains grands événements viendront, comme les guerres mondiales ou la crise économique des années 1930, renforcer la dépendance des colonies à l'égard de la métropole[354]. Ainsi, pour des exigences de cohérence administrative et de la concentration de l'autorité de décision, la colonie dirigée par un gouverneur placé sous l'autorité du gouverneur général sera donc morcelée en diverses circonscriptions. Elle est ensuite subdivisée en cercles administratifs[355] avec un administrateur faisant

---

[353] Décret du 16 juin 1895 portant création du Gouverneur général de l'AOF, JORF, 162 17 juin 1895, p. 83-85.

[354] Simon-Pierre Ekanza, « Le double héritage de l'Afrique », *op. cit.*, p. 606.

[355] François Zuccarelli, « De la chefferie traditionnelle au canton : évolution du canton

office de préfet à leur tête. Ces cercles se composent d'un certain nombre de subdivision parfois à base ethnique notamment en cantons, en villages, chacune d'elle était placée sous la responsabilité d'un fonctionnaire de l'administration générale, le tout répondant au système colonial français de l'administration dite directe. Le commandant de cercle, représentant du gouverneur détenait un véritable pouvoir monarchique. Les objectifs poursuivis dans ce système de gouvernorat, « véritable charnière du système centralisé »[356], étaient de consolider et d'étendre l'influence française. Par rapport à l'héritage précolonial, cette administration coloniale créait des disparités criantes entre les populations, villes, villages. Son obsession impérialiste va conduire à la dégradation des conditions de vie et de travail des populations africaines.

281. Le commandant de cercle était le seul responsable sur son territoire du maintien de l'ordre public. Il était le chef des indigènes, à ce titre, il faisait le recensement et la perception des impôts, notamment celui de capitation. La réalisation de tous les services administratifs, comme, la diffusion de la culture, l'enseignement, le domaine social, sanitaire, agricole, élevage, la réalisation des équipements publics entre autres l'urbanisation, le réseau routier, les voies ferrées, la protection des forêts, relevant de sa localité étaient placés directement sous sa responsabilité. Ce commandant de cercle, représentant du gouverneur de la colonie dans sa circonscription, était le responsable hiérarchique des chefs de subdivision. Il nommait les chefs des cantons et village, soit parmi les notables, soit en suivant la règle de la chefferie coutumière. Ces derniers étaient des agents d'exécution de l'administration coloniale française. Aucune colonie ne pouvait échapper à cette transformation institutionnelle et administrative voulue et décidée par l'empire colonial français. Le gouverneur sera ainsi le chef de toute l'administration coloniale (justice, enseignement, santé, finances).

282. C'est à ce Gouverneur qu'il revenait de promulguer les décrets, de prendre les arrêtés, de nouer les relations diplomatiques avec les pays voisins, de faire maintenir l'ordre public par les forces de polices,

---

colonial au Sénégal – 1855-1960 », *op., cit.*, p. 213-238.

[356] Pierre Legendre, *Histoire de l'administration de 1750 à nos jours*, coll. Thémis, PUF, Paris 1968, p. 167.

d'assurer la sécurité intérieure et extérieure, etc. Il se faisait assister d'un conseil consultatif formé en majorité de hauts fonctionnaires, des notables européens et autochtones, tous nommés par lui et ayant pour mission la gestion des affaires de la colonie qui sera divisée en de cercles, chacune de ces circonscriptions étant dirigée et administrée par un gouverneur ou un administrateur de cercle ou encore un officier nommé commandant de cercle (assimilable à un sous-préfet).

283. À titre d'illustration, dans la colonie de Côte d'Ivoire, il sera créé des cercles entre autres de Sassandra, Cavally, Béréby, Odjenné, San Pedro, Tabou, Daloa, Boutoubré, Issia, Guidéko. Dans la colonie du Soudan (Mali), il y avait les cercles de Kayes, Bamako, Ségou, Djenné, Kita, Bafoulabé, Satadougou, Nioro, Sokolo, Goumbou, Tombouctou, Bandiagara. La colonie de Guinée, connaîtra l'arrêté du 25 décembre 1904[357] qui érigeait en commune mixe la ville de Conakry, à quoi s'ajoutent celles de Kankan et de Kindia. La commune de Conakry deviendra la capitale coloniale et seront créés les cercles notamment de Dinguiraye, Kankan, Siguiri, Kouroussa, Kissidougou, Beyla. La colonie de la Haute Volta (Burkina Faso), les cercles seront notamment Ouagadougou, Léo, Khoury, Sikasso, Bobo Dioulasso.

284. Ainsi, l'organisation territoriale coloniale s'appuyait sur une division administrative fine et stratifiée, articulée autour des cercles, de communes mixtes et de chefferies, destinés à assurer un contrôle direct et continu du territoire. Cette architecture n'avait pas pour finalité une véritable décentralisation, mais plutôt une rationalisation du pouvoir colonial, garantissant la pénétration de l'autorité métropolitaine jusque dans les zones les plus reculées.

C – Une instrumentalisation des chefferies traditionnelles

285. Comme il a été dit plus haut, le cadre légal ne peut tout déterminer, il faut souvent tenir compte de la distanciation entre la loi et son application du fait du décalage entre celle-ci et sa société destinataire dont la logique n'est pas forcément celle du droit romano-germanique. Cette réalité de conciliation entre les impératifs de la colonisation avec la nécessité de conduire les populations locales à faire

---

[357] Arrêté publié au JOG, 31 décembre 1904 : 483. Rapporté par Odile Goerg, « Conakry : un modèle de ville coloniale française ? Règlements fonciers et urbanisme, de 1885 aux années 1920 », *op. cit.*, p. 309-335

allégeance aux normes coloniales exige de l'État colonial de conserver les pratiques traditionnelles surtout les chefferies locales en se servant d'elles[358]. Celles-ci seront soit réorganisées ou soumises entièrement à la dépendance de l'ordre colonial, soit supprimées dès lors qu'elles expriment une forte divergence avec l'administration coloniale.

286. On l'aura compris, le respect et le maintien des coutumes, des institutions, des mœurs, des chefs traditionnels[359], était prévu, tant que ces pratiques n'étaient pas incompatibles avec les objectifs du colonisateur. Leur maintien équivalait à une forme de dualisme législatif qui « fut aménagé de telle façon qu'il devient une des voies privilégiées de l'acculturation »[360]. L'idée qui sous-tendait cette initiative d'intégration était loin d'être une compassion pour ces pratiques traditionnelles, mais pour servir de tremplin, d'instrumentalisation afin de pouvoir contrôler la population. Cela est d'autant plus vrai que ces chefs traditionnels[361] restaient foncièrement sous l'autorité des autorités coloniales. Ils étaient simplement des intermédiaires autochtones devant assurer et s'assurer que la conquête coloniale étendait sa zone d'influence[362]. Ainsi, dans un appétit impérialiste, « la récupération de la chefferie traditionnelle s'affirme comme stratégie administrative du Pouvoir colonial »[363]. À rappeler que ces chefs traditionnels « conservant plus ou moins leurs titres et attributions anciennes ne sont aux yeux de la loi que des agents de l'administration coloniale, agents non-fonctionnaires, dépourvus de tout statut et par conséquent de tout droit, révocables *ad nutum*[364] par

---

[358] François Zuccarelli, « De la chefferie traditionnelle au canton : évolution du canton colonial au Sénégal – 1855-1960 », *op., cit.*, p. 213.

[359] Jean Jacques Villandre, *Les chefs traditionnels en Afrique occidentale française,* Paris, 1950, 136 p.

[360] Norbert Roland, Anthropologie juridique, PUF, Paris 1988, p. 352. Cité par Fischer Bénédicte dans sa thèse, *Les relations entre l'administration et les administrés au Mali : contribution à l'étude du droit administratif des États d'Afrique subsaharienne de tradition juridique française, op. cit.* p. 96

[361] Vincent Foucher, Étienne Smith, « Les aventures ambiguës du pouvoir traditionnel dans l'Afrique contemporaine », *op., cit.*, p. 34 et s.

[362] François Zuccarelli, « De la chefferie traditionnelle au canton : évolution du canton colonial au Sénégal – 1855-1960 », *op. cit.* p. 213.

[363] Maurice Kamto, *Pouvoir et droit en Afrique noire. Essai sur les fondements du constitutionnalisme dans les États d'Afrique noire francophone, coll. Bibliothèque africaine et malgache*, LGDJ, Paris 1987.

[364] L'expression signifie que l'acte ou la décision est révocable unilatéralement, sans délai, sans motivation, sans indemnité encore moins de respect de préavis. La frontière

l'administration supérieure, passibles des sanctions applicables aux autres sujets indigènes »[365]. L'auteur continue en rappelant que Le rôle essentiel de ces chefs traditionnels « était de faire rentrer l'impôt (impôt de capitation et taxes annexes) sur lequel une ristourne leur était consentie – c'est leur seule source officielle de revenu. Fournir les ''prestataires'' (corvéables) pour les diverses besognes de l'administration portage, construction et entretien des routes, des bâtiments publics, etc. »[366].

287. Visiblement, l'administration coloniale en déséquilibre avec la structure sociale d'implantation et à vocation « impérialiste » n'avait pas pour mission de promouvoir le bien-être, la sécurité et la prospérité de ses administrés alors que c'étaient-là ses fonctions premières. Bref, le meilleur que les administrés pouvaient espérer de l'administration coloniale était de devenir des sujets et n'avaient qu'à répondre « Oui mon Commandant »[367]. À rappeler que dans ce système supposé libéral, les libertés des indigènes étaient restreintes et soumises à contrôle. En application du code de l'indigénat, ils devraient obtenir des autorisations des administrateurs, sous peine de lourdes sanctions, pour les déplacements à longue distance[368]. Si l'administration coloniale

---

avec l'autoritarisme est fine.

365 Jean Suret-Canal, « La fin de la chefferie en Guinée » *op. cit.*, p. 459-493.

366 *Idem.*

367 Voir Amadou Hampâté Bâ, *Oui mon Commandant* ! Actes sud, 1994, 520 p. Dans cette œuvre, Amadou Hampâté Bâ nous dresse le début de sa carrière de fonctionnaire de l'administration coloniale en Haute-Volta (Burkina Faso). Après un long voyage au cours duquel il commence à noter tous les récits oraux dont il deviendra le dépositaire, il devient peu à peu, à travers mille aventures cocasses, émouvantes ou dramatiques, un homme sage capable de porter sur le monde qui l'entoure un regard à la fois perspicace, subtil et rigoureux. Mais c'est la formidable énergie de ce récit qui frappe le plus : par-delà son caractère autobiographique, comme dans son œuvre Amkoullel, Amadou Hampâté Bâ, est toujours aussi enrichissant et rafraîchissant, humble et rocambolesque. C'est un vaste tableau, fascinant et vivant, de l'Afrique coloniale de cette époque qu'il offre. On se délecte des anecdotes rapportées avec une verve et un humour qui sont inimitables. On savoure l'extraordinaire galerie de portraits de chefs coloniaux aux surnoms évocateurs. Au fil du récit se dessine une évolution spirituelle qui trouve son accomplissement à la fin de l'ouvrage, en 1933, lorsque l'auteur, de retour au Mali, reçoit de son maître spirituel Tierno Bokar, les enseignements d'amour et de tolérance qui, dit-il, vont féconder le reste de sa vie.

368 Nathalie Funes, « Code de l'indigénat dans les colonies : un siècle de répression », article de presse, L'OBS, 24/02/2019, disponible en ligne : https://www.nouvelobs.com/monde/afrique/20190221.OBS0653/code-de-l-indigenat-dans-les-colonies-un-siecle-de-repression.html

était chargée de la mise en œuvre des services publics régaliens et non régaliens, elle s'appuyait sur les chefs traditionnels pour obliger les indigènes, sur fond d'obéissance et d'exploitation, à exécuter toutes les prestations. Outre les paiements des impôts en nature, ces derniers devraient effectuer des travaux de pénibilité, travail forcé[369].

288. Dans ce système administratif colonial, le rapport entre administration et administré se caractérisait par une crise de confiance, de peur et de méfiance, bref des crises de la démocratie[370]. Les seconds, considérant les premiers comme des envahisseurs, des persécuteurs. Une attitude dictatoriale facilitée par des élites indigènes « composées des chefs de cantons, des administrateurs publics et de forces de l'ordre, [qui] perçoivent l'État colonial comme un moyen d'ascension sociale »[371]. C'est vrai, « la promesse du colonisateur envers nos élites indigènes était un contrat de patronage et de clientélisme »[372]. Dans cette organisation coloniale, le rapport était clair : « les élites indigènes faisant fonctionner l'État colonial au profit du colonisateur, et en contrepartie le colonisateur faisant bénéficier aux élites indigènes des largesses et des avantages de l'État colonial »[373]. Ce n'est pas un excès de plume de noter que « l'État et l'administration publique au temps de la colonisation n'étaient plus au service de la prospérité, de la sécurité et du bien-être de tous, mais plutôt au service du colonisateur et de ses clients, les élites indigènes »[374]. Donc, pour des raisons d'ordre politique (éviter tout ce qui peut concurrencer le pouvoir d'État), il s'agissait d'une administration centralisée, pyramidale et hiérarchisée sous la direction du gouverneur qui exerçait un pouvoir absolu.

289. Ainsi, l'administration coloniale, conçue comme un instrument de domination et de contrôle, obéissait à une logique d'uniformisation et d'autorité absolue. Son organisation pyramidale, dirigée depuis le sommet par le gouverneur, visait avant tout la stabilité politique du

---

[369] Babacar Fall, « Le travail forcé en Afrique occidentale française », *Civilisation*, n°41, 1993, p. 329-336.
[370] Alioune Sall, *Singularités juridiques africaines. Ce que l'Afrique apporte au droit*, L'Harmattan, 2023, p. 258 et s.
[371] Babacar Fall, « Le travail forcé en Afrique occidentale française », *op. cit.*, p. 329-336.
[372] *Idem.*
[373] *Idem.*
[374] *Idem.*

régime colonial et la neutralisation de toute forme de contre-pouvoir local. Cependant, cette rigidité institutionnelle s'est heurtée à la diversité socioculturelle des territoires soumis à son autorité.

III – Une administration étanche aux dynamiques locales

290. L'administration coloniale française s'est caractérisée par son hermétisme linguistique, juridique et institutionnel. Fonctionnant exclusivement dans la langue du colonisateur, elle demeurait ésotérique pour la majorité des populations africaines, exclues par l'illettrisme et la barrière linguistique de tout véritable accès aux mécanismes administratifs. Cette fracture linguistique accentuait l'isolement de l'administration coloniale, perçue comme une structure étrangère et incompréhensible. En outre, cette administration ne reposait nullement sur le consensus social, contrairement aux systèmes traditionnels africains où la décision collective et la médiation prévalaient. Elle était fondée sur la coercition, l'imposition unilatérale des normes et l'exercice autoritaire du pouvoir. Les décisions venaient d'en haut, sans concertation avec les populations, souvent par le biais de l'usage de la force ou de la menace. Enfin, loin de répondre aux besoins des administrés, l'administration coloniale servait essentiellement les intérêts de la puissance coloniale. Elle était un rouage de l'exploitation économique, en organisant la collecte de l'impôt, le recrutement forcé pour les chantiers ou les guerres, et la mise en valeur des ressources au profit de la métropole. Elle apparaissait ainsi comme un appareil d'oppression, déconnecté des réalités culturelles, économiques et sociales locales.

A – Une langue administrative étrangère et excluante

291. Le déséquilibre de l'administration coloniale avec la structure sociale d'implantation s'explique en outre, par son éloignement total des populations locales. La langue française est imposée comme seule langue administrative, rendant les procédures opaques pour la majorité des habitants pour qui elle est ésotérique[375]. De même, les décisions administratives sont prises sans consultation des populations concernées, renforçant la méfiance et l'opposition au pouvoir colonial.

---

[375] Maurice Ahanhanzo Glélé, « La constitution ou loi fondamentale. Techniques d'élaboration, d'approbation et de révision de la Loi Fondamentale », in *Encyclopédie juridique de l'Afrique*, Pierre-François Gonidec, Maurice Ahanhanzo-Glélé (dir.), tome 1 – *L'État et le droit*, *op. cit.*, p. 35.

Les documents officiels ne sont ni traduits ni accessibles aux populations locales, ce qui accentue l'incompréhension et le sentiment de domination. Or, c'est un truisme que de noter qu'à cette époque plus de 90% des africains ne fréquentaient pas l'école française et l'enseignement supérieur était quasi-inexistant comme dans la plupart des pays africains d'obédience coloniale française.

292. Dans ces conditions, les documents officiels (non traduits en dialecte local), seront totalement méconnus des destinataires. Alors que la langue française « reste trop subtile pour être une langue passe-partout, elle n'en est pas moins une des plus belles langues du monde, aussi difficile soit-elle à maîtriser, même pour ceux dont elle est la langue maternelle »[376]. L'on pourrait proposer la solution des interprètes, un *in-between*. Mais la présence des interprètes ne saurait être une solution alternative efficace et efficiente dans la mesure où « l'usage d'interprète ne résout en rien le problème car trop souvent des problèmes de sens et d'expressions remettent en question le caractère »[377] original de ces documents. Cet éloignement linguistique qui entrainait une certaine opacité des procédures administratives, expliquait aussi l'inadaptation de cette administration coloniale au contexte local d'importation, réduisant ainsi sa légitimité sociale.

B – Une administration autoritaire sans légitimité sociale

293. Il a été dit plus haut, en Afrique précoloniale, le consensus était le mode par lequel les décisions concernant la communauté se prenaient. Mais avec l'administration coloniale, on va avoir un régime de contrôle et de repression. Ce système va créer une rupture profonde entre les populations africaines et l'administration, nourrissant une défiance durable envers l'État.

294. Dès lors, l'administration coloniale, en rupture radicale avec les formes d'organisation sociopolitique endogènes, s'est imposée comme une structure autoritaire, imposée d'en haut, fondée sur la contrainte

---

376 Hervé Bourges, *Pardon my French. La langue française, un enjeu du XXIe siècle*, édition Karthala, 2014, 278 p.

377 Antonio Peña Jumpa, « Les difficultés d'accès au système judiciaire au Pérou : la justice communautaire comme alternative », *Droit et cultures* [En ligne], 62 | 2011-2, mis en ligne le 04 mai 2012, consulté le 17 novembre 2018. URL : <http://journals.openedition.org/droitcultures/2642>.

plutôt que sur l'adhésion. Alors que dans la plupart des sociétés africaines précoloniales, les décisions collectives étaient le fruit d'un consensus socialement négocié – impliquant la participation des anciens, des chefs coutumiers et, plus largement, de la communauté – l'administration coloniale a introduit une logique unilatérale, verticale et coercitive du pouvoir administratif. La participation volontaire et la délibération communautaire ont été remplacées par un système d'ordres, de contrôles et de répressions. Ce basculement profond du mode de gouvernement a contribué à briser les fondements du lien social traditionnel et à distendre la relation entre les populations et l'autorité publique.

295. Cette administration n'était ni issue des peuples qu'elle gouvernait, ni soumise à leur contrôle. Elle tirait sa légitimité non d'un pacte social ou d'une adhésion populaire, mais de l'ordre colonial lui-même, légitimé par la force et justifié par la mission civilisatrice. En érigeant la domination administrative en outil central de l'exploitation coloniale, les autorités ont institutionnalisé une gestion autoritaire du territoire : recensements forcés, corvées, impôts de capitation, réquisitions, surveillance des mobilités, encadrement des chefferies locales, etc. Tout dans cet acte administratif colonial traduisait une défiance à l'égard des gouvernés et une volonté de contrôle absolu sur les corps et les terres.

296. Ce mode de gestion, structuré par la défiance et l'obsession du contrôle, a profondément miné la perception que les populations pouvaient avoir de l'autorité publique. L'administration, loin d'incarner un service au bénéfice des citoyens, fut perçue comme un instrument d'oppression au service d'intérêts extérieurs. Les rares tentatives d'association des populations locales à la gestion administrative, notamment à travers les chefs traditionnels cooptés, furent largement perçues comme des manipulations visant à asseoir le pouvoir colonial en instrumentalisant des figures d'autorité locales. Cette politique ambiguë de chefferie « administrée » a non seulement altéré la légitimité des autorités coutumières, mais a également contribué à entretenir une image négative de toute forme d'administration.

297. L'héritage de cette administration autoritaire est encore perceptible dans les structures étatiques postcoloniales. La méfiance généralisée envers l'administration, sa perception comme entité étrangère aux préoccupations populaires, son éloignement tant géographique que symbolique, et sa tendance persistante à l'autoritarisme procédural, trouvent leur origine dans cette filiation coloniale. Le modèle colonial a installé durablement une culture de la domination administrative déconnectée des exigences de redevabilité, de participation et de service public. C'est ainsi que les États africains postcoloniaux, souvent sans rupture véritable avec l'appareil hérité, ont reconduit les logiques de verticalité, de coercition et d'exclusion, reproduisant une administration qui agit plus par la peur que par la confiance.

298. L'absence d'un véritable contrat social liant l'administration à la société, combinée à la survivance des logiques autoritaires dans la gestion publique, continue d'alimenter un déficit de légitimité. Cette illégitimité n'est pas seulement institutionnelle, elle est aussi symbolique et fonctionnelle : l'administration n'est ni reconnue comme utile, ni perçue comme protectrice, ni considérée comme représentative. Elle est souvent vue comme une machine obscure, indifférente aux besoins du peuple, voire hostile à ses intérêts. Une telle perception affaiblit considérablement l'autorité de l'État, fragilise les politiques publiques et ouvre la voie à des formes alternatives de régulation sociale, notamment à travers les réseaux communautaires et les autorités coutumières non officielles. Dès lors, toute réforme administrative en Afrique subsaharienne postcoloniale doit commencer par une relecture critique de cette tradition autoritaire. Il s'agit d'engager une transformation profonde de l'administration, fondée non plus sur la crainte et la domination, mais sur la concertation, la transparence, la responsabilité et le service effectif de l'intérêt général. Ce n'est qu'à cette condition que l'administration pourra regagner la confiance des citoyens et devenir un levier de développement et de cohésion, plutôt qu'un vestige d'un passé imposé.

299. Ainsi, la reconstruction de l'administration postcoloniale ne saurait se limiter à la reproduction des structures héritées du passé, mais doit viser une véritable adaptation aux réalités locales et aux besoins des populations. Ce n'est qu'en rompant avec la logique de domination et de centralisation excessive que l'administration pourra retrouver sa vocation première : celle d'un instrument au service du bien commun.

C – Une administration d'exploitation plutôt que de service public

300. L'administration coloniale française a été conçue non pour servir les populations africaines, mais pour garantir le contrôle et l'exploitation des ressources locales au profit de la métropole. Ce faisant, elle n'a cessé de marginaliser les structures traditionnelles, tout en les instrumentalisant pour asseoir son autorité. Très malheureusement, son héritage continue d'influencer, négativement, les administrations postcoloniales, perpétuant des pratiques bureaucratiques centralisées et souvent inefficaces. Ce modèle de gouvernance, imposé par la colonisation, reste un défi majeur pour les États africains contemporains, qui cherchent encore aujourd'hui à concilier modernité administrative et réalités locales.

301. L'administration coloniale, dans sa structuration comme dans sa pratique, ne fut jamais conçue comme une administration de service public au sens moderne du terme. Elle fut avant tout un instrument d'occupation, de contrôle et d'exploitation. Loin de répondre à des besoins sociaux ou d'être orientée vers l'intérêt général, cette bureaucratie avait pour finalité première de servir l'ordre colonial, de garantir l'obéissance des populations indigènes et de maximiser les ressources extraites au profit de la métropole. Ainsi, dès sa genèse, l'appareil administratif colonial s'est construit sur une logique d'assujettissement, traduisant l'idéologie de la domination coloniale dans la pratique quotidienne du pouvoir.

302. Cette administration, fortement hiérarchisée, centralisée, et encadrée par une logique militaire, ne répondait pas aux demandes des administrés. Elle ne partait pas des réalités locales, mais d'impératifs politiques et économiques dictés depuis les centres du pouvoir impérial. Les fonctionnaires, souvent issus de la métropole ou formés dans un esprit colonial, étaient peu soucieux de comprendre les besoins et les dynamiques des sociétés qu'ils administraient. Le savoir administratif circulait dans une seule direction : du sommet vers la base, du centre vers la périphérie. Les décisions, souvent incompréhensibles pour les populations locales, étaient imposées de manière autoritaire, dans un climat de crainte et de soumission.

303. Cette bureaucratie, impersonnelle et éloignée, fonctionnait comme une machine à reproduire la domination. Elle s'exprimait dans une langue étrangère, usait d'un formalisme juridique hermétique, ignorait les systèmes de valeurs endogènes, et marginalisait les formes d'organisation sociétale traditionnelles. Elle instaurait des barrières tant symboliques que pratiques entre l'administration et les administrés. Les indigènes, loin d'être considérés comme des citoyens à part entière, étaient traités comme des sujets dont les rapports avec l'État se résumaient à l'obligation d'obéir, de payer l'impôt et de se soumettre à la répression en cas de désobéissance.

304. Les pratiques administratives coloniales – qu'il s'agisse du travail forcé, des réquisitions de vivres, du contrôle des déplacements ou des violences symboliques et physiques exercées par les agents de l'ordre – ont laissé une empreinte durable sur l'imaginaire social africain. L'administration est demeurée, pour beaucoup, un espace de domination, de contrainte, et non d'accompagnement. Ce legs négatif est l'un des facteurs majeurs expliquant aujourd'hui la faible légitimité de l'administration dans les États postcoloniaux africains, où elle est encore trop souvent perçue comme une entité étrangère aux citoyens, voire comme une menace.

305. En reconduisant ce modèle bureaucratique sans rupture après les indépendances, les nouveaux États ont reproduit les schémas de domination administrative, sans les adapter aux exigences du service public moderne fondé sur la participation, la proximité et la transparence. Ainsi, l'administration postcoloniale reste marquée par les stigmates de l'autoritarisme, du formalisme inutile, du clientélisme et de l'éloignement social. Le paradigme du « commandement » l'a emporté sur celui de la « gouvernance ». Redonner une légitimité à l'administration dans les États africains francophones impose dès lors une profonde refondation, une réorientation du rôle de l'administration autour des principes de service, d'écoute et de redevabilité. Cela suppose une rupture avec l'héritage colonial autoritaire et une redéfinition de la culture administrative sur des bases plus démocratiques, participatives et adaptées aux attentes concrètes des citoyens.

Conclusion de la deuxième partie

306. Au terme de cette deuxième partie et en se plaçant sur une échelle de temps à la fois diachronique et synchronique, il peut être retenu de l'existence d'un droit précolonial en Afrique de sources diverses et variées, qui étaient toutes en adéquation avec le cadre social d'application. Ce droit précolonial issu des valeurs ancestrales sera dépassé par la transposition du droit colonial français. En effet, il a été démontré que cette transposition a eu pour effets majeurs une bipolarisation juridique déséquilibrée en faveur du droit importé. Le droit colonial et le droit précolonial ne coexistaient guère. Le premier, dans sa volonté dominatrice s'est substitué au second qui a pourtant vainement résisté à cet assaut. À l'issue de cette victoire, une administration coloniale sera mise en place qui, à vrai dire, était conçue, non pas pour mieux administrer les autochtones qui n'offraient que la main-d'œuvre à bon marché, mais pour mieux asseoir l'ascendance de l'impérialisme. Ces autorités administratives n'avaient eu de cesse que d'échafauder de brillantes théories à partir de schémas préétablis, qui ne collaient en rien aux réalités des colonies.

307. Certes, une comparaison approfondie avec d'autres systèmes coloniaux serait pertinente. Cependant, l'analyse a choisi de se focaliser sur le cas franco-africain, sans trop aller en profondeur d'une mise en perspective avec d'autres expériences coloniales (britannique, belge, portugaise). Cela pourrait certes enrichir la réflexion, surtout avec le système britannique, basé sur l'administration indirecte via les chefs locaux ou encore avec le modèle belge, caractérisé par un encadrement strict sans réelle prise en compte des coutumes locales. Autant cela avait le mérite, autant le risque était grand de ne pas être efficace, surtout que le sujet de par sa formulation, comme il a été dit dans les propos introductifs, se caractérise par sa généralité.

308. En définitive, retenons que les États d'Afrique, anciennes colonies de la France, n'ont pas choisi, sur un plan juridico-politique et administratif, la transposition de l'ordre juridique français. Ils ont vu, à leur corps défendant, leur système précolonial subjugué par le système colonial. Les guerres de résistances[378] à la pénétration coloniale en sont

[378] Au pays manding (Haute Guinée) l'empereur Samory Touré, par sa farouche détermination contre la pénétration coloniale, avait été surnommé par les français eux-mêmes le « Bonaparte de Soudan ». Voir Alhassane CONDÉ, *La décentralisation en*

des illustrations. Cette transposition de l'ordre juridique colonial va ainsi occasionner une coexistence de deux systèmes juridiques, celui de la métropole et celui issu des pratiques traditionnelles et coutumières préexistantes. Dès lors, « deux conceptions de l'histoire s'opposent. Celle du colon, qui justifie, et celle du colonisé qui condamne »[379]. Aux indépendances, ces deux conceptions vont se transformer en véritable dilemme face aux nouveaux États africains. Ces derniers vont devoir hériter d'un système juridique hybride. D'un côté, le droit colonial, maintenu dans ses grandes lignes, notamment dans l'organisation de l'État et des institutions administratives. De l'autre, le droit précolonial, maintenu de manière informelle, en particulier dans les domaines du droit civil, du droit foncier et du droit familial. Ce qui fait plonger l'ordonnacement juridique postcolonial dans un mouvement d'oscillation entre modernisation et préservation des traditions locales. Aujourd'hui encore, les systèmes juridiques postcoloniaux portent l'empreinte de cette hybridation, où le droit issu de la colonisation cohabite avec des normes coutumières toujours vivaces mais non reconnues officiellement. L'instabilité de l'ordre juridique générée par la colonisation, marquée par des tensions entre modernité et traditions, n'a pas pu être réglée par le droit postcolonial au bénéfice des populations africaines. Cette situation continue d'influencer les législations postcoloniales des pays africains, qui doivent, en quête d'une identité, jongler entre héritage colonial et réalités culturelles locales réclamées par les populations, alors que les défis de la réforme du droit en Afrique contemporaine ne cessent de se présenter.

Guinée, une expérience réussie, L'Harmattan, 2003, p., p. 20.

[379] Alain Mabanckou, *Le Sanglot de l'Homme noir*, Fayard, 2012, p. 163.

PARTIE III – UN DROIT POSTCOLONIAL IDENTITAIRE

« Le fleuve qui oublie sa source se dessèche. »
(Proverbe peul).

309. Ce proverbe peul exprime l'importance pour les sociétés africaines postcoloniales de ne pas rompre avec leurs racines juridiques et culturelles. Il illustre le danger d'un droit postcolonial qui se contenterait d'imiter le modèle hérité de la colonisation sans se nourrir des pratiques autochtones. Il met en évidence la nécessité d'un retour aux sources pour donner au droit africain une véritable vitalité, au lieu de rester un système importé, artificiel et déconnecté des réalités sociales. Il relance le débat sur la quête d'identité du droit postcolonial. En effet, dans le langage littéraire et accessible, la quête d'identité désigne le processus par lequel une personne ou une société cherche à définir ou redéfinir son essence. Appliquée au droit postcolonial africain, cette notion est particulièrement pertinente en ce sens que, hérité d'un système juridique étranger, ce droit se trouve encore en recherche de ses propres repères. Après la lutte contre la pénétration coloniale, l'Afrique a connu un second mouvement majeur, celui de la lutte pour l'émancipation et l'indépendance politique. Aux indépendances, la référence au passé précolonial devrait inspirer les autorités politiques et cela avait commencé à se manifester symboliquement par des changements significatifs, notamment par le remplacement des noms hérités de la colonisation. Le Soudan français devint ainsi le Mali, la Haute-Volta se transformer en Burkina Faso, tandis que la Gold Coast britannique adoptait le nom du Ghana. Ce processus traduit une tension constante entre l'universalisme juridique importé et un désir de retour aux sources culturelles et juridiques traditionnelles.

310. Alors que l'on croyait que cette traditionalisation, justifiée par un sentiment de condamnation résultant d'un rapport de conflictualité, allait se traduire dans les actes pendant la période d'élaboration du nouvel ordre juridique. Mais, contre toute attente, les nouveaux régimes africains issus de la décolonisation ont fait le choix de maintenir, en grande partie, l'ossature juridique héritée du colonisateur. Ce choix, motivé par des raisons pratiques, économiques ou politiques, s'est souvent fait au détriment d'une revalorisation des systèmes juridiques précoloniaux. Pourtant, le droit postcolonial inspiré du droit colonial « n'est pas le seul créateur de norme juridique dans plusieurs sociétés en Afrique subsaharienne »[380]. Il aurait fallu faire preuve de rigueur d'analyse en revisitant davantage le droit précolonial et à le confronter aux réalités de sa propre historicité pour s'apercevoir de sa nécessaire prise en compte.

311. Malheureusement, la décolonisation juridique, l'accession à la souveraineté politique et institutionnelle qui donnait une liberté de réforme, d'accommodation, de réappropriation ainsi que des moyens légaux aux États africains n'a pas permis de s'affranchir véritablement de l'emprise coloniale. Ils se voyaient encore dans le miroir de la colonisation de sorte qu'ils sont restés prisonniers du modèle colonial. L'élaboration d'un nouvel ordre juridique, politique et administratif ne s'est pas fait sur la base des considérations originales. Devant les perspectives de liberté qui s'offraient aux États, ces nouvelles autorités normatives n'ont pas pu saisir l'opprotunité pour faire le bilan de leurs expériences juridiques passées et chercher à refonder leur système juridique postcolonial[381]. Certes, les résultats des réformes entreprises au lendemain des indépendances sont loin d'être négligeables. Mais ils n'ont pas suffi à éradiquer les mécanismes hérités **(Titre I)** et aux difficultés pouvant être liées à l'application du droit postcolonial **(Titre II)** posant ainsi l'impérative nécessité de sa réhabilitation (**Titre III**). Partout ailleurs, les autorités issues des indépendances, souvent formées dans les écoles juridiques françaises, ont perpétué ce système plus par nécessité[382] que par véritable choix, a-t-on soutenu, dans la logique du maintien de l'ordre juridique antérieurement applicable[383]. Ces

---

[380] Léonard Matala-Tala, « L'ineffectivité du droit positif en Afrique subsaharienne », *op., cit.*, p. 242.

[381] André Castaldo, Yves Mausen, *Introduction historique au droit,* Dalloz, 2019, (avant-propos).

[382] Yédoh Sébastien Lath, « Les caractères du droit administratif des États africains de succession française », *op. cit.* p. 1255.

[383] Magloire Ondoa, « Le droit administratif français en Afrique francophone : Contribution à l'étude de la réception des droits étrangers en droit interne », *RJPIC*, n°3, 2002, p. 287 et suiv.

nouveaux dirigeants africains semblaient être plus fidèles à l'héritage juridique colonial qu'au souvenir de leur brève gloire d'indépendance. Pourtant, le droit précolonial offrait un fonds irremplaçable de pratiques, d'expériences au droit postcolonial qui devrait lui permettre de juguler efficacement la question de son identité et donc de son effectivité. Dans tous les cas, la dialectique entre héritage colonial et précolonial[384] reste aujourd'hui encore un enjeu majeur dans la quête d'un droit véritablement africain et les États d'Afrique ici concernés doivent y donner une réponse rapide face à l'urgence.

[384] Simon-Pierre Ekanza, « Le double héritage de l'Afrique », *op. cit.,* p. 604-616.

Titre I – Une identité fragilisée par le maintien du droit colonial

312. On pouvait légitimement croire qu'à l'issue des indépendances africaines, le rejet du système colonial, ressenti comme une domination asymétrique, se traduirait dans les faits par une refondation juridique inspirée du droit précolonial. Cependant, à rebours des attentes, ce n'est pas le droit ancestral qui a été érigé comme socle du nouvel ordre juridique, mais bien le modèle colonial qui a continué à être la principale source d'inspiration. Le droit précolonial, jugé chancelant face aux innombrables défis juridiques et institutionnels contemporains, a été relégué au second plan, malgré l'influence persistante des traditions ancestrales sur les sociétés africaines[385]. A ce sujet, Simon-Pierre Ekanza, souligne avec justesse qu'« en réalité, malgré les indépendances, le ''problème africain'' reste entier depuis (...) : la décolonisation est – et demeure – inachevée ; et pour cause : s'est manifesté, depuis les indépendances, ce qu'il est convenu d'appeler le ''néo-colonialisme'', l'une des menaces les plus graves sur les indépendances africaines »[386].

313. Faut-il rappeler que cette dynamique de reconduction du modèle juridique colonial trouvait des raisons à la fois juridiques et extra-juridiques. Qu'il s'agisse du pragmatisme, de considérations historiques, du manque de moyens techniques ou institutionnels ou encore du peu de temps disponible pour élaborer un système endogène, les jeunes États africains issus du colonialisme français ont opté pour la conservation de l'ordre juridique colonial[387]. Cette position à laquelle ils ont massivement adhéré[388], atteste incontestablement une influence consciente[389] du droit colonial sur le droit postcolonial. En récusant la posture victimaire face à l'impérialisme occidental, Fatou Diome rappelle que « (...) même les escargots se remettent en route après les

385 *Ibid.*, p. 614.

386 *Ibidem.*, p. 615.

387 Voir Alioune Badara Fall, *La responsabilité extra-contractuelle de la puissance publique au Sénégal : essai de transposition des règles de droit administratif français dans un pays d'Afrique noire francophone,* Thèse, Université de Bordeaux I, sous la direction Jean-Marie AUBY, Professeur, Université de Bordeaux I, 1994, p. 43.

388 Voir Demba Sy, *Droit administratif*, *op. cit.*, p. 38.

389 Voir Alioune Badara Fall, *La responsabilité extra-contractuelle de la puissance publique au Sénégal : essai de transposition des règles de droit administratif français dans un pays d'Afrique noire francophone,* Thèse, *op. cit.*, p. 27.

tremblements de terre ! Selon elle, le pire mal dont souffre l'Afrique en ce siècle, c'est, avant tout, la culture du désespoir »[390].

314. Toutefois, ce droit postcolonial peine de surcroit à endosser et à acclimater le costume très cintré du droit colonial qu'il s'est dorénavant attribué. Il ne le comprend toujours pas dans ses articulations pour le maîtriser et l'adapter à son contexte d'application. C'est normal qu'il ne puisse le comprendre car ce droit colonial est formé à partir des valeurs et des civilisations de son cadre social d'application radicalement différentes de celles que le droit postcolonial est censé régir, c'est-à-dire les valeurs et civilisations africaines. Comme le souligne Louis Assier-Andrieu, ce droit importé s'apparente à un « dépôt arbitraire de conceptions occidentales en terres étrangères »[391]. Il convient donc de rappeler qu'aucun système juridique ne saurait être véritablement effectif s'il ne s'enracine pas dans les réalités socioculturelles et pratiques de la société qu'il prétend régir.

I – Un maintien aux fondements juridiques controversés

315. En transposant son ordre juridique dans les territoires colonisés, la France a obligé les systèmes traditionnels à se fondre dans son système. À l'aube des indépendances, il aurait été logique de « s'attendre à un net reflux du droit infligé »[392]. Pourtant, les nouvelles autorités ont opté pour le maintien du statuquo. Ce choix, fondé sur des bases juridiques discutables, a conduit à une situation paradoxale où l'on assiste à une décolonisation politique sans décolonisation du droit, ce qui, du reste, ne pouvait exister sans comporter quelques limites. Autant dire que ce n'est pas parce que ces États ont eu le droit de la décolonisation qu'il y a eu décolonisation du droit[393]. Malheureusement, on n'a pas pu décoloniser le droit postcolonial par le droit et même les esprits des juristes[394] postcoloniaux. Finalement, si l'on considère les raisons avancées pour le maintien du droit colonial,

---

[390] Fatou Diome, *Auncune nuit ne sera noire, op. cit.*, p. 218.

[391] Louis Assier-Andrieu, *Le droit dans les sociétés humaines,* Paris, Nathan, 1996, p. 92.

[392] Moussa Thioye, « Part respective de la tradition et de la modernité dans les droits de la famille des pays d'Afrique noire francophone », *op., cit.*, p. 376.

[393]Albane Geslin, « L'apport des *postcolonial studies* à la recherche en droit international », *in* Alban Geslin et al., *Postcolonial et droit : perspectives épistémologiques, op. cit.*, p. 159-186.

[394] *Idem.*

en conséquence, le droit postcolonial s'est retrouvé colonisé, tout comme la pensée juridique et épistémologique des nouveaux États.

A – Une continuité difficilement justifiable en droit interne

316. On parle ici du paradoxe de la continuité coloniale. En effet, l'accession à l'indépendance des anciennes colonies françaises d'Afrique a révélé un paradoxe saisissant : alors que l'occupant avait physiquement quitté les territoires, l'ordre juridique colonial, lui, demeurait. On parle alors de la décolonisation juridique et à la continuité coloniale ; de la disparition physique de l'envahisseur à la survivance intellectuelle de l'invasion[395]. Or, l'indépendance juridique n'imposait, ni en droit interne ni en droit international, aucune obligation aux États nouvellement souverains de se conformer aux prescriptions de la Constitution française de 1958. Ce maintien témoigne donc moins d'une contrainte formelle que d'un choix politique et pragmatique clairement affiché.

317. Cette continuité a bien des limites des fondements en droit interne. En effet, l'article 76 de la Constitution française du 4 octobre 1958 prévoyait que les territoires d'outre-mer pouvaient conserver leur statut au sein de la République ou devenir membres de la Communauté française[396]. Plus clairement, il disposait que « les territoires d'Outre-Mer peuvent garder leur statut au sein de la République. S'ils en manifestent la volonté par délibération de leur assemblée territoriale prise dans le délai prévu au premier alinéa de l'article 91, ils deviennent soit départements d'Outre-Mer de la République, soit, groupés ou non entre eux, États membres de la Communauté ». Le constituant français précisait en outre que dans les États membres de la Communauté les dispositions ayant valeur législative ou réglementaire en vigueur à la date du choix prévu à l'article 76 de la Constitution restent applicables en leur disposition non contraires à la Constitution tant que leur modification ou leur abrogation n'ont pas été prononcées par les autorités compétentes en vertu de la Constitution et du statut des dits États. Il ressort ici que cette continuité juridique, permise au sein de la

[395] René Rodière, « Approche d'un phénomène : les migrations de systèmes juridiques », in *Mélanges Gabriel Marty, op. cit.*
[396] Voir l'article 2 de l'ordonnance n° 58-913 du 6 octobre 1958, Journal officiel de la République française, 1959, précisant l'article 76 de la Constitution du 4 octobre 1958.

Communauté, n'avait aucune portée obligatoire pour les États devenus indépendants, à moins qu'ils n'en manifestent expressément la volonté[397].

318. En parlant du cas particulier de la Guinée dans cette dynamique caractérisée par la rupture politique et la continuité juridique, il faut admettre qu'il en constitue une exception notable. Précisons en amont qu'en application des dispositions de cet article 76, les États africains issus de la décolonisation française et qui étaient encore sous la domination coloniale jusqu'aux années 1960, ne pouvaient ainsi élaborer leur législation que dans le respect de la Constitution de la Communauté. Toutefois, cette exigence constitutionnelle ne pouvait s'appliquer à la Guinée qui, lors du référendum du 28 septembre 1958[398], fut le seul pays de toute l'Afrique de succession coloniale française à rejeter[399] la proposition d'intégration des colonies de l'Afrique occidentale française (AOF) au sein d'une future Communauté française, proclamant dès lors son indépendance le 2 octobre 1958 et devenant ainsi le 82ème membre de l'Organisation des Nations-Unies[400] (ONU). Comme on pouvait s'y attendre, ce rejet a eu des conséquences sur tous les plans, particulièrement juridique, politique, économique, diplomatique. L'une des portées de ce vote

---

397 Francis Wodié, « La législation », *in* Pierre-François Gonidec, Maurice Ahanhanzo-Glélé (dir.), *Encyclopédie juridique de l'Afrique, tome 1 – L'État et le droit*, *op. cit.*, p. 309.

398 Dès le 14 septembre 1958, le Congrès du Parti Démocratique de Guinée (PDG) réuni à Conakry sous la présidence de son secrétaire général, Ahmed Sékou Touré, s'était prononcé contre l'adoption de la constitution française. De même l'Union Progressiste Guinéenne, section locale du P.R.R., dans son Congrès de Mamou, se prononçait également pour un « Non » au référendum. Le résultat du référendum (95,4% de non) ne fut donc pas une surprise. Voir pour une étude approfondie, le commentaire de la constitution du 10 novembre 1958 et accords franco-guinéens du 07 janvier 1959, Rec. Penant 69e année, 1959, p. 152-165. Par ce vote du 28 septembre 1958, la Guinée a dit non au référendum gaulliste qui voulait instituer la communauté franco-africaine recouvrit alors son indépendance qu'elle proclama le 02 octobre 1958 en instituant un État indépendant « la République de Guinée ». Dans le même esprit, on refusa au Gabon de Léon Mba le statut de département pourtant prévu par la constitution. Houphouët lui-même ne fut pas encouragé à rester dans la communauté. Voir Jean Suret Canal, « la fin de la chefferie en Guinée », *op. cit.*

399 Alhassane Condé, *La décentralisation en Guinée, une expérience réussie*, *op. cit.*, p. 9.

400 Sur l'admission de la République de Guinée à l'Organisation des Nations Unies, voir A/RES/1325 (XIII), 12-12-1958 ; S/RES/131 (1958), 09-12-1958. Site des Nations Unies : <https://library.un.org/fr/unms?page=2>.

négatif fut le retrait brutal de la France[401] de la Guinée emportant avec elle toutes les archives juridico-administratives et laissant les nouvelles autorités dans une situation d'inconfort institutionnel. Tout était mis en œuvre par le pouvoir de Gaulle pour saboter le régime d'Ahmed Sékou Touré afin de lui faire payer son choix « révolutionnaire ». Maurice Robert, chef du secteur Afrique au service de documentation extérieur et de contre-espionnage (SDECE) de 1958 à 1968, dévoile, dans un entretien accordé au journal « Le Monde *diplomatique »,* les secrets de l'Opération dite « Persil ». Celle-ci consistait à déstabiliser le régime guinéen qui, sous l'impulsion du président Ahmed Sékou Touré, avait voté son indépendance dès 1958 et souhaitait, en 1960, abandonner le franc CFA et se doter de sa propre monnaie[402].

319. Il faut bien constater une tentative de réforme contrariée de sorte que dans un élan révolutionnaire, les autorités guinéennes ont essayé d'affronter cette crise institutionnelle en s'affranchissant de ce qui restait de la tradition[403] française et en optant pour une orientation socialiste adaptée au contexte local. Malgré leur volonté affichée de rupture, elles n'ont pu s'affranchir totalement du modèle juridique français. Faute de ressources institutionnelles suffisantes, elles ont repris les normes françaises en les adaptant progressivement aux

---

[401] Guia Migani, « Sékou Touré et la contestation de l'ordre colonial en Afrique Sub-saharienne, 1958-1963 », *Mondes*, n° 2, 2012, p. 257-273.

[402] « Nous devions déstabiliser Sékou Touré, le rendre vulnérable, impopulaire et faciliter la prise du pouvoir par l'opposition. (...) Une opération de cette envergure comporte plusieurs phases : le recueil et l'analyse des renseignements, l'élaboration d'un plan d'action à partir de ces renseignements, l'étude et la mise en place des moyens logistiques, l'adoption de mesures pour la réalisation du plan. (...) Avec l'aide d'exilés guinéens réfugiés au Sénégal, nous avons aussi organisé des maquis d'opposition dans le Fouta-Djalon. L'encadrement était assuré par des experts français en opérations clandestines. Nous avons armé et entrainé ces opposants guinéens, dont beaucoup étaient des Peuls, pour qu'ils développent un climat d'insécurité en Guinée et, si possible, qu'ils renversent Sékou Touré. (...) Parmi ces actions de déstabilisation, je peux citer l'opération ''Persil'', par exemple, qui a consisté à introduire dans le pays une grande quantité de faux billets de banque guinéens dans le but de déséquilibrer l'économie ». Maurice Robert, « ministre » de l'Afrique. Entretiens avec Alain Renault, Seuil, Paris, 2004 :<http://archive.wikiwix.com/cache/?url=https%3A%2F%2Fwww.monde-diplomatique.fr%2Fmav%2F158%2FA%2F58507>.

[403] « Tradition – Doctrine, pratiques, croyances, ou ensemble de celles-ci, munies d'une autorité actuelle et d'une légitimité basée sur leur transmission réelle ou prétendue du passé », *in Dictionnaire encyclopédique de théorie et sociologie du droit, André-Jean Arnaud (dir.),* 2è édition, LGDJ, 1993, p. 619.

réalités locales. Selon Ahmed Salim Halaby, il n'a pas été facile pour le jeune État guinéen de « ne pas tenir compte du système juridique de son ancienne puissance. En n'ayant pas fait preuve de révolution juridique, elle reprit ainsi le système juridique français »[404]. Cette volonté de continuité avec les institutions françaises avait déjà été exprimée au lendemain même de l'indépendance dans l'ordonnance n° 001/PRG/58 du 03 octobre 1958 du président de la République. La lecture de son article 2 ne laissait planer aucune ambiguïté sur le choix des nouvelles autorités guinéennes. En substance, il dispose, que « (…) sous réserve de leur adaptation progressive aux besoins, réalités et priorités du nouvel État, les lois et règlements en vigueur au lendemain de l'indépendance et légués par l'ancienne Métropole sont reconduites, sauf dans leurs dispositions qui sont l'expression d'une inégalité de statuts entre sujets et celles qui sont contraires à la souveraineté nationale. Il en est de même des Institutions Publiques ». À titre axiomatique et d'interprétation extensive et centrée sur le règlement du contentieux juridictionnel, cette ordonnance autorisait les juridictions guinéennes à faire application des textes français à l'exclusion de ceux qui portaient atteinte au nouvel ordre public et à l'intégrité du nouvel État[405]. Par ce tout premier texte à valeur législative de la Guinée indépendante, les nouvelles autorités annonçaient qu'elles continuaient à faire application des textes français à condition qu'ils ne soient pas contraires à l'ordre public guinéen[406].

320. Le changement de régime en 1984[407] marqué par l'arrivée au pouvoir de l'armée, n'a pas fondamentalement modifié cette continuité. Ce n'est qu'à partir de la fin des années 1980, sous la pression des aspirations démocratiques et des droits de l'Homme, qu'une nouvelle Constitution est adoptée en 1990 par voie référendaire[408]. Dans

---

404 Ahmed Salim Halaby. *La protection des droits fondamentaux devant la Cour suprême guinéenne statuant en matière administrative,* Thèse, *op. cit.*, p. 152.

405 Voir JORG, n° 009, 15 août 1984, p. 82.

406 Hassan 2 Diallo, *La réforme de la justice guinéenne. Défis et stratégie, op. cit.*, p. 15.

407 À la mort du premier président de la Guinée indépendante Ahmed Sékou Touré le 26 mars 1984, le 3 avril de la même année, par un coup d'État militaire, l'armée dirigé par le colonel Lansana Conté prend le pouvoir. Ce putsch sonna le glas de la révolution guinéenne et s'inscrit dans une politique d'ouverture du pays au reste du monde.

408 Kalil Aissata Keita, « Les partis politiques et l'impact des consultations électorales dans la société guinéenne. Les élections présidentielles 2010 et 2015 à l'épreuve des tensions ethniques et communautaires » *Thinkingafrica*, NAP, n° 36, 2016, 17 p.

l'ensemble des États postcoloniaux, les réformes structurelles, souvent encouragées par les institutions internationales, comme le Bretton Woods, n'ont fait que renforcer la structure étatique inspirée du modèle français.

321. En Guinée, par exemple, les réformes territoriales initiées en 1984 témoignent encore de cette influence persistante. Ces réformes se sont traduites par l'ordonnance n° 042/84 du 21 mai 1984, supprimant les appellations de « République Populaire Révolutionnaire de Guinée »[409], « Région Administrative », « Arrondissement » et « Pouvoir Révolutionnaire Local » et remplaçant par celles respectivement de « République de Guinée », « Préfecture », « Sous-préfecture », « District » et « Quartier »[410]. On l'aura compris, cette réforme a radicalement changé la nomenclature territoriale guinéenne. L'ordonnance 079/PRG du 25 mars 1986, précise en son article premier en substance, que l'organisation territoriale de la République de Guinée se structure à trois niveaux désormais : districts ruraux et quartiers urbains, Communauté rurale de développement CRD[411] et Commune urbaine CU, Préfectures et Ville de Conakry. Certes, cette nomenclature a changé sous l'effet des textes en vigueur. Si à l'issue de ces réformes postcoloniales, plusieurs institutions ont été produites, elles avaient pour autant comme source d'inspiration principale le modèle français. Ainsi, les réformateurs ont fait sentir l'influence française dans l'adoption des textes officiels. De manière similaire dans les États de succession coloniale française, on peut citer par exemple, le Conseil économique et social, la liberté de la Presse, de la Radio, de la Télévision, et de la Communication en général, le Conseil national de la communication, les lois des finances, la Cour suprême, la Haute Cour de justice, le Conseil supérieur de la magistrature, le statut des magistrats, l'état d'urgence et l'état de siège, des concepts tous calqués, aussi bien dans leur contenu que leur formulation, sur ceux français.

---

[409] Voir Alhassane Condé, *La décentralisation en Guinée, une expérience réussie*, *op. cit.*, p. 43.

[410] *Idem.*

[411] En application de l'article 51 de l'ordonnance n° 092/PRG/SGG/90 du 20 octobre 1990 portant organisation et fonctionnement des CRD en République de Guinée, « les CRD sont le regroupement d'un ensemble de districts autour d'un district considéré par les populations comme devant être le centre de l'organisation de leurs équipements collectifs ».

322. Malgré la violence symbolique de la séparation avec la France, notamment en Guinée, il fut difficile, en vérité, de faire « table rase » des textes français, et ce indépendamment de l'esprit et de la ferveur du discours politique propageant la rupture intégrale. Le président Ahmed Sékou Touré le faisait d'ailleurs remarquer clairement dans son discours, cité plus haut, lors du douzième Festival des arts et de la culture, tenu à Conakry en novembre 1979. De l'avis général, en matière des relations diplomatiques, la séparation entre la France et son ancienne colonie la Guinée est encore considérée comme la plus brutale. Nonobstant cette brutalité, les nouvelles autorités guinéennes reconnaissaient elles-mêmes une dépendance résiduelle.

323. Donc, il y a là un mimétisme juridique généralisé, de sorte que la Guinée, censée être révolutionnaire, et les autres anciennes colonies qui, pour la majorité, ont obtenu leur indépendance en 1960, semblaient faire nettement preuve d'incapacité à sortir des sentiers battus, à explorer la réalité locale autrement qu'à travers des catégories importées. Ces États ont ainsi conservé les institutions et les normes du modèle hexagonal, souvent sans réelle volonté d'explorer des alternatives fondées sur leurs propres traditions juridiques[412]. Pour des raisons de cohésion sociale, de développement économique, de sécurité juridique et d'évitement du vide normatif, le principe de la continuité législative de l'ordre antérieur à l'indépendance fut observé par quasiment tous les pays africains issus de la décolonisation française et ce quelle que fut la nature de leur rapport avec la France et la date à laquelle l'indépendance fut obtenue. Alain Bockel, parle avec raison de décolonisation juridique et de continuité coloniale[413]. Son questionnement, à savoir si cette option ne favorise-t-elle pas un affaiblissement de l'autonomie juridique[414] des États africains, nous semble bien légitime.

324. Il faut noter la persistance du droit colonial dans la sous-région. De manière générale et à titre de comparaison dans la sous-région, le principe de la reconduction de l'ordre juridique antérieur à l'indépendance fut respecté. Au Sénégal, de nombreux textes

[412] Babacar Kanté, *Unité de juridiction et droit administratif : l'exemple du Sénégal,* Thèse, *op. cit.*, p., 239.
[413] Alain Bockel, « Recherche d'un droit administratif en Afrique francophone », *op. cit.*
[414] *Idem.*

applicables avant l'indépendance sont restés en vigueur. C'est ce que montre avec minutie Alain Bockel dans son article sur la recherche d'un droit administratif en Afrique francophone en 1978. Il rappelle en effet que dans la première Constitution sénégalaise après l'indépendance « de nombreux textes applicables avant l'indépendance sont toujours en vigueur en vertu de l'article 93 de la Constitution ; et ils sont parfois d'importance : ainsi la liberté de presse est toujours régie, au Sénégal par la vieille loi française de 1881, comme l'a rappelé la Cour suprême[415] »[416]. Il précise avec raison que « l'examen de quelques grandes réformes législatives permettait de souligner les modalités de l'influence persistante, et ses limites : de nombreux textes adoptés depuis l'indépendance sont très nettement inspirés des textes français correspondants »[417]. En Côte d'Ivoire, le principe de reconduction de l'ordre juridique antérieur a été posé dans le titre XIII de la première Constitution du 3 novembre 1960 portant dispositions générales et transitoires. Il est clairement affiché aux dispositions de l'article 76 que « la législation en vigueur en Côte d'Ivoire, reste applicable, sauf intervention des textes nouveaux, en ce qu'elle n'a rien de contraire à la présente Constitution ». Il en va de même de l'article 173 de la première Constitution du 27 novembre 1960 du Burkina Faso qui dispose que : « la législation en vigueur reste applicable en ce qu'elle n'a rien de contraire à la présente constitution jusqu'à intervention des textes nouveaux ». La première Constitution togolaise du 14 avril 1961 ne dérogeait pas à la règle dans son article 60.

325. De ces cas d'illustration, on peut affirmer de la métropolisation du droit postcolonial et de la tropicalisation du droit métropolitain. Certes, depuis l'indépendance, des réformes et changements constitutionnels sont intervenus, mais cela ne change pas fondamentalement la donne. Il faut admettre que tous les pays d'Afrique subsaharienne de succession coloniale française ont maintenu à tort ou à raison ce principe de reconduction de l'ordre juridique antérieur, pourtant controversé en droit interne – il a été

---

[415] C.S., 6 février 1974. *Abdourahmane Cissé*, Ann. Afr. 1974. 98, note Lapeyre : la Cour suprême annule un arrêté interministériel interdisant un journal pour violation de la loi du 29 juillet 1881.

[416] Alain Bockel, « Recherche d'un droit administratif en Afrique francophone », *op. cit.*

[417] *Idem.*

démontré – et en droit international – il le sera dans les paragraphes suivants.

B – Des justifications controversées en droit international

326. Sur le plan international, le maintien du droit colonial ne trouve guère de justification juridique solide. En droit international, l'explication du phénomène est quelque peu controversée en ce sens qu'elle met en exergue à la fois l'application de la théorie de la succession d'États en matière d'ordre juridique interne[418] et la force juridique des accords internationaux entre la France et ses ex-colonies[419]. Les nouvelles autorités ne pouvaient clamer la confirmation de l'ordre juridique antérieur ni dans le cadre de la succession d'États[420] ni dans celui des accords internationaux[421]. En droit international, ni la théorie de la succession d'États ni les accords bilatéraux n'imposaient aux nouveaux États africains de conserver l'ordre juridique de l'ancien colonisateur. D'ailleurs, le droit international a toujours posé comme principe intangible, le droit des peuples à disposer d'eux-mêmes et les instances internationales se montrent porteuses de valeurs humanistes, protectrices des opprimés[422].

327. Il s'agit de l'opposition de la succession d'États à la continuité juridique. Dans le cadre de la succession d'États, d'abord, il faut distinguer en droit international la succession d'États de la succession de gouvernements[423]. Alors que la seconde est, en principe, sans effet en droit international du fait du principe de l'identité de l'État en cas de mutation politique. À ce propos, Rolland Rousseau disait que « les changements survenus dans la forme du gouvernement n'ont aucune influence sur la condition internationale de l'État. Ils laissent l'État

---

[418] Karim Dosso, *L'influence du droit administratif français sur le droit administratif ivoirien, op. cit.* Thèse, p. 129.

[419] Georges Fischer, « L'indépendance de la Guinée et les accords franco-guinéen », *in Annuaire français de droit international*, vol. 4, 1958, p. 711-722.

[420] Adam Abdou Hassan, *Les droits de l'homme dans les relations entre l'Union européenne et les États de l'Afrique subsaharienne*, Thèse, *op. cit.,* 824 p.

[421] Georges Fischer, « L'indépendance de la Guinée et les accords franco-guinéen », *in Annuaire français de droit international*, *op. cit.*, p. 711-722.

[422] Albane Geslin, « L'apport des *postcolonial studies* à la recherche en droit international », *in* Alban Geslin et al., *Postcolonial et droit : perspectives épistémologiques, op. cit.*, p. 159-186.

[423] Jean Philippe Monnier, « La succession d'États en matière de responsabilité internationale », *Annuaire Français de droit international*, vol 8, 1962, p. 65-90.

identique à lui-même. Le principe fondamental qui s'applique ici est le principe de la continuité ou de l'identité de l'État »[424]. La première comporte d'effet en droit international et oppose deux types d'États : la substitution de l'État successeur, en l'occurrence les États d'Afrique issus de la décolonisation française, à l'État prédécesseur, en l'occurrence l'État colonial français.

328. Il y a eu un débat doctrinal sur la disparition et l'apparition d'États. Faut-il aussi analyser les conséquences de la décolonisation faisant apparaître de nouveaux États et disparaître d'anciens États. La décolonisation pose ainsi un dilemme entre la disparition juridique de l'État colonial et l'émergence de nouveaux États. Cette question fondamentale d'apparition d'États et de disparition d'États oppose diamétralement deux courants doctrinaux. La substance de cette opposition de la doctrine classique et de la doctrine moderne détermine la position de ces États africains ici concernés. En effet, dans le cadre de la mutation d'États, l'État successeur (État issu de la colonisation) est-il obligé d'hériter de l'ordre juridique antérieur de l'État prédécesseur (État colonial) ? Les éléments de réponse apportés par la doctrine classique sont contestés par la doctrine moderne. Elle prône la succession automatique à l'ordre juridique interne de l'État prédécesseur dans le cadre de la décolonisation. Pour elle, la succession d'États[425] s'assimile à une succession en droit privé. Cette position est partagée par Pierre Lampué[426]. En revanche, la doctrine moderne[427] soutient la non-succession à l'ordre juridique de l'État prédécesseur dans le cadre de la décolonisation. Ainsi, elle tranche en faveur de la non-succession, reconnaissant aux États africains la liberté de créer un ordre juridique propre. Indiscutablement, ces États étant considérés comme des nouveaux États, par conséquent, l'État colonial devrait disparaître avec son armada juridique. Donc, dans cette mutation politico-juridique, ces États africains, États successeurs, ne sont pas

[424] Charles Rousseau, *Droit international public*, Paris, Dalloz, 1973, p. 264. Rapporté par Karim Dosso, *L'influence du droit administratif français sur le droit administratif ivoirien,* Thèse, *op. cit.*, p.129.
[425] René Degni-Segui, *La succession d'États en Côte d'Ivoire*, Thèse d'État, Université de Droit, d'Économie et de Sciences d'Aix Marseille, 1979, p. 3.
[426] Pierre Lampué, « Droit écrit et droit coutumier en Afrique francophone », *Penant*, 1979, p. 248, Cité par Karim Dosso, *L'influence du droit administratif français sur le droit administratif ivoirien,* Thèse, p. 131.
[427] *Ibid.*, p. 132.

obligés d'hériter de l'ordre juridique de l'État prédécesseur (l'État colonial français).

329. S'agissant, des accords internationaux, ils étaient inaptes à légitimer la continuité coloniale. De toute évidence, la confirmation de l'ordre juridique antérieur ne saurait être justifiée par les autorités postcoloniales dans le cadre des accords internationaux avec la France au moment de la décolonisation[428]. Aucune convention internationale signée au moment des indépendances ne saurait justifier la reconduction du droit colonial sans heurter le principe d'autodétermination. Aussi, de telle convention aurait eu pour objectif soit de reconduire la législation coloniale, soit d'introduire la législation métropolitaine dans l'ordre juridique national, ce qui est ahurissant avec l'idée d'indépendance. Ce maintien s'explique davantage par l'incapacité pratique des jeunes États à inventer un nouveau modèle, leur impossibilité pratique à faire preuve de révolution juridique, de créativité, d'inventivité en s'affranchissant de cet ordre colonial.

330. En substance, l'héritage colonial ne s'est pas seulement traduit par la persistance des structures administratives, mais également par la reproduction des modèlles juridiques et institutionnels de la métropole. L'absence d'une refondation endogène du droit a conduit à une dépendance normative durable, maintenant les États africains dans une logique d'imitation plutôt que d'innovation juridique.

C – Une communauté juridique d'expression française imposée

331. Pierre-François Gonidec, rappelle dans les propos introductifs de l'encyclopédie juridique de l'Afrique[429], en citant Alain Peyrefitte et Jean Foyer, que les anciennes colonies africaines demeurent unies par une communauté juridique francophone. Il affirme que « ce qui nous réunit aujourd'hui, ce n'est pas une identité politique, ce n'est pas non plus une identité de culture, puisque nous appartenons à des cultures très différentes les unes des autres, c'est que nous représentons tous des pays dont le droit est d'expression française, autrement dit nous avons

[428] Georges Fischer, « L'indépendance de la Guinée et les accords franco-guinéen », *op. cit.*, p. 711-722.

[429] Pierre-François Gonidec, « Introduction », in *Encyclopédie juridique de l'Afrique*, Pierre-François Gonidec, Maurice Ahanhanzo-Glélé (dir.), tome 1 – *L'État et le droit*, Abidjan, Dakar, Lomé, Les Nouvelles Éditions Africaines, 1982, p. 9.

une communauté juridique entre nous »[430], *Jus commune* ou communauté juridique résultante des liens historiques. Et en rappelant que Jean Foyer qui, déjà en 1961, utilisant la même expression de « communauté juridique », prédisait que « les Africains, coulés dans le moule juridique français, imprégnés de nos concepts, de notre terminologie, de nos méthodes de construction juridique, n'en perdraient pas l'habitude de sitôt »[431]. Ce qui rend la nature du système juridique postcolonial inqualifiable. C'était un système inclassable. Il ne pouvait être rangé ni dans le rayon du système traditionnel et coutumier, ni dans celui du système socialiste de pure forme, ni encore dans celui du système français qui a été repris de manière tronqué. Le droit postcolonial devient finalement un système juridique aux emprunts diversement dénaturés.

332. Le peuple fut écarté des choix juridiques fondamentaux. En effet, la légitimation des institutions postcoloniales s'est faite sans réelle consultation populaire. Les indépendances étant acquises, les constitutions ayant ainsi légitimé les nouvelles autorités postcoloniales, la parole est censée être donnée au peuple souverain (*cedant arma togae*) pour se prononcer sur la nature des institutions à mettre en place en principe. Malheureusement, d'après une conviction répandue en Afrique selon laquelle le peuple, surtout à majorité analphabète du point de vue de la langue française, n'est guère capable de choisir des solutions à ses propres difficultés. Ces élites politiques postcoloniales, ont toujours estimé que le peuple est inapte à comprendre les enjeux juridiques, alors qu'en périodes électorales il est toujours sollicité. Kashemukunda Kasongo-Numbi résume bien ce constat en parlant du cas congolais, qui peut avoir une portée générale, quand il affirme que « (...) l'indépendance de 1960 avait été demandée et obtenue par toute la population congolaise mais l'intention de l'élite était tout simplement de remplacer au pouvoir politique et financier le colonisateur blanc. La population congolaise qui s'est sacrifiée pour obtenir cette indépendance a ainsi été dupée »[432]. C'est ainsi que ces élites africaines

[430] Alain Peyrefitte, « Acte de la conférence des ministres de la justice des pays de droit d'expression française », *Penant*, n° 772, 1980, 106 p.

[431] Pierre-François Gonidec, « Introduction », in *Encyclopédie juridique de l'Afrique*, Pierre-François Gonidec, Maurice Ahanhanzo-Glélé (dir.), tome 1 – *L'État et le droit*, Abidjan, Dakar, Lomé, Les Nouvelles Éditions Africaines, 1982, p. 13-14

[432] Kashemukunda Kasongo-Numbi, *L'Afrique se recolonise,* une relecture du demi-siècle de l'indépendance du Congo-Kinshasa, *op. cit.*, p. 101.

vont imposer des choix hérités de la colonisation, limitant ainsi la portée démocratique des indépendances. Comme le déclarait à très juste titre le président de la commission constitutionnelle ivoirienne, en 1960 : « Notre peuple est ignorant des problèmes que nous examinons. On ne peut le laisser choisir des solutions à nos problèmes écrasants, mais il doit approuver les choix faits par une élite »[433]. Pour Pierre-François Gonidec, dans ces conditions, l'intervention des citoyens ne peut avoir qu'une seule signification : manifester, de façon purement formelle l'adhésion du peuple à un type de régime décidé en dehors de lui[434]. Tout bien considéré, ces justifications juridiques au maintien de l'ordre juridique antérieur à l'indépendance revêtent quelques limites qu'il convient d'évoquer.

II – Une application entravée des fondements juridiques

333. Le maintien du droit colonial dans les États africains postcoloniaux s'explique aussi par des contraintes pratiques qui ont freiné la mise en œuvre des principes de souveraineté juridique. Bien que la possibilité d'abroger les textes hérités du colonisateur existât en théorie, la rupture effective s'est avérée plus complexe. Un fragile équilibre s'est instauré entre la souveraineté proclamée et une continuité juridique de fait, largement influencée par les normes coloniales. Les constitutions nationales ont pourtant instauré des cadres juridiques autonomes, mais leur primauté a souvent été neutralisée par la persistance des pratiques et des normes d'origine coloniale. Dans ce contexte, le recours aux techniques juridiques modernes, souvent inspirées du modèle français, a prévalu au détriment d'une véritable innovation normative. Ce choix, souvent justifié par le pragmatisme, révèle surtout une émancipation juridique inachevée, nourrie par des logiques extra-juridiques qui méritent d'être interrogées.

A – Une souveraineté juridique théoriquement pleine et entière

334. Les justifications juridiques avancées par les États africains pour reconduire l'ordre juridique antérieur à l'indépendance se révèlent limitées et fragiles. En principe, l'accession à la souveraineté leur conférait la capacité juridique d'abroger, de manière explicite ou implicite, les textes coloniaux en vigueur. Du reste, ce choix de continuité crée une tension entre deux principes : celui de la

[433] *Ibid.*, p. 18.
[434] *Idem.*

souveraineté nouvellement acquise et celui de la reconduction des normes héritées de la colonisation.

335. Avec la proclamation de leur souveraineté, ces États jouissaient de la compétence exclusive pour organiser leur ordre juridique interne. Ils disposaient de la possibilité légale d'abrogation des textes coloniaux. Insistons pour dire que ce pouvoir incluait pleinement la possibilité de choisir un système juridique conforme à leurs priorités nationales, sans contrainte d'ordre international ou interne les obligeant à maintenir les textes coloniaux. Cette accession à l'indépendance politique se traduisant par la proclamation de leur souveraineté dans les constitutions[435], leur donnait l'exclusivité de la définition et de l'organisation de leur ordre juridique interne[436]. Ce qui implique qu'ils pouvaient désormais choisir librement leur système juridique, exercer leur autorité sur leur territoire dans le respect des dispositions du droit interne et du droit international. Ce qui implique également par conséquent que rien n'obligeait les nouveaux pouvoirs normatifs ni en droit interne ni en droit international de reconduire l'ordre juridique antérieur à l'indépendance. Cela est d'autant plus fondé qu'il semble peu utile d'entrer dans les méandres de la reconnaissance de l'État en droit international qui peut être déclarative ou constitutive[437], qui rendait superflue toute obligation juridique de reconduction.

336. Ces États africains indépendants disposaient du pouvoir d'abrogation implicite ou explicite des textes coloniaux en vigueur. Parallèlement, l'État français aurait également pu considérer, dès l'accession à l'indépendance de ses anciennes colonies, que les textes coloniaux devenaient, *ipso facto*, des normes étrangères. En droit international, cette indépendance ne « s'accommode guère de l'application sans le consentement de l'État concerné, de règles juridiques d'origine extérieure, du fait du principe de territorialité qui

---

[435] Magloire Ondoa, « Le droit administratif français en Afrique francophone : contribution à l'étude de la réception des droits étrangers en droit interne », *op. cit.*, p. 295.

[436] Gaëtan Thierry Foumena, « Le droit administratif camerounais « postcolonial » en rupture avec le modèle français inspirateur », *Les Annales de droit* [en ligne], 4 | 2020, mis en ligne le 01 juin 2021, consulté le 01 juin 2021. URL : http://journals.openedition.org/add/1833 ; DOI : https://doi.org/ 10.4000/add.1833.

[437] Clémence Billard, *La reconnaissance de l'État en droit international : déclarative ou constitutive ?* Cours, Université Paris II Panthéon-Assas, Institut des Hautes Études Internationales, 2017-2018, p. 53.

l'accompagne »[438]. Autrement dit, l'application du droit d'une puissance extérieure sans le consentement explicite de l'État souverain contreviendrait au principe fondamental de territorialité. Dès lors, affirmer « l'applicabilité du droit français en Afrique, c'est subordonner les États africains à une autre personne de droit international en méconnaissant ainsi le principe »[439] de l'immédiateté normative et à porter atteinte à la souveraineté pleine et entière des nouveaux États. Il faut le rappeler sans se lasser, « la souveraineté de chaque État l'autorisait à accepter ou à rejeter le droit produit par la colonisation »[440].

337. En définitive, l'héritage colonial a profondément marqué les systèmes juridiques des États africains francophones, instaurant une hiérarchie entre un droit écrit, d'inspiration française, et un droit coutumier autochtone, toléré mais marginalisé. Cette hiérarchie repose sur une logique d'exclusion : « le droit écrit domine, tandis que la coutume est reléguée à un statut de supplétif, applicable à défaut de règle formelle »[441]. Comme on pouvait s'y attendre, cette approche a engendré des tensions persistantes entre la normativité juridique imposée par les institutions postcoloniales et les normes sociales vécues par les populations locales, notamment en matière de droit foncier, de statut personnel ou de règlement des conflits communautaires. Si les Constitutions modernes des États africains proclament l'unité du droit, la réalité sociale reste marquée par un pluralisme fonctionnel, dans lequel les justiciables, selon les matières ou les territoires, continuent de se référer aux règles coutumières. Pierre Lampué appelait déjà à la fin des années 1970 à une « reconnaissance raisonnée du droit coutumier », notamment par sa codification encadrée ou son intégration contrôlée dans le système judiciaire formel. Cette exigence de cohérence normative et de légitimité culturelle est aujourd'hui au cœur des débats sur la refondation des systèmes juridiques africains. Il ne

---

[438] Magloire Ondoa, « Le droit administratif français en Afrique francophone : contribution à l'étude de la réception des droits étrangers en droit interne », *op. cit.*, p. 295.

[439] *Idem.*

[440] Francis Wodié, « La législation », in *Encyclopédie juridique de l'Afrique*, Pierre-François Gonidec, Maurice Ahanhanzo-Glélé (dir.), tome 1 – *L'État et le droit*, Abidjan, Dakar, Lomé, Les Nouvelles Éditions Africaines, 1982, p. 309.

[441] Pierre Lampué, « *Droit écrit et droit coutumier en Afrique francophone* », *Penant*, vol. 89, n° 765, 1979, p. 248 et s.

s'agit plus d'opposer droit écrit et droit coutumier, mais de rechercher leur articulation dans une logique pluraliste maîtrisée.

338. En définitive, la question n'est plus seulement celle de l'héritage juridique colonial, mais bien celle de la capacité des États africains à redéfinir un modèle juridique cohérent, enraciné dans leurs réalités sociales et culturelles. C'est pourquoi, la refondation du droit postcolonial passe nécessairement par une réconciliation entre la tradition juridique africaine et les apports du droit moderne, dans une perspective d'équilibre et de souveraineté normative.

B – Un choix assumé plutôt qu'une contrainte subie

339. Force est de constater que dans les faits, « rapidement, on a pu se rendre compte que les États africains (...) n'avaient nullement le projet de modifier, *a fortiori* de renverser, l'ordre juridique antérieur »[442]. Un processus de naturalisation de la législation coloniale s'est opéré, rendant ces normes nationales par leur simple reconduction[443]. Le cas du Gabon illustre parfaitement ce phénomène. En effet, de manière explicite, l'État gabonais à travers ces juridictions, a affirmé que « l'indépendance du Gabon n'a pas pour conséquence de remettre en cause les textes promulgués lors de la souveraineté française, mais de les (naturaliser) nationaliser au sens gabonais »[444]. Donc, ces textes adoptés par l'État colonial français sont désormais considérés, par l'effet de reconduction, comme des textes gabonais. Cette situation interpelle, tant elle semble incompatible avec l'essence même de l'indépendance.

340. C'est pourquoi, il convient de rappeler que la persistance du droit colonial ne peut être comprise comme un obstacle structurel à la souveraineté des États africains, une incohérence entre souveraineté et continuité coloniale. L'on ne saurait ainsi analyser ce principe de continuité comme un obstacle à la souveraineté des États africains nouvellement indépendants, dans la mesure où l'accession à ce statut leur octroyait théoriquement la protection juridique dont bénéficie tout État sur la scène internationale. Il s'agissait bien d'un choix voulu. En

[442] *Idem.*
[443] *Idem.*
[444] La Cour d'appel du Gabon dans un arrêt en date du 8 janvier 1963, recueil, Penant, 1963, p. 548.

guise d'illustration, la reconduction de l'ordre juridique antérieur dans certains domaines constitue un choix délibéré des nouvelles autorités dans la mesure où ces règles reconduites n'acquièrent de valeur juridique qu'après leur confirmation explicite par le droit interne. La solution contraire, c'est-à-dire l'applicabilité directe, pourrait être qualifiée, en raison de l'indépendance politique des anciens territoires français, comme une négation du système constitutionnel et international de la souveraineté des États. Le choix est ainsi explicitement exprimé dans les législations qui précisent que le droit français antérieur à l'indépendance reste applicable en ce qu'il n'a rien de contraire au droit en vigueur. Autrement dit, toute hypothèse de conflit de compétence entre le droit national et le droit colonial hérité est systématiquement tranché en faveur des règles nationales et les secondes cessent d'être applicables, affirmant ainsi la primauté du nouvel ordre juridique.

341. Cette affirmation trouve sa confirmation dans la thèse de Karim Dosso qui, en parlant du cas ivoirien, démontre que « la législation coloniale ne reste en vigueur, qu'aussi longtemps qu'un texte ivoirien ne serait pas intervenu en la matière »[445]. Pour étayer son argumentaire, il se réfère à la plume de son directeur pour qui « le droit colonial supposé conforme à la lettre et à l'esprit de la constitution ne peut continuer à recevoir application qu'autant que les règles proprement ivoiriennes c'est-à-dire autonomes ne seraient pas intervenues dans les mêmes matières »[446]. Ce schéma se retrouve dans plusieurs États africains, à travers des dispositions constitutionnelles précises, comme il a été signalé plus haut, Sénégal (article 93 de la Constitution), Côte d'Ivoire (article 76 de la constitution du 3 novembre 1960), Burkina Faso (article 173 de la Constitution), Togo (article 60 de la Constitution), ou encore en Guinée, avec l'Ordonnance n° 001/PRG/58 du 03 octobre 1958, énonçant le principe et l'exception de reconduction de l'ordre juridique antérieur. Ce qui semble dénoter à la fois un pragmatisme administratif et une carence d'inventivité normative des États africains ici concernés.

---

[445] Karim Dosso, *L'influence du droit administratif français sur le droit administratif ivoirien,* Thèse, *op. cit.* p. 123.

[446] Martin Bléou « La chambre administrative de la Cour suprême de la Côte d'Ivoire ».

C – Un pragmatisme déguisant la carence d'inventivité normative

342. L'on déduit en tout état de cause que si les États africains ont choisi de reconduire les textes coloniaux, ce n'est ni par contrainte juridique ni par nécessité impérieuse. Ce choix résulte davantage d'une approche réaliste, motivée par le besoin d'assurer la continuité administrative et juridique, mais aussi par un manque de créativité normative et institutionnelle. Magloire Ondoa apporte toute la précision sur la clause de reconduction législative. Selon ce dernier, elle « ne concerne que le droit en vigueur dans les possessions coloniales, à l'époque de la domination politique ; ce qui exclut le droit français postcolonial et celui dont l'extension n'avait pas été effectuée outre-mer »[447]. L'auteur continue en affirmant que sur le plan strictement formel « l'autonomie des systèmes juridiques africains par rapport à celui de la France interdit que les sources du droit édictées ici soient directement applicables là-bas »[448].

343. Par ailleurs, la « prédominance de structures de type moderne s'accompagne d'une préférence marquée des dirigeants africains pour les techniques modernes de création du droit. (...). Dans un certain nombre de cas, les techniques anciennes survivent. Mais, les techniques modernes l'emportent »[449]. En définitive, la législation des États africains, même organiquement et formellement nationale d'origine, « reste encore par bien des aspects fortement inspirés, voire imprégnés de l'influence de la réglementation émanée de la métropole, plutôt de l'ancienne métropole »[450].

344. Enfin, au-delà de ces arguments juridiques explicites dont leur controverse a pu été démontrée, certains États africains ont également avancé des justifications extra-juridiques plus implicites pour légitimer la reconduction de l'ordre colonial. Toutefois, ces justifications

[447] Magloire Ondoa, « Le droit administratif français en Afrique francophone : contribution à l'étude de la réception des droits étrangers en droit interne », *op. cit.*, p. 293.
[448] *Idem.*
[449] Pierre-François Gonidec, « Introduction » in *Encyclopédie juridique de l'Afrique*, Pierre-François Gonidec, Maurice Ahanhanzo-Glélé (dir.), tome 1 – *L'État et le droit*, Abidjan, Dakar, Lomé, Les Nouvelles Éditions Africaines, 1982, p. 14.
[450] Francis Wodié, « La législation », in *Encyclopédie juridique de l'Afrique*, Pierre-François Gonidec, Maurice Ahanhanzo-Glélé (dir.), tome 1 – *L'État et le droit*, Abidjan, Dakar, Lomé, Les Nouvelles Éditions Africaines, 1982, p. 314.

apparaissent souvent peu convaincantes et traduisent davantage un pragmatisme politique qu'une véritable réflexion épistémologique sur l'émancipation juridique des États postcoloniaux.

III – Une continuité soutenue par des facteurs extra-juridiques

345. Le maintien du droit colonial dans les États africains postcoloniaux ne repose pas uniquement sur des considérations juridiques. Il résulte également d'un ensemble de facteurs extra-juridiques. Ce n'est pas un excès de plume que de noter que la crainte d'un vide normatif après les indépendances, conjuguée à une forme d'admiration ou de dépendance vis-à-vis du modèle juridique colonial, a conduit à sa reconduction presque automatique. Ce modèle colonial, perçu comme garant d'une administration moderne et efficace, a été maintenu par pragmatisme, parfois par défaut, dans un contexte de désarroi institutionnel. Cette volonté de continuité a été renforcée par la formation des élites locales dans le moule colonial, leur conditionnement idéologique et l'absence d'alternatives techniques viables. Des figures emblématiques comme Sékou Touré, Senghor ou Houphouët-Boigny, bien qu'ayant revendiqué l'indépendance politique, ont perpétué une forte imbrication avec les structures administratives, juridiques et économiques héritées du colonisateur. Enfin, les logiques économiques ont elles aussi justifié cette continuité : dans un monde globalisé, l'uniformisation juridique a été perçue comme une condition d'accès au commerce international. Cependant, ces justifications ont échoué à dissimuler la faiblesse des tentatives alternatives, souvent fragiles et rapidement désavouées. En analysant chacune de ces affirmations dans les paragraphes ci-dessous, on s'apercevra, sans doute, que l'espoir d'une refondation juridique postcoloniale s'est finalement heurté à une forme de désillusion, révélatrice d'une émancipation encore inachevée.

A – Une reconduction fondée sur des motifs psychologiques

346. En dehors des justifications juridiques précédemment évoquées, le maintien des normes coloniales dans les États africains nouvellement indépendants repose également sur des fondements psychologiques. Alors même que le droit précolonial manifestait encore sa ténacité et son enracinement au sein de la société malgré le caractère peu scrupuleux du droit envahisseur, les autorités postcoloniales ont choisi de le sacrifier au profit d'un ordre hérité, s'appuyant sur des motifs psychologiques. La crainte d'un vide juridique, conjuguée au projet de réforme par transposition du modèle français, a favorisé cette décision.

347. Ces raisons résultent du fait que la France a fait de ses territoires dominés un espace privilégié de la construction et de l'intensification de son identité de sorte à rendre difficile l'effacement de son ombre ou la marginalisation de son impact[451] sur l'avenir et le devenir juridico-politique de ces anciennes colonies. Psychologiquement, les élites postcoloniales percevaient tout renoncement à l'ordre juridique colonial comme risqué, nourrissant la peur infondée d'un vide juridique. Cette anxiété s'accompagnait d'un réflexe quasi-automatique de s'appuyer sur les solutions juridiques françaises pour réformer les systèmes étatiques. Malheureusement, les rares voix discordantes opposées à cette reconduction restèrent inaudibles pour des autorités, qui ne semblaient pas avoir été scandalisées par la politique d'asservissement des croyance ancestrales imposée par la colonisation, dont sa violence est moralement et humainement injustifiable.

348. Pour ces États francophones en Afrique issus de la décolonisation française, le recours à la culture juridique de l'ancienne puissance semblait naturel. Comme l'indique Alain Bockel, cette « confirmation du modèle français résulte de la communauté politique et juridique qui a historiquement existé entre la France et ses colonies, devenues plus tard des États indépendants »[452]. Il précise que « l'application d'un système juridique français, avant l'indépendance, pousse évidemment à son maintien, au moins à titre provisoire »[453]. Nous partageons son affirmation selon laquelle « cette solution s'impose naturellement sauf lorsqu'existent des raisons impérieuses poussant à la rupture de la continuité (…) »[454]. Il ajoute que « la plupart des spécialistes africains, à qui incomba, la mise en place des nouvelles institutions juridiques, ont été formées à l'école française, ou ont pratiqué les solutions françaises, qu'ils connaissent parfaitement et auxquelles très souvent ils adhèrent (…) »[455].

---

[451] Françoise Vergès, « Approches postcoloniales de l'esclavage et de la colonisation », *Mouvements,* 2007, n°51, p. 102-110.
[452] Alain Bockel, « Recherche d'un droit administratif en Afrique francophone », *op. cit.*
[453] *Idem.*
[454] *Idem.*
[455] *Idem.*

349. Devenus indépendants, ces États d'Afrique semblaient donc difficilement pouvoir se soustraire à cet engouement suiviste dans l'élaboration de leur nouveau système juridique au détriment plus ou moins des sources originales, en méconnaissance de la maxime juridique « *ubi societas, ibi jus ; ibi jus, ubi societas* » selon laquelle il n'y a pas de société humaine, sans droit et réciproquement de droit sans une société humaine. Elle signifie ainsi que le droit est le produit de la société et réciproquement, la société est le produit du droit. Il s'agit d'un lien intime et indéfectible entre droit et société. Cette clause de reconduction de la législation coloniale[456] est apparue d'autant plus incompréhensible que des auteurs tels que Pierre-François Gonidec s'interrogent si « le colonisateur a-t-il si profondément labouré la terre africaine et son sillon a-t-il été si profond qu'il a laissé des traces indélébiles, autrement la greffe effectuée sur l'arbre africain a-t-elle été si bien faite qu'il est désormais impossible d'en modifier les fruits »[457] ? Ce prolongement juridique du modèle français s'inscrit, par ailleurs, dans l'idée d'une communauté franco-africaine, encore entretenue à travers des institutions officielles telles que l'Organisation Internationale de la Francophonie[458]. Ce fut le paradoxe du modèle colonial pris entre séduction et dépendance.

350. Cette observation exploratoire a le double sens de séduire tout en persuadant. Cela est d'autant plus plausible que si le système juridique français transposé par colonialité sur le continent africain, s'est imposé comme un modèle séduisant et sécurisé. Même le mouvement de décolonisation des années 1960, censé offrir aux nouvelles élites africaines l'opportunité de réformer en profondeur leurs constitutions, administrations et systèmes judiciaires pour les adapter aux réalités locales, n'a pas suffi à briser cette dépendance. Paradoxalement, le modèle juridique colonial semblait entraîner les nouvelles autorités africaines tout comme le mirage entraîne les troupeaux, tout comme le lambeau de pourpre attire les animaux privés

[456] Voir Demba Sy, *Droit administratif*, *op. cit.*, p. 39.
[457] Pierre-François Gonidec, « Introduction », in *Encyclopédie juridique de l'Afrique*, Pierre-François Gonidec, Maurice Ahanhanzo-Glélé (dir.), tome 1 – *L'État et le droit*, Abidjan, Dakar, Lomé, Les Nouvelles Éditions Africaines, 1982, p. 9.
[458] Moussa Thioye, « Part respective de la tradition et de la modernité dans les droits de la famille des pays d'Afrique noire francophone », *op., cit.*, p. 379.

de raison[459]. On perdait là les apparences d'esprit critique, tout en gardant les apparences du conformisme. Pourtant, « de toutes les immobilités, nous dit Fatou Diome, celle de l'esprit est celle qui fait le plus de mal aux humains »[460]. Cela est vrai, car, plus on doute de soi, plus on a du mal à se prendre en main[461], et plus on s'estime, mieux on agit. Mais le fait que les nouvelles autorités se complaisaient dans un sentiment de frustration et « d'infantilisation », l'évolution postérieure des systèmes juridiques africains n'a pas marqué de rupture décisive avec l'ancien colon qui demeurait la référence, suscitant, chez nombre d'administrés africains, colère et indignation, telle une grenade dont on a arraché la goupille. Pour eux, cette attitude des nouvelles autorités n'était rien d'autre que la chronique œdipienne d'une trahison annoncée. L'écrivain Tierno Monenembo résume parfaitement ce désenchantement lorsqu'il déclare : « Ce n'étaient que des espoirs ratés. Eux qui auraient dû être la solution, ils ne l'étaient en rien. C'étaient plutôt eux, le problème, à la lumière de la vérité »[462]. À ces motifs psychologiques, il faut ajouter pour la compréhension globale, la complexité structurelle du pluralisme juridique dans ces États nouvellement indépendants.

351. À ce propos, René Degni-Segui souligne avec raison que « les États d'Afrique noire francophone ont, dès leur naissance, trouvé dans leur berceau une législation composite et assez complexe »[463]. L'ordre juridique colonial, dit-il, « était un système plurijuridique composé à la fois du droit d'inspiration occidentale et de divers et multiples droits dits traditionnels »[464]. Il ajoute avec justesse que « la situation se

---

459 Alphonse De Lamartine, *élire le président au suffrage universel direct*, discours prononcé à l'Assemblée nationale le 6 octobre 1848, lors de la discussion sur le projet de Constitution.

460 Fatou Diome, *Auncune nuit ne sera noire, op. cit.*, p. 285.

461 Christophe André, François Lelord, *L'estime de soi : s'aimer pour mieux vivre avec les autres*, Paris, Odile Jacob, 2008, 320 p.

462 Tierno Monenembo, *Les crapauds brousses*, Points, 2010, 192 p.

463 René Degni-Segui, « Codification et uniformisation du droit », René Degni-Segui, « Codification et uniformisation du droit », in *Encyclopédie juridique de l'Afrique*, Pierre-François Gonidec, Maurice Ahanhanzo-Glélé (dir.), tome 1 – *L'État et le droit*, Abidjan, Dakar, Lomé, Les Nouvelles Éditions Africaines, 1982, p. 453.

464 René Degni-Segui, « Codification et uniformisation du droit », in *Encyclopédie juridique de l'Afrique*, Pierre-François Gonidec, Maurice Ahanhanzo-Glélé (dir.), tome 1 – *L'État et le droit*, Abidjan, Dakar, Lomé, Les Nouvelles Éditions Africaines, 1982, p. 453.

complique davantage si on ajoute les coutumes islamisées »[465]. Face à cet héritage, les nouvelles autorités africaines auraient dû méditer l'affirmation d'Emmanuel Kant selon laquelle « les lumières, c'est la sortie de l'homme hors de l'état de tutelle dont il est lui-même responsable »[466]. Ces lumières sont un appel adressé aux hommes à devenir indépendants, leur permettant d'accéder à l'autonomie de gestion. Autrement exprimé, l'autonomie juridique, condition d'émancipation des États d'Afrique après les indépendances, restait à conquérir.

352. Il y a eu de la décolonisation politique sans la décolonisation juridique de sorte que par la conjonction de diverses raisons, cette émancipation juridique des États africains ne fut pas accessoire à leur souveraineté politique. La décolonisation politique n'a pas suffi de réveiller les passions de la décolonisation juridique, économique et sociale, bref de tous les secteurs qui avaient été embrassés par ce phénomène[467]. Pourtant, la colonisation, affirme Simon-Pierre Ekanza, « se dévoile comme un processus de désintégration et de réintégration de l'espace africain, et aussi de désintégration des institutions anciennes »[468]. Mais visiblement, aucun État africain, ancienne colonie de la France, ne s'est véritablement distingué ni par une volonté affirmée de rompre avec le mimétisme juridique colonial, ni par une réappropriation des structures précoloniales profondément remodelées.

353. Le cas spécifique de la Guinée est interpellant. Réputée pour avoir opté pour une décolonisation radicale dès 1958, la Guinée a connu un double mouvement paradoxal de rupture et de maintien du modèle colonial. Les nouvelles autorités guinéennes ont tenté, de manière sibylline, de justifier ce choix ambigu, présentant le modèle antérieur comme un ensemble de phares guidant leurs premiers pas normatifs. Jusqu'à une époque récente, les élites africaines continuaient de percevoir les institutions métropolitaines comme l'idéal à atteindre, mêlant fascination et ambivalence dans leur approche. Les nuances péjoratives et laudatives s'entremêlent pour déprécier ou valoriser cette option.

---

[465] *Idem.*

[466] Emmanuel Kant, *Qu'est-ce que les lumières*, Larousse, 2013, 96 p.

[467] Simon-Pierre Ekanza, « Le double héritage de l'Afrique », *op., cit.*, p. 605.

[468] *Idem.*

354. Cette persistance du modèle colonial, parfois qualifiée de paradoxale, trouve également son explication dans la substitution opérée par la colonisation entre les institutions traditionnelles locales et le régime juridique importé. Les autorités locales, chargées de redéfinir le système postcolonial, avaient été habituées aux mécanismes et structures juridiques perçus comme « mieux élaborés ». Ce conditionnement a engendré, consciemment ou non, une forme de « fainéantise » intellectuelle, traduisant un certain aveu d'incapacité à concevoir un droit authentiquement africain, dégagé de l'empreinte coloniale.

355. Là où certains observateurs dénonçaient un affaiblissement de l'autonomie juridique[469] nationale, les réformateurs africains justifiaient cette reconduction du modèle colonial par des impératifs de modernisation. Selon eux, l'africanisation du droit ne pouvait se faire sans surmonter des difficultés multiples. Ce choix n'était pas nécessairement motivé par un mépris des sources traditionnelles ni par un manque d'audace ou de créativité, mais plutôt par la volonté de rompre avec un pluralisme juridique perçu comme fragmenté, tributaire des considérations claniques, ethniques ou religieuses, et contraire à l'objectif d'unification nationale. Cette posture, bien qu'assumée, rappelle celle de Ponce Pilate, se lavant symboliquement les mains face à une responsabilité pourtant décisive.

356. Ce courant de la pensée épistémologique et juridique entendrait abandonner l'inspiration traditionnelle et coutumière du droit postcolonial, sous prétexte de promouvoir une modernité[470] dont les caractéristiques étaient directement issues du droit colonial. Ce qui fait ainsi perdre à la société tous ses repères coutumiers et traditionnels. Or, pouvait-on réellement moderniser le droit postcolonial en s'appuyant sur les outils de l'ancien ordre sans retomber dans la dépendance coloniale ? Il faut en douter. Reprendre l'héritage juridique précolonial apparaissait tout aussi problématique, car cela risquait d'enfermer les nouveaux États dans une tradition figée. Certes, la colonisation s'est révélée, comme le faisait observer Simon-Pierre Ekanza, « généreuse en idées, a exprimé des promesses, mais ne les a pas réalisées ; elle n'a

---

[469] Alain Bockel, « Recherche d'un droit administratif en Afrique francophone », *op. cit.*

[470] Philippe Malaurie, « Notre droit est-il inspiré ? » *Lextenso, Defrénois*, *op. cit.*, p. 637.

pas accompli sa vocation à la modernité, d'où l'importance de l'héritage précolonial pour l'Africain engagé à retrouver son identité »[471]. Derrière ce discours de modernité, se cachaient aussi des considérations politiques, notamment le souci de renforcer l'emprise des nouveaux régimes autoritaires sur leurs populations, à travers un État centralisé et puissant[472]. Faut-il, au demeurant, rappeler que ces États, dès leurs premières années de liberté, ont instauré des régimes de dictature ténébreuse, se montrant hostiles à toute forme d'opposition, même constructive. À s'en tenir à leur affirmation, cette option de modernité a visiblement engendré le désenchantement, l'angoisse, le saut dans l'inconnu, le doute et le scepticisme[473].

357. Après avoir proclamé la forme républicaine de leurs régimes dans leurs constitutions, les nouvelles autorités africaines ont justifié leur attachement au modèle français par la nécessité d'instaurer une administration puissante, efficace et rationnelle. Le droit français semblait, à leurs yeux, offrir toutes les garanties en ce sens [474]. Ce qui était pour certains auteurs rempli et empli d'invraisemblable, d'incohérence et de vérités incertaines et éphémères. Jacques Bugnicourt, parlant du mimétisme administratif en Afrique, souligne que les « aberrations dans l'analyse et l'action révèlent, notamment, une sorte d'incapacité à sortir des sentiers battus, à aborder la réalité africaine autrement qu'à travers des catégories importées »[475]. Pierre-François Gonidec identifie deux approches possibles de cette vision modernisatrice : « ou bien les dirigeants africains s'efforcent de faire preuve d'inventivité en créant un appareil d'État et des règles de droit adaptées à la solution des problèmes spécifiques de l'Afrique d'aujourd'hui ; ou bien la modernité est assimilée à ce qui se fait à l'extérieur de l'Afrique, dans les États dits développés, et, dans ce

---

[471] Simon-Pierre Ekanza, « Le double héritage de l'Afrique », *op. cit.*, p. 611.

[472] Moussa Thioye, « Part respective de la tradition et de la modernité dans les droits de la famille des pays d'Afrique noire francophone », *op., cit.*, p. 380.

[473] Philippe Malaurie, « Notre droit est-il inspiré ? » *Lextenso, Defrénois*, *op. cit.*, p. 637.

[474] Alain Bockel, « Recherche d'un droit administratif en Afrique francophone », *op. cit.*

[475] Jacques Bugnicourt, « Le mimétisme administratif en Afrique : obstacle majeur au développement », *op. cit.* p. 1245.

dernier cas, les sources d'inspiration ne jaillissent pas du terroir africain mais d'un ailleurs jugé meilleur »[476].

358. Les nouvelles autorités normatives, produits de la colonisation, nostalgiques donc du passé juridique colonial et imprégnées de cette culture, ont souvent rejeté les critiques en plaidant la complexité de la situation. Elles ont ainsi proposé une solution de compromis censée concilier développement, liberté, égalité et justice sociale. Il y a, certes, une part de vérité incontestable dans cette affirmation de complexité de la situation. Mais il reste moins évident que la solution de compromis proposée avait tout pour être un boniment mais peu pour être convaincante et satisfaisante. Elle posa les jalons des dysfonctionnements institutionnels postcoloniaux. Par cette solution de compromis, ces États baignent, selon Demba Sy, « au confluent de deux mondes : celui de la tradition et celui de la modernité »[477]. Cette solution donnait finalement au droit postcolonial une double nationalité, une double patrie, pour reprendre Fatou Diome, une double source, double appartenance, double fidélité, mais aussi, continuons à paraphraser l'auteure sénégalo-française, cette infranchissable et insoluble double question de mimétisme et d'effectivité à laquelle lui renvoie le regard interrogateur et inquiet de ses destinataires[478].

359. Tout en gardant le modèle français comme source d'inspiration principale, ces États africains indépendants ont intégré, avec une volonté de façade, quelques éléments des pratiques précoloniales et ont essayé de les adapter, de manière dérobée, à leur vision réformatrice. Un exemple révélateur en est la fonction des chefs de village, érigés en relais entre le pouvoir central et les populations locales. Car le village, dans ce modèle aux emprunts divers, a été pris comme base de résolution des problèmes qui allaient servir de courroie de transmission des messages du pouvoir central au niveau local. Ce choix pourrait du reste être considéré comme une certaine forme de reprise de la politique coloniale. Celle-ci avait récupéré, comme nous l'avons dit plus haut, la chefferie traditionnelle pour se servir de balustrade, d'instrumentalisation afin de pouvoir contrôler la population.

---

[476] Pierre-François Gonidec, « Introduction », in *Encyclopédie juridique de l'Afrique*, Pierre-François Gonidec, Maurice Ahanhanzo-Glélé (dir.), tome 1 – *L'État et le droit*, Abidjan, Dakar, Lomé, Les Nouvelles Éditions Africaines, 1982, p. 12.

[477] Pour le cas sénégalais, voir Demba Sy, *Droit administratif, op. cit.*, p. 43.

[478] Fatou Diome, *Auncune nuit ne sera noire, op. cit.*, p. 23.

Ironiquement, les régimes postcoloniaux finiront successivement par supprimer la chefferie traditionnelle même si cela n'était qu'une suppression sur papier car elle a continué de régir la population.

360. En Guinée, l'Ordonnance n° 001/PRG/58 du 03 octobre 1958 a supprimé les chefferies traditionnelles. Au Burkina Faso, Arsène Brice Bado cite deux décrets qui ont été pris dès les premières années de l'indépendance pour la suppression des chefferies traditionnelles[479]. C'est le décret n°189/PRES/INT du 8 janvier 1962 portant interdiction de toute nomination ou succession dans les chefferies coutumières devenues vacantes. C'est aussi le décret n°13/PRES/IS/DI du 11 janvier 1965 portant suppression de la rémunération des chefs. Dans ces États africains, il y avait une forme de concurrence entre ces nouvelles autorités politiques et les chefs traditionnels, concurrence que le colon avait provoquée au moment de la colonisation afin de mieux régner sur les territoires coloniaux[480]. Cette concurrence s'apparentant à une forme de dualisme comme ce fut le cas avec le droit colonial, était, l'ironie du sort, intolérable par les nouvelles autorités selon qui, il ne saurait y avoir de « dualisme institutionnel et de cohabitation des légitimités »[481]. De manière successive et générale, tous les régimes postcoloniaux ont refusé la cogestion du pouvoir avec les autorités traditionnelles contre qui d'ailleurs ils ont mis tout en œuvre pour contrôler et limiter leur emprise aux structures socio-politiques surtout dans le sens défavorable au régime. À ces fondements, le poids des faiblesses techniques et institutionnelles était bien pésant.

B – Un poids des faiblesses techniques et institutionnelles

361. Visiblement le modèle colonial tenait, retenait, maintenait et tient encore le droit postcolonial débout[482] dans ses constructions matricielles. En vérité, les nouvelles autorités auraient pu faire preuve de plus de rigueur et d'audace en tenant compte du décalage existant entre la théorie juridique antérieure et les traditions vécues. Elles

---

[479] Arsène Brice Bado, « La démocratie au Burkina Faso aux prises avec les systèmes traditionnels de gouvernance », *op., cit.*, p. 19-30.

[480] Bertrand Salifou, *Les chefs traditionnels et leur participation au pouvoir politique en Afrique : les cas du Burkina Faso et du Niger,* thèse de doctorat en Science politique, Université de Reims Champagne-Ardenne, 2006-2007, p. 112.

[481] Arsène Brice Bado, « La démocratie au Burkina Faso aux prises avec les systèmes traditionnels de gouvernance », *op. cit.*, p. 19-30.

[482] Fatou Diome, *Auncune nuit ne sera noire, op. cit.*, p. 87.

auraient dû faire également preuve de démarcation, non pas radicalement il est vrai, mais objectivement de l'emprise de leur ancien mentor pour adapter leurs nouvelles œuvres au contexte local. Mais hélas ! Or, comme le souligne Michel Jéol, « les africains en sont arrivés là, après plus d'un demi-siècle de présence française à considérer comme naturelles les institutions qui avaient été transposées chez eux par le législateur colonial »[483]. Alain Bockel, plus nuancé, reconnaît toutefois que le modèle français de droit paraît offrir toutes les garanties, en mettant à la disposition des pouvoirs publics des techniques d'action éprouvées.[484] Quoi qu'il en soit, cette inspiration extérieure a contribué à faire du droit postcolonial un droit fragmenté, instable et peu cohérent [485]. Il est connu et reconnu, le droit n'est pas une fin en soi, « il n'a de sens que par les valeurs qui l'inspirent »[486]. Or, cette reprise du modèle colonial trouve également ses justifications au firmament des facteurs techniques, politiques et économiques. L'analyse de chacun de ces facteurs montrera que la mise en place d'un droit aux sources d'inspirations fondamentalement autres que celles de l'ordre juridique antérieur laisse apparaître quasiment difficultueuse pour les populations.

362. La confirmation de l'ordre juridique colonial pour des raisons techniques, pourrait se comprendre du fait que les nouvelles autorités locales qui étaient désormais chargées de redéfinir l'avenir ou le devenir institutionnel et administratif du nouvel État n'ont eu d'autres formations notamment juridiques que celles acquises sous l'administration coloniale. Cette dernière leur a légué un niveau technique et professionnel peu qualifiable du fait des statuts et des postes qu'ils occupaient (ils étaient pour la plupart des subalternes voire plantons sous l'administration coloniale, sans réelle qualification juridique ou administrative de haut niveau). Alhassane Condé relève que « pendant soixante années de colonisation la France ne s'est pas intéressée à la formation des Africains pour qu'ils soient capables

[483] Michel Jéol, *La genèse historique du Droit public africain*, *in* Droit public africain, Les cahiers de l'Institut International d'Administration publique, *op. cit.*, p. 26. Il convient de rappeler que Michel Jéol est ancien juge au tribunal de première instance du 29 juillet 1958 de Kankan (Guinée),

[484] Alain Bockel, Recherche d'un droit administratif en Afrique francophone, *op. cit.*

[485] Philippe Malaurie, « Notre droit est-il inspiré ? » *Lextenso, Defrénois, op. cit.*, p. 637.

[486] *Idem.*

d'administrer leurs pays »[487]. Selon lui, les Africains « n'ont été que de simples auxiliaires de l'administration coloniale »[488]. Cette affirmation met en lumière deux constats essentiels : la faiblesse du niveau intellectuel des cadres locaux et le caractère empirique du fonctionnement administratif hérité. Ainsi, à l'indépendance des États africains, le niveau technique, administratif et professionnel des cadres locaux, ne permettait pas de s'affranchir, du moins sitôt, du modèle antérieur. Rares étaient ceux qui avaient le niveau intellectuel, administratif et professionnel requis pour poser les bases institutionnelles d'un État[489]. En face de plusieurs systèmes juridiques, « opter pour un modèle juridique plutôt que pour un autre devrait relever de motivations d'un niveau très élevé, où l'opinion savante des spécialités primerait sur toutes les formes d'aléas »[490]. Or, au moment où les États africains accédaient à la souveraineté internationale, l'engagement politique, inspiré d'une volonté populaire contre l'impérialisme des occidentaux, ne manquait pas, mais la compétence technique de ceux qui devraient élaborer le nouvel ordre juridique fondé sur des considérations originelles ne semblait pas être requise.

363. Dès lors, dans un contexte de pluralité juridique, les cadres africains, faute d'imagination ou d'alternatives, ont préféré reprendre les textes juridiques français. Alhassane Condé insiste sur cette absence de préparation en affirmant que ces cadres africains, « n'étaient pas préparés à cette africanisation, faute de formation adéquate et suffisante »[491]. En parlant du cas spécifique de la Guinée, il précise que « le pays comptait à l'indépendance à peine 12 universitaires »[492], tous formés dans les universités françaises et pratiquant le modèle administratif français. En République démocratique du Congo, selon Isidore Ndaywel è Nziem, on ne dénombrait pas plus de quatre universitaires, au lendemain de l'indépendance, en 1960[493]. Le rapport

---

[487] Voir Alhassane Condé, *La décentralisation en Guinée, une expérience réussie*, *op. cit.*, p. 37.

[488] *Idem.*

[489] Moussa Thioye, « Part respective de la tradition et de la modernité dans les droits de la famille des pays d'Afrique noire francophone », *op., cit.*, p. 378.

[490] André Cabanis, Danielle Cabanis, « L'influence du droit français liée au processus de Colonisation-décolonisation », *op., cit.*, pp. 09-30.

[491] Voir Alhassane Condé, *La décentralisation en Guinée, une expérience réussie*, *op. cit.*, p. 37.

[492] *Ibid.*, p. 38.

[493] Isidore Ndaywel è Nziem, *Histoire générale du Congo : de l'héritage ancien à la*

sur l'« *Étude approfondie de l'enseignement supérieur : République du Mali* » dresse également un tableau accablant. En effet, à l'indépendance, 90% de la population ne savait ni lire, ni écrire, 88 enfants sur 100 ne partaient pas à l'école, les cadres techniques qualifiés manquaient criardement dans tous les domaines, les cadres supérieurs, selon le rapport, étaient presque inexistants[494]. Cette réalité se vérifiait, à quelques exceptions près très insignifiantes, dans l'ensemble des anciennes colonies françaises d'Afrique, devenues indépendantes dans les années 1960. Dans ces conditions, il apparaissait difficile d'imaginer que ces nouveaux États puissent, dès l'indépendance, se détourner du modèle juridique colonial, même si celui-ci ne correspondait pas toujours aux structures sociales locales. Cette situation soulève la question suivante : l'indépendance est-elle intervenue à un moment où ces États n'étaient ni techniquement ni matériellement préparés ?

364. On a pu noter le conditionnement des cadres locaux et l'absence d'alternatives. Face à cette incapacité à rompre avec les modèles imposés, les nouveaux États africains se retrouvaient dans l'obligation, plus ou moins assumée, de reconduire la culture juridique héritée de la France. Même ceux qui auraient souhaité opérer une rupture radicale ne disposaient pas d'outils intellectuels nécessaires pour concevoir une alternative viable. Ces cadres locaux de formation et de culture de l'administration coloniale avaient été en quelque sorte conditionnés et préparés par cette dernière. Ils devraient, non seulement accepter, mais aussi revendiquer le modèle de la puissance coloniale[495]. Compte tenu de leur faible niveau de formation technique, administrative et professionnelle, il devenait impératif de renforcer les compétences de ces cadres[496]. Or, à court terme, cette formation ne pouvait être assurée que par les institutions françaises. C'est pourquoi, durant les premières années d'indépendance, la formation des cadres responsables de

République démocratique, Bruxelles, Duculot, 1998, 955 p.

[494] Aguessy Honorat, et al., *Étude approfondie de l'enseignement supérieur : République du Mali – (mission),* Programmes de participation et de coopération pour le développement, 1984, 59 p. Disponible en ligne : https://unesdoc.unesco.org/ark:/48223/pf0000059059

[495] Karim Dosso, *L'influence du droit administratif français sur le droit administratif ivoirien,* Thèse, *op. cit.,* p. 150.

[496] Vincent Kangulumba Mbambi, « Les droits originellement africains dans les récents mouvements de codification : le cas des pays d'Afrique francophone subsaharienne », *op., cit.*, p. 315-338.

l'élaboration et de l'application du droit a continué à être assurée dans les universités et juridictions françaises, qu'elles soient situées en métropole ou en Afrique (Dakar, par exemple). De plus, des conseillers techniques, souvent appelés « incubateurs », venaient assister les administrations publiques africaines. Ces experts, formés selon les logiques de l'administration coloniale, en contradiction avec les idéaux d'émancipation politique, économique et socio-culturelle des États nouvellement indépendants, proposaient naturellement des solutions calquées sur celles qu'ils connaissaient. C'est pourquoi, ils importeront les terminologies, les habitudes rédactionnelles, les méthodes de constructions juridiques[497] et administratives. Ainsi, malgré la politique progressive de nationalisation des institutions, les méthodes françaises ont continué de dominer. Même la Guinée, qui se caractérise par la spécificité du fait de la nature peu diplomatique de sa rupture avec l'ancienne puissance, comme nous l'avons évoqué, n'a pu totalement échapper à cette règle. Directement ou indirectement, l'appui technique des assistants étrangers est resté sollicité, nonobstant le caractère révolutionnaire du régime. Toutefois, au-delà de ces justifications techniques, des considérations politiques et économiques ont également joué un rôle déterminant.

C – Une continuité fondée sur des motifs politiques et économiques

365. Politiquement, la confirmation de l'ordre juridique antérieur ne pouvait en être autrement à travers le parcours des dirigeants africains eux-mêmes. En effet, nombre d'entre eux étaient issus des assemblées parlementaires françaises où ils siégeaient depuis 1945 comme représentants de l'Afrique noire[498]. À ce titre, ils ont exercé soit individuellement soit collectivement, depuis le mouvement de décolonisation, un travail politique en étroite collaboration avec les grandes formations politiques françaises – le Mouvement républicain populaire (MRP), ou le Parti communiste (PC), ou encore la Section française de l'internationale ouvrière (SFIO) – ainsi qu'avec des figures politiques majeures comme René Coty, Félix Gaillard, Guy Mollet, Pierre Pflimlin, Gaston Palewski, Charles de Gaulle, François

[497] Karim Dosso, *L'influence du droit administratif français sur le droit administratif ivoirien*, Thèse, *op. cit.*, p. 153.
[498] Voir Alhassane Condé, *La décentralisation en Guinée, une expérience réussie*, *op. cit.*, p. 26.

Mitterrand, Valéry Giscard d'Estaing, Michel Debré. Prenons le cas de trois pays (Guinée, Sénégal et Côte d'Ivoire) pour illustrer ces propos.

366. Parlons d'Ahmed Sékou Touré et les élites guinéennes : une intégration politique dans les institutions coloniales françaises. En Guinée, par exemple, Ahmed Sékou Touré, premier président du pays, fut élu député à l'Assemblée nationale française sous la quatrième République (troisième législature) du 2 janvier 1956 au 8 décembre 1958 pour le compte du département guinéen. Il appartenait au groupe politique Union démocratique et socialiste de la Résistance et du Rassemblement démocratique africain (RDA). Yacine Diallo, élu député à l'Assemblée nationale française sous le Gouvernement provisoire et celui de la quatrième République française (première Assemblée constituante) pour le compte du département guinéen. Il appartenait au groupe socialiste. Diawandou Barry, élu député à l'Assemblée nationale française sous la quatrième République. Il y siège du 27 juin 1954 au 1er décembre 1955 (deuxième législature) pour le compte du département guinéen. Il appartenait au groupe Républicains sociaux. De nouveau, il y siège du 2 janvier 1956 au 8 décembre 1958 (troisième législature de la quatrième République) pour le compte du département guinéen. Il appartenait au groupe Républicain radical et socialiste. Fodéba Keita (ministre de l'intérieur du Gouvernement de la « loi-cadre »), de Boubacar Teli Diallo (diplomate guinéen, premier secrétaire Exécutif de l'Organisation de l'Unité Africaine), de Saifoulaye Diallo (président de l'Assemblée constituante de la Guinée). Représentant les intérêts guinéens tout en s'inscrivant dans le système politique français, les parcours de ces élus témoignent d'une proximité certaine avec les institutions coloniales.

367. Le cas du Sénégal illustre également cette dynamique. En effet, Léopold Sédar Senghor, premier président de la République du Sénégal, fut pendant la quatrième République, Secrétaire d'État à la présidence du Conseil des ministres français du 1er mars 1955 au 24 janvier 1956 dans le Gouvernement d'Edgar Faure II alors que René Coty était président de la République avant d'être élu maire de Thiès au Sénégal du 1er décembre 1956 au 31 juillet 1960. Pendant la cinquième République, il est nommé par le Président Charles de Gaulle, ministre conseiller de la République française dans le Gouvernement de Michel Debré de 1959 à 1961. Il a siégé au Palais Bourbon comme député français pendant presque quatorze ans du 6 novembre 1945 au 15 juillet

1959. Il est élu à l'Assemblée constituante française de 1945, appelée Ire Assemblée nationale constituante issue des élections législatives françaises de 1945 et chargée de rédiger le projet de Constitution de la quatrième République française. Le référendum ayant rejeté ce projet de constitution, il est également élu à l'Assemblée constituante française de 1946 l'année d'après ou la IIe Assemblée nationale constituante chargée de rédiger un nouveau projet de Constitution qui fut finalement adopté comme la Constitution de la quatrième République française. Membre fondateur du Bloc démocratique sénégalais (BDS) à la suite de la scission avec la Section française de l'internationale ouvrière (SFIO), puis du Bloc populaire sénégalais (BPS), ces partis politiques l'éliront député à l'Assemblée nationale française sous les première, deuxième et troisième législatures de la quatrième République. Il fut également élu député à l'Assemblée nationale française sous la première législature de la cinquième République. Blaise Diagne, fut le premier député noir sénégalais élu à la chambre des députés française, en 1914. Nommé Sous-secrétaire d'État aux colonies pendant la troisième République française, il participe activement à la politique française menée dans les colonies en Afrique. Pour le cas spécifique du Sénégal, plusieurs autres figures politiques peuvent être citées, comme Lamine Gueye, Mamadou Dia, Abdoulaye Thiaw, mais faisons le choix de nous limiter à ces quelques exemples.

368. En Côte d'Ivoire, Félix Houphouët Boigny, premier président de la Côte d'Ivoire, illustre encore cette connivence. Sous la domination coloniale française, il est nommé Premier ministre de Côte d'Ivoire du 1er mai 1959 au 3 novembre 1960. Il a occupé plusieurs postes de ministre de la France sous les quatrième (René Coty) et cinquième (Charles de Gaulle) Républiques. Il fut Ministre délégué à la présidence du Conseil de la France (1er février 1956 – 21 mai 1957) ; Ministre d'État (12 juin – 30 septembre 1957) ; Ministre de la Santé publique et de la Population de la France (6 novembre 1957 – 14 mai 1958) et Ministre d'État de la France (13 mai 1958 – 19 mai 1961). Parallèlement, il a été Président de l'Assemblée nationale de la Côte d'Ivoire du 23 mars 1953 au 30 novembre 1959 alors que le pays était encore une colonie de la France. Comme Léopold Sédar Senghor, au compte de la circonscription de Côte d'Ivoire, il est élu à l'Assemblée constituante française de 1945, de la Constitution de la quatrième République française. Appartenant au groupe politique Union démocratique et socialiste de la Résistance et du Rassemblement démocratique africain (RDA), il est député à l'Assemblée nationale française sous les première, deuxième et troisième législatures de la quatrième République. Il est également élu député à l'Assemblée nationale française sous la première législature de la cinquième République.

369. Ces nouveaux dirigeants, souvent détenteurs de la double nationalité, rompus aux subtilités juridiques et aux arcanes du système politique français au même titre que les leaders français, devraient faire franchir graduellement aux peuples africains les différentes étapes allant de l'assimilation à la loi-cadre de 1956 jusqu'aux indépendances. Ainsi, cette période, que Maurice Ahanhanzo-Glélé qualifie d'incubation ou de probation institutionnelle[499], a rendu ces hommes politiques africains de férus de la tradition française, nonobstant la volonté d'affranchissement de la domination coloniale, dont ils ne pouvaient s'affranchir aussi facilement. En outre, au-delà de leur affinité avec le modèle français, ils ont reçu pour la plupart, comme il a été signalé précédemment, une formation supérieure au sein d'universités prestigieuses et de grandes écoles occidentales. Cette formation les conduisit à maintenir, parfois malgré eux, l'ordre antérieur.

370. La continuité du modèle juridique antérieur trouvait également ses justifications d'ordre économique du fait de l'interconnexion qui a toujours existé entre le droit et l'économie[500]. De toute évidence, dans leur vision de modernisation des institutions étatiques, pour les nouvelles autorités, le chapitre du développement économique et social, ne pouvait avoir une réglementation solide et efficace que dans un cadre juridique hérité du colonisateur, jugé solide et propice à la croissance. Donc, la reconduction du cadre juridique antérieur, pour les nouvelles autorités, débordant et comblé de textes stimulants pour la prééminence de la sphère économique et donc de la logique économique[501] pour les

---

[499] Maurice Ahanhanzo-Glélé, « La constitution ou loi fondamentale », in *Encyclopédie juridique de l'Afrique*, Pierre-François Gonidec, Maurice Ahanhanzo-Glélé (dir.), tome 1 – *L'État et le droit*, *op. cit.*, p. 21-52.

[500] Benoit Frydman, « Les nouveaux rapports entre droit et économie : trois hypothèses concurrentes ». Article disponible en ligne via le lien ci-après : <http://www.philodroit.be/IMG/pdf/droiteco-2.pdf>.

[501] *Idem.*

nouvelles institutions, apparaissait stratégique. Se sont-ils intéressés à la question d'adaptation de ces réglementations dans le secteur de développement économique ? Il faut en douter.

371. Pour les nouveaux dirigeants, le modèle juridique colonial semblait également mieux correspondre aux exigences du commerce international, dans un contexte marqué par la montée de la mondialisation qui exige des réglementations juridiques fondées, non pas sur des systèmes d'oralité ou d'hétérogénéité[502] coutumière, caractéristique du système africain précolonial[503], mais modernes et séduisantes répondant aux standards du commerce mondial. Un tel choix ne pouvait se faire sans influence sur le système juridique postérieur. Or, il aurait fallu tenir en compte certaines prouesses de l'Afrique en matière du commerce international. Comme le rappelle d'ailleurs Simon-Pierre Ekanza en prenant l'exemple du Sahel qui, dit-il, « naguère terminus prospère des routes transsahariennes et plaque tournante du commerce interrégional »[504] va sombrer « dans une longue décadence, aggravée par l'absence d'investissements coloniaux »[505]. Il tire ainsi la conséquence que « les liaisons est-ouest du commerce de l'Afrique de l'Ouest s'arrêtent brutalement, au profit des liaisons nord-sud, l'essentiel des produits de consommation courante, autrefois fournis par les pays sahéliens, arrivant désormais par les ports d'embarquement et de débarquement de l'océan »[506]. Un autre exemple est donné pour encore montrer la limite du choix de reconduction pourtant censée garantir l'intégration au commerce mondial, face au modèle précolonial qui manquerait de consistance. Cet exemple de l'auteur porte sur l'océan Indien. En effet, les « relations, dit-il, Europe-

---

[502] Pendant la période coloniale, une circulaire du 2 juillet 1911 rappelait que « l'oralité d'un système juridique et l'hétérogénéité des coutumes étant incompatibles avec l'accession à la vie internationale et les obligations du développement économique, l'élaboration d'un Code civil sénégalais est devenue absolument nécessaire ». Rapporté par Jean Hilaire, « Variation sur le mariage, à propos de la codification en Afrique », Penant, 1968, p. 176. Cité par Karim Dosso, *L'influence du droit administratif français sur le droit administratif ivoirien*, Thèse, *op. cit.*, p. 168.

[503] Mohamed Bérété, *La décentralisation et le problème de la monopolisation du pouvoir par l'appareil d'État en République de Guinée.* Thèse, Université Robert Schuman, Strasbourg III, sous la direction de Alioune Badara FALL, Professeur, Université de Bordeaux IV, 2007, 430 p.

[504] Simon-Pierre Ekanza, « Le double héritage de l'Afrique », *op., cit.,* p. 606.

[505] *Idem.*

[506] *Idem.*

Afrique prennent en grande partie la relève des échanges naguère prospères entre l'Afrique et l'Asie »[507]. Ces exemples dénotent que l'Afrique, avec ces pratiques traditionnelles et coutumières dont la consistance face aux mécanismes du commerce international est dénoncée par les nouvelles autorités africaines, a bel et bien fait ses preuves dans les échanges commerciaux bien avant l'intrusion coloniale. Certains États, comme la Guinée, ont brièvement tenté d'explorer des modèles économiques alternatifs fondés sur le socialisme[508]. Mais ces expériences aux contours et pourtours méconnus, fugaces et incertains, se heurtèrent rapidement à la nécessité de revenir à des structures plus familières, inspirées du modèle colonial.

372. Pour conclure ce premier titre, il peut être noté finalement une désillusion juridique postcoloniale. En effet, le droit postcolonial semble avoir manqué d'être un droit d'équilibre, comme fut le droit précolonial, qui entretenait un lien organique avec les sociétés africaines. Il s'est inscrit à contre-courant de la trajectoire des dynamiques sociales endogènes, négligeant l'héritage ancestral au profit d'un modèle hérité de la domination coloniale. Ce choix a conduit à une perte d'identité juridique, comme si les ruisseaux du droit colonial, grossis par des décennies de reconduction, avaient englouti toute velléité d'affirmation autonome. Le droit postcolonial n'a pas réussi à puiser dans ses sources précoloniales les ressources nécessaires pour bâtir un système moderne enraciné dans les réalités locales[509]. Il n'a pas pu se servir de ses origines précoloniales comme son lieu d'émergence des conceptions modernes et de transmetteur des valeurs ancestrales. Il a regardé le droit précolonial, qui avait pourtant encore le vent en poupe, à partir d'une grille de lecture obsolète. Cette inconsidération à ses origines lointaines lui vaut d'être qualifié par certains auteurs comme un « droit hors la loi »[510], tant il semble détaché de ses propres fondements. Ainsi, l'analyse approfondie de la

[507] *Ibid.* p. 607.
[508] Mohamed Bérété, *La décentralisation et le problème de la monopolisation du pouvoir par l'appareil d'État en République de Guinée, op. cit.*
Ibid., p. 64.
[509] Inspirer de l'Allocution du Général de Gaulle, du 19 avril 1963, disponible à travers le lien ci-après : https://www.ina.fr/ina-eclaire-actu/video/caf89051394/allocution-du-general-de-gaulle-du-19041963
[510] Étienne Le Roy, « Un droit hors la loi ? Irrégularités et illégalités foncières dans quelques situations urbaines d'Afrique noire », *Les Annales de la Recherche Urbaine*, 1995, 66, p.12-21.

reconduction du modèle juridique colonial dans les États africains francophones révèle un faisceau complexe de facteurs techniques, politiques et économiques, ayant contribué à perpétuer un ordre hérité plus qu'assumé. Le droit postcolonial, loin d'être une création autonome, s'est souvent trouvé prisonnier d'une double contrainte : celle de l'héritage colonial imposé et celle d'une modernité projetée, mais peu enracinée dans les réalités locales. Car, si l'ordre juridique colonial a survécu, ce n'est pas seulement en raison des contraintes structurelles identifiées, mais aussi parce qu'il a été porté par des forces historiques, psychologiques, politiques et économiques plus profondes. Le titre suivant qui porte sur la fragilisation de l'identité du droit postcolonial par le mimétisme juridique, se propose d'explorer cette identité ravagée, afin de mieux comprendre comment des logiques de domination, d'aliénation ou d'intérêts stratégiques ont pu influencer la persistance du modèle colonial au-delà de la simple rationalité coloniale.

Titre II – Une identité fragilisée par le mimétisme juridique

373. Comme il a été précédemment démontré, nonobstant les indépendances, la décolonisation, notamment la décolonisation juridique de l'Afrique demeure largement inachevée. Ce constat constitue aujourd'hui l'un des principaux défis menaçant la construction du droit postcolonial africain. Évidemment, cette immuabilité dans une continuité discontinue traduisant dans le refus à fournir un effort de mémoire autour du droit précolonial, une introspection qui permettrait de refonder l'ordre juridique conformément aux croyances locales afin de réduire l'écart criant[511] entre le droit et les réalités sociales, a plongé ce droit postcolonial dans une contradiction primitive relative à son élaboration : vouloir édifier un ordre juridique autonome tout en se référant substanciellement aux modèles étrangers. Ce qui semble expliquer, pour une grande part, les difficultés structurelles rencontrées dans sa mise en œuvre. Il aurait été judicieux d'utiliser le passé précolonial comme un champ de références normatives, susceptibles d'ancrer le droit postcolonial, « afin de bénéficier d'une plus grande emprise sur une population baignant encore largement dans la tradition »[512].

374. Il n'a pas été surprenant pour nous de constater, sur la base du rapport de nos enquêtes de terrain et entretiens libres et qualitatifs, que le droit postcolonial en Afrique semble manquer de légitimité. Cette perte de légitimité découle du fait qu'il s'est développé au confluent de deux systèmes juridiques (précolonial et colonial) entre lesquels les rapports de coexistence ont été profondément déséquilibrés. Ces deux systèmes sont non seulement divergents dans leur philosophie et leur structure, mais aussi dans leurs fondements culturels. Il n'est que de constater que l'inspiration dominante du système colonial, reléguant ainsi les normes précoloniales au second plan. En conséquence, le droit postcolonial demeure en quête d'une identité propre, ravagée par cette hypertrophie assimilationniste, ce qui compromet fortement son effectivité et son acceptation par les populations concernées.

---

[511] Vincent Kangulumba Mbambi, « Les droits originellement africains dans les récents mouvements de codification : le cas des pays d'Afrique francophone subsaharienne », *op., cit.*, p. 315-338.

[512] Simon-Pierre Ekanza, « Le double héritage de l'Afrique », *op., cit.,* p. 614.

375. Ce mimétisme juridique dénote une décolonisation juridique inachevée et s'observe jusque dans les mécanismes mêmes d'élaboration du droit postcolonial. Conceptuellement, ce droit a repris de manière quasi intégrale la théorie juridique française. Les législations postcoloniales reproduisent fidèlement le schéma français, tant dans l'initiative législative que dans la procédure d'adoption : le rôle des auteurs (gouvernement, parlement), les étapes d'élaboration, et jusqu'à la promulgation de la loi par le président de la République s'inscrivent dans une reproduction mécanique du modèle hexagonal. Cette imitation se prolonge dans le contenu même des textes juridiques, en droit privé ou en droit public. Les concepts, les terminologies et les mécanismes procéduraux, notamment en droit civil, pénal ou administratif, sont empruntés *in extenso* sans adaptation, comme si le système juridique était importé clé en main. Ce phénomène a conduit à une inadéquation patente entre la législation en vigueur et les pratiques sociales, qui restent fortement imprégnées de traditions coutumières. En vérité, l'influence du droit français est si prégnante qu'elle pousse à s'interroger sur la capacité des États postcoloniaux d'Afrique à se forger une identité juridique distincte. Or, la mission fondamentale du législateur est précisément de fournir des solutions adaptées aux problématiques propres à la société. Pourtant, l'observation de différentes branches du droit montre que ce mimétisme[513] persistant contribue à une occidentalisation des œuvres juridiques postcoloniales, au détriment d'une législation véritablement ancrée dans les réalités locales.

I – Une identité du droit privé postcolonial érodée

376. Le droit privé postcolonial, en particulier dans les pays africains francophones, a largement reproduit les structures et concepts du modèle français, sans véritable adaptation aux réalités sociales et culturelles locales. Cette réception quasi-intégrale du droit métropolitain a conduit à une perte d'identité du droit privé africain, notamment en matière de responsabilité civile, de contrats, de droit de la famille ou encore de droit des biens. Le droit des contrats, par exemple, a été transposé sans tenir compte des pratiques locales de négociation, de solidarité communautaire ou de hiérarchie sociale. Le

[513] Djibril Abarchi, «Problématique des réformes législatives en Afrique : le mimétisme juridique comme méthode de construction du droit », *Penant, Revue de droit africain,* n°. 842, 2003, p. 88-105.

mariage, le divorce et la filiation ont été réinterprétés à la lumière du Code civil français, souvent en contradiction avec les représentations traditionnelles africaines. Cette transposition mécanique, fondée sur un mimétisme juridique déconnecté des contextes endogènes, a conduit à l'émergence d'un droit privé postcolonial inachevé, tiraillé entre modernité importée et traditions locales écartées.

A – Une réception quasi-intégrale du modèle français

377. Le droit privé postcolonial, à commencer par sa conceptualisation même, a été construit à partir du modèle juridique français. Le droit privé postcolonial a repris de bout en bout celui français en vigueur jusqu'à la période des indépendances. De manière ahurissante, dans certains États d'Afrique postcoloniaux, notamment au Cameroun, le Code civil en vigueur semble être celui du Code civil Napoléon de 1804. Pour sauver les apparences, certains textes y ajoutent des dispositions censées refléter le contexte socioculturel local, mais même ces apports restent souvent imprégnés d'un mimétisme latent. Là où, le Code civil de 1804 n'est pas explicitement en vigueur, son influence subsiste implicitement, tant son empreinte normative a façonné durablement les systèmes juridiques africains postcoloniaux[514].

378. Ce phénomène d'imitation mécanique se vérifie notamment dans le droit de la responsabilité civile et du contrat. Dans ces domaines fondamentaux, il est quasiment impossible de déceler une identité juridique propre aux États africains concernés, tant l'influence du modèle français est prégnante. En effet, le Code civil français de 1804, en particulier ses dispositions relatives à la responsabilité civile, a profondément marqué les rédacteurs du droit postcolonial[515].

379. Prenons quelques exemples, pour s'en convaincre. L'article 1240 (version en vigueur depuis le 01 octobre 2016) du Code civil français, formulé en ces termes : « tout fait quelconque de l'homme, qui cause à autrui un dommage, oblige celui par la faute duquel il est arrivé à le réparer », sert de boussole juridique quasi sacrée pour les

---

[514] Vincent Kangulumba Mbambi, « Les droits originellement africains dans les récents mouvements de codification : le cas des pays d'Afrique francophone subsaharienne », *op., cit.*, p. 315-338.
[515] *Ibid.*, p. 335.

législateurs postcoloniaux. Cette disposition rédigée en 1804, posant le principe de la responsabilité civile, est une incantation bien connue des autorités normatives postcoloniales, des universitaires mais aussi et surtout des praticiens du droit. Visiblement, pour eux, les croyances traditionnelles et coutumières africaines ne semblaient pas ouvrir des perspectives fécondes quant aux évolutions contemporaines du droit postcolonial. La reprise semble ici être une reprise mécanique sans se soucier de la philosophie de cette disposition qui pose le principe de la responsabilité individuelle alors qu'en Afrique ou du moins dans les coutumes et traditions, la responsabilité est groupale ou communautaire[516], et non strictement individuelle comme en droit français. Ainsi, la responsabilité repose moins sur l'auteur direct du dommage que sur le groupe, la famille ou la communauté à laquelle il appartient [517]. Cette transposition sans adaptation se retrouve dans presque toutes les législations africaines relatives à la responsabilité civile. Même si les formulations peuvent varier légèrement d'un État à un autre, l'esprit et la lettre des dispositions françaises restent inchangés, créant ainsi un conflit latent avec les pratiques sociales locales, faute à être adaptées aux convictions et aux habitudes.

380. Tant la notion même de contrat que les conditions de validité, de formation ou d'exécution sont calquées sur le modèle français. Il suffit, pour s'en convaincre, de faire une lecture combinée entre l'article 1103 du Code civil français actuel (ancien article 1134) disposant que « les contrats légalement formés tiennent lieu de loi à ceux qui les ont faits », avec les législations postcoloniales qui en reprennent les termes presque littéralement. Il faut reconnaître que la question n'est plus seulement celle de l'héritage juridique colonial, mais bien celle de la capacité des États africains à redéfinir un modèle juridique cohérent, enraciné dans leurs réalités sociales et culturelles. Faisons une analyse normative comparative avec les législations africaines pour s'apercevoir du degré de mimétisme législatif de ces dernières.

B – Une reproduction illustrative du mimétisme législatif

381. En droit civil congolais, le principe de la responsabilité civile (ou délictuelle ou encore aquarienne)[518], est consacré par l'article 258

---

[516] *Ibid.*, p. 336.
[517] *Idem.*
[518] Lydie Kabongo, *La responsabilité civile de l'exploitant aérien en droit*

qui reprend fidèlement la formulation française sur la responsabilité civile : « Tout fait quelconque de l'homme, qui cause à autrui un dommage, oblige celui par la faute duquel il est arrivé à le réparer ». En droit civil ivoirien, le mimétisme est encore plus visible. Le législateur ivoirien conserve même la numérotation des articles du Code civil français. Ainsi, l'article 1382 du Code civil ivoirien dispose également que « Tout fait quelconque de l'homme, qui cause à autrui un dommage, oblige celui par la faute duquel il est arrivé à le réparer ». Et les articles 1383 et suivants, suivent la même logique que celle édictée par le législateur français, c'est-à-dire, la consécration des quasi-délictuels. En matière de contrat, la reprise est faite *in extenso*, là encore, en termes de numérotation. Le même mimétisme se constate en matière contractuelle, l'article 1134 étant repris mot pour mot. En droit civil nigérien, on observe la même démarche que celle du droit ivoirien. Manifestement, en abordant, dans son chapitre 2, des délits et des quasi-délits, le législateur nigérien pose le principe de la responsabilité civile à l'article 1382 du Code civil qui dispose que « Tout fait quelconque de l'homme, qui cause à autrui un dommage, oblige celui par la faute duquel il est arrivé à le réparer ». Et les articles 1383 et suivants relatifs aux quasi-délictuels reprennent à l'identique la formulation française. Le mimétisme est encore plus frappant en ce sens que le législateur nigérien s'inspire des dispositions du Code civil de manière trop exactement en reprenant la même numérotation dans son code civil. C'est ainsi qu'il ressort de l'article 1134 du Code civil nigérien que « Les conventions légalement formées tiennent lieu de loi à ceux qui les ont faites. Elles ne peuvent être révoquées que de leur consentement mutuel, ou pour les causes que la loi autorise. Elles doivent être exécutées de bonne foi ». En droit civil guinéen, cette dynamique persiste. L'article 1122 du Code civil de 2019 reproduit fidèlement la disposition française relative à la responsabilité. Par ailleurs, la disposition française relative aux effets des obligations, pour ne citer que celle-là, est substantiellement reprise par le législateur guinéen. En effet, l'article 1091 sur les effets du contrat reprend substantiellement la logique française, confirmant l'absence d'adaptation significative. Le droit civil malien n'échappe pas non plus à ce phénomène. La loi n°87/AN-RM du 29 août 1987 consacre à l'article 125 une formule sur

---

congolais. "Cas du crach aérien survenu au Marché Type K." Mémoire, Université protestante au Congo – Licence en droit option droit économique et social, 2009. Disponible en ligne : <Memoire Online - Panier d'achats de documents (beta)>.

la responsabilité du fait personnel inspirée du droit français, intégrant à la fois les notions de responsabilité délictuelle et quasi-délictuelle. Le principe de l'effet obligatoire des contrats est également repris textuellement à l'article 77.

382. Au risque de dupliquer les mêmes phrases et d'affadir la démonstration, arrêtons-nous ici, l'essentiel est déjà clair. Toutefois, au-delà de ces constats désormais suffisamment établis, l'analyse doit se poursuivre sur un plan struturel, celui du décalage profond entre la norme imposée et la réalité sociale qu'elle prétend régir. C'est précisément ce défaut d'encrage social qui permet de comprendre les limites intrinsèques du modèle juridique colonial.

C – Une législation sans ancrage social ni contextualisation

383. On constate avec regret une reconduction intégrale de la formule du législateur français dans quasiment toutes les législations postcoloniales en matière de responsabilité et contractuelle, sans tenir compte des particularités locales. Alors que le Code civil français a évolué et évolue encore dans ses dispositions au gré de sa société d'application, il reste toutefois presqu'intacte tel qu'il a été repris par les États africains concernés. Autant en conclure que ce mimétisme a vidé ces législations de leur identité, les rendant parfois inopérantes ou mal adaptées aux réalités sociales africaines. Le même constat peut être fait en matière de droit de la famille et du droit des biens.

384. Ici, même la définition du droit de la famille qui aurait pu refléter les spécificités africaines, compte tenu de la notion variable de famille en France et en Afrique, n'échappe pas à la manœuvre assimilationniste. En Afrique, la famille ne se limite guère au groupe restreint composé des conjoints et de leurs enfants, comme c'est le cas dans les sociétés occidentales[519]. Elle s'étend aux grands-parents (paternel et maternel), aux descendants élargis et à toute personne ayant un lien social ou familial avéré. Malgré cette différence anthropologique et sociologique stratosphérique, les concepts de mariage, divorce, filiation ainsi que les liens de parentés, en droit postcolonial sont élaborés à partir de l'expérience juridique française. Ces législations semblent vraiment avoir tout fait pour programmer leur

---

[519] Moussa Thioye, « Part respective de la tradition et de la modernité dans les droits de la famille des pays d'Afrique noire francophone », *op, cit.*, p. 363.

propre ineffectivité, car les concepts qu'elles contiennent ont peu de rapport avec les pratiques des sociétés. Afin de confirmer l'affirmation, faisons une lecture croisée de ces dispositions françaises avec celles de certains États d'Afrique faisant l'objet des présents développements.

385. Le mariage est traditionnellement perçu en Afrique comme une alliance entre communauté visant à renforcer le tissu social et non entre individu à individu[520] comme dans les sociétés occidentales. Bien que certaines législations postcoloniales aient récemment précisé que le mariage est l'union d'un homme et d'une femme[521], en réaction aux législations occidentales autorisant le mariage homosexuel, elles continuent néanmoins à reproduire les concepts occidentaux relatifs à l'âge légal, au consentement, aux formalités ou aux nullités du mariage. Cette précision est apportée pour éviter d'unir deux personnes du même sexe par le lien du mariage, ce que permet désormais la législation française. Il serait souhaitable que ce type d'exemple, c'est-à-dire le rejet du mariage homosexuel, se multiplie afin de rendre le droit postcolonial en conformité avec les aspirations de sa société d'application. Autant, il est agréable de noter cette spécificité, autant l'enthousiasme semble s'arrêter là où commence la conceptualisation des autres aspects du mariage, comme la condition d'âge, le consentement, les formalités pour son accomplissement, et même les conditions de nullité. Ces concepts venus d'ailleurs, semblent s'allier difficilement aux pratiques des sociétés destinataires. Faisons une lecture croisée de quelques législations pour s'en apercevoir. En droit béninois[522], la loi n°2002-07 du 14 juin 2004 portant Code des personnes et de la famille, le mariage est abordé au chapitre 3. Sa définition et ses effets juridiques sont donnés aux articles 69 et suivants. En droit guinéen, il est abordé au titre VI du Code civil qui traite du lien matrimonial et des conditions requises pour contracter mariage, des formalités relatives à la célébration du mariage, des nullités du mariage.

386. Les législations postcoloniales ont mécaniquement repris les dispositions françaises alors qu'il pourrait y avoir une différence de compréhension. Les conditions (articles 229 à 247-2), procédures

520 *Idem.*
521 Voir en droit guinéen l'article 283 Code civil de 2019.
522 Yémalin Gnonlonfoun, *Le rôle de la pratique dans la formation du droit de la famille en Afrique noire francophone : cas du Bénin,* Thèse, Droit. Université de Perpignan, 2022. Français. ffNNT : 2022PERP0002ff.fftel-04131769ff.

(articles 248 à 259-3), conséquences (articles 260 à 286) du divorce et celles de la séparation de corps (articles 296 à 308) et même le conflit des lois relatives au divorce et à la séparation de corps (article 309) telles que déterminées au Code civil français sont substantiellement reprises dans les législations postcoloniales. Les législations africaines reprennent presque intégralement les dispositions françaises, sans prendre en compte les pratiques coutumières où le divorce est perçu comme un échec communautaire, difficilement accepté.

387. Pour étayer l'affirmation, faisons une lecture combinée de quelques législations. En droit togolais, l'influence du législateur français sur la notion du divorce est manifeste à travers plusieurs dispositions, comme celles des articles 7 et 26 ainsi que tout le chapitre IV intitulé de la dissolution du mariage dont les articles 171 et suivants du Code civil. En droit béninois, tel est également le cas avec une lecture attentive des articles 12 et 24 ainsi que de tout le titre III intitulé de la dissolution du mariage et de la séparation de corps. En droit guinéen, c'est aussi la même démarche dans le Code civil à travers les articles 219 et tout le titre VII intitulé de la dissolution du mariage.

388. Or, suivant les pratiques traditionnelles et coutumières foncièrement observées encore dans ces États, le divorce ne se passe pas tel que défini par ces législations. Ces législateurs en ont bien conscience. En effet, le divorce est d'abord difficilement prononcé car le mariage, comme il a été dit, est l'union entre deux communautés, tribus ou ethnies et non entre deux individus. Lorsque toutes les voies de recours auront été épuisées pour éviter le prononcé du divorce, face à l'absence de consentement mutuel, le divorce est prononcé souvent par décision unilatérale du mari. Rares sont les femmes qui prennent la décision du divorce[523], sinon elle est aussitôt renvoyée de chez ses parents, où généralement elle retourne, pour rejoindre le domicile conjugal sans autre forme de procès à moins que le mari se soit rendu coupable d'un manquement grave de nature à irriter sa belle-famille. Jacques Binet s'interroge à juste titre sur l'impact du modèle patriarcal africain qui érige des barrières solides contre le divorce[524].

---

[523] Jacques Binet, *Le mariage en Afrique noire, op., cit.*, p. 155-156.
[524] *Idem.*

389. La même logique prévaut en manière de filiation. Les dispositions des articles 311-25 et 315 du Code civil français sur la filiation ont servi de dépliant juridique au législateur postcolonial en Afrique. Il suffit pour s'en convaincre de lire quelques-unes des dispositions des États d'Afrique ici concernés. En Guinée, les articles 374 à 419 du Code civil de 2019 sur la filiation ; au Niger, les articles 312, 319 et suivants du Code civil ; au Benin, les articles 6, 65, 131 ainsi que la titre IV intitulé de la filiation dont les articles 283 et suivants ; au Gabon, les articles 38, 95, 96 et suivants ainsi que tout le titre V intitulé de la filiation dont les articles 391 et suivants ; au Togo, les articles 3, 5, 60 ainsi que tout le titre V intitulé de la filiation dont les articles 171 et suivants.

390. Dans toutes ces législations, les articles traitant de la filiation sont directement empruntés au Code civil français, sans intégration des spécificités coutumières, notamment la reconnaissance différenciée des enfants naturels et légitimes. Or, à l'aune de celles-ci, la compréhension de la filiation diffère selon qu'il s'agit des sociétés occidentales et africaines. Le sort de l'enfant né hors mariage (enfant naturel[525]) et celui dans le mariage, n'est pas le même. Le second a tous les droits et détient plusieurs privilèges alors que le premier est difficilement accepté, il est le plus souvent rejeté, car il est issu d'une relation illicite voire honteuse, surtout dans les sociétés à fort taux de pratiques de la religion musulmane. Certes, dans certaines législations consacrant le principe de l'égalité de tous les enfants, l'enfant naturel hérite du *de cujus*, comme au Burkina Faso. Mais dans tous les cas, les coutumes africaines exigent qu'un enfant ait un père biologique ou à défaut un père de substitution. Ce dernier cas n'est pas à assimiler à l'adoption. En effet, le concept d'adoption formalisé (simple ou plénière) n'existait pas dans les sociétés africaines traditionnelles. Dans les croyances traditionnelles et coutumières, l'adoption simple n'existait pas *a fortiori*, l'adoption plénière. L'enfant était confié ou recueilli sans aucune possibilité d'établir un lien de filiation entre lui et la famille d'accueil.

391. Un autre aspect qui est également repris avec l'effet de mode réside dans la question de la majorité civile. Nombre de législations

---

[525] Vincent Kangulumba Mbambi, « Les droits originellement africains dans les récents mouvements de codification : le cas des pays d'Afrique francophone subsaharienne », *op. cit.*, p. 332.

postcoloniales la fixe à un nombre d'âge variable selon les États, mais généralement à 18 ans par mimétisme, ne correspondant pas aux réalités africaines, où l'entrée dans la majorité sociale dépendait historiquement du mariage ou de la reconnaissance communautaire. Tant que l'homme ou la femme n'était pas marié il était hors de question de lui accorder une quelconque majorité. Cela se constate encore dans les sociétés africaines où jusqu'à un âge avancé, l'homme ou la femme reste encore dans la maison familiale, contrairement aux sociétés occidentales où à l'âge de la majorité civile, l'enfant est appelé à quitter le domicile parental. Il s'agit pour le législateur postcolonial, sans être obligé de reprendre mécaniquement ces pratiques traditionnelles et coutumières, de les adapter aux réalités locales.

392. Le droit[526] des biens est également marqué par cette réception sans adaptation. Les règles relatives à la propriété, à ses modes d'acquisition, aux servitudes et à la gestion patrimoniale sont inspirées du droit français, fondé sur une conception individualiste et privative de la propriété difficilement accommodable de celle collectiviste ou communautaire dans les coutumes africaines. Prenons l'exemple de la maison de Sayon Mara nouvellement construite. Elle ne lui appartient pas exclusivement, mais est considérée comme un bien commun, accessible à tous les membres de la famille élargie (au sens large et africain du terme et non au sens occidental). Des cousins lointains viendront y séjourner sans même y être invités, car pour eux et, à juste titre, c'est « notre maison » et non « c'est la maison de Sayon Mara ». Dans certaines cultures africaines, la conception communautaire est encore bien prononcée. Sayon Mara ne doit pas prendre l'initiative de faire construire une maison quand bien même il en a les moyens. Il doit donner tous les frais de construction à l'aîné de la famille ou au père ou à un membre de la famille au statut élevé, soit pour requérir d'abord son autorisation, soit pour lui donner la responsabilité de faire construire au nom et pour le compte de toute la famille. Son rôle se limitera à l'apport financier et matériel pour la construction. Il n'est pas autonome encore moins majeur (devant ses aînés) et n'a pas plus de droits opposables aux autres membres de la famille. Il n'a que l'accès comme tous les autres membres de la famille à la maison. Dans le même ordre d'idées, certains biens dans les sociétés africaines, comme la terre qui a une dimension communautaire, n'est pas susceptible d'appropriation individualiste ou

---

[526] *Ibid.*, p. 333.

privative[527]. C'est vrai, avec les mutations sociales et surtout la course effrénée aux ressources matérielles et financières, cette conception indigéniste du droit des biens en Afrique tend à s'effriter. Mais le défi reste entier et pointe à l'horizon pour les réformateurs qui se doivent de faire une conciliation harmonieuse entre ces conceptions (traditionnelle et moderne) du droit des biens si fondamentalement opposées. Il s'agit désormais pour le législateur postcolonial de concilier ces deux conceptions opposées du droit des biens, afin d'assurer une cohérence normative en phase avec les pratiques sociales.

393. Il serait également pertinent d'évoquer l'absence d'identité propre du droit pénal, du droit de la procédure pénale ou encore du droit commercial postcolonial, tant ces domaines sont eux aussi imprégnés du mimétisme juridique. Mais limitons ici notre propos en nous rendant à l'évidence de la mécanique du mimétisme conceptuel pour mieux aborder, le cas du droit public postcolonial, également marqué par cette quête identitaire inachevée.

II – Une identité du droit public postcolonial altérée

394. Le droit public postcolonial des États africains francophones s'est largement construit par imitation du modèle juridique français, tant en matière constitutionnelle qu'administrative et financière. L'adoption des constitutions postcoloniales s'est souvent faite selon des procédures directement inspirées de celles de la métropole, sans véritable enracinement local, ni participation populaire authentique. La réception mécanique des concepts français, séparation des pouvoirs, contrôle de constitutionnalité, primauté du droit, s'est accompagnée d'une marginalisation des références juridiques africaines précoloniales. Ce mimétisme s'étend également au droit administratif, dominé par une adhésion formelle aux principes de légalité et de service public, mais sans réelle effectivité dans la pratique. L'organisation de l'administration, les méthodes de contrôle, la gestion financière et le cadre normatif des lois de finances reproduisent les standards français, au prix d'un affaiblissement de l'identité juridique locale. Ce droit public postcolonial apparaît ainsi comme une construction juridique exogène, dépourvue d'une légitimité endogène, et inapte à refléter les dynamiques institutionnelles africaines.

---

527 *Idem.*

A – Un droit constitutionnel postcolonial marqué par le mimétisme

395. Le droit constitutionnel, en tant que discipline portant sur l'organisation des pouvoirs publics, les droits fondamentaux et la protection des libertés, a été largement inspiré par les concepts forgés en Europe à partir de l'émergence de l'État-nation[528]. Ces concepts, thématisés après l'apparition de l'État-nation, et diffusés en Afrique par la concupiscence et l'idéologie expansionniste[529] des nations occidentales, y sont restés en vigueur jusqu'à la date de l'indépendance de ces anciennes colonies avant d'être reconduits sans véritable réappropriation par les États nouvellement indépendants, dès les années 1960[530]. Bien que l'universalité de ces notions soit régulièrement évoquée, notamment à travers, le concept de « patrimoine juridique commun de l'humanité »[531], qui renvoie au cadre conceptuel relatif à l'humanité juridique, ou au constitutionnalisme global[532], ou encore à l'internationalisation des constitutions[533], il est permis de s'interroger sur leur pertinence locale.

396. Force est de reconnaître le manque de dynamisme et d'empirisme des autorités normatives postcoloniales de réappropriation de ces concepts du droit constitutionnel[534] suivant lesquels s'établit, s'exerce et se transmet l'autorité politique. Les dynamiques de fabrication de ces mécanismes de la réglementation de l'activité

---

[528] Kalil Aissata Keita, « L'invalidation de la présidentielle au Kenya, une révolution juridique dans un continent juridiquement conservateur », *Thinking Africa*, NAP n° 15 2017, 3 p.

[529] Éloi Diarra, « Le droit colonial en Afrique de l'Ouest francophone ou la construction d'une société nouvelle », *op. cit.*, p. 113.

[530] Jacques Boyon, « Pouvoir et autorité en Afrique noire : État des travaux », *RFSP,* vol. 13, n°4, 1963, p. 993-1018.

[531] Catherine Le Bris, « Esquisse de l'humanité juridique, L'humanité juridique, une sphère infinie dont le centre est partout, la circonférence nulle part », *Revue interdisciplinaire d'études juridiques*, 2012, volume 69, p. 1-50.

[532] Thomas Hochmann, « Le constitutionnalisme global », *Revue française de droit constitutionnel*, 2019/4, n°120, p. 885-904.

[533] Hélène Tourard, *L'internationalisation des constitutions nationales*, LGDJ, 2000, 724 p.

[534] André Cabanis, Danielle Cabanis, « L'influence du droit français liée au processus de Colonisation-décolonisation », *op., cit.*, pp. 09-30.

politique[535] et de la distribution des rôles entre les différents acteurs[536] politiques, ont été substantiellement calquées sur le modèle prévalant dans la métropole[537], sans prise en compte des réalités historiques et sociopolitiques africaines.

397. La vague de révisions constitutionnelles des années 1990 accentue ce mimétisme. Elle va ainsi marquer considérablement ce mimétisme constitutionnel où la Constitution française du 4 octobre 1958 va servir, dans sa lettre et son esprit, de balise constitutionnelle au pouvoir constituant africain[538], justifiant l'analyse de Bertrand Badié selon laquelle l'État en Afrique serait un « État importé »[539]. Le titre entier de cet ouvrage pionnier « *L'État importé : Essai sur l'occidentalisation de l'ordre politique* » est évocateur, en ce sens qu'il s'agit bien de « l'occidentalisation » des structures étatiques en Afrique subsaharienne. Pourtant, de nombreux ouvrages et articles démontrent que les sociétés africaines précoloniales disposaient déjà de structures normatives équivalentes, encadrant la désignation des chefs traditionnels, l'organisation du pouvoir et la protection des droits[540]. Ils étaient liés aux règles relatives aux modes de désignation des chefs traditionnels ainsi que les conditions d'exercices et de transfert de pouvoir, généralement par la règle de l'hérédité, à l'organisation des pouvoirs, aux droits de l'homme et à la protection des libertés fondamentales.

398. On va alors assister à la marginalisation des sources juridiques africaines précoloniales. Des documents historiques tels que la Charte

---

[535] Georges Vedel, *Manuel élémentaire de droit constitutionnel*, Paris, Sirey, 1949, p. 4-5.

[536] Jean Gicquel, Jean-Éric Gicquel, *Droit constitutionnel et Institutions politiques,* 35e édition, 2021-2022, 980 p.

[537] Gertie Hesseling, « La réception du droit constitutionnel en Afrique trente ans après : quoi de neuf ? », *in* Zoethout C. M., Pietermaat-Kros M. E., Akkermans P. W. C., (dir.), *Le constitutionnalisme en Afrique : à la recherche de principes autochtones*, Rotterdam, Association Internationale de Droit constitutionnel, 1996, p. 33-48.

[538] André Cabanis, M. L. Martin, « Le nouveau cycle constitutionnel ultra-méditerranéen francophone et la Constitution d'octobre 1958 », *in* Yves Mény, *Les politiques du mimétisme institutionnel. La greffe et le rejet,* Paris, L'Harmattan, 1993, p. 139-163.

[539] Bernard Badié, *L'État importé : Essai sur l'occidentalisation de l'ordre politique*, Fayard, 1992, 334 p.

[540] Dimitri Georges Lavroff, *Les systèmes constitutionnels en Afrique noire : Les États francophones,* Pedone, 1976, 438 p.

de Kouroukanfouga, adoptée au XIIIe siècle, témoignent de l'existence en Afrique de l'Ouest de normes constitutionnelles locales, intégrant des principes de gouvernance, de droits de l'homme et d'organisation du pouvoir. Ce document, comme tant d'autres ailleurs en Afrique, n'ont que peu servi de sources d'inspiration au constituant africain qui, visiblement s'est contenté de reprendre le modèle colonial. Sans citer ici, au risque d'alourdir les développements, les constitutions en vigueur dans les États d'Afrique qui nous intéressent dans le cadre du présent ouvrage, sont toutes, sans exagération, substantiellement inspirées des pratiques constitutionnelles françaises de 1940 à 1958, et ce pour plusieurs raisons dont plusieurs ont déjà été mises en épigraphe.

399. En toute logique, les constitutions adoptées dans les États postcoloniaux auraient dû refléter les valeurs identitaires propres à chaque communauté politique[541]. Elles devraient également définir le statut des autorités exécutives, c'est-à-dire les compétences respectives du Président de la République et du Gouvernement (pouvoirs propres et pouvoirs partagés) qui, en réalité étaient exclusivement attribuées au seul Président de la République. Elles devraient aussi décrire le pouvoir législatif (rationalisation et procédure), son rôle de représentation, de contrôle du gouvernement (confiance, information, évaluation et autorisation). Elles devraient encore déterminer la nature de la juridiction constitutionnelle (la Cour constitutionnelle, acteurs et procès). Ces constitutions nouvellement adoptées devraient définir l'organisation des pouvoirs, la nature du régime politique, la forme d'organisation territoriale de l'Etat (unitaire, fédéral), le mode de séparation des pouvoirs. Elles devraient aussi et surtout permettre d'écarter l'arbitraire, en garantissant les droits fondamentaux des citoyens dans un Etat de droit mais aussi et surtout garantir à chacun le respect de ses droits et à chacun le droit de faire entendre sa cause devant un tribunal indépendant. Elles devraient pouvoir donner la possibilité de contrôler la constitutionnalité des lois à travers un organe juridictionnel qu'elles mettent en place. Au lieu de cela, elles ont souvent reconduit les modèles français, reproduisant la concentration des compétences exécutives, les mécanismes de rationalisation du parlementarisme, ainsi que les modalités d'organisation juridictionnelle. Certaines constitutions vont jusqu'à réaffirmer leur attachement aux principes de la Déclaration des droits de l'homme et

[541] Arnaud Haquet, *Droit constitutionnel en 11 thèmes,* 4e éd., Dalloz, 2024, 506 p.

du citoyen de 1789[542]. Il s'agit là d'un texte français qui n'a de valeur juridique que dans l'ordre juridique français, mais qui a été repris par des États pourtant indépendants. Il ne s'agit pas d'une convention internationale ou d'une déclaration universelle, sauf à penser que ces États nouvellement indépendants considéraient encore la Déclaration des droits de l'homme et du citoyen de 1789, comme un patrimoine juridique commun à la France et à ses anciens territoires coloniaux.

400. Les procédures d'élaboration des constitutions postcoloniales s'inspirent également du modèle français. Le statut de l'auteur de ces nouvelles constitutions des États d'Afrique était théoriquement défini. C'était le pouvoir constituant, qui est l'expression de la souveraineté. Souverain, le pouvoir constituant ne peut toutefois s'exprimer sans l'intermédiaire concrète des rédacteurs du texte constitutionnel, qui rédigent pour la première fois (originaire) ou chargés de la réviser (dérivé) une constitution. Pour l'élaboration, toute la procédure a été inspirée de la théorique juridique française. Que ce soit par voie parlementaire ou par la rédaction d'un texte par des comités spécialisés, ces modalités reproduisent celles mises en œuvre en France sous la IVe et la Ve Républiques.

401. En Guinée, la première constitution du 10 novembre 1958 fut adoptée par voie parlementaire. Précisément, l'Assemblée territoriale élue après l'adoption de la loi Cadre de 1956, fut érigée en Assemblée nationale devant jouer en même temps le rôle d'assemblée constituante. En Côte d'Ivoire, à la suite du référendum du 28 septembre 1958, le pays a adopté le statut d'État membre de la Communauté française le 4 décembre 1958. En attendant, la proclamation de l'indépendance dont le vent avait commencé à souffler sur les parties du continent encore sous domination coloniale, la colonie de Côte d'Ivoire va élaborer une première Constitution qui sera promulguée le 26 mars 1959. Celle-ci va procéder au réaménagement des pouvoirs ainsi qu'à l'érection de l'assemblée législative en Assemblée nationale. C'est cette Assemblée nationale qui a aussi joué, comme en Guinée, le rôle d'assemblée constituante, en adoptant la première Constitution de la Côte d'Ivoire indépendante le 7 août 1960. Au Sénégal, une première constitution est

---

[542] Voir au Sénégal, le Préambule de la Constitution du 7 mars 1963 ; en Côte d'Ivoire, le Préambule de la Constitution du 3 novembre 1960 ; au Mali, le Préambule de la Constitution du 22 septembre 1960 ; etc.

d'abord adoptée le 24 janvier 1959 avant l'indépendance du pays le 20 août 1960. Cette première Constitution fera l'objet de révision par la loi n°60-045 du 26 août 1960 portant révision de la Constitution de la République du Sénégal. Cette Constitution de 1960 sera elle-même remplacée par la Constitution du 7 mars 1963 à l'issue d'une crise politique opposant le chef du Gouvernement et le Président de la République.

402. En Guinée, en Côte d'Ivoire, au Sénégal ou encore ailleurs en Afrique subsaharienne francophone, ces exemples illustrent l'omniprésence du Parlement ou d'un gouvernement restreint dans le processus constituant. Il a eu pour principale mission de rédiger le texte constitutionnel et exercer simultanément le pouvoir législatif. Au sein de ces assemblées constituantes des commissions spécialisées étaient mises en place pour étudier des propositions qui sont ensuite discutées et adoptées en séance plénière. Leur mandat cesse dès l'adoption définitive du texte de la Constitution, comme ce fut le cas en France lors de l'adoption de la Constitution de la quatrième République le 27 octobre 1946. Influencés par cette pratique constitutionnelle française des années 1940, nombre de constitutions ont été adoptées suivant cette procédure en Afrique. Le procédé adopté en France en 1958 a également été source d'inspiration pour les constituants en Afrique. Il s'agissait en effet de confier l'élaboration du texte constitutionnel au Gouvernement ou à un comité restreint désigné par ce dernier. Le choix de cette méthode s'explique par les exigences de rapidité même si la question de sa légitimité pouvait être posée avec le plus de force, car, à la différence des membres de l'assemblée constituante, les comités spécialisés ne sont pas désignés par le peuple au Suffrage Universel. Quoiqu'il en soit, il fallait une constitution pour chaque État nouvellement indépendant et le choix de la procédure pour son adoption n'était pas la préoccupation majeure ni des autorités, ni des populations.

403. Dès l'accession à la souveraineté internationale, les premières actions des États africains, étaient de se doter de constitution[543], d'abord pour marquer le caractère souverain de l'État, ensuite pour trouver une source démocratique du nouvel ordre politique permettant ainsi de définir la légitimité des pouvoirs. Ils ne pouvaient donc pas se passer de

---

[543] Georges Burdeau, *Traité de Science politique*, tome IV, Paris, LGDJ, 2e édition, 1969, p. 16.

ce « code existentiel, qui est par définition constitutif du groupe ou de la société, tout en lui permettant d'assurer le bon fonctionnement, voire leur survie »[544]. Il leur fallait ce « code de bonne conduite »[545], c'est-à-dire, une constitution, dont les mécanismes de protection se sont multipliés, du fait de la place privilégiée qu'elle occupe dans l'ordonnancement juridique interne (sa suprématie est confirmée à tous les niveaux) ; du fait de la rigidité théorique de la procédure de sa révision ; du fait qu'elle fait du président de la République l'un de ses garants ; du fait du contrôle de conformité des normes qui lui sont inférieures et du fait surtout de la vigilance des citoyens. Finalement, l'objet même de la Constitution postcoloniale demeure aligné sur le modèle français : garantir la suprématie des normes, organiser la séparation des pouvoirs et assurer la protection des droits fondamentaux.

404. Il faut bien reconnaître que, la conception de la séparation des pouvoirs adoptée en Afrique postcoloniale s'est inscrite dans la lignée des théories élaborées par des penseurs européens, notamment Montesquieu. Bien que ces idées soient fondamentales pour limiter l'arbitraire, elles ne tiennent pas toujours compte des formes d'organisation politique préexistantes en Afrique, qui reposaient souvent sur des systèmes de contre-pouvoirs coutumiers.

405. En définitive, l'étude du droit constitutionnel dans les États d'Afrique subsaharienne francophone révèle une forte imprégnation du modèle français, caractérisée par une réception quasi-mécanique des concepts, des structures et des procédures héritées de la colonisation. Cette imitation juridique, souvent déconnectée des réalités socioculturelles et historiques locales, a contribué à l'effacement progressif des traditions normatives africaines préexistantes, qui pourtant disposaient de systèmes de régulation du pouvoir tout aussi pertinents. Faute d'un travail d'appropriation critique et d'adaptation, les constitutions postcoloniales peinent encore aujourd'hui à incarner pleinement une identité juridique autonome, reflet des aspirations et des dynamiques propres aux sociétés africaines. Toutes choses pouvant justifier les récurrentes crises constitutionnelles dans ces États. Dans

---

[544] Slobodan Milacic, « "Peut-on se passer de Constitution ?" – La réponse est non, mais quelle est la question ? », *Constitutions*, n° 2017-3, juillet-septembre 2017, p. 359-380.
[545] *Idem.*

cette perspective, l'inachèvement du processus d'appropriation normative ne se limite pas au domaine constitutionnel. Il s'étend, avec la même acuité, au champ du droit administratif où la reproduction quasi mécanique des modèles hérités de la colonisation a freiné l'émergence d'un système véritablement enraciné dans les réalités nationales.

B – Un droit administratif postcolonial marqué par le mimétisme

406. Le droit administratif et le droit des finances publiques, tout comme le droit constitutionnel, constituent des piliers essentiels du droit public dans les États africains francophones. Le droit administratif regroupe les moyens matériels et organiques mobilisés pour satisfaire les besoins d'intérêt général, seule finalité assignée. Pourtant, cette autre branche du droit public, loin de refléter les réalités socio-économiques des États postcoloniaux, reprend mécaniquement les schémas juridiques hérités de la colonisation française, sans véritable prise en compte des spécificités locales.

407. Reconnaissons que le droit administratif[546] des États africains francophones est principalement construit sur le modèle français, lui-même fondé sur une idéologie libérale consacrée par la Déclaration des Droits de l'Homme et du Citoyen du 26 août 1789, reposant ainsi sur des valeurs qualifiées des droits de l'homme et de l'intérêt général[547]. Né sans acte fondateur, à la différence du Code civil de 1804[548], le droit administratif français a connu une maturation lente, acquérant progressivement sa légitimité. Cette évolution fut, paradoxalement, nourrie par des expériences coloniales, y compris africaines[549]. Toutefois, dans les États africains postcoloniaux, ce droit a été repris sans véritable processus d'appropriation sociale ou d'adaptation, fragilisant ainsi son enracinement. Le droit administratif africain, à l'instar de son modèle français, repose sur deux critères majeurs : un

---

[546] André Cabanis, Danielle Cabanis, « L'influence du droit français liée au processus de Colonisation-décolonisation », *op. cit.*, p. 09-30.

[547] Gilles Lebreton, *Droit administratif général*, *op. cit.*, p. 18 et s.

[548] *Idem.*

[549] Voir Kalil Aissata Keita, « La contribution de l'Afrique à l'évolution du droit administratif français » *in* Mouhamadou Moustapha Aïdara (dir.), *Droit et Gouvernance: entre enracinement et ouverture,* tome 2, Mélanges en l'honneur de Alioune Badara Fall, Université Gaston Berger de Saint-Louis, L'Harmattan, Sénégal, 2025, p. 329-356.

critère organique, définissant les acteurs (administration, juge administratif, citoyen), et un critère matériel, fondé sur la satisfaction de l'intérêt général, légitimant des dérogations au droit commun. Ce droit organise les relations entre les administrations et les administrés, en conformité avec la dualité juridique française.

408. Ce droit administratif postcolonial consacre le principe de légalité, corollaire de l'État de droit. Cette notion, façonnée par les doctrines occidentales, a été intégrée sans réflexion préalable sur son adaptation aux réalités africaines[550]. Visiblement, son acclimatation ne faisait les choux gras des autorités postcoloniales. Jusqu'aux années 1990, période marquée par la troisième vague de démocratisation[551] et ce sous diverses pressions[552], les régimes postcoloniaux africains ont évolué dans un contexte autoritaire justifié par des impératifs de développement[553]. Mais autant la situation politique pouvait justifier la nécessité de privilégier l'unité et l'intégrité territoriale au détriment des droits et libertés des citoyens, autant il faut convenir que la pratique s'est vite écartée de la finalité recherchée[554]. Bien que les discours officiels affirmassent un attachement aux valeurs de l'État de droit, une discordance notable existait entre ces proclamations et la pratique, où la centralisation du pouvoir et les violations des droits étaient fréquentes. Nous parlons de modèle occidental de démocratie, car ce que nous appelons aujourd'hui « démocratie » n'est pas quelque chose de nouveau pour l'Afrique précoloniale. Elle était sa façon de vivre[555].

---

[550] Alain Moyrand, « Réflexions sur l'introduction de l'État de droit en Afrique noire francophone », in *Revue internationale de droit comparé.* Vol. 43 n°4, 1991, p. 853-878.

[551] Samuel Phillips Huntington, *Third Wave, Democratization in the Late Twentieth Century*, (traduit de l'anglais, *La troisième vague : la démocratisation à la fin du vingtième siècle*), University of Oklahoma Press, 1991, p. 366.

[552] Maurice Ahanhanzo-Glélé, *Naissance d'un État noir. L'évolution politique et constitutionnelle du Dahomey, de la colonisation à nos jours*, Paris, LGDJ, 1969, 364 p. Maurice Kamto, *Pouvoir et droit en Afrique. Essai sur les fondements du constitutionnalisme dans les États d'Afrique noire francophone*, Paris, LGDJ, 1987, 545 p.

[553] Olivier Nay, « La théorie des États fragiles : un nouveau développementalisme politique ? », *Gouvernement et action publique,* 2013. N° 1, p. 139-151, DOI : 10.3917/écart.131.0139.

[554] Alioune Badara Fall, « La Charte africaine des droits de l'Homme et des peuples : entre universalisme et régionalisme *», op., cit.,* p. 77-100.

[555] Adi Litia Cakobau, vice-présidente du grand conseil des chefs, Suva, 21 mars 2000, cité par Viviane Cretton, « La chefferie autrement. Une notion mille-feuilles

Seulement, l'Afrique postcoloniale n'a pas su revaloriser ces valeurs ancestrales. Qu'importe, les motivations qui sous-tendaient ces déclarations d'intention étaient loin d'être celles de l'instauration d'une démocratie effective mais plutôt celles de leur permettre de « lever haut la tête dans les arènes internationales et d'échapper aux invectives des défenseurs des droits de l'homme »[556]. Il faut avouer que l'État postcolonial en Afrique tient difficilement les reines.

409. En tout état de cause, l'État de droit à la différence de l'État de police, dans lequel seuls les gouvernés sont soumis à la conformité du droit, est un État dans lequel gouvernants et gouvernés sont assujettis au respect du droit. Il se matérialise par l'existence d'une hiérarchie des normes juridiques (vision synthétique du droit élaboré par Hans Kelsen)[557]; la présence d'une réelle séparation des pouvoirs avec l'affirmation d'une justice indépendante et impartiale, apte à dire le droit ; et l'observation des valeurs reconnues par l'idéologie des droits de l'Homme. Ainsi, la soumission de l'action administrative au principe de légalité[558], de juridicité ou de régularité, implique finalement que tous les actes de l'administration soient conformes aux sources de la légalité au risque d'être annulés par le juge administratif. Aussi, le mimétisme conceptuel est observable dans la construction des fins et des moyens de l'action administrative. Le pouvoir normatif africain postcolonial s'est fondamentalement inspiré de la théorie juridique française des procédés que l'administration utilise dans l'accomplissement de ses missions : services publics, police administrative, actes administratifs unilatéraux, contrat administratif. Il en est de même pour l'organisation territoriale (déconcentration, décentralisation), le statut de la fonction publique ou encore le régime des biens publics, (domaine public, travaux publics, expropriation).

410. Toutes ces notions ont été reprises par les États africains dans le cadre de l'élaboration de leur droit administratif postcolonial. Pourtant,

---

bonne à repenser », *Société des océanistes,* 2015, p. 267-282.

[556] Maurice Ahanhanzo-Glélé, « La constitution ou loi fondamentale », in *Encyclopédie juridique de l'Afrique*, Pierre-François Gonidec, Maurice Ahanhanzo-Glélé (dir.), tome 1 – *L'État et le droit*, *op. cit.*, p. 34.

[557] Hans Kelsen, *Théorie pure du droit,* Trad. Charles Eisenmann, Bruxelles, Paris, Bruylant, LGDJ, Coll. La pensée juridique, 1999, p. 55.

[558] Bertrand Seiller, *Droit administratif*, tome I, Les sources et le juge, 6e édition, Flammarion, 2016, p. 19 et s.

dans la réalité postcoloniale, ces notions ont souvent été vidées de leur substance. A s'en tenir aux indices les plus visibles, le mimétisme conceptuel est si systématique qu'il remet en cause la construction d'une véritable identité du droit administratif en Afrique postcoloniale. Dans la même logique, cette dépendance conceptuelle ne se limite pas au champ administratif. Elle s'étend également au domaine des finances publiques, où l'emprunt quasi intégral des cadres normatifs, des procédures budgétaires et des mécanismes de contrôle traduits du modèle français a freiné l'émergence d'un droit financier véritablement adapté aux contextes institutionnels et économiques africains.

C – Un droit des finances publiques aligné sur le modèle français

411. Du fait de la réception mécanique des concepts français, l'identité de cette autre matière du droit public, qui se donne pour objectif d'étudier les règles et opérations des finances des personnes morales de droit public : État, collectivités territoriales, établissements publics, est difficilement trouvable. Elle exige que la gestion des deniers publics s'effectue dans un cadre précis et plus ou moins transparent[559]. Cependant, dans les États d'Afrique de succession coloniale française, les mécanismes, structures et institutions à vocation de contrôle de nature administrative et financière pour atteindre cet objet, sont là aussi substantiellement inspirés du modèle français. Plus fondamentalement, ces instruments visant à garantir la régularité des opérations financières des pouvoirs publics et l'utilisation judicieuse des deniers publics sont calquées essentiellement sur la loi organique n° 2001-692 du 1er août 2001 relative aux lois de finances (LOLF) en France qui elle-même remplace, dans l'optique de moderniser la gestion de l'État, la précédente datant de 1959. Une lecture combinée entre cette loi française et celles de plusieurs autres États africains, confirme cette affirmation.

412. En Guinée avec la loi L/2012/012/CNT du 09 août 2012 portant « Loi Organique Relative aux lois de Finances » (LORF) qui remplace l'ancienne loi organique L/91/007 du 23 décembre 1991 relative aux lois de finances qui fut adoptée sur le fondement de l'article 59 de la Loi Fondamentale de 1990, s'inscrit dans cette lignée. Tout comme en

[559] Jean-Marie Breton, « Les contrôle politiques », in *Encyclopédie juridique de l'Afrique*, Pierre-François Gonidec, Maurice Ahanhanzo-Glélé (dir.), tome 1 – *L'État et le droit*, *op. cit.*, p. 215.

Côte d'Ivoire où la loi organique n° 2014-336 du 05 juin 2014 relative aux lois de Finances, reprend formellement et matériellement la LOLF française. Tel est également le cas au Sénégal avec la loi organique n° 2020-07 du 26 février 2020 qui abroge et remplace la loi organique n° 2011-15 du 08 juillet 2011 relative aux lois de finances elle-même modifiée par la loi organique n° 2016-34 du 23 décembre 2016. Au Burkina Faso, la loi organique n° 073-2015/CNT du 06 novembre 2015 relative aux lois de finances, ne déroge pas à la règle du mimétisme conceptuel et structurel. C'est aussi le cas de la loi organique n° 2013-14 du 27 septembre 2013 relative aux lois de finances du Benin. Toutes ces lois organiques, aussi bien leur version en vigueur que les anciennes et leurs textes d'application, de l'ensemble des États africains de succession coloniale française, constituent quasiment une retranscription de la loi organique française relative aux lois de finances. Même les directives adoptées au sein de l'espace communautaire, comme la directive de l'Union économique et monétaire ouest africaine (UEMOA)[560], ne semblent pas être exemptées.

413. En substance donc, le droit constitutionnel, le droit administratif et le droit des finances publiques des États africains postcoloniaux souffrent d'une absence d'individualisation, conséquence d'une reproduction fidèle des modèles juridiques français. Leurs structures, principes et instruments demeurent calqués sur ceux de la métropole, sans réelle prise en compte du contexte économique, social et institutionnel local. Cette transposition mécanique, notamment perceptible dans l'adoption, des constitutions, des régimes administratifs et des lois organiques relatives aux finances publiques, entrave l'émergence d'un droit adapté aux besoins spécifiques des sociétés africaines, limitant ainsi son efficacité et son enracinement. Une réappropriation contextualisée de ces branches du droit apparaît indispensable pour asseoir un système constitutionnel, administratif et financier légitime, performant et en adéquation avec les exigences locales. La reprise des matières de ces branches du droit s'est accompagnée de celle du mode de règlement juridictionnel des contentieux.

[560] Directive n° 06/2009/CM/UEMAO du 26 juin 2009 portant lois de finances au sein de l'UEMOA.

III – Une identité de la justice postcoloniale altérée

414. La justice postcoloniale dans les États africains francophones s'inscrit dans la continuité des structures judiciaires héritées de la période coloniale. Loin d'être réinventée après les indépendances, elle demeure largement calquée sur le modèle français, fondé sur une organisation pyramidale, une procédure formaliste et une langue judiciaire étrangère à la majorité des justiciables. Cette transposition sans réelle contextualisation a contribué à creuser un fossé entre l'institution judiciaire et la société. À cela s'ajoute la pression normative croissante exercée par les organisations internationales et les partenaires techniques et financiers, qui imposent des standards de gouvernance et de justice inspirés du modèle occidental. Dès lors, la justice institutionnelle africaine peine à trouver sa propre identité, oscillant entre imitation structurelle et besoin d'enracinement.

A – Une difficile conciliation avec la justice coutumière

415. L'un des paradoxes majeurs du droit postcolonial réside dans la dualité persistante entre les juridictions modernes, fondées sur le droit écrit, et les mécanismes coutumiers, ancrés dans les traditions locales. Dès la période coloniale, l'administration métropolitaine avait instauré un double système : d'un côté, les tribunaux indigènes appliquant les coutumes « autorisées » ; de l'autre, les juridictions françaises imposant le droit de la métropole. Cette dualité, conçue à l'origine pour maintenir une hiérarchie juridique, a survécu aux indépendances.

416. Les constitutions postcoloniales ont certes proclamé l'unicité du système judiciaire, mais, dans les faits, la coutume continue d'exister dans l'ombre, surtout dans les zones rurales où la justice moderne reste absente ou inefficace. Ainsi, la colonisation a créé un dualisme juridique fonctionnel, dont la résolution demeure l'un des défis les plus complexes des États africains. Les réformes judiciaires entreprises après les indépendances ont souvent cherché à renforcer la légalité étatique plutôt qu'à valoriser les structures locales. Inspirées par les modèles européens et les exigences de la « bonne gouvernance », elles ont marginalisé les autorités coutumières, pourtant reconnues pour leur efficacité dans la médiation et la prévention des conflits.

417. Or, la justice coutumière repose sur des principes d'équité, de réconciliation et de réparation qui répondent à la philosophie africaine du droit : restaurer le lien social plutôt que punir. Dans de nombreux pays, notamment en Guinée, au Mali ou au Sénégal, ces mécanismes continuent d'assurer une régulation sociale efficace dans les villages et les quartiers. Pourtant, leur légitimité demeure fragile, faute de cadre légal clair de collaboration avec la justice formelle. La conciliation entre ces deux systèmes exige donc une relecture du pluralisme juridique, non plus comme une concurrence, mais comme une complémentarité entre l'État et les communautés locales.

418. Pour rétablir la cohérence de la justice postcoloniale, il importe d'instaurer un dialogue institutionnel entre le juge étatique et le juge coutumier. Cette intégration doit s'appuyer sur un cadre normatif précis, permettant de reconnaître certaines décisions coutumières, notamment en matière foncière, successorale ou matrimoniale. Plusieurs expériences africaines, comme au Bénin ou au Ghana, ont amorcé cette voie, en intégrant les autorités traditionnelles dans les dispositifs de médiation et d'arbitrage locaux. La construction d'une justice postcoloniale authentique suppose donc de dépasser l'opposition entre modernité et tradition pour fonder une justice hybride, enracinée et efficace. Seule une telle démarche permettra à la justice africaine de retrouver sa légitimité sociale et de restaurer la confiance des citoyens dans l'État de droit.

B – Une justice institutionnelle éloignée des réalités africaines

419. Le modèle judiciaire postcolonial est souvent resté prisonnier d'une vision bureaucratique et formaliste de la justice. Les procédures longues, coûteuses et rédigées en français constituent des obstacles majeurs pour la majorité des citoyens, dont la langue maternelle n'est pas celle du droit. L'usage d'un langage technique et hermétique éloigne davantage les justiciables de leurs institutions.

420. En Guinée comme dans d'autres pays francophones, cette situation accentue la fracture entre le peuple et la justice. Le juge, perçu comme représentant de l'État central, incarne un pouvoir extérieur et non un acteur de régulation communautaire. Ce déficit linguistique et symbolique nourrit une méfiance profonde à l'égard des tribunaux modernes, qui apparaissent comme des instruments de domination plutôt que des lieux d'équité.

421. L'autre faiblesse majeure des systèmes judiciaires africains réside dans le manque chronique de moyens humains, techniques et financiers. L'héritage colonial n'a pas seulement laissé des structures juridiques importées, mais aussi une dépendance budgétaire et organisationnelle. L'aide internationale, souvent conditionnée par des programmes de réforme judiciaire, impose des modèles standardisés (codes de procédure, institutions de lutte contre la corruption, écoles de la magistrature, etc.) sans réelle adaptation aux contextes locaux. Ainsi, la justice institutionnelle se retrouve confinée dans une dépendance structurelle, où la modernisation se fait sous tutelle, et non par appropriation nationale. Cette dépendance nuit à la créativité juridique et empêche l'émergence d'un modèle judiciaire africain original.

422. Pour de nombreux citoyens, la justice postcoloniale demeure une institution « étrangère ». Son coût, sa lenteur et son inaccessibilité l'éloignent des réalités quotidiennes. Face à cette inefficacité, les justiciables se tournent vers des instances parallèles : chefs traditionnels, imams, associations de jeunes, ou comités de quartier. Ces structures, bien que non reconnues officiellement, incarnent la justice de proximité, rapide et légitime. Cette dualité illustre l'échec de la justice institutionnelle à remplir sa mission fondamentale : garantir la paix sociale et protéger les droits des citoyens. Le défi actuel est donc d'harmoniser ces deux niveaux de justice pour éviter la fragmentation de l'ordre juridique national.

C – Une nécessaire refondation d'une justice enracinée et légitime

423. La reconstruction d'une justice africaine authentique passe d'abord par une réappropriation intellectuelle du droit. Il ne s'agit pas de rejeter en bloc les apports extérieurs, mais d'opérer un travail d'hybridation et d'adaptation. Cette approche exige une réflexion critique sur le mimétisme juridique, afin de replacer le droit au cœur des réalités sociales. La justice ne peut être efficace que si elle est comprise, partagée et reconnue par les citoyens. Cela suppose une refonte des programmes de formation des magistrats, une ouverture du langage judiciaire aux langues nationales et une révision des codes pour intégrer des principes issus des pratiques endogènes.

424. Le pluralisme n'est pas une menace pour l'unité juridique, mais une ressource pour la justice. Reconnaître la coexistence de plusieurs sources normatives – coutumières, religieuses et étatiques – permet de concevoir un système plus inclusif et plus légitime. Plusieurs États africains, comme le Sénégal et le Burkina Faso, ont amorcé cette reconnaissance en intégrant la médiation traditionnelle dans leur arsenal judiciaire. L'objectif est de bâtir une justice participative, dans laquelle les acteurs communautaires deviennent partenaires de l'État et non concurrents. Ce modèle, fondé sur la proximité et la confiance, contribue à rétablir la cohésion sociale et à renforcer l'autorité morale du droit. Enfin, la refondation de la justice postcoloniale doit s'inscrire dans une vision de développement et de gouvernance. La justice n'est pas seulement un instrument de régulation, mais un levier de stabilité et de croissance. Une justice crédible favorise la confiance des investisseurs, la transparence dans la gestion publique et la protection des droits fondamentaux. L'enjeu n'est donc pas seulement juridique, mais aussi politique et social de sorte qu'il s'agit de reconstruire une justice capable de concilier efficacité institutionnelle et identité culturelle, tout en respectant les standards universels de l'État de droit.

425. En définitive, la justice institutionnelle africaine, minée par le mimétisme hérité du colonialisme, se trouve aujourd'hui à la croisée des chemins. Pour retrouver son authenticité, elle doit dépasser la logique de la copie pour embrasser celle de la création. L'avenir du droit africain dépendra de sa capacité à forger une justice qui soit à la fois moderne et enracinée, ouverte à l'universel mais fidèle à ses fondements sociaux et culturels.

426. Ainsi, après avoir mis en lumière la nécessité d'une réappropriation du droit postcolonial à travers une articulation harmonieuse entre normes traditionnelles et institutions modernes, il convient désormais d'interroger les conditions réelles de son effectivité. Autrement dit, la question essentielle qui se pose est de savoir dans quelle mesure ce droit, une fois réadapté et proclamé, parvient effectivement à s'imposer dans les pratiques sociales, administratives et judiciaires des États africains contemporains.

Titre III – Une effectivité en question du droit postcolonial

427. Issu du latin *effectivus*[561], le terme « effectivité » désigne ce qui est effectif, qui produit un effet réel ou qui existe réellement, donc ce qui est actif, palpable, tangible. Transposée dans le champ juridique, il renvoie à l'application réelle de la règle de droit dans la société destinataire. Autrement dit, s'intéresser à l'effectivité d'une règle juridique revient à s'interroger sur sa mise en œuvre concrète, car la finalité du droit est son application[562]. Dans cette perspective, l'effectivité peut être définie, selon Pierre Lascoumes, comme « le degré de réalisation dans les pratiques sociales, des règles énoncées par le droit »[563]. Cette définition postule, en principe, l'absence d'écart entre la norme juridique et sa mise en pratique[564]. Pour jauger cette exigence, Clara-Maud Philippe suggère de « déterminer si ce droit est respecté par ses destinataires, à repérer son utilité ou au contraire ses failles »[565]. Appliqué au contexte africain[566] postcolonial, le questionnement sur l'effectivité du droit s'impose avec acuité, tant les règles juridiques en vigueur semblent rarement précédées d'une réflexion approfondie sur leur praticabilité sociologique[567], pour reprendre l'expression de René Sabatier.

428. L'effectivité du droit précolonial est compromise par l'héritage colonial et le mimétisme juridique, ce qui exige sa réhabilitation. Hérité dans une large mesure du droit colonial français, le droit postcolonial

---

[561] Pierre Lascoumes, « Effectivité », *in* André-Jean Arnaud (dir.), *Dictionnaire encyclopédique de théorie et de sociologie du droit,* 2e édition, LGDJ, 1993, 758 p., p. 217.

[562] Jean Carbonnier, *Droit et passion du droit sous la Ve République*, Flammarion, 1996, p. 20.

[563] Pierre Lascoumes, « L'analyse sociologique des effets de la norme juridique : de la contrainte à l'interaction », *in* André LAJOIE et al. (dir.), *Théorie et émergence du droit : pluralisme, surdétermination et effectivité*, Thémis, Bruylant, 1998, p. 217.

[564] Pierre Lascoumes et Ecelyne Serverin, « Théories et pratiques de l'effectivité du droit », in *Droit et société*, 1986, n° 2, p. 101.

[565] Clara-Maud Philippe, « Entre effectivité et validité du droit : l'exemple du droit public à l'information » *in A la recherche de l'effectivité des droits de l'homme. Véronique Champeil-Desplats et Danièle Lochak (dir.)*, Presse universitaire de Paris Nanterre, 2008, p. 59.

[566] Léonard Matala-Tala, « L'ineffectivité du droit positif en Afrique subsaharienne », *op., cit.*, p. 239-260.

[567] René Sabatier, « Les creux du droit positif au rythme des métamorphoses d'une civilisation », in *Le problème des lacunes en droit,* Bruxelles, Bruylant, 1986, p. 534.

des États d'Afrique subsaharienne francophone se heurte à d'importantes difficultés d'application. Sa qualité et son efficacité sont fréquemment remises en cause, en raison de l'adoption mécanique des normes coloniales, sans véritable appropriation locale. Ce nouvel ordre juridique s'est rarement appuyé sur les valeurs et pratiques précoloniales, que ce soit dans sa phase d'élaboration, dans ses procédures de révision ou dans son application concrète, de manière générale, le droit postcolonial tel qu'il est appliqué aujourd'hui peut être qualifié de tropicalisation partielle, souvent déconnectée, d'un droit importé. Les autorités normatives des États issus de la décolonisation[568] française semblent s'être enlisées dans une dynamique d'imitation doctrinale, dénuée de dynamisme empirique. Comme il a été mentionné précédemment, cette absence de volonté d'adapter et de contextualiser les concepts juridiques importés contribue à affaiblir l'effectivité du droit postcolonial. Dès lors, avant d'envisager la nécessaire réhabilitation du cadre juridique postcolonial, laquelle suppose une prise en compte sincère des valeurs traditionnelles africaines en vue de reconstruire une identité juridique plus en phase avec les réalités locales **(III)**, il convient, pour mieux en situer les enjeux, d'examiner d'abord les limites de son effectivité, tant en raison du mimétisme juridique hérité **(I)** que des contraintes sociologiques persistantes **(II)**.

I – Une effectivité limitée en raison du mimétisme juridique

429. Le droit postcolonial africain, bien que structuré autour de textes modernes inspirés du modèle français, souffre d'une faible effectivité sur le terrain. En droit privé, la méconnaissance généralisée des règles juridiques, combinée à un accès limité aux services juridiques, réduit la portée concrète des droits garantis. En droit public, malgré des constitutions proclamant la garantie des droits fondamentaux, leur application demeure largement théorique, entravée par des institutions inadaptées aux réalités locales. Ce mimétisme institutionnel, hérité du système colonial, se heurte aux dynamiques sociales africaines, favorisant ainsi le développement de pratiques informelles et de détournements du droit, ce qui ne manque pas de renforcer la distance entre la norme et sa mise en œuvre. Il explique également la persistance d'une administration lente, politisée et déconnectée du quotidien des citoyens, alimentant ainsi un sentiment

[568] Nicolas Bancel, Pascal Blanchard, Françoise Vergès, *La République coloniale, Essai sur une utopie,* Albin Michel, 2003, p. 118 et s.

d'inefficacité, ce qui impacte à la fois la stabilité politique et l'attractivité économique des États. L'accès à la justice illustre tout aussi ce décalage en ce sens que l'organisation judiciaire reste centrée sur les villes, laissant les zones rurales sans accès effectif à un juge. Cette faible effectivité du droit postcolonial, nourrie par un mimétisme juridique excessif, appelle une refonte en profondeur. Il devient indispensable de réarticuler les normes autour des réalités socioculturelles africaines afin de favoriser l'accès au droit, la confiance dans les institutions et l'instauration d'une justice véritablement au service du justiciable. Une réappropriation juridique contextualisée s'impose dès lors comme une voie incontournable. Avant d'analyser les différents axes de cette réappropriation juridique, il importe d'emblée d'établir le constat de l'inopérance du droit privé, du droit public et de la justice institutionnelle.

A – Un droit privé postcolonial théoriquement structuré

430. L'effectivité d'une norme juridique renvoie à sa capacité à être effectivement appliquée et à produire des effets tangibles dans la société, il a été dit. En Afrique, le droit privé, qui régit les relations entre particuliers (droit des contrats, des obligations, de la famille, des sociétés ou encore des biens), souffre d'une effectivité notoirement limitée. Si les textes sont bien présents, leur application se heurte à divers obstacles. Pourtant, un droit privé effectif constitue un pilier essentiel de la sécurité juridique, de la protection des droits des citoyens et du bon fonctionnement des échanges économiques.

431. Mais le droit privé postcolonial souffre d'une méconnaissance généralisée par la population de sorte qu'une grande partie des citoyens ne connaît pas ses droits en raison du faible accès à l'éducation juridique. Et les États font moins d'efforts dans ce sens donnant ainsi l'impression de ne pas être au service de ses populations. Il est évident que l'accès limité aux services juridiques, notamment en milieu rural, empêche les citoyens d'exercer leurs droits. Selon les perceptions citoyennes, l'effectivité du droit, particulièrement du droit des affaires, est limitée par les lacunes dans son application, en ce sens que la création et la gestion des entreprises sont souvent freinées par des lourdeurs administratives et les petites entreprises ainsi que les commerçants informels n'ont souvent pas recours au droit pour sécuriser leurs transactions. À cela, il faut ajouter l'accès limité aux tribunaux en matière commerciale et leurs décisions ne sont pas toujours exécutées rapidement. Pris dans leur ensemble, ces éléments contribuent à fragiliser la confiance des citoyens, des entrepreneurs et des investisseurs à l'égard de la législation en vigueur.

432. C'est le cas également du droit foncier, qui se caractérise lui aussi par son inefficacité. Partout ailleurs dans ces États d'Afrique ici concernés, l'accès à la propriété est souvent conflictuel en raison de l'existence de plusieurs régimes fonciers (droit coutumier, droit moderne, droit colonial). De même, l'absence de cadastre fiable rend difficile l'enregistrement des terres et la sécurisation des titres fonciers. Cette effectivité limitée du droit privé entraine des conséquences immédiates. On va avoir un climat d'insécurité juridique de sorte que les contrats ne sont pas toujours respectés, ce qui décourage les investissements et les échanges commerciaux. Des injustices sociales sont également récurrentes au regard de l'absence d'application effective des législations qui ne sont que des incantations théoriques déconnectées des réalités sociales. Ces déficiences entraînent aussi une omniprésence de l'insécurité juridique ce qui ne manque pas d'entraver le développement économique. Cette application inégale des textes juridiques, déconnectés des réalités locales est bien réelle. À titre d'exemple, les droits des femmes en matière successorale, bien qu'inscrits dans les textes, peinent à être appliqués, perpétuant ainsi les inégalités. Cette faiblesse du droit privé contribue *in fine* à menacer la quiétude sociale, le développement économique, en décourageant aussi bien les entreprises nationales qu'étrangères à investir dans des environnements où le cadre juridique est incertain. Pour remédier à cette situation, il est impératif de renforcer les institutions juridiques, d'adapter les législations aux réalités locales, et de promouvoir l'éducation juridique et l'accès à la justice. Une justice efficace et accessible demeure la clé pour garantir la sécurité juridique, protéger les citoyens et favoriser un développement inclusif.

433. Mais, bien que le renforcement du droit privé soit indipensable pour assurer la sécurité juridique et favoriser l'investissement, cette exigence ne saurait oculter une autre réalité tout aussi préoccupante, celle de l'ineffectivité persistante du droit public dans de nombreux États postcoloniaux. En théorie garant des libertés, du bon fonctionnement de l'administration et de la régulation de l'action publique, le droit public peine en pratique à jouer pleinement son rôle, miné par des institutions fragiles, une administration défaillante et une faible culture de l'égalité.

B – Un droit public postcolonial théoriquement protecteur

434. Répétons-le sans nous lasser, qu'à l'instar du droit privé, le droit public postcolonial souffre également d'une faible effectivité. Le droit public, qui encadre l'organisation de l'État, le fonctionnement des institutions publiques et les relations entre l'État et les citoyens, rencontre de nombreuses difficultés d'application en Afrique postcoloniale. Cette faiblesse affecte directement la gouvernance, l'efficacité des politiques publiques et le respect des droits fondamentaux. Pour tout juriste même tout observateur ou simplement pour tout citoyen, un droit public efficace est essentiel pour assurer la stabilité politique, la transparence de la gestion des ressources publiques et la protection des citoyens contre les abus de pouvoir. Mais du fait d'un mimétisme substantiel, le droit public postcolonial souffre, lui aussi, d'une effectivité limitée. Les nombreuses institutions reprises substantiellement du modèle colonial (justice, Parlement, administrations) manquent d'autonomie et de moyens pour appliquer efficacement les règles juridiques. Les institutions de contrôle en Afrique inspirées du modèle français (Cours des comptes, Autorités anticorruption) manquent d'autonomie, de ressources et de légitimité. Elles sont fréquemment confrontées à des pressions politiques, à des difficultés de financement et à une inadéquation structurelle avec les réalités sociales et économiques locales.

435. Les mécanismes juridiques élaborés, qu'ils soient constitutionnels ou *infra* constitutionnels sont vidés de leur substance par le développement de pratiques informelles, notamment dans l'administration publique, où le favoritisme, la corruption et les détournements de fonds sont courants, généralement dans le cadre de marchés publics. Cette informalité mine la transparence de la gestion publique et empêche une distribution équitable des ressources.

436. Le droit public, de par ses matières (droit constitutionnel, droit administratif, finances publiques) est un droit ayant pour vocation de promouvoir et de protéger les libertés fondamentales. Mais hélas, tel ne semble pas être le cas du droit public postcolonial en Afrique. Bien que les constitutions postcoloniales aient consacré les droits fondamentaux (liberté d'expression, droit à un procès équitable), ces derniers sont souvent bafoués par les régimes en place. Alors qu'en reprenant mécaniquement la Constitution française du 4 octobre 1958, ils laissaient sous-entendre l'instauration d'un nouvel ordre juridique basé sur la modernité et dans lequel tous ces droits seraient reconnus et garantis. La réalité en est tout autre. On assiste à la négation et la répression des opposants politiques, les restrictions des libertés publiques et le non-respect des règles démocratiques. Ce qui fragilise ainsi l'État de droit et nourrit l'instabilité politique. Face à cette situation, on note malheureusement l'incohérence et la lenteur des réformes adéquates. Le cadre juridique est parfois obsolète ou mal adapté aux réalités économiques et sociales. Les réformes prennent souvent du temps en raison des blocages politiques et administratifs. L'administration publique se montre toujours inefficace, alors que les services publics souffrent de bureaucratie excessive, rendant les démarches longues et compliquées. Au même moment, on note l'insuffisance de sessions de formation et de renforcement de capacité des fonctionnaires à répondre efficacement aux besoins des populations, surtout dans les zones rurales, ce qui réduit ainsi considérablement la qualité du service public. Le droit public postcolonial, loin d'être un instrument de promotion des libertés fondamentales, devient ainsi un facteur d'instabilité et de faible attractivité économique.

437. Bien sûr, comme pour le droit privé postcolonial, l'effectivité limitée du droit public postcolonial implique des conséquences fâcheuses. L'une des premières réside dans l'instabilité politique et sociale. Évidemment, l'incapacité de l'État à faire respecter la loi alimente la contestation sociale et les conflits politiques. Tout comme le non-respect des règles démocratiques favorise les coups d'État et les crises institutionnelles. Une autre conséquence porte sur la faible attractivité économique. Comme en droit privé, les investisseurs étrangers hésitent à s'engager dans des pays où le cadre juridique est instable. De même, la mauvaise gestion des finances publiques entraîne des déficits budgétaires et limite les investissements dans les infrastructures. Pour garantir un État de droit efficace, il est essentiel de renforcer les institutions, de lutter contre la corruption et d'améliorer la gestion publique. Une gouvernance transparente et respectueuse des droits fondamentaux est la clé pour assurer la stabilité et le progrès du continent. Mais toute cette réglementation ne peut être effective qu'en adéquation avec les valeurs et aspirations des sociétés d'application, mais aussi un accès facile à la justice.

C – Un accès à la justice institutionnelle encore problématique

438. À ces difficultés d'application du droit privé et du droit public, s'ajoute une autre difficulté majeure, celle de l'accès restreint à la justice institutionnelle. En théorie, l'accès à la justice permet à tout citoyen de faire valoir ses droits devant une juridiction compétente. Mais cet accès ne vaut que par l'affirmation d'un droit réellement applicable dans un environnement social adéquat. Or, l'environnement social postcolonial africain ne semble pas se prêter à l'application d'un système juridique importé, caractéristique de la justice étatique postcoloniale. À cela s'ajoute l'exercice difficile des recours contentieux. Bref, dans le contexte postcolonial africain, l'accès à la justice reste limité pour des raisons multiples. En vérité, les justiciables dénoncent une absence de garanties spécifiques de leurs droits d'accès à la justice. La nomenclature organisationnelle de la justice est défavorable aux justiciables et leur donne le sentiment d'être moins protégés. Cette situation pousse de nombreux citoyens à privilégier les modes traditionnels de règlement des conflits, jugés plus accessibles. En effet, l'accès à la justice institutionnelle est soumis à des conditions et procédures qui sont géographiquement, fonctionnellement, financièrement et culturellement effroyables et défavorables aux justiciables africains de sorte qu'il y a une justice sans justiciables.

439. La justice postcoloniale en Afrique, du fait de sa nomenclature, se caractérise par sa distanciation des justiciables. La justice institutionnelle tout comme les autres services publics ne sont guère présents dans les villages et autres localités du pays profond[569] alors que plus de la majorité de la population du pays y vit. Les juridictions sont souvent concentrées dans les grandes villes, laissant les populations rurales sans accès réel aux services judiciaires. Au demeurant, au cours des entretiens libres que nous avons eus avec certains citoyens dans le cadre de la rédaction du présent livre, on notait régulièrement ces préoccupations en rapport avec le délaissement des localités reculées où ni la déconcentration, ni la décentralisation ne se présentent, en l'état actuel des choses, comme des solutions

[569] Arsène Brice Bado, « La démocratie au Burkina Faso aux prises avec les systèmes traditionnels de gouvernance », *op. cit.*, p. 19-30.

d'amélioration tant elles sont limitées dans leurs manœuvres. C'est pourquoi, nous-a-t-on confié, il y a une amplification des mouvements d'exode rural et pourtant là-bas aussi, c'est-à-dire, dans les grandes villes la question d'accès aux services publics se pose avec une grande acuité.

440. Cet éloignement géographique de la justice des justiciables fait jouer aux chefs traditionnels et autres autorités coutumières, un rôle central dans le règlement des conflits de toute nature[570] sur la base des sources du droit précolonial. L'appareil judiciaire reste moins décongestionné[571] de sorte qu'il faut souvent parcourir plusieurs kilomètres pour accéder à un tribunal. Certes, plusieurs réformes ont été initiées par les autorités postcoloniales dans le secteur de la justice dans le but de rationaliser l'organisation géographique de la justice. De nouvelles juridictions ont été créées, d'autres États ont même repris, à nouveau, le modèle de deux ordres de juridictions (judiciaire et administratif) dans le but de rapprocher davantage la justice des justiciables. Donc, des efforts dans la multiplication des ressorts judiciaires pour assurer la couverture judiciaire de tout le territoire national ont été faits. Cependant, la justice postcoloniale demeure encore bien éloignée géographiquement des justiciables. Les politiques publiques de décongestion de l'appareil judiciaire ne semblent pas avoir eu des effets escomptés. Elles n'ont pas permis de réduire les distances que les justiciables doivent parcourir pour se rendre à un tribunal. Les justiciables africains éprouvent le sentiment d'une inégale répartition de la carte judiciaire qui ne répond plus à leur besoin de justice[572]. Par exemple, en matière de contentieux administratif, plus précisément l'exercice du recours pour excès de pouvoir est rendu de sorte qu'il n'est intenté que devant la seule Cour suprême. Cette compétence exclusive ne rapproche pas la justice des justiciables en ce sens que le siège de cette juridiction de cassation se trouve généralement dans la capitale, donc bien éloigné des justiciables de l'intérieur du pays.

---

570 *Idem*.

571 René Degni-Segui, « L'accès à la justice et ses obstacles », in *L'effectivité des droits fondamentaux dans les pays de la communauté francophone*, actes du colloque international tenu à Port-Louis du 29 septembre au 1er octobre 1993, Paris, AUPELF-UREF, 1994, p. 241-246.

572 Etienne Cahu, « De la réforme de la carte judiciaire ou l'instrumentalisation de critères objectifs au service d'un nouveau rapport scalaire de pouvoir », *Annales de Géographie*, 2015, n° 701, p. 5-30.

441. Outre son éloignement géographique, cette justice postcoloniale est aussi, par son fonctionnement, éloignée des justiciables. Les procédures judiciaires issues du modèle colonial sont perçues comme complexes, coûteuses et longues. Les lenteurs procédurales, le manque de célérité dans le traitement des affaires, et l'inexécution des décisions judiciaires minent la confiance des justiciables. En Afrique précoloniale, les procédures d'accès à la justice étaient non seulement moins complexes mais aussi et surtout moins engourdies. Et les décisions rendues par le juge étaient suivies d'effet exécutoire. Or, la justice postcoloniale en Afrique se caractérise aussi bien par sa politisation, son engourdissement que par l'inexécution de ses décisions. Concernant la célérité, elle ne semble pas être l'une des préoccupations de cette justice de sorte que ses décisions répondent moins aux attentes des justiciables en termes de délais contentieux. Comme nous l'avons déjà fait remarquer en Afrique en général, « la durée entre le dépôt de la requête introductive d'instance et le prononcé de la décision juridictionnelle est si longue que dans bien des cas les requérants décèdent avant que le juge ne statue sur leur requête »[573].

442. S'agissant de la question d'exécution des décisions de justice, elle se pose encore avec acuité dans les États d'Afrique subsaharienne de succession coloniale française. Indiscutablement, l'autorité de la chose jugée dont est recouverte une décision de justice devenue définitive fait obligation aux parties de l'exécuter, à l'État, de recourir à la contrainte au besoin, car la décision est rendue au nom du peuple et sur la base d'une législation démocratiquement établie. C'est le corollaire du droit à un recours contentieux effectif. Ainsi, la décision étant rendue à la suite d'un procès juste et équitable par une juridiction impartiale, doit être suivie d'effet exécutoire. Malheureusement, dans nombre d'États en Afrique subsaharienne, l'exécution des décisions de justice rencontre des difficultés parfois insurmontables, par les ingérences des forces extérieures (pouvoir exécutif, influence financière, sociale, politique).

443. S'agissant de la politisation de la justice postcoloniale, force est de reconnaitre, que celle-ci plane sur sa crédibilité et sa légitimité

---

[573] Kalil Aissata Keita, « La protection des droits et libertés fondamentaux devant le juge constitutionnel guinéen », *op. cit.*, p. 177.

comme une épée de Damoclès. Pour la majorité des justiciables africains, les juges, dans l'exercice de leurs fonctions, obéissent, non pas à la loi, mais à la volonté politique. Leur indépendance s'en trouve ainsi être entravée. Dans plusieurs de ces États, le Conseil supérieur de la magistrature semble être inféodée.

444. Partout en Afrique subsaharienne francophone, la cherté du service public de la justice reste une préoccupation pour les justiciables, et même pour les autorités publiques. La justice postcoloniale est financièrement éloignée des justiciables. Bien que des législations sur l'assistance judiciaire existent, leur mise en œuvre est entravée par des critères d'attribution flous, des procédures complexes et des pratiques de favoritisme. D'ailleurs, ces législations semblent avoir repris les législations coloniales, notamment les lois des 22 janvier 1851 et du 10 juillet 1910, sur l'assistance judiciaire. En toute logique, ces lois sont adoptées pour permettre au « justiciable qui n'a pas les moyens de supporter les charges d'un procès de se voir ainsi ouvrir le prétoire pour faire valoir ou pour défendre, sans frais, ses droits contestés au même titre ou contre un autre citoyen qui dispose de ressources suffisantes »[574]. Ces législations sont théoriquement protectrices des justiciables, cependant dans la pratique leur portée est bien limitée. Les démarches à entreprendre pour obtenir l'assistance judiciaire sont complexes pour des bénéficiaires qui maîtrisent peu toute cette procédure quand bien même ils sont assistés des conseils. Pour René Degni-Segui, en Afrique, « les critères d'attribution de l'assistance judiciaire sont imprécis, laissant une marge de discrétion assez large au bureau de l'assistance judiciaire qui peut en abuser en introduisant du favoritisme et fermer le prétoire à de vrais indigents au profit de faux »[575].

445. La justice postcoloniale est aussi culturellement éloignée des justiciables. Elle est une justice bien éloignée des réalités locales[576] des justiciables. Sans conteste, le modèle de justice repris mécaniquement de l'ordre juridique colonial est en déphasage aussi bien culturellement que sociologiquement des attentes des justiciables africains pour qui, il est inaccessible et n'est connaissable seulement que des professionnels.

---

[574] René Degni-Segui, « L'accès à la justice et ses obstacles », *op. cit.*, p. 247.

[575] *Idem.*

[576] Francis Riche Bilong Nkoh, « Éloignement de la justice de ses réalités locales et crise d'effectivité des normes de procédure pénale au Cameroun », in *Revue internationale de droit comparé*. Vol. 69 n°1, 2017, p. 211-230.

Les règles de fonctionnement de cette justice étatique postcoloniale sont peu lisibles et accessibles. Cette justice s'exprime dans une langue peu accessible et son langage reste encore ésotérique pour la majorité de citoyens. À ce titre, un auteur africain affirme que « l'analphabétisme constitue pour cette masse de justiciables un handicap si sérieux qu'on est en droit de se demander si la présomption de connaissance de la loi, qui est une condition de son opposabilité, leur est applicable et si l'on ne devrait pas au contraire la renverser pour eux en posant : nul n'est censé connaître la loi »[577].

446. Aussi, les règles de fonctionnement de cette justice postcoloniale n'expriment pour les justiciables qu'un sentiment de peur et de défiance de sorte que les rares litiges pendants devant elle se terminent par un désistement, soit en raison de cette complexité procédurale, soit en raison des pesanteurs sociales et culturelles, soit encore en raison des obstacles relatifs à son engourdissement[578] ou à l'inexécution de ses décisions du fait de l'ingérence politique et sociale, soit également en raison de son coût, des pratiques de corruption et du népotisme au sein de la justice. Toutes ces raisons justifient l'abandon de la procédure, si elle a déjà été engagée pour quelque raison qu'elle soit, ou la non-saisine de la justice étatique. Elles justifient également ce désintérêt et ce désamour qu'expriment les justiciables africains qui préfèrent finalement régler leurs conflits à travers des modes traditionnels, reposant sur l'oralité, la proximité culturelle et des procédures souples, correspondant mieux aux réalités locales. Ce que qualifie avec justesse, Jean du Bois de Gaudusson, de contournement de la justice institutionnelle par le bas[579].

447. Cette mise à l'écart de la justice institutionnelle au profit de la traditionnelle et de la coutumière résulte aussi du phénomène culturel. En vérité, l'une des facilités d'accès à la justice traditionnelle et

---

577 René Degni-Segui, « L'accès à la justice et ses obstacles », *op. cit.*, p. 252-253.

578 Michel Sawadogo Filiga, « L'accès à la justice en Afrique Francophone : problèmes et perspectives. Le cas du Burkina-Faso », in *L'effectivité des droits fondamentaux dans les pays de la communauté francophone*, actes du colloque international tenu à Port-Louis du 29 septembre au 1er octobre 1993, Paris, AUPELF-UREF, 1994, p. 295-309.

579 Jean du Bois de Gaudusson, « La justice en Afrique : nouveaux défis, nouveaux acteurs », in *La justice en Afrique,* Jean du Bois de Gaudusson et Gérard Conac (dir.), n° spécial n°156, revue *Afrique contemporaine,* 1990, 319 p.

coutumière résidait dans sa proximité linguistique alors que l'institutionnelle ou l'étatique s'exerce dans une langue qui est ésotérique pour les justiciables. Comme il a été relevé plus haut, parmi les caractéristiques du droit précolonial africain, l'oralité occupe une place prépondérante. Ce droit s'exprimait par la gestualité et l'oralité de sorte qu'il se caractérisait par une absence de formalisme juridique. Soumettre ces populations à des procédures juridiques qui s'expriment dans une langue marquée par la technicité, la rigueur syntaxique et sémantique, n'est pas de nature à leur faciliter l'exercice du droit et de leurs droits, comme leurs droits d'accès à la justice. Aussi, dans le droit précolonial, les modes non judiciaires de règlement des litiges étaient toujours privilégiés : le compromis, la conciliation. L'harmonie et l'équilibre de la société étaient toujours mis en avant. Et si le contentieux devrait être tranchés par voie judiciaire, la procédure était soumise à moins de formalisme, contrairement à celle pratiquée par la justice institutionnelle qui se caractérise par un formalisme excessif et exaspérant.

448. En conclusion, l'effectivité limitée du droit privé et du droit public postcoloniaux, aggravée par des difficultés d'accès à la justice institutionnelle, constitue un frein majeur au développement social, économique et démocratique des États africains concernés. Ces faiblesses sont le produit d'un mimétisme juridique hérité du modèle colonial, inadapté aux réalités locales. Pour y remédier, il est indispensable de repenser les institutions et les normes juridiques sur la base des aspirations, des valeurs et des besoins des sociétés africaines. Une véritable appropriation du droit par les populations, appuyée par des réformes structurelles, une gouvernance transparente et une justice accessible, constitue la condition sine qua non d'un État de droit effectif et d'un développement durable. Mais avant d'approfondir ces axes de propositions de solutions, démontrons que cette effectivité du droit postcolonial est également limitée par les contraintes sociologiques.

II – Une effectivité limitée du fait des contraintes sociologiques

449. Le droit postcolonial en Afrique francophone souffre d'un profond décalage par rapport aux attentes des sociétés qu'il est censé régir. Construit sur des bases importées, il reste difficilement compréhensible pour une large partie de la population et ne répond pas aux réalités socioculturelles locales. Ce droit, à la fois formel et hybride, coexiste avec des pratiques coutumières encore vivantes. Faute d'adaptation, les citoyens se tournent vers ces pratiques informelles, jugées plus proches, plus légitimes et plus efficaces. L'organisation juridique officielle, marquée par la rigidité des normes occidentales, est souvent contournée ou ignorée. La distinction entre pratiques formelles (officielles) et informelles (traditionnelles) est centrale, les premières relèvent de la législation étatique, les secondes, spontanées et ancrées dans les traditions, échappent au contrôle juridique tout en régulant l'essentiel des relations sociales. Dans la réalité, l'informel domine les rapports entre citoyens et administration, favorisant une logique d'intermédiation communautaire au détriment de la norme légale. Le poids des réseaux sociaux et des logiques communautaires supplante souvent les mécanismes juridiques officiels, renforçant la personnalisation du pouvoir et la marginalisation de l'État de droit. Cette situation limite l'effectivité du droit postcolonial, devenu distant, inaccessible et peu crédible. Une refondation s'impose alors, fondée sur une orthopraxie juridique qui vise à ancrer le droit dans les réalités sociales tout en maintenant ses exigences de légalité, d'universalité et de justice. Ce rééquilibrage permettrait de dépasser l'opposition entre formel et informel et d'asseoir une norme juridique plus légitime et plus efficace.

A – Un droit postcolonial en décalage avec les réalités sociétales

450. Le droit postcolonial en vigueur dans les États africains francophones souffre d'une application limitée, en raison de son inadéquation avec les aspirations sociologiques des populations. De nombreux observateurs s'accordent à souligner que ce droit se heurte à des difficultés majeures d'effectivité, dues à la complexité de ses mécanismes, à son ambiguïté, à son inopérance, ainsi qu'à sa nature confusionniste pour ses destinataires. Ces éléments d'incohérence et de déphasage contribue à rendre ce droit difficilement identifiable. Il est inclassable dans les systèmes juridiques. En effet, il n'est ni fondé sur des sources originellement africaines, comme pourrait le laisser croire une analyse externe, ni intégralement aligné sur les canons du droit moderne occidental, ni un syncrétisme harmonieux des deux traditions. Ce droit se situe dans un entre-deux voulu par ses concepteurs, mais non nécessairement par ses destinataires. Faute d'avoir su contextualiser les normes juridiques[580] importées, le droit postcolonial

[580] Léonard Matala-Tala, « L'ineffectivité du droit positif en Afrique subsaharienne »,

va se trouver finalement à la croisée des pratiques formelles et informelles, favorisant ainsi le contournement et le détournement juridiques.

451. Ce n'est pas un excès de plume que de noter que le droit en vigueur dans les États africains depuis les indépendances se caractérise par la faible appréhension des niveaux de sa compréhension et de sa mise en œuvre. se singularise par son hybridité, marquée par une faible compréhension tant dans son contenu que dans son application. Il s'agit d'un droit exsangue ne répondant pas aux éléments mis en évidence par Jacques Vanderlinden pour caractériser un droit en vigueur. Selon cet auteur, le droit en vigueur dans un État « est unique (il n'y en a qu'un dans le ressort qui est le sien), étatique (ce ressort est celui de l'État, seul producteur de droit), formé de règles abstraites tendant à l'objectivité dans une hiérarchie dominée par la loi dont des procédés déductifs (du général au particulier) permettent de dégager la manière de résoudre des cas concrets »[581]. Dès lors, un tel droit, dépourvu des caractéristiques essentielles identifiées par Jacques Vanderlinden, ne parvient ni à s'imposer comme un système normatif cohérent, ni à encadrer efficacement les comportements sociaux. Faute d'unité, d'autorité étatique réelle et de mécanismes d'application prévisibles, il peine à se constituer comme un droit véritablement en vigueur. Cette fragilité structurelle ouvre inévitablement la voie à d'autres formes de régulation sociale, qui viennent combler les lacunes du droit officiel.

B – Un contournement juridique par des pratiques traditionnelles

452. Le droit postcolonial est un droit contourné et détourné au profit des pratiques autochtones. En réalité, Les insuffisances du droit postcolonial, tant en termes de contenu que de praticabilité sociologique, conduisent à son contournement au profit des pratiques autochtones, jugées plus congruentes avec les réalités et structures socio-politiques et administratives locales. Comme l'affirmait Armand Jean du Plessis de Richelieu, « faire une loi et ne pas la faire exécuter, c'est autoriser la chose qu'on veut défendre ». Il est difficile de faire exécuter le droit postcolonial, car les réfutations et critiques contre lui

---

op. cit., p. 4.

[581] Jacques Vanderlinden, « Les droits africains entre positivisme et pluralisme », in *Bulletin des séances de l'Académie royale des sciences d'outre-mer,* 46 (2000) p. 279-292.

sont en rapport avec le contenu de ses propositions de redéfinition du nouvel ordre juridique, aux concepts formels qu'il utilise, aux options politiques et stratégiques des pouvoirs publics qui n'ont pas exhorté à la déconstruction des modes d'imagination et d'action pour les mettre au rebut du poids du droit colonial sur lequel reposent encore les reproches d'inadaptation et d'impérialisme. Par conséquent, ce rejet favorise l'émergence des pratiques qui se traduisent sous la forme de procédés d'intermédiation sous toutes ses formes qui ont été des sources vivaces du droit précolonial.

453. Il importe d'emblée de distinguer clairement les pratiques formelles et informelles. Évidemment, est formel, ce qui est officiel, qui exige de se conformer aux normes préétablies, d'obéir à un formalisme, à un minimum d'exigence. Appliquer cette définition au droit, il s'agit du formalisme juridique[582], du respect des textes juridiques structurants. Ainsi, les pratiques formelles ici sont celles élaborées officiellement par les autorités étatiques, qualifiées ainsi de normes juridiques postcoloniales. Ce sont l'ensemble des législations en vigueur en Afrique subsaharienne emprunté substantiellement au système juridique français, cela a été dit. À côté de ce formalisme étatique, co-existent des pratiques informelles, qui surviennent de manière spontanée, non codifiées, échappant aux règles de légalité étatique, et profondément enracinées dans les traditions locales.

454. De cette distinction ressort que le droit postcolonial est à la croisée du formel et de l'informel. Les relations entre gouvernants et gouvernés, entre administrations et administrés, ou encore entre justice étatique et justiciables, devraient théoriquement être régies par des règles formelles. Toutefois, dans la pratique, ces rapports sont dominés par des règles informelles, héritées des traditions ancestrales africaines, écartées du droit officiel au nom de la modernisation. Ces pratiques informelles sont formées des traditions ancestrales africaines, mais elles n'ont pas été officialisées par le droit postcolonial car jugées antinomiques aux objectifs de modernisation, a-t-il été dit. En tout état de cause, ces pratiques s'expriment et se développent à travers des procédés d'intermédiation administrative, politique, voire sociale. L'intermédiation devient ainsi un mécanisme incontournable : elle

---

[582] André-Jean Arnaud (dir.), *Dictionnaire encyclopédique de théorie et de sociologie du droit*, 2e édition, LGDJ, 1993, p. 268.

désigne l'intervention d'un tiers qui facilite la communication entre les différentes parties, qu'il s'agisse d'intermédiation politique, administrative ou judiciaire. Paradoxalement, alors même qu'un droit officiel existe, ces procédés extra-légaux sont plébiscités, témoignant d'un prolongement des pratiques précoloniales. Paradoxalement ? oui en tenant compte de l'existence d'un droit officiel, en l'occurrence le droit postcolonial. Paradoxalement ? non, en tenant compte de la tradition africaine, il en a toujours été ainsi en Afrique précoloniale, et c'est tant mieux.

455. Aujourd'hui, force est de constater que l'ensemble des règles juridiques organisant les rapports dans la société, règles héritées du modèle français, tendent à tomber en désuétude au profit d'une tendance naturelle des populations africaines à privilégier les pratiques informelles dont les ancêtres lointaines sont des pratiques traditionnelles et coutumières en vigueur pendant la période précoloniale et qui n'ont malheureusement pas été reprises officiellement par les autorités postcoloniales pour des raisons évoquées précédemment. Aux yeux de nombreux citoyens, le droit postcolonial, repris du modèle bureaucratique, se caractérise par son formalisme excessif, son opacité et son inefficacité, contrastant avec la simplicité et l'accessibilité des traditions juridiques locales.

456. Finalement, le droit postcolonial africain se distingue ainsi par son hermétisme et la difficulté d'accès qu'il génère. Les populations, en rejetant les normes issues du modèle colonial, aspirent à un droit davantage aligné sur leurs pratiques et attentes sociologiques. Cette inadéquation profonde contribue à rendre ce droit inclassable, son accès limité étant attribué à la reconduction sans adaptation des normes juridiques coloniales.

C – Une société régie par l'informalité et logiques communautaires

457. L'environnement social africain repose sur un système juridique irrégulier, discontinu et déséquilibré. Le droit tel que réceptionné n'a pas encore pris corps dans une société où tout se résume à l'informel en méconnaissance de la prééminence de la norme juridique qui demeure purement formelle. En Afrique, la voie légale d'accès aux droits est loin d'être celle privilégiée. Les critères d'accès sont fondés, non pas sur le formalisme juridique, mais sur des considérations subjectives sous l'influence déterminante des pratiques traditionnelles et coutumières. Les usagers se soucient peu d'observer les règles juridiques d'obtention des prestations de services publics sachant que ceux-ci se révèlent peu efficaces. Ils préfèrent alors « personnaliser la relation administrative afin de s'assurer l'accès même aux services publics ainsi que la délivrance d'une prestation de qualité »[583]. Cette personnalisation de la relation administrative est fondée sur des critères sociaux et communautaires, méconnaissant par conséquent les règles juridiques formelles. Cette pratique permet d'accéder, en brisant ainsi l'ordre de préséance, en évitant et en contournant toute tracasserie normative, à une prestation de qualité.

458. Au demeurant, dans les États africains, l'accès facile aux prestations administratives repose, non pas sur des règles théoriques jugées étrangères et inadéquates, mais sur des « réseaux d'interconnaissance » ou relationnels avec l'agent public, ou encore de la prévalence des logiques ethniques et communautaires dans la pratique administrative. Donc, les règles abstraites d'organisation et de fonctionnement de l'administration issues de l'ordre juridique français, sont moins efficaces et moins sollicitées au profit des réseaux « de parenté, de relations fondées sur la communauté religieuse, ethnique, régionale, de liens existants entre anciens élèves d'un même établissement »[584] ou encore de type politique ou tout autre. Simon-Pierre Ekanza dépeint bien la situation en affirmant que « nul n'ignore le défilé des individus et des délégations dans les antichambres présidentielles, symbole vivant d'une politique qui reste dominée par le système de relation de personne à personne, de protection et de clientèle »[585]. Il ajoute avec justesse pour encore démontrer l'ancrage des pratiques traditionnelles supplantant finalement tout formalisme juridique du droit postcolonial que « le choix des ministres, obéissant non pas à la compétence individuelle, mais à l'appartenance régionale, relève de la tradition africaine qui veut que, dans son Conseil, le chef

---

[583] Bénédicte Fischer, *Les relations entre l'administration et les administrés au Mali : contribution à l'étude du droit administratif des États d'Afrique subsaharienne de tradition juridique française,* Thèse, *op. cit.*, p. 276-277.

[584] Sidiki Tinta, *L'influence du milieu social sur les rapports administration-administrés au mali*, Mémoire de fin d'études présenté pour l'obtention du diplôme de l'École Nationale d'Administration en Administration Publique, École Nationale d'Administration, Bamako, ministère de l'Éducation Nationale, Bamako 1986, p. 38.

[585] Simon-Pierre Ekanza, « Le double héritage de l'Afrique », *op. cit.*, p. 614.

africain traditionnel soit entouré des représentants des grandes familles ou encore des représentants les plus en vue des différentes régions du pays »[586]. De ce qui ressort, on constate une forme de continuité entre l'Afrique précoloniale et les populations, non le droit, de l'Afrique postcoloniale[587]. Le droit postcolonial, quant à lui, témoigne de sa disjonction par rapport à ce lien de continuité alors qu'il aurait dû en être l'acteur principal.

459. Plutôt que d'avoir un ancrage dans la société[588], le droit postcolonial africain, en raison de son faible enracinement sociologique, développe finalement une culture de la personnalisation du pouvoir à rebours de ses ambitions modernisatrices.

460. Involontairement, il semble être au service des valeurs de la civilisation précoloniale. Cette incohérence va malheureusement renforcer les tendances de l'autoritarisme et de la militarisation[589] du pouvoir politique. En Afrique postcoloniale, l'autorité publique s'incarne en un homme, une personnalité plutôt que dans des normes abstraites venues d'ailleurs et déconnectées des préoccupations quotidiennes des populations. Finalement, on assiste à une confusion dans la personne qui incarne le pouvoir, détournant ainsi l'idée de préservation de l'intérêt général au profit des intérêts personnels. À cause de l'orientation incompréhensible des sources du droit postcolonial, on va assister à l'impuissance de ses normes entrainant par conséquent une fascination de la personnalisation du pouvoir à son institutionnalisation ce qui ne manque pas de développer des velléités dictatoriales, étouffant ainsi toute initiative de développement institutionnel.

461. Le droit postcolonial est un droit déphasé nécessitant sa refondation par l'orthopraxie juridique. En effet, l'effectivité limitée du droit postcolonial en Afrique subsaharienne francophone s'explique par un décalage structurel entre les normes héritées du modèle colonial et

---

[586] *Idem.*

[587] *Idem.*

[588] Demba Sy, *Droit administratif*, 2e édition, revue, corrigée et augmentée, Credila, 2014, p. 42.

[589] Mamadou Hady Dem, *L'armée dans la démocratisation tardive en Guinée Conakry*, Thèse, Université de Bordeaux, sous la direction de Comi Toulabor, 2016, p. 40.

les réalités sociologiques locales. En reproduisant sans réelle contextualisation les instruments juridiques occidentaux, ce droit a échoué à intégrer les pratiques traditionnelles et coutumières qui continuent pourtant d'organiser l'essentiel des rapports sociaux. Loin de promouvoir un véritable État de droit fondé sur des normes abstraites et impersonnelles, il a contribué à renforcer des logiques informelles, communautaires et clientélistes. Cette situation aboutit à une double incohérence : d'une part, une marginalisation des règles juridiques formelles au profit des réseaux d'intermédiation sociale, d'autre part, une personnalisation du pouvoir politique contraire aux idéaux de modernité et de rationalité juridique affichés. Le droit postcolonial apparaît ainsi non seulement déphasé mais aussi inadapté, incapable de s'imposer comme vecteur d'un développement institutionnel autonome et cohérent. Pour surmonter ces contradictions, il apparaît nécessaire d'envisager une refondation du système juridique africain postcolonial, fondée sur une hybridation réfléchie et maîtrisée entre les traditions juridiques locales et les exigences contemporaines de l'État de droit. Cette nécessaire réhabilitation du droit postcolonial devrait se faire par la méthode de l'orthopraxie juridique.

III – Une réhabilitation du droit postcolonial par l'orthopraxie

462. Face à son inadaptation persistante, le droit postcolonial africain doit être repensé à travers une orthopraxie juridique, c'est-à-dire une élaboration cohérente, contextualisée et équilibrée des normes juridiques. Cette approche suppose de rétablir la primauté du droit étatique, tout en intégrant les réalités culturelles et sociales locales. Il est d'abord essentiel de reconnaître les pratiques coutumières en les formalisant, sans pour autant les sacraliser. Cette intégration pragmatique passe par une sélection rigoureuse des pratiques compatibles avec l'ordre public, écartant celles jugées contraires aux valeurs fondamentales contemporaines. La réhabilitation du droit postcolonial nécessite également une implication de tous les pouvoirs normatifs – constituant, législatif, réglementaire, judiciaire – dans une dynamique de transformation. Cela exclut toute tentative d'africanisation radicale ou de rejet total du legs colonial. L'enjeu est plutôt de favoriser un pluralisme juridique maîtrisé, fondé sur un inventaire critique des traditions et une ouverture modérée à la modernité. Les sources du pouvoir normatif doivent être repensées pour intégrer les références culturelles locales. La co-construction normative, fondée sur la participation des communautés traditionnelles et religieuses, est une piste prometteuse. Elle favoriserait l'adhésion sociale aux normes et renforcerait leur effectivité. De même, l'action administrative doit s'adapter aux pratiques locales sans céder à l'informalité, et la justice doit se rapprocher des populations en valorisant les modes alternatifs de règlement des différends. Seule une hybridation maîtrisée du droit, combinant normes modernes et traditions locales, permettra d'enraciner le droit postcolonial dans son contexte et d'en restaurer la légitimité et l'effectivité. L'analyse successive de chacun de ces éléments permet d'atteindre cet objectif.

A – Une orthopraxie fondée sur l'intégration des pratiques locales

463. La réhabilitation du droit postcolonial passe nécessairement par la mise en œuvre d'une véritable orthopraxie juridique, qui est le fait d'avoir un seul ensemble de pratiques légales reposant sur le primat des pratiques juridiques étatiques. Ainsi, faire la réhabilitation du droit postcolonial par l'orthopraxie juridique permet de mettre fin à cette coexistence concurrentielle entre le droit postcolonial, formé substantiellement des valeurs étrangères, et les pratiques traditionnelles et coutumières encore d'actualité dans les États d'Afrique ici concernés. La contradiction originelle ayant présidé à l'élaboration du droit postcolonial – résultant d'un amalgame imparfait entre valeurs étrangères et réalités locales – a produit des difficultés persistantes dans son application. Sa réhabilitation impose dès lors de reconnaître et d'intégrer les pratiques traditionnelles, perçues comme des « survivances des formes originelles d'organisation sociopolitique qu'a connues l'Afrique précoloniale »[590].

464. Depuis l'élaboration du droit postcolonial à l'indépendance, la question de son effectivité n'a cessé d'être posée à tous les niveaux avec acuité, nourrie par des critiques émanant tant de la doctrine juridique que des sciences sociales. Ce droit se trouve fréquemment de manière virulente au ban de la pensée juridique, sociologique et épistémologique qui l'accuse d'avoir négligé les revendications légitimes d'authenticité portées par les populations. Il apparaît donc indispensable, dans toute

---

590 Michel Jules Mahier Bah et al., « La chefferie traditionnelle à l'épreuve des mutation et compétitions politiques en Côte d'Ivoire : cas de Kéibly dans la sous-préfecture de Bloléquin en pays Wê », *Presses de Sciences Po*, « Autrepart », 2018, n°86, 125-138.

entreprise de réforme normative, de prendre en considération ces pratiques traditionnelles, dont la légitimité sociale demeure incontestable. Ainsi, de l'analyse de l'effectivité du droit postcolonial, résulte de l'indispensable exigence de le repenser par les croyances locales. Ce qui fait écho à un ouvrage collectif intitulé *Penser et écrire l'Afrique aujourd'hui,* dirigé par Alain Mabanckou[591], un ouvrage qui regroupe dix-neuf communications au colloque éponyme du 2 mai 2016 au Collège de France. Tous ces grands penseurs et écrivains de l'Afrique et sur l'Afrique se sont intéressés dans cet ouvrage collectif aux périodes précoloniales, coloniales et postcoloniales du continent africain. S'inspirant des réflexions de ces intellectuels sur les trajectoires historiques du continent, exigeons du droit postcolonial de (re)chercher des solutions qui le rapprochent aux croyances, valeurs et aspirations des sociétés qu'il est censé régir, sans pour autant rejeter les apports des sources occidentales, mais en évitant qu'elles soient dominantes. Bien sûr, le recours aux sources d'origine occidentale n'est pas à bannir, de manière substantielle. Dès lors, plusieurs actions sont nécessaires pour réhabiliter l'effectivité du cadre juridique et du cadre judiciaire de ce droit postcolonial si tant est que son effectivité a réellement existé pour être restaurée.

465. Cette étape essentielle pour garantir l'effectivité du droit postcolonial consiste à formaliser[592] les pratiques coutumières et traditionnelles qui constituaient les principales sources du droit précolonial. Cette démarche s'inscrit dans une logique d'orthopédie et de pédagogie juridique, visant à reconnaître juridiquement les normes issues des réalités sociales locales tout en leur conférant un cadre officiel, cohérent et articulé avec les exigences contemporaines de l'État de droit. D'ailleurs, un grand penseur africain avait déjà souligné la nécessité de la formalisation des pratiques coutumières en affirmant avec justesse que : « Puisque nous avons admis que l'humanité de chaque peuple est le patrimoine de toute l'humanité, si les traditions africaines ne sont pas reccueillies à temps et couchées sur du papier, elles manqueront un jour dans les archives universelles de l'humanité »[593].

---

[591] Alain Mabanckou, (dir.), *Penser et écrire l'Afrique aujourd'hui*, Paris, Éditions du Seuil, 2017, 224 p., bibl., index.

[592] Volker Stamm, « Formaliser les pratiques coutumières », *op., cit.*

[593] Amadou Hampâté Ba, cité par Alioune Sall, *Singularités juridiques africaines. Ce que l'Afrique apporte au droit,* L'Harmattan, 2023, p. 7.

466. Aussi, il est essentiel que les législations postcoloniales ne se démarquent pas de ces pratiques qui sont établies et observées par les populations. Le colonisateur lui-même avait admis cette nécessité, en adoptant la règle de la spécialité législative, (voir *supra),* qui, bien qu'ayant des finalités impérialistes, tenait compte du particularisme local. Car, la politique d'assimilation avait montré ses limites face à l'attachement indéfectible des populations à leurs pratiques ancestrales diamétralement opposées à celles imposées. Au regard de cette différence profondément prononcée entre les deux civilisations, le colon a procédé à la transposition de ses règles avec une exigence de leur adaptation au contexte local afin d'assurer et de s'assurer de leur effectivité. Cette option pragmatique du colonisateur dans sa stratégie d'étendre aux territoires conquis l'application de ses propres législations, devrait aussi être celle du droit postcolonial pour une finalité, non pas de domination comme ce fut le cas du colonisateur, mais de son adaptation aux valeurs de la société d'application. Le droit postcolonial gagnerait ainsi à s'inspirer de cette approche pragmatique, non pour perpétuer une domination, il faut le redire, mais pour adapter les normes aux réalités sociopolitiques africaines.

467. La réhabilitation du droit postcolonial requiert que l'ensemble des pouvoirs normatifs – pouvoir constituant, législateur, pouvoir réglementaire, jurisprudence et doctrine – prennent en considération les pratiques traditionnelles et coutumières. Cette démarche doit s'effectuer sans se limiter aux héritages précoloniaux ou coloniaux, mais en intégrant également les mutations contemporaines, fruits des dynamiques sociales depuis les indépendances. Les législations postcoloniales, depuis leur élaboration, sont formées essentiellement des pratiques anciennes, c'est-à-dire, pendant la période précoloniale ; des pratiques nées au moment de la colonisation (religieuse ou politique) ; des pratiques faisant la symbiose des deux premières (droit local) et des pratiques contemporaines (celles issues de l'évolution des besoins de la population depuis les indépendances, car, tout système juridique est soumis à l'épreuve du temps et donc soumis à des transformations consécutives aux mutations sociales).

468. Il ne saurait être question de promouvoir une africanisation radicale du droit, consistant à vouloir retourner aux sources en tourant casaque à l'héritage colonial, ce qui est utopique[594]. On ne saurait refonder le devenir du droit postcolonial ou parler du « néopostcolonialisme » à partir de lui-même sans passer par un comparatisme avec divers univers juridiques ayant une affinité directe et indirecte avec le continent africain. Dans un monde décloisonné où l'universalisme et le culturalisme juridiques s'imbriquent, le droit postcolonial ne peut être pensé en soi, et donc avoir une approche afro-centrée, cela serait illusoire et contre-productif. Si l'idée est de concevoir le nouvel ordre juridique caractérisé par son effectivité, la conception indigéniste radicale ne convient pas, car il y a des pratiques traditionnelles et coutumières qui ne sont plus acceptées par les populations elles-mêmes. Elles sont elles-mêmes devenues obsolètes ou incompatibles et même jugées anti-valeurs au regard des mutations sociales. Donc, l'idée n'est pas de reconnaitre le droit traditionnel et coutumier en tant qu'ordre juridique à part entière[595], mais de concevoir un droit hybride, équilibré, s'inspirant intelligemment des pratiques locales sans ignorer les apports universels du droit moderne.

469. Pour montrer le caractère suranné de certaines pratiques traditionnelles et coutumières, citons-en quelques exemples, notamment en matière pénale ou sociale pour s'apercevoir qu'elles doivent être écartées dès lors qu'elles contreviennent aux principes fondamentaux du droit contemporain. L'illustration en est donnée par la jurisprudence gabonaise dans l'affaire dite de l'« Homme-singe », où le juge dénonce des croyances irrationnelles et nuisibles. Ces pratiques, bien que socialement enracinées, ne sauraient être consacrées juridiquement sans porter atteinte à l'ordre public. Cette affaire montre la profondeur et le caractère destructeur des pratiques magiques et sorcières en Afrique[596]. Le juge gabonais, dans l'une de ses motivations met en avant des éléments qui confortent la qualification des pratiques irrationnelles et anti-valeurs qu'il convient d'abandonner dans le cadre

---

[594] Moussa Thioye, « Part respective de la tradition et de la modernité dans les droits de la famille des pays d'Afrique noire francophone », *op., cit.*, p. 345-397.

[595] Vincent Kangulumba Mbambi, « Les droits originellement africains dans les récents mouvements de codification : le cas des pays d'Afrique francophone subsaharienne », *op., cit.*, p. 315-338.

[596] Louis-Daniel Muka Tshibende, « Droit, fétichisme et sorcellerie en Afrique », *in* Jean-Christophe Roda (dir.), *Droit et surnaturel. Actes du colloque organisé le 27 septembre 2013 par le Centre de Droit économique de l'Université d'Aix-Marseille (EA 4224) et la faculté de Droit d'Aix-en-Provence,* collection Grands Colloques, LGDJ Lextenso éditions, Issy-les-Moulineaux, 2015, p. 112.

de la formation du droit postcolonial. En effet, « attendu qu'il est de notoriété publique au Gabon que les hommes se changent soit en panthère, soit en gorille, soit en éléphant, etc., pour accomplir des exploits, assassiner les ennemis ou attirer sur eux de lourdes responsabilités, défendre leurs plantations et ravager celles des voisins et des amis ; que ce sont là des faits qui sont inconnus du droit occidental et dont le juge gabonais doit tenir compte ».

470. Autant il faut rejeter ces formes de pratiques, autant il faut reconnaitre le courage du juge gabonais à mettre en exergue ces pratiques répandues non pas seulement au Gabon mais un peu partout ailleurs en Afrique. Pour un africain, il ne s'agit pas d'un fait nouveau, mais plutôt d'une réalité bien ancrée dans la pratique et le vécu de son quotidien. Tout comme il ne peut s'enfermer dans une logique radicale de retour aux valeurs ancestrales, il ne faut pas non plus se laisser entraîner dans la voie de l'occidentalisation effrénée[597] avec la prééminence d'un droit importé rempli et empli de valeurs antinomiques à celles de la société d'application. Il est important de prendre en considération, en parfaite intelligence, cet ensemble hétéroclite pour en faire un seul. L'idée ici est au constructivisme visant à la reconnaissance d'un pluralisme juridique dont le socle et le substrat seront les traditions africaines incontestées, c'est-à-dire, non contraires à l'ordre public. Plus clairement, la reconnaissance des pratiques traditionnelles ne doit pas conduire à une juxtaposition désordonnée de normes. Il s'agit plutôt d'encourager une hybridation normative réfléchie, conciliant traditions africaines et principes modernes, en évitant toute dérive autoritaire ou néo-traditionaliste. Ce pluralisme doit contribuer à surmonter les contradictions normatives issues de la transposition mécanique du droit colonial, qui a privé le droit postcolonial de toute légitimité endogène, provoquant ainsi son impuissance.

471. En substance, d'un point de vue cognitif et scientifique, le droit postcolonial africain doit cesser de se limiter à reprendre mécaniquement le seul droit colonial qui, dans ses concepts, semble ne pas correspondre aux attentes de ses destinataires. Si la reprise du modèle colonial a eu des justifications (controversées ou légitimes

---

[597] Moussa Thioye, « Part respective de la tradition et de la modernité dans les droits de la famille des pays d'Afrique noire francophone », *op. cit.*, p. 345-397.

suivant les prismes) au moment des indépendances, force est de constater un échec de cette ambition de transformation. C'est bien le signe que, par-delà la reprise mécanique, il faut faire l'inventaire en acceptant de faire un retour culturaliste en symbiose avec des éléments de modernité jugés adéquats. Ce travail d'inventaire doit amener à faire de l'autoréflexion qui devrait être accompagnée d'une autocritique. Il ne doit pas ouvrir cependant la voie au néo-traditionalisme encore moins au néocolonialisme. Il doit faire plutôt la somme de plusieurs repères juridiques devant satisfaire « l'exigence d'endogénéité culturelle et à une approche pragmatique des processus de mondialisation en vue de relever un pari de reprise d'initiative historique »[598] dont il a été identifié le besoin. Certains responsables publics, au cours de nos échanges, cachaient à peine leur pessimisme quant à la prise en compte des traditions et coutumes dans les législations étatiques. Ils notaient sincèrement la nécessité de revoir le droit tel qu'il est élaboré pour la société, mais étaient peu convaincus que l'effectivité de ce droit dépend aussi de la réhabilitation des pratiques traditionnelles et coutumières. De telles perceptions sont compréhensibles car elles furent également celles des responsables politiques africains au moment des indépendances. Seulement, faut-il rappeler que ces pratiques ont fait preuve de résilience parfois inattendue, elles ont résisté et subsisté face aux menaces de l'impérialisme colonial. Elles ont été qualifiées de pratiques surannées au moment des indépendances donc appelées à disparaitre dans un avenir proche. Mais elles sont toujours là et présentent dans des mouvements de transformation institutionnelles et politiques postcoloniales voire post-postcoloniales[599].

B – Une redéfinition des sources normatives

472. Prenons ici la définition classique du pouvoir normatif. En effet, le pouvoir normatif est le pouvoir de faire des règles juridiques au sein de l'État qui visent à organiser les rapports sociaux dont l'inobservation

[598] Étienne Le Roy, « Quel projet de société pour les africains du XXIe siècle ? » in *À la recherche du droit africain du XXIe siècle,* Londres, Connaissances et savoirs, 2005, p. 74.

[599] Jean Copans, « Penser l'Afrique ou connaître les sociétés de l'Afrique ? », *Cahiers d'études africaines* [En ligne], 233 | 2019, mis en ligne le 14 mars 2021, consulté le 06 janvier 2022. URL : http://journals.openedition.org/etudesafricaines/25265 ; DOI : https://doi.org/10.4000/etudesafricaines. 25265.

entraine des sanctions par la puissance publique. C'est également ce pouvoir qui édicte les règles juridiques visant à accorder des prérogatives à un individu dans son rapport avec les autres individus et avec l'État. Le pouvoir normatif est donc la source de droit et plusieurs sources de droit peuvent être distinguées : la Constitution, les traités et accords internationaux, la loi, les règlements (décrets, arrêtés), la jurisprudence, la coutume, les pratiques administratives, etc. Dès lors, les auteurs de ces actes sont appelés autorité normative ou pouvoir normatif. Donc, le mot pouvoir normatif est ici pris au sens large du terme. De ces définitions, il est impératif de redéfinir les sources du pouvoir normatif pour y inclure explicitement les éléments issus des pratiques traditionnelles. Cette redéfinition favoriserait l'émergence d'un droit plus représentatif des aspirations sociales.

473. Les pratiques précoloniales et celles nées au moment de la colonisation, qui sont désormais et inéluctablement enracinées dans la culture des africains et qui sont intimément liées à leur histoire constitutionnelle, doivent être prises en compte dans l'élaboration par le pouvoir constituant originaire ainsi que dans le cadre de la révision par le pouvoir constituant dérivé. Les constitutions des États d'Afrique francophone, manquent d'effectivité car elles sont souvent la pâle copie des constitutions françaises. Leurs procédures d'élaboration et de révision suivent le même procédé que celui décrit en droit français. Elles expriment moins les préoccupations constitutionnelles des citoyens, ce qui semble d'ailleurs être l'une des causes des cassures institutionnelles, en plus des velléités révisionnistes.

474. Les constitutions postcoloniales doivent être repensées pour refléter les préoccupations spécifiques des populations africaines, sans se contenter de reproduire mécaniquement les modèles français. Il n'est pas non plus interdit qu'elles prennent en compte les concepts du droit colonial, pour au moins trois raisons. D'abord, parce que les responsables de leur adoption ont du mal à s'en écarter du fait de leur parcours académiques et politiques. Ensuite, ce modèle a été pratiqué à un moment donné de l'histoire du pays, donc certains de ses aspects sont aussi considérés comme faisant partie du patrimoine constitutionnel de la France et des États issus de sa décolonisation. Enfin, au nom du constitutionnalisme global, la paternité de certains concepts du droit constitutionnel ne peut être attribuée à un État, c'est une forme de *no man's land* constitutionnel (conquête, exercice et transfert du pouvoir dans un cadre organisé, satisfaire les besoins vitaux de la collectivité). Cependant, les constitutions postcoloniales devraient s'obliger pour être en adéquation avec les repères originels de la société. Elles devraient leur ressembler tant dans leur procédure d'élaboration que de révision. Elles doivent être inspirées de ces repères précoloniaux qui, force est de constater malheureusement, sont aujourd'hui en voie, non pas de résurgence ce qui aurait été judicieux, mais de disparition. Ces constitutions postcoloniales devraient pouvoir définir la nature des régimes politiques en tenant compte de ces réalités. La tendance est l'instauration théorique d'un régime présidentiel dont la substance est reprise de l'étranger. Mais dans les faits, ce régime présidentiel se transforme rapidement en hyperprésidentialisme avec une atomisation de toute forme de contrepouvoir. On va avoir finalement un régime fondé sur la monopolisation et la concentration à outrance des pouvoirs des mains d'une seule et même personne qui ne cesse de développer des tendances dictatoriales.

475. Dans le même sens, le législateur doit repenser les lois pour qu'elles soient en adéquation avec les réalités culturelles. De toute évidence, nombre de lois votées dans les États d'Afrique francophone ne conviennent pas aux préoccupations des populations parce qu'elles ne sont pas de nature à « réhabiliter une conception *indigéniste* d'enracinement des droits nationaux dans leurs tréfonds matriciels »[600]. Par conséquent, elles ne ressemblent ni ne rassemblent leurs destinataires. Le législateur béninois fait preuve d'utopie, dans un pays considéré comme l'un des creusets des pratiques traditionnelles et coutumières, en légiférant que « les coutumes cessent d'avoir force de loi en toutes matières régies par le présent code »[601], c'est-à-dire, le code civil. Pour que les lois postcoloniales soient effectives, elles se doivent de prendre en compte les impératifs sociaux.

476. Toute loi votée au Parlement devrait, dans son état de projet ou de proposition, être soumise à l'appréciation objective de toutes les composantes sociales, notamment les coutumiers, les assesseurs dépositaires des connaissances traditionnelles et coutumières (c'est la doctrine coutumière et traditionnelle), les religieux, les organisations

---

[600] Moussa Thioye, « Part respective de la tradition et de la modernité dans les droits de la famille des pays d'Afrique noire francophone », *op., cit.*, p. 384.

[601] Voir l'article 1030 du Code des personnes et de la famille du 14 juin 2004.

féminines, pour qu'elles se prononcent sur sa moralité en laissant le soin au législateur de donner la forme régulière. Au risque de se méprendre, en Afrique, on constate bien une imbrication malheureuse des normes juridiques dites modernes, des règles issues des religions importées et des règles issues des valeurs africaines, par exemple la morale, les mœurs, le respect des aînés, la politesse, l'honneur, le civisme. Cet ensemble d'ordonnancement cohabite de manière tantôt en complémentarité, tantôt en concurrence. Il appartient finalement au législateur de trouver de manière intelligente une solution de symbiose. Mais affirmer que la consécration des pratiques traditionnelles et coutumières dans des textes écrits entraineraient leur disparition[602] c'est accepter de maintenir cette situation d'incohérence dont fait l'objet le droit postcolonial africain. Prendre en compte les réalités de la société dans la législation ne signifie en rien de les faire disparaitre. L'ancien président guinéen, Ahmed Sékou Touré le disait bien dans sa vision de renforcer la démocratie participative surtout en matière d'élaboration de la loi. S'inscrire dans une logique continue du mimétisme surtout en matière du droit de la famille[603] c'est vouloir faire des lois frappées de désuétude congénitale, alors que les législations françaises, sources d'inspirations, tombent difficilement en désuétude[604], car elles expriment la volonté de leurs destinataires.

C – Une réappropriation des fonctions normatives

477. Il s'agit ici de développer la co-construction législative comme une garantie d'adhésion sociale et d'effectivité du droit postcolonial. Peut-on sérieusement interdire, sous l'influence des législations françaises, la polygamie[605], l'institution coutumière de la dot dans les sociétés africaines[606] et s'attendre à l'effectivité de telles législations d'interdiction ?

---

[602] Jacques Vanderlinden, *Les systèmes juridiques africains,* coll. « Que sais-je ? », PUF, 1983, 128 p.

[603] Sékou Maouloud Koïta, *Droit guinéen de la famille*, L'Harmattan Guinée, 2024, 181 p.

[604] Alain Desrayaud, « Depuis quand les lois ne tombent-elles plus en désuétude en France ? », *Revue de la Recherche Juridique,* 2008, I, (121), p. 41-72.

[605] Vincent Kangulumba Mbambi, « Les droits originellement africains dans les récents mouvements de codification : le cas des pays d'Afrique francophone subsaharienne », *op., cit.*, p. 327.

[606] Moussa Thioye, « Part respective de la tradition et de la modernité dans les droits de la famille des pays d'Afrique noire francophone », *op., cit.*, p. 389.

478. Sur la polygamie, des dispositions reprises mécaniquement du code civil français selon lesquelles, nul ne peut contracter un nouveau mariage avant la dissolution du précédent au risque d'être poursuivi pour infraction de bigamie, ne sont rien d'autre pour les africains que des théories totalement déconnectées de leurs réalités. C'est même la perception des femmes africaines dans leur grande majorité, à quelques exceptions moins notables qui sont souvent encartées dans des associations aux affiliations droits-de-l'hommisme. L'une des conséquences directes et immédiates de ces dénies des réalités sociales réside dans le fait que nombreux sont des mariages qui sont célébrés selon le droit coutumier, ils se passent hors du droit étatique donc officiel qui semble, pour les populations, avoir d'autres objectifs que de réguler leurs rapports sociaux ce qui fait de lui *in fine* un droit hors sol. Tout comme on ne peut songer à substituer l'autorité paternelle à l'autorité parentale (en Afrique, le mari est le chef de famille, le contraire serait même choquant pour la femme elle-même, car il n'y a pas d'égalité de charge familiale, le mari supporte toute la charge financière et toute l'autorité paternelle). On ne peut non plus imaginer voter des lois en matière de mariage sans dire explicitement qu'il est célébré entre un homme et une femme pour éviter toute possibilité de le célébrer entre deux personnes de même sexe. Toute législation allant dans le sens contraire de ces valeurs ancestrales africaines aura elle-même créé les conditions de sa propre inapplication. Donc, les législateurs se doivent de promouvoir la co-construction législative pour éviter d'exacerber les tensions sociales liées à l'inadéquation des textes de loi aux réalités. La dynamique de la co-construction assurerait de toute évidence l'adhésion des valeurs et croyances traditionnelles et coutumières, non contestées par la conscience collective, en facilitant l'application des lois ainsi votées.

479. Le pouvoir réglementaire doit également intégrer ces considérations traditionnelles et coutumières dans l'élaboration des actes administratifs. L'administration publique tant centrale que locale (déconcentration et décentralisation) ne peut ignorer les réalités de ses administrés pour espérer une satisfaction de ces derniers. Elle doit ajuster ses normes et procédures pour tenir compte des attentes des administrés. Une redéfinition des concepts de service public, d'ordre public ou encore des régimes contractuels est nécessaire, afin de concilier modernité juridique et pratiques d'intermédiation locales. Ni leur effectivité ni leur objectif de développements intégrés ne sauraient être atteints en tournant casaque le dos au passé[607] des valeurs originelles[608]. Il a été dit, l'administration publique dans ces États d'Afrique postcoloniale fonctionne, dans la pratique, sur la base, non pas des théories administratives venues d'ailleurs, mais des procédés d'intermédiation. Il ne s'agit pas de promouvoir ces pratiques informelles, mais de prendre en compte certains procédés d'intermédiation qui ne remettent pas en cause l'équilibre de l'ordre public administratif. Il s'agit de trouver le difficile mais nécessaire équilibre entre les croyances et pratiques traditionnelles et coutumières et celles issues du droit moderne.

480. Enfin, la jurisprudence ne peut fédérer dans le mépris des croyances et valeurs traditionnelles et coutumières. Elle doit se rapprocher des justiciables en intégrant les modes traditionnels de règlement des différends. Les mécanismes tels que la conciliation ou le compromis doivent être valorisés, afin de rendre la justice plus accessible et plus en phase avec les attentes sociales, sans pour autant renoncer aux acquis du droit moderne. Cela devrait permettre de désacraliser la justice en la rapprochant des justiciables et en leur facilitant l'ouverture de ses prétoires. Cela devrait être possible à tout type de juridiction : judiciaire, administrative, constitutionnelle. Dans le cadre de la justice précoloniale, il a été dit que les conflits trouvaient leur règlement par le conseil de famille présidé par le chef de famille. Ces valeurs devraient être reprises par la justice institutionnelle. Elles le sont dans certains États, tant mieux, sous la forme institutionnelle, c'est-à-dire le juge des tutelles, lorsqu'un mineur est impliqué dans une procédure. Mais le conseil de famille, l'un des organes de la tutelle, en vigueur dans les États d'Afrique, semble là encore être une reprise mécanique du modèle français[609] défini aux dispositions des articles 407 et suivants du Code civil et 1219 et suivants du Code de procédure civile. Il se doit d'être redéfini à l'aune des croyances originelles africaines. Il convient d'opter pour une hybridation maîtrisée du droit

---

607 Étienne Le Roy, « Quel projet de société pour les africains du XXIe siècle ? » in *À la recherche du droit africain du XXIe siècle,* Londres, Connaissances et savoirs, 2005, p. 74.

608 Vincent Foucher, Étienne Smith, « Les aventures ambiguës du pouvoir traditionnel dans l'Afrique contemporaine », *op., cit.*, p. 30-43.

609 Barthélémy Vignalou-Perer, *Tutelle et conseils de famille,* Sirey, Paris, 2e édition, 1964, 420 p.

postcolonial en dépassant le mimétisme pour un enracinement effectif. Exiger de la justice de mettre en avant les réalités traditionnelles et coutumières pour s'ouvrir aux justiciables ne signifie guère de s'isoler du reste du monde en abandonnant les méthodes de raisonnement héritées de la justice coloniale à laquelle s'est désormais habituée. Il s'agit plutôt de faire une combinaison nécessaire entre celles-ci, celles issues des pratiques traditionnelles et coutumières et celles survenues au cours des mutations[610] de la société souvent liées à l'intégration économique et à la mondialisation du droit.

481. Ainsi repensé, le droit postcolonial pourra sortir de l'impasse où l'a conduit son mimétisme excessif. Il doit pouvoir garder et conserver son origine précoloniale et refuser de le faire vivre à l'extérieur de l'État sinon il continuera d'être qualifié de droit hors-sol par rapport aux valeurs de la société qu'il est censé gouverner. Il doit arrêter d'être admirateur des théories juridiques venues d'ailleurs, notamment de la France, et ne pas se laisser emporter par l'élégance de leur style et les modalités de leur raisonnement[611], tout comme il doit cesser de se borner à recopier servilement la législation[612] de l'ancien colon. Plutôt que d'être un droit déconnecté des réalités qu'il est censé régir, il doit devenir un droit enraciné, issu d'un processus de co-construction normative associant traditions africaines, exigences contemporaines et ouverture aux dynamiques juridiques globales. Il doit pouvoir, pour paraphraser Fatou Diome, scrupter son propre cap vers le futur et contempler la mémoire juridique, non celle formolée, mais bien vivante, dont la lumière continue de jaillir sur lui et de guider ses pas[613]. Cette mémoire-là chasse le mimétisme mécanique comme les jours moroses[614]. Ce n'est qu'au prix de cette hybridation intelligente et maîtrisée qu'il pourra véritablement recouvrer son effectivité et remplir pleinement sa mission.

---

[610] Camille Kuyu (dir.), *À la recherche du droit africain du XXIe siècle*, Connaissances Et Savoirs, 2005, 279 p.

[611] André Cabanis, Danielle Cabanis, « L'influence du droit français liée au processus de Colonisation-décolonisation », *Revue juridique de l'Océan Indien*, n° spécial, 2005, Le rayonnement du droit français dans le monde, NS-2005, p. 09-30.

[612] Vincent Kangulumba Mbambi, « Les droits originellement africains dans les récents mouvements de codification : le cas des pays d'Afrique francophone subsaharienne », *op. cit.*, p. 315-338.

[613] Fatou Diome, *Auncune nuit ne sera noire, op. cit.*, p. 266.

[614] *Idem.*

Conclusion de la troisième partie

482. En définitive, la confirmation quasi-mécanique des structures du droit colonial au sein du droit postcolonial, résultat d'un mimétisme juridique conceptuel, a conduit à un double écueil : l'absence d'une véritable identité propre du droit postcolonial et la persistance de son inapplicabilité sociale. Les justifications avancées, qu'elles soient d'ordre juridique ou extra-juridique, n'ont guère permis d'adapter le droit aux réalités des sociétés africaines, contribuant ainsi à renforcer son caractère hors-sol. Il a été démontré que ce droit dans ses grandes divisions, droit privé et droit public, s'est contenté de reprendre mécaniquement les solutions juridiques antérieures sans se préoccuper de leur effectivité. Il aurait fallu tenir compte de certaines réalités : celles contenues dans le droit précolonial (surtout celles-ci), celles survenues au moment de la colonisation (qui ne devraient pas être la source principale d'inspiration), la symbiose des deux premières (pour n'en faire qu'une seule source) et celles issues de l'évolution des mentalités (les réalités contemporaines).

483. La reconstruction de l'effectivité du droit postcolonial passe nécessairement par une rupture avec cette logique d'imitation stérile. Il s'agit, non pas de rejeter en bloc l'héritage colonial, mais de refonder le droit à partir d'une combinaison raisonnée de plusieurs repères : les normes issues du droit précolonial[615], les réalités sociales survenues durant la période coloniale, les évolutions sociétales postcoloniales et les impératifs contemporains liés à la modernisation juridique. À cette fin, l'ensemble des pouvoirs normatifs doit être mobilisé. Le pouvoir constituant, d'abord, devrait intégrer ces réalités locales dans la rédaction et la révision des constitutions, afin d'éviter l'instabilité institutionnelle générée par des modèles constitutionnels importés et inadaptés. Le pouvoir législatif, ensuite, est appelé à élaborer des lois davantage en phase avec les besoins concrets des populations, en tenant compte des pratiques traditionnelles légitimées par l'usage. Le pouvoir réglementaire, pour sa part, doit œuvrer à rapprocher l'administration des administrés en adaptant ses normes aux modes d'organisation locaux, sans renoncer pour autant aux exigences de l'État moderne.

---

[615] Jean-Pierre Chrétien, *L'Afrique des Grands Lacs, Deux mille ans d'histoire, op. cit.*, p. 173 et s.

484. Enfin, la justice institutionnelle ne saurait rester à l'écart de cette dynamique. Elle doit assumer pleinement sa responsabilité dans la persistance du décalage entre le droit en vigueur et les réalités sociologiques, en intégrant dans sa pratique les modes traditionnels de résolution des conflits. Loin d'affaiblir l'État de droit, une telle hybridation juridique serait au contraire un vecteur de légitimité accrue et de démocratisation effective, à l'heure où les mutations sociales, politiques et économiques imposent une refonte pragmatique du cadre normatif. Le défi consiste ainsi à construire une unité juridique fondée sur une coexistence équilibrée entre tradition et modernité, afin que le droit postcolonial cesse d'être perçu comme un corps étranger et devienne enfin un instrument effectif au service du développement institutionnel et de la stabilité sociale.

CONCLUSION GÉNÉRALE

«La calebasse peut se briser, mais son fond ne disparaît jamais.»
(Proverbe Bambara)

485. Ce proverbe Bambara exprime l'idée que, même lorsqu'un système (comme le droit précolonial) est ébranlé ou déstructuré, son essence et ses fondements subsistent. Il traduit la résilience des valeurs et des pratiques africaines face aux bouleversements de la colonisation et du mimétisme juridique postcolonial. Appliqué à la présente conclusion, il renforce le message selon lequel, malgré la persistance du droit colonial dans les ordres juridiques postcoloniaux, les fondements endogènes du droit africain demeurent vivants et peuvent servir de base à une réappropriation contemporaine.

486. C'est pourquoi, il faut opter pour une réappropriation pragmatique du droit postcolonial afin qu'il soit un droit au service de la population. En effet, au terme de nos développements, et conformément à leur objet et à leur problématique, il a été démontré qu'avant la transposition du droit colonial, les sociétés africaines disposaient de systèmes juridiques propres, fondés sur des pratiques et des valeurs intimement liées aux réalités locales. Il a été démontré que ce droit précolonial, bien que non codifié, répondait aux aspirations et aux besoins de ses destinataires. L'effectivité de son cadre juridique et de son cadre judiciaire a été mise en évidence de sorte qu'il fut un droit qui s'imbriquait dans les réalités des populations. Il était un droit qui répondait aux aspirations et aux volontés de la société d'application avant qu'il ne soit subjugué par le droit colonial qui, lui, s'inscrivait à rebours de ces valeurs originelles africaines. En effet, les développements ont démontré que la transposition du droit colonial français en Afrique a entrainé un dépassement forcé du droit précolonial. Dans sa volonté impérialiste, ce droit colonial s'est substitué au droit précolonial qui a vainement résisté à cette agression.

487. Alors qu'on s'attendait à un retournement de situation aux indépendances qui ouvraient la voie aux libertés de réforme, contre toute attente, les États africains concernés ont fait le choix d'ignorer ce droit précolonial et de maintenir le droit colonial pour plusieurs raisons déjà mises en épigraphes par l'étude. Cette réception mécanique du droit colonial va naturellement poser la question de l'effectivité du droit postcolonial impliquant sa désaffection sociale et faisant de lui finalement un droit sur papier, qui est certes opposable, en sa qualité de droit étatique, mais manque d'effets juridiques à l'égard des populations qui le contournent et le rejettent dans leurs rapports sociaux. Ces rapports restent le seul fait générateur des liens juridiques. Plutôt que de se conformer à la culture à laquelle il est destiné à s'appliquer (base de toute effectivité normative), il adopte en réalité une imitation mécanique des concepts français. Dès lors, le décalage de ce droit postcolonial avec l'opinion publique et les mœurs dans les sociétés justifie son effectivité limitée, ce qui implique qu'il doit être actualisé. En raison de cette insuffisance d'application, il est impératif de réadapter le droit postcolonial, à la fois sur le plan social et politique car, la symbiose entre le droit et son environnement, qu'il soit social ou politique, est essentielle pour le développement, en particulier dans sa dimension économique.

488. Dans cette dynamique d'actualisation, la prise en compte des croyances ancestrales apparait comme un levier de réhabilitation du droit postcolonial. À cet égard, nous avons formulé quelques propositions de solutions. Le législateur, au sens large, devrait se rendre à l'évidence que, dans un contexte où traditionalisme et modernisme[616] s'entrecroisent sur fond de complémentarité, d'opposition voire de rivalité, que nombre de domaines existentiels de la société ayant besoin d'être formalisés, sont encore inéluctablement dominés par les croyances traditionnelles et coutumières. L'aura de ces pratiques ancestrales est encore visible et semble de plus contrebalancer fortement le droit sur « papier » qui est du reste fortement remis en cause par les populations. Dès lors, la stabilité sociale par la règle juridique passe, non pas par la reprise du seul modèle juridique colonial sous prétexte de la modernisation du droit postcolonial, mais inévitablement par celle des croyances ancestrales considérées comme intemporelles. Celles-ci ont survécu au droit colonial et continuent encore de survivre au droit postcolonial[617]. Ainsi, la vivacité de ces

[616] Guy Adjeté Kouassigan, *Quelle est ma loi ? Tradition et modernisme dans le droit privé de la famille en Afrique noire francophone,* Feni XX réédition numérique (Auguste Pedone), 1974, 429 p.
[617] Arsène Brice Bado, « La démocratie au Burkina Faso aux prises avec les systèmes

pratiques dans les sociétés africaines postcoloniales devrait pouvoir saisir la pensée philosophique du droit postcolonial.

489. C'est ainsi qu'il faut une réappropriation juridique aux enjeux contemporains. C'est pourquoi, l'analyse menée ouvre des perspectives essentielles quant à l'avenir du droit postcolonial. Le maintien persistant des normes coloniales, sous leur forme actuelle, interroge sur les modalités d'une véritable réappropriation juridique par les États africains. Plusieurs défis doivent encore être relevés. L'héritage du droit colonial, marqué par la dualité entre droit coutumier et droit écrit d'inspiration française, continue d'imposer une tension structurelle dans les systèmes juridiques postcoloniaux. Les tentatives de réadaptation juridique, engagées par certains États pour aligner leur droit sur leurs réalités endogènes, demeurent inachevées ou limitées. Le défi de la réforme juridique pose aujourd'hui la question centrale de la « décolonisation » du droit sans pour autant renier certains acquis du modèle français, notamment en matière d'organisation étatique ou de protection des droits fondamentaux.

490. Dès lors, il ne s'agit ni d'un retour puriste aux normes coutumières, ni d'une occidentalisation aveugle du droit. Il s'agit de concevoir, dans une démarche pragmatique et contextualisée, un pluralisme juridique fondé sur une hybridation maîtrisée des sources, visant à concilier stabilité institutionnelle, respect des traditions locales, et ouverture sur les dynamiques contemporaines, tant régionales que globales[618].

Conakry, le 14 octobre 2025

Kalil Aissata KEITA
Docteur en droit public
Avocat au Barreau de Guinée

---

traditionnels de gouvernance », *op. cit.*, p. 19-30.

[618] Alioune Sall, *Singularités juridiques africaines. Ce que l'Afrique apporte au droit*, *op. cit.*, p. 16 et s.

BIBLIOGRAPHIE

La présente bibliographie n'a pas pour vocation d'être exhaustive. Elle ne prenne en compte que les ouvrages et divers autres documents sur le droit précolonial, le droit colonial et le droit postcolonial en Afrique, dans une perspective d'analyses nationales et de droit comparé, dont la lecture a effectivement éclairé les recherches et les développements.

I – Ouvrages, Thèses

1. **Adama H., Koné D.**, *L'Islam et le vivre-ensemble en Afrique subsaharienne*, Paris, L'Harmattan, 2019, 280 p.

2. **André C., Lelord F.**, *L'estime de soi : s'aimer pour mieux vivre avec les autres*, Paris, Odile Jacob, 2008, 320 p.

3. **Assier-Andrieu L.**, *Le droit dans les sociétés humaines,* Paris, Nathan, 1996, 316 p.

4. **Bâ A. H.**, *Oui mon Commandant* ! Actes sud, 1994, 520 p.

5. **Badié B.**, *L'État importé : Essai sur l'occidentalisation de l'ordre politique*, Fayard, 1992, 334 p.

6. **Bancel N., Blanchard P., Vergès F.**, *La République coloniale, Essai sur une utopie,* Albin Michel, 2006, 174 p.

7. **Bigot G.**, *Introduction historique au droit administratif depuis 1789*, Paris, PUF, coll. « Droit fondamental », 2002, 390 p.

8. **Billard C.**, *La reconnaissance de l'État en droit international : déclarative ou constitutive ?* Cours, Université Paris II Panthéon-Assas, Institut des Hautes Études Internationales, 2017-2018, 53 p.

9. **Binet J.**, *Le mariage en Afrique noire,* Les Éditions du Cerf, Coll. Foi vivante, 1959, 176 p.

10. **Boahen A. A.**, (dir.), *L'Afrique sous domination coloniale, 1880-1935*, in Histoire générale de l'Afrique, vol. 1, UNESCO, Paris, 1987, 937 p.

11. **Bourges H.**, *Pardon my French. La langue française, un enjeu du XXIe siècle,* édition Karthala, 2014, 278 p.

12. **Burdeau F.**, *Histoire du droit français*, Paris, PUF, coll. « Thémis », 1995, 595 p.

13. Burdeau F., « Naissance d'un droit », in *Nonagesimo anno, Mélanges en hommage à Jean Gaudemet,* Paris, PUF, coll. « Thémis », 1999, 1100 p.

14. Burdeau G., *Traité de Science politique*, t. IV, Paris, LGDJ, 2e éd., 1969, 670 p.

15. Carbonnier J., *Droit et passion du droit sous la Ve République*, Flammarion, 1996, 202 p.

16. Cartry M., *L'Afrique au sud du Sahara,* Paris, Presses de sciences Po, 1962, 86 p.

17. Castaldo A., Mausen Y., *Introduction historique au droit,* Dalloz, 2019, 815 p.

18. Cherif A., *La Parenté à plaisanterie (Le Sanakouya)*, L'Harmattan, Paris, 2014, 146 p.

19. Chrétien J-P, *L'Afrique des Grands Lacs, Deux mille ans d'histoire,* Aubier, Paris, 2000, 411 p.

20. Condé A., *La décentralisation en Guinée, une expérience réussie*, L'Harmattan, 2003, 277 p.

21. Coulson N., *Histoire du droit islamique*, PUF, Paris 1995, 215 p.

22. Cuniberti G., *Grands systèmes de droit contemporains,* 2e édition LGDJ, 2011, 519 p.

23. Dareste P., *Traité de droit colonial*, Tome 1, 1931, 524 p.

24. David R., Jauffret-Spinosi C., *Les grands systèmes de droit contemporains,* 11e édition Dalloz, 2002, 656 p.

25. Diallo H. 2, *La réforme de la justice guinéenne. Défis et stratégie*, L'Harmattan, 2011, 205 p.

26. Diallo Th., *Institutions politiques du Fouta-Djalon au XIXe siècle*. Thèse, Université de Sorbonne, sous la direction d'Yves Person, Professeur d'Histoire de l'Afrique à l'Université de Sorbonne, 1968, 339 p.

27. Diome F., *Auncune nuit ne sera noire,* roman, Albin Michel, 2025, 329 p.

28. Diop C. A., *L'Afrique Noire précoloniale,* Présence Africaine, 1987, 278 p.

29. Durkheim E., *De la division du travail social,* Paris, Félix Alcan, 1893 ; réimpression, Paris, PUF, 2007, 360 p. ; *Règles de la méthode sociologique*, Paris, 1894, coll. Petite Bibliothèque Payot, 2009.

30. Éboué F., *La nouvelle politique indigène pour l'Afrique Équatoriale Française*, La France des cinq parties du Monde, Office français d'édition, 1941, 20 p.

31. El Fasi M. et al., (dir.), *L'Afrique du VIIe au XIe siècle,* in Histoire générale de l'Afrique, vol. 3, UNESCO, Nouvelles éditions africaines, 1980, 954 p.

32. È Nziem I. N., *Histoire générale du Congo : de l'héritage ancien à la République démocratique,* Bruxelles, Duculot, 1998, 955 p.

33. Fall A. B., *La responsabilité extra-contractuelle de la puissance publique au Sénégal : essai de transposition des règles de droit administratif français dans un pays d'Afrique noire francophone,* Thèse, Université de Bordeaux I, sous la direction de Jean-Marie Auby, Professeur, Université de Bordeaux I, 1994, 796 p.

34. Finley M., *Économie et société en Grèce antique*, Paris, La Découverte, 2007, 322 p.

35. Fischer B., *Les relations entre l'administration et les administrés au Mali : contribution à l'étude du droit administratif des États d'Afrique subsaharienne de tradition juridique française* Thèse, Université de Grenoble, sous la direction de Jean-Jacques Gleizal, Professeur émérite, Université Grenoble II, 2006, 701 p.

36. Gambaro A., Sacco R., Vogel L., *Traité de droit comparé,* LGDJ, 2011, 622 p.

37. Gicquel J., Gicquel J.-É, *Droit constitutionnel et Institutions politiques,* 35e édition, 2021-2022, 980 p.

38. Glélé M. A., *Naissance d'un État noir. L'évolution politique et constitutionnelle du Dahomey, de la colonisation à nos jours*, Paris, LGDJ, 1969, 364 p.

39. Gonidec P.-F, *Droits africains: évolution et source,* Paris, 2e édition, Paris, LGDJ, 1976, 290 p.

40. Guichard S., et al. (dir.), *Lexique des termes juridiques*, 18e édition, Paris, Dalloz, 2011, 928 p.

41. Haquet A., *Droit constitutionnel en 11 thèmes,* 4e édition, Dalloz, 2024, 506 p.

42. Halaby A. S., *La protection des droits fondamentaux devant la Cour suprême guinéenne statuant en matière administrative*, Thèse, Université de Nantes, sous la direction de Mondielli Éric, Professeur, Université de Nantes, 2009, 554 p.

43. Hartland E. S., *Primitive Law,* Londres, Methuen & Company Limited, 1924, 222 p.

44. Hassan A. A., *Les droits de l'homme dans les relations entre l'Union européenne et les États de l'Afrique subsaharienne,* Thèse, Université de Rouen Normandie, sous la direction de Anne-Thida

Norodom, Professeur, Université de Paris, 2018, 824 p.
45. Huntington S. P., *Third Wave, Democratization in the Late Twentieth Century*, (traduit de l'anglais, *La troisième vague : la démocratisation à la fin du vingtième siècle*), University of Oklahoma Press, 1991, 547 p.
46. Jéol M., *Droit public africain*, Paris, Berger-Levrault, 1967, p.

47. Kabongo L., *La responsabilité civile de l'exploitant aérien en droit congolais. "Cas du crach aérien survenu au Marché Type K."* Mémoire, Université protestante au Congo – Licence en droit option droit économique et social, 2009. Disponible en ligne : <Memoire Online - Panier d'achats de documents (beta)>.
48. Kamto M., *Pouvoir et droit en Afrique noire. Essai sur les fondements du constitutionnalisme dans les États d'Afrique noire francophone,* coll. Bibliothèque africaine et malgache, LGDJ, Paris, 1987, 545 p.
49. Kanté B., *Unité de juridiction et droit administratif : l'exemple du Sénégal*, Thèse, Université d'Orléans, sous la direction d'Alain Bockel, Professeur de droit public, 1983, 426 p.
50. Kant E., *Qu'est-ce que les lumières*, Larousse, 2013, 96 p.
51. Kasongo-Numbi K. *L'Afrique se recolonise,* une relecture du demi-siècle de l'indépendance du Congo-Kinshasa, L'Harmattan, 2008, 414 p.
52. Keita K. A., *L'influence du droit administratif français sur le droit administratif guinéen*, Thèse de doctorat Droit, Université de Rouen Normandie, 2020, 705 p.
53. Keita K. A., *La protection juridictionnelle des administrés contre l'administration en Guinée*, L'Harmattan, 2022, 219 p.
54. Kelsen H., *Théorie pure du droit,* Traduction de Ch. Eisenmann, Bruxelles, Paris, Bruylant, LGDJ, coll. La pensée juridique, 1999, 478 p.
55. Kiki, V. A. *Le rôle de la pratique dans la formation du droit de la famille en Afrique noire francophone : cas du Bénin.* Thèse de doctorat en Droit, Université de Perpignan Via Domitia, 2022. Disponible à l'adresse : https://theses.fr/2022UPVDK002
56. Ki-Zerbo J., (dir.), *Méthodologie et préhistoire africaine,* in Histoire générale de l'Afrique, vol. 1, UNESCO, Paris, 1980, 893 p.
57. Ki-Zerbo J., *Histoire de l'Afrique noire : d'hier à demain,* Paris, Hatier, 1978, 731 p. ; Niamkey Georges Kodjo, *Le*

Royaume de Kong (Côte d'ivoire), des origines à la fin du XIXe siècle, Paris, L'Harmattan, 2006, 377 p.

58. Koïta S. M., *Droit guinéen de la famille*, L'Harmattan Guinée, 2024, 181 p.

59. Kouassigan G. A., *Quelle est ma loi ? Tradition et modernisme dans le droit privé de la famille en Afrique noire francophone,* Feni XX réédition numérique (Auguste Pedone), 1974, 429 p.

60. Kuyu C. (dir.), *À la recherche du droit africain du XXIe siècle*, Connaissances Et Savoirs, 2005, 279 p.

61. Lavroff D. G., *Les systèmes constitutionnels en Afrique noire : Les États francophones,* Pedone, 1976, 438 p.

62. Lebreton G., *Droit administratif général*, Paris, 8e édition, Dalloz, 2015, 599 p.

63. Legendre P., *Histoire de l'administration de 1750 à nos jours*, coll. Thémis, *PUF*., Paris 1968, 580 p.

64. Livingstone D., Livingstone C., *Explorations dans l'Afrique australe et dans le bassin du Zambèze depuis 1840 jusqu'à 1864,* ouvrage traduit par Mme Henriette Loreau, Paris, Hachette & Cne, 1868, 308 p.

65. Louis R., *Précis de droit administratif,* 7e édition, Paris, Dalloz, 1938, 652 p.

66. Lugan B., *Afrique, l'Histoire à l'endroit,* Perrin, 1989, 285 p.

67. Mabanckou A., (dir.), *Penser et écrire l'Afrique aujourd'hui*, Paris, Éditions du Seuil, 2017, 224 p.

68. Mabanckou A., *Le Sanglot de l'Homme noir*, Paris, Fayard, 2012, 215 p.

69. Maillard D., Lou D., *Institutions administratives*, PUF, 2011, 496 p.

70. Mazrui A. A., Wondji C. (dir.), *L'Afrique depuis 1935*, in Histoire générale de l'Afrique, vol. 8, UNESCO, Paris, 1987, 937 p.

71. Monenembo T., *Les crapauds brousses*, Points, 2010, 192 p.

72. Monteil V., *L'Islam noir. Une religion à la conquête de l'Afrique*, Paris, Seuil, 1980, 468 p.

73. Montesquieu, *De l'esprit des lois*, L. 1, ch. 3, Barrillot & fils, 1748, 522 p.

74. Mokhtar G., (dir.), *Afrique ancienne,* in Histoire générale de l'Afrique, vol. 1, UNESCO, Paris, 1980, 925 p.

75. Niane D.T., (dir.), *L'Afrique du XIIe au XVIe siècle*, in Histoire générale de l'Afrique, vol. IV, Paris, UNESCO, Nouvelles Éditions Africaines, 1985, 811 p.

76. Rolland L., Lampué P., *Précis de législation coloniale (Colonies, Algérie, Protectorats, Pays sous mandat)* ; Paris, Dalloz, 1931, 457 p.

77. Roland N., *Anthropologie juridique*, PUF., Paris 1988, 496 p.

78. Ryszard Kapuscinski R., *Ébène : Aventures africaines*, Plon, 2000, 336 p.

79. Sall A., *Singularités juridiques africaines. Ce que l'Afrique apporte au droit,* L'Harmattan, 2023, 321 p.

80. Sy D., *Droit administratif*, 2e édition, revue, corrigée et augmentée, Dakar, Credila, L'harmattan-Sénégal, 2014, 420 p.

81. Terré F., Molfessis N., *Introduction général au droit,* 14e édition, Dalloz, 2022, 883 p.

82. Thiam S., *Interoduction historique au droit en Afrique,* L'Harmattan, 2011, 200 p.

83. Tinta S., *L'influence du milieu social sur les rapports administration-administrés au mali*, Mémoire École Nationale d'Administration, Bamako, 1986, p.

84. Tourard H., *L'internationalisation des constitutions nationales*, LGDJ, 2000, 724 p.

85. Tulard J., *Les empires occidentaux, de Rome à Berlin*, PUF, 1997, 512 p.

86. Tylor E. B., *Primitive culture,* Dover Publications, 1ere édition, 2016, 512 p.

87. Vanderlinden J., *Les systèmes juridiques africains,* coll. « Que sais-je ? », PUF, 1983, 128 p.

88. Vedel G., *Manuel élémentaire de droit constitutionnel*, Paris, Sirey, 1949, 616 p.

89. Vignalou-Perer B., *Tutelle et conseils de famille,* Sirey, Paris, 2e édition, 1964, 420 p.

90. Villandre J. J., *Les chefs traditionnels en Afrique occidentale française,* Paris, 1950, 136 p.

II – Articles

1. Abarchi D., « Problématique des réformes législatives en Afrique : le mimétisme juridique comme méthode de construction du droit », *Penant, Revue de droit africain*, n° 842, 2003, p. 88-105.

2. Agondjo-okawe P.-L., « Domaines d'application des droits traditionnels », in *Encyclopédie juridique de l'Afrique*, Pierre-François Gonidec, Maurice Ahanhanzo-Glélé (dir.), tome 1 – *L'État et le droit*,

Abidjan, Dakar, Lomé, Les Nouvelles Éditions Africaines, 1982, 500 p., p. 393.

3. Ahanhanzo-Glélé M., « La constitution ou loi fondamentale », in *Encyclopédie juridique de l'Afrique*, Pierre-François Gonidec, Maurice Ahanhanzo-Glélé (dir.), tome 1 – *L'État et le droit*, Abidjan, Dakar, Lomé, Les Nouvelles Éditions Africaines, 1982, 500 p., p. 21-52.

4. Ajayi J.F.A. (dir.), « L'Afrique au XIXe jusque vers les années 1880 », in *Histoire générale de l'Afrique*, vol. 1, UNESCO, Paris, 1996, 936 p.

5. Alliot M., « Un droit nouveau est-il en train de naître en Afrique ? », in Kuyu C. (éd.), *Le droit et le service public au miroir de l'anthropologie*, Karthala, Paris, 2003, p. 193-222.

6. Alliot M., « Les résistances traditionnelles au droit moderne dans les États d'Afrique francophones et à Madagascar », *Études africaines et malgaches*, 1965, p. 235-256.

7. Arnaud A.-J., « Système (en sociologie du droit) », in Arnaud A.-J. (dir.), *Dictionnaire encyclopédique de théorie et de sociologie du droit*, 2e édition, LGDJ, 1993, 758 p.

8. Bado A. B., « La démocratie au Burkina Faso aux prises avec les systèmes traditionnels de gouvernance », *Études*, Société d'Édition de Revues (S.E.R.), 2015, p. 19-30.

9. Bado C., « Le langage gestuel en Afrique occidentale : recherches bibliographiques », *Journal de la Société des Africanistes*, vol. XLI, n°2, 1971, p. 203-249.

10. Bah M. J. M., Eben-Ezer C. L. K., Gade C. S., « La chefferie traditionnelle à l'épreuve des mutations et compétitions politiques en Côte d'Ivoire : cas de Kéibly dans la sous-préfecture de Bloléquin en pays Wê », *Autrepart*, 2018/2, n° 86, p. 125-138.

11. Beaud O., « L'empire et l'empire colonial dans la doctrine publiciste française de la IIIe République », *Jus Politicum*, n° 14, juin 2015. Disponible en ligne : <https://juspoliticum.com/article/L-empire-et-l-empire-colonial-dans-la-doctrine-publiciste-francaise-de-la-IIIe-Republique-1043.html>.

12. Benchenane M., « L'Islam africain », *Revue Défense Nationale*, 2016, n° 793, p. 103-108.

13. Bipoum-Woum J.-M., « Recherches sur les aspects actuels de la réception du droit administratif dans les États d'Afrique noire d'expression française, le cas du Cameroun », *Revue juridique politique, indépendance et coopération*, 1972, p. 359-388.

14. Bockel A., « Recherche d'un droit administratif en Afrique francophone », *Éthiopiques,* n° 16, octobre 1978.

15. Bockel A., « L'administration territoriale et locale », in *Encyclopédie juridique de l'Afrique*, Pierre-François Gonidec, Maurice Ahanhanzo-Glélé (dir.), tome 1 – *L'État et le droit*, Abidjan, Dakar, Lomé, Les Nouvelles Éditions Africaines, 1982, 500 p., p. 171-200.

16. Bourel P., « Les conflits de droits », in *Encyclopédie juridique de l'Afrique*, Pierre-François Gonidec, Maurice Ahanhanzo-Glélé (dir.), tome 1 – *L'État et le droit*, Abidjan, Dakar, Lomé, Les Nouvelles Éditions Africaines, 1982, 500 p., p. 269-279.

17. Boyon J., « Pouvoir et autorité en Afrique noire : état des travaux », *Revue Française de Science Politique*, vol. 13, n°4, 1963, p. 993-1018.

18. Braudo S., « Définition de spécialité législative », *Dictionnaire juridique:* <https://www.dictionnairejuridique.com/definition/specialite-legislative.php>.

19. Breton J.-M., « Les contrôles politiques », in *Encyclopédie juridique de l'Afrique*, Pierre-François Gonidec, Maurice Ahanhanzo-Glélé (dir.), tome 1 – *L'État et le droit*, Abidjan, Dakar, Lomé, Les Nouvelles Éditions Africaines, 1982, 500 p., p. 201-229.

20. Bugnicourt J., « Le mimétisme administratif en Afrique : obstacle majeur au développement », *Revue française de science politique,* vol. 23, n° 6, 1973, p. 1239-1267.

21. Cabanis A., Cabanis D., « L'influence du droit français liée au processus de colonisation-décolonisation », *Revue juridique de l'Océan Indien*, n° spécial, 2005, *Le rayonnement du droit français dans le monde*, NS-2005, p. 9-30.

22. Charbonneau P.-P., « De la démocratie sans le peuple à la démocratie avec le peuple », *Éthique publique,* vol. 7, n° 1, 2005, p. 1-13.

23. Cabanis A., Martin M. L., « Le nouveau cycle constitutionnel ultra-méditerranéen francophone et la Constitution d'octobre 1958 », in Mény Y., *Les politiques du mimétisme institutionnel. La greffe et le rejet*, Paris, L'Harmattan, 1993, p. 139-163.

24. Cahu E., « De la réforme de la carte judiciaire ou l'instrumentalisation de critères objectifs au service d'un nouveau rapport scalaire de pouvoir », *Annales de Géographie*, 2015, n° 701, p. 5-30.

25. Carbasse J.-M., « Le roi législateur : théorie et pratique », *Revue française de théorie, de philosophie et de culture juridiques*,

PUF, *Droits*, 2003, n° 38, p. 3-20.

26. Cohen J. et al., « Le tournant postcolonial à la française », *Mouvement*, La Découverte, 2007/3, n° 51, p. 7-12.

27. Conac G., « Le développement administratif des États d'Afrique noire », in Conac G. (dir.), *Les institutions administratives des États francophones d'Afrique noire*, coll. *La vie du Droit en Afrique*, Économica, Paris, 1979, p. 316-355.

28. Copans J., « Penser l'Afrique ou connaître les sociétés de l'Afrique ? », *Cahiers d'études africaines*, 2019, p. 215-269.

29. Coquery-Vidrovitch C., « Les structures du pouvoir et la rurale précoloniale », *Revue française d'histoire d'outre-mer*, tome 68, n° 250-253, 1981, *État et société en Afrique Noire*, p. 54-70.

30. Cretto V., « La chefferie autrement. Une notion mille-feuilles bonne à repenser », *Société des océanistes*, 2015, p. 267-282.

31. Dauvillier J., *Problèmes juridiques de l'époque paléolithique,* Mélanges, Henry Levy-Brühl, Paris, Sirey, 1959, p. 351-359.

32. Darbon D., « À qui profite le mime ? Le mimétisme institutionnel confronté à ses représentations en Afrique », in Mény Y., *Les politiques du mimétisme institutionnel. La greffe et le rejet*, Paris, L'Harmattan, 1993, p. 113-133.

33. Du Bois De Gaudusson J., « La justice en Afrique : nouveaux défis, nouveaux acteurs », in Du Bois De Gaudusson J., Conac G. (dir.), *La justice en Afrique*, n° spécial 156, *Afrique contemporaine*, 1990, 319 p.

34. Du Bois De Gaudusson J., « Le statut de la justice dans les États d'Afrique francophone », in Conac G., Du Bois de Gaudusson J. (dir.), *La justice en Afrique*, *Afrique contemporaine*, n° spécial 156, 4e trimestre 1990, *La Documentation française*, Paris, p. 5-18.

35. Degni-segui R., « Codification et uniformisation du droit », in *Encyclopédie juridique de l'Afrique*, Pierre-François Gonidec, Maurice Ahanhanzo-Glélé (dir.), tome 1 – *L'État et le droit*, Abidjan, Dakar, Lomé, Les Nouvelles Éditions Africaines, 1982, 500 p.

36. Degni-Segui R., « L'accès à la justice et ses obstacles », in *L'effectivité des droits fondamentaux dans les pays de la communauté francophone*, actes du colloque international tenu à Port-Louis du 29 septembre au 1er octobre 1993, Paris, AUPELF-UREF, 1994, p. 241-246.

37. Delamare N., « Les fondations du droit administratif français », *Revue française de théorie, de philosophie et de culture juridiques*, PUF, 2003, n° 38, p. 113-134.

38. Deschamps H., « Les fondements du droit quotidien malgache », *in* Poirier, Jean (éd.), *Études de droit africain et de droit malgache, Paris, Cujas,* 1965, p. 19-25.

39. Desrayaud A., « Depuis quand les lois ne tombent-elles plus en désuétude en France ? », *Revue de la Recherche Juridique*, 2008, I, (121), p. 41-72.

40. Diarra E., « Le droit colonial en Afrique de l'Ouest francophone ou la construction d'une société nouvelle », in Bras J.-P., *Faire l'histoire du droit colonial*, Karthala, 2015, p. 113-134.

41. Ekanza S.-P., « Le double héritage de l'Afrique », *Études,* N°4045, 2006, p. 604-616

42. Elenga B. L. T., « Justice traditionnelle st système africain de protection des droits de l'homme », *Revue des droits de l'homme,* 22 | 2022, mis en ligne le 12 septembre 2022, consulté le 28 septembre 2022. URL : <https://doi.org/10.4000/revdh.15518>.

43. Elias N., « Conflits de génération et célébrations nationales : analyse et perspectives », *Cultures & conflits,* n° 81-82, printemps/été 2011, p. 23-47.

44. Eliou M., Rivière C., « Classes et stratification sociales en Afrique », *Revue Tiers Monde*, Tome 19, n°76, 1978, p. 901-903.

45. Fall A. B., « La Charte africaine des droits de l'Homme et des peuples : entre universalisme et régionalisme », *Pouvoirs* 2009/2 (n° 129), p. 77-100.

46. Fall B., « Le travail forcé en Afrique occidentale française », *Civilisation*, n°41, 1993, p. 329-336.

47. Fasi M. E., Hrbek, I., « Étapes du développement de l'Islam et de sa diffusion en Afrique », in *Histoire générale de l'Afrique,* vol. III : *L'Afrique du VIIe au Xie siècle,* Unesco/NEA, 1988, p. 81-116.

48. Filiga M. S., « L'accès à la justice en Afrique Francophone : problèmes et perspectives. Le cas du Burkina-Faso », in *L'effectivité des droits fondamentaux dans les pays de la communauté francophone*, actes du colloque international tenu à Port-Louis du 29 septembre au 1er octobre 1993, Paris, AUPELF-UREF, 1994, p. 295-309.

49. Fischer G., « L'indépendance de la Guinée et les accords franco-guinéen », *in Annuaire français de droit international*, vol. 4, 1958, p. 711-722.

50. Foucher V., Smith E., « Les aventures ambiguës du pouvoir traditionnel dans l'Afrique contemporaine », *Revue internationale et stratégique*, 2011, n° 81, p. 30-43.

51. Foumena G. T., « Le droit administratif camerounais

''postcolonial'' en rupture avec le modèle français inspirateur », *Les Annales de droit*, 4/2020, mis en ligne le 01 juin 2021, consulté le 01 juin 2021. URL : <http://journals.openedition.org/add/1833>.

52. Frydman B., « Les nouveaux rapports entre droit et économie : trois hypothèses concurrentes » : <http://www.philodroit.be/IMG/pdf/droiteco-2.pdf>

53. Funes N., « Code de l'indigénat dans les colonies : un siècle de répression », article de presse, *L'OBS*, 24/02/2019.

54. Galitzine-Loumpet A., « Le passé indéfini : du ''précolonial'' en Afrique subsaharienne », *Les nouvelles de l'archéologie*, 126, 2011, p. 18-23.

55. Gambaro A., Sacco R., Vogel L., « Droit africain traditionnel », in *Traité de droit comparé,* LGDJ, 2011, p. 426-427.

56. Geslin A., « L'apport des *postcolonial studies* à la recherche en droit international », *in* Alban Geslin et al., *Postcolonial et droit : perspectives épistémologiques,* éditions Kimé, Nomos & Normes, 2020, p. 159-186.

57. Gilbert M., « Quelques points de repère dans l'histoire de la justice en Afrique francophone », *Afrique contemporaine* Jean du Bois De Gaudusson, Gérard Conac, (dir) n°156, 1990, p. 23.

58. Goerg O., « Conakry : un modèle de ville coloniale française ? Règlements fonciers et urbanisme, de 1885 aux années 1920 », in *Cahiers d'études africaines*, vol. 25, n°99, 1985, Ségrégation spatiale, ségrégation raciale, p. 309-335.

59. Gonidec P.-F., « Propos introductif d'Encyclopédie juridique de l'Afrique », in *Encyclopédie juridique de l'Afrique*, Pierre-François Gonidec, Maurice Ahanhanzo-Glélé (dir.), tome 1 – *L'État et le droit*, Abidjan, Dakar, Lomé, Les Nouvelles Éditions Africaines, 1982, 500 p., p. 9-19.

60. Gouron A., « La double naissance de l'État législateur », Théologie et droit dans la science politique de l'État moderne, *École française de Rome*, 1991, p. 101-113 (105).

61. Grandmaison O. L. C., « L'exception et la règle : sur le droit colonial français », *Diogène*, n° 212, 2005/4, p. 42-64.

62. Hargreaves A. G., « Chemins de traverse. Vers une reconnaissance de la postcolonialité en France », in Mouvements, *La Découverte,* 2007/3, n°51, p. 24-31.

63. Hesseling G., « La réception du droit constitutionnel en Afrique trente ans après : quoi de neuf ? », *in* C. M. Zoethout, M. E. Pietermaat-Kros, P. W. C. Akkermans (dir.), *Constitutionalism in Africa. A Quest* *for autochtonous principles,* Rotterdam, Sanders Instituut, 1996, p. 33-47.

64. Hochmann T., « Le constitutionnalisme global », *Revue française de droit constitutionnel*, 2019/4, n°120, p. 885-904.

65. Honorat A., et al., *Étude approfondie de l'enseignement supérieur : République du Mali – (mission),* Programmes de participation et de coopération pour le développement, 1984, 59 p. : <https://unesdoc.unesco.org/ark:/48223/pf0000059059>.

66. Jumpa A. P., « Les difficultés d'accès au système judiciaire au Pérou : la justice communautaire comme alternative », *Droit et cultures*, 62 | 2011-2, mis en ligne le 04 mai 2012, consulté le 17/11/2018. URL : <http://journals.openedition.org/droitcultures/2642>.

67. Keita K. A., « La protection des droits et libertés fondamentaux devant le juge constitutionnel guinéen », *in* Demba Sy, Alioune Badara Fall (dir.), *Juge administratif, juge constitutionnel et protection des droits et libertés fondamentaux,* Colloque, Presses de l'Université Toulouse 1 Capitole, 2019, p. 155-187.

68. Keita K. A., « La contribution de l'Afrique à l'évolution du droit administratif français » *in* Mouhamadou Moustapha Aïdara (dir.), *Droit et Gouvernance : entre enracinement et ouverture,* tome 2, Mélanges en l'honneur de Alioune Badara Fall, Université Gaston Berger de Saint-Louis, L'Harmattan, Sénégal, 2025, p. 329-356.

69. Kondombo P., « La ''Palabre Africaine'' Peut-elle Renforcer la Démocratie en Afrique ? » *Burkina Thinks*, 2014: <http://burkinathinks.com/qui-sommes-nous/la-palabre-africaine-peut-elle-renforcer-la-democratie-en-afrique-partie-i?showall=1>.

70. Lafon J., « Histoire des droits coloniaux », in *Itinéraires* : *De l'histoire du droit à la diplomatie culturelle et à l'histoire coloniale*, Jean Lafon (dir.), Éditions de la Sorbonne, 2001, p. 287-343.

71. Lampué P., « L'influence du droit français et du droit coutumier sur les lois civiles africaines », in *Dynamiques et finalités des Droits africains*, Gérard Conac (dir.), Économica, 1980, p. 14-25.

72. Lampué P., « Les lois applicables dans les territoires d'outre-mer », *Penant*, Paris, 1950, p. 1-10.

73. Lampué P., « L'application des traités dans les territoires et départements d'outre-mer », in *Annuaire français de droit international,* vol. 6, 1960, p. 910-916.

74. Lampué P., « Droit écrit et droit coutumier en Afrique francophone », *Penant*, vol. 89, n° 765, 1979, p. 245-288

75. Lascoumes P., « L'analyse sociologique des effets de la norme juridique : de la contrainte à l'interaction », *in* André Lajoie et al. (dir.), *Théorie et émergence du droit : pluralisme, surdétermination et effectivité*, Thémis, Bruylant, 1998, p. 151-160.

76. Lascoumes P., Serverin E., « Théories et pratiques de l'effectivité du droit », in *Droit et société*, 1986, n° 2, p. 101-123.

77. Lath Y. S., « Les caractères du droit administratif des États africains de succession française », *Revue du Droit Public,* n° 5, septembre-octobre 2011, p. 1255-1288.

78. Le Bris C., « Esquisse de l'humanité juridique, L'humanité juridique, une sphère infinie dont le centre est partout, la circonférence nulle part », *Revue interdisciplinaire d'études juridiques*, 2012, volume 69, p. 1-50.

79. Le Roy E., « Un droit hors la loi ? Irrégularités et illégalités foncières dans quelques situations urbaines d'Afrique noire », *Les Annales de la Recherche Urbaine*, 1995, 66, p. 12-21.

80. Le Roy E., « La formation des droits ''non étatiques'' », in *Encyclopédie juridique de l'Afrique*, Pierre-François Gonidec, Maurice Ahanhanzo-Glélé (dir.), tome 1 – *L'État et le droit*, Abidjan, Dakar, Lomé, Les Nouvelles Éditions Africaines, 1982, 500 p., p. 353-391.

81. Le Roy E., « Quel projet de société pour les africains du XXIe siècle ? » in *À la recherche du droit africain du XXIe siècle,* Londres, Connaissances et savoirs, 2005, p. 24-28.

82. Luchaire F., « L'exercice de la fonction exécutive du droit international par les organes étatiques », in *La technique et les principes du droit public : Études en l'honneur de Georges Scelle,* tome II, Paris, LGDJ, 1950, pp. 815-859.

83. Malaurie P., « Notre droit est-il inspiré ? *Lextenso, Defrénois* », n° 37545, 2022, p. 637.

84. Mangin G., « Les structures de l'appareil juridictionnel », in *Encyclopédie juridique de l'Afrique*, Pierre-François Gonidec, Maurice Ahanhanzo-Glélé (dir.), tome 1 – *L'État et le droit*, Abidjan, Dakar, Lomé, Les Nouvelles Éditions Africaines, 1982, 500 p., p. 239-268.

85. Matala-Tala L., « L'ineffectivité du droit positif en Afrique subsaharienne », *Civitas Europa*, 2013/2, N°31, p. 239-260.

86. Mbambi V. K., « Les droits originellement africains dans les récents mouvements de codification : le cas des pays d'Afrique francophone subsaharienne », *Les Cahiers de Droit,* vol. 46, n°1-2, mars-juin 2005, p. 315-338.

87. Mbaye K., « Ouverture du Symposium », in *La connaissance du droit en Afrique,* Bruxelles, 2, 3 décembre 1983, Académie royale des Sciences d'Outre-mer, p. 7-15.

88. Memel-Fotê H., « Enquête sur la sorcellerie chez les Adioukrou. Question de méthode », *Bulletin de Liaison du Centre Universitaire de Recherches de Développement,* I, 1970, p. 17-20.

89. Memel-Fotê H., « Rapport sur la civilisation animiste », *Colloque sur les religions africaines (Abidjan, avril 1961),* Paris, Présence Africaine, 1962, 240 p.

90. Mescheriakoff A. S., « Contribution de l'Afrique à l'évolution du droit administratif français », *in* Maurice Kamto, Stéphane Doumbé-Billé, Brusil Miranda Metou, (dir.), *Regard sur le droit public en Afrique*, Paris, L'Harmattan, Collection Études Africaines, Série Droit, 2016, 466 p, p. 155-172.

91. Meyer-Bisch P. (dir.), « La culture démocratique : un défi pour les écoles », *illus*., 1995, p. 152 : <https://unesdoc.unesco.org/ark:/48223/pf0000184354>.

92. Migani G., « Sékou Touré et la contestation de l'ordre colonial en Afrique Sub-saharienne, 1958-1963 », *Mondes*, n° 2, 2012, p. 257-273.

93. Milacic S., « "Peut-on se passer de Constitution ?" – La réponse est non, mais quelle est la question ? », *Constitutions*, n° 2017-3, juillet-septembre 2017, p. 359-380.

94. Monnier J. P., « La succession d'États en matière de responsabilité internationale », *Annuaire Français de droit international*, vol 8, 1962, p. 65-90.

95. Moyrand A., « Réflexions sur l'introduction de l'État de droit en Afrique noire francophone », in *Revue internationale de droit comparé*, vol. 43 n°4, 1991, p. 853-878.

96. Nambo J. J., « Quelques héritages de la justice coloniale en Afrique noire », *Droit et société* n°51/52, 2002, p. 325-343.

97. Nay O., « La théorie des États fragiles : un nouveau développementalisme politique ? », *Gouvernement et action publique,* n° 1, 2013, p. 139-151.

98. Nelly S., « Schoelchérisme et assimilation dans la politique coloniale française : de la théorie à la pratique aux Caraïbes entre 1848 et les années 1880 », in *Revue d'histoire moderne contemporaine*, tome 35 n°2, avril-juin 1988. Des Européens dans l'Amérique coloniale et aux Caraïbes, XVIe-XIXe siècle. p. 305-340.

99. Nkoh F. R. B., « Éloignement de la justice de ses réalités locales et crise d'effectivité des normes de procédure pénale au Cameroun », in *Revue internationale de droit comparé*. Vol. 69 N°1, 2017, p. 211-230.

100. Ogot B. A., (dir.), « L'Afrique du XVIe au XVIIIe siècle », in *Histoire générale de l'Afrique* , vol. 1, UNESCO, Paris, 1999, 1045 p.

101. Ondoa M., « Le droit administratif français en Afrique francophone : Contribution à l'étude de la réception des droits étrangers en droit interne », *RJPIC*, vol. 56, n° 3, 2002, p. 287-316.

102. Paulme D., « La société Kissi, son organisation politique », *in Cahiers d'Études Africaines*, Persée, 1, 1. 1960, p. 73-85.

103. Person Y., « Soixante ans d'évolution en pays Kissi », in *Cahiers d'Études Africaines*, Persée, 1, 1. 1960, p. 86-112.

104. Peyrefitte A., « Acte de la conférence des ministres de la justice des pays de droit d'expression française », *Penant*, n° 772, 1980, 106 p.

105. Portalis J.-E.-M., « Discours préliminaires sur le projet du code civil », in *Discours et rapports sur le code civil,* Caen, Centre de philosophie politique et juridique, URA-CNRS, Université de Caen, 1992.

106. Robin N. et al., « Étude relative aux justices traditionnelles au Sahel », *Revue bibliographique,* en ligne : <https://pasas-minka.fr/en/resources/download/149>.

107. Rodière R., « Approche d'un phénomène : les migrations de systèmes juridiques », in *Mélanges Gabriel Marty,* Université des sciences sociales de Toulouse, 1978, p. 947-954.

108. Saaidia O., « Islam et ordre colonial dans les empires britannique et français : entre collaboration et contestation », *Histoire, Monde et cultures religieuses*, n° 25, 2013, p. 75-105.

109. Sabatier R., « Les creux du droit positif au rythme des métamorphoses d'une civilisation », in *Le problème des lacunes en droit,* Bruxelles, Bruylant, 1986, p. 533-554.

110. Schatzberg M., « La sorcellerie comme mode de causalité politique », *Politique Africaine*, n° 79, 2000, p. 33-47.

111. Stamm V., « Formaliser les pratiques coutumières », *Études rurales* [En ligne], 191 | 2013, mis en ligne le 12 juillet 2015, consulté le 10 février 2020. URL : http://journals.openedition.org/etudesrurales/9839 ; DOI : 10.4000/etudesrurales.9839.

112. Suret-Canal J., « La fin de la chefferie en Guinée » *Journal of African History*. VII. 1966. p. 459-493.

113. Tall E., « De la démocratie et des cultes voduns au Bénin », *Cahiers d'Études Africaines*, vol., XXXV-1, 1995, p. 195-208.

114. Thioye M., « Part respective de la tradition et de la modernité dans les droits de la famille des pays d'Afrique noire francophone », in *revue internationale de droit comparé*, vol. 57, n°2, 2005, p. 345-397.

115. Tiquet R., « Maintien de l'ordre colonial et administration du quotidien en Afrique », *Vingtième Siècle. Revue d'histoire*, n°140, 2018, p. 3-13.

116. Traoré K. A., « L'Assemblée de Kouroukanfouga ou la constitution de l'empire du Mali du 12ème siècle », *Gouvernance en Afrique*, 2002, p. 12.

117. Tshibende L.-D.M., « Droit, fétichisme et sorcellerie en Afrique », *in* Jean-Christophe Roda (dir.), *Droit et surnaturel. Actes du colloque organisé le 27 septembre 2013 par le Centre de Droit économique de l'Université d'Aix-Marseille (EA 4224) et la faculté de Droit d'Aix-en-Provence,* collection Grands Colloques, LGDJ Lextenso éditions, Issy-les-Moulineaux, 2015, p. 112.

118.Vanderlinden J., « La magistrature coloniale au carrefour de deux mondes », in *Temps des colonies*, Actes du colloque organisé par l'Université de Liège, Éditions L'Espace Juridique, 30 avril 1988, p. 17-33.

119.Vanderlinden J., « Les droits africains entre positivisme et pluralisme », *in Bulletin des séances de l'Académie royale des sciences d'outre-mer,* 46 (2000) p. 279-292.

120.Vansina J., « La tradition orale et sa méthodologie », *in* Joseph Ki-Zerbo (dir.), *Histoire générale de l'Afrique. I. Méthodologie et préhistoire africaine,* Jeune Afrique/Stock/Unesco, 1980, p. 167-190.

121.Verdier R., « Chef de terre et terre de lignage », *Études de droit africain et de droit malgache* (J. POIRIER, dir.), 1965, p. 333-359.

122. Vergès F., « Approches postcoloniales de l'esclavage et de la colonisation », *Mouvements,* 2007, n°51, p. 102-110.

123. Wane M., « La formation des droits "non étatiques" », in *Encyclopédie juridique de l'Afrique*, Pierre-François Gonidec, Maurice Ahanhanzo-Glélé (dir.), tome 1 – *L'État et le droit*, Abidjan, Dakar, Lomé, Les Nouvelles Éditions Africaines, 1982, 500 p., p. 361.

124. Wodié F., « La législation », in *Encyclopédie juridique de l'Afrique*, Pierre-François Gonidec, Maurice Ahanhanzo-Glélé (dir.), tome 1 – *L'État et le droit*, Abidjan, Dakar, Lomé, Les Nouvelles Éditions Africaines, 1982, 500 p., p. 312.

125. Zuccarelli F., « De la chefferie traditionnelle au canton : évolution du canton colonial au Sénégal – 1855-1960 », in *Cahiers d'études africaines*, vol. 13, n°50, 1973, p. 213-238.

TABLE DES MATIÈRES

Structures éditoriales du groupe L'Harmattan

L'Harmattan Italie
Via degli Artisti, 15
10124 Torino
harmattan.italia@gmail.com

L'Harmattan Hongrie
Kossuth l. u. 14-16.
1053 Budapest
harmattan@harmattan.hu

L'Harmattan Sénégal
10 VDN SICAP AMITIE 3
BP 45034 Dakar-Fann
direction@senharmattan.com

L'Harmattan Cameroun
Tsinga/Derrière polyclinique FECAFOOT
BP 11486 Yaoundé
Jacques.koukam@harmattan.fr

L'Harmattan Burkina Faso
Villa 281, secteur 23 623, rue 14.32
Ouagadougou
zagbie@outlook.fr

L'Harmattan Guinée
Almamya, rue KA 028 OKB Agency
BP 3470 Conakry
harmattanguinee@yahoo.fr

L'Harmattan RDC
185, avenue Nyangwe
Commune de Lingwala – Kinshasa
matangilamusadila@yahoo.fr

L'Harmattan Congo
219, avenue Nelson Mandela
BP 2874 Brazzaville
deunovmikhael@gmail.com

L'Harmattan Mali
Immeuble Mgr Jean Marie Cissé
Aci Hamadallaye
BP 145 Bamako
syllaka@yahoo.fr

L'Harmattan Togo
Djidjole – Maison Amela
face EPP BATOME
02 BP 20680 Lomé
didieramela11@gmail.com

L'Harmattan Côte d'Ivoire
Résidence Karl – Cité des Arts
Abidjan-Cocody
03 BP 1588 Abidjan
harmattan.ivoire@gmail.com

L'Harmattan Bénin
Rue 604, (Immeuble à l'entrée
de la rue UCAO- Cite de Saint-Jean)
Cotonou
stepcorpus@gmail.com

Nos librairies en France

Librairie internationale
16, rue des Écoles
75005 Paris
librairie.internationale@harmattan.fr
01 40 46 79 11
www.librairieharmattan.com

Librairie des savoirs
21, rue des Écoles
75005 Paris
librairie.sh@harmattan.fr
01 46 34 13 71
www.librairieharmattansh.com